KB080685

침묵의 범죄
에코사이드

침묵의 범죄 에코사이드

초판 1쇄 발행 / 2022년 3월 18일
초판 5쇄 발행 / 2023년 12월 5일

지은이 / 조효제
펴낸이 / 염종선
책임편집 / 김새롬 배영하
조판 / 박지현
펴낸곳 / (주)창비
등록 / 1986년 8월 5일 제85호
주소 / 10881 경기도 파주시 회동길 184
전화 / 031-955-3333
팩시밀리 / 영업 031-955-3399 편집 031-955-3400
홈페이지 / www.changbi.com
전자우편 / human@changbi.com

침묵의 범죄
에코사이드

E C O C I D E

조효제 지음

Changbi Publishers

추천의 말

지금으로부터 25만년 전에 등장했지만 농경을 하기 전, 즉 1만여년 전까지는 참으로 하찮은 존재였던 우리 인간이 어느덧 지구 전역을 뒤덮었습니다. 코로나19로 인해 600만명이 목숨을 잃었는데 정작 우리 가까이에는 죽음의 소식이 왜 자주 와 닿지 않을까요? 코로나19로 사망하는 사람의 대부분이 인권의 사각지대에 있기 때문입니다. 그래서 저자는 모든 환경문제는 궁극적으로 인권문제라고 지적합니다. 2019년 프란치스코 교황님은 '생태적 죄'ecological sin를 인간의 원죄에 포함시켰습니다. 저도 20여년 전부터 '현명한 인간'이라는 호모 사피엔스의 자화자찬을 걷어내고 '공생인' 호모 심비우스Homo symbious로 거듭나자고 부르짖으며 살았습니다. 우리에게 남은 마지막 선택은 생태전환뿐입니다. 이 책은 우리를 에코사이드로부터 구원할 카이로스의 촛불입니다.

— **최재천**(이화여자대학교 에코과학부 석좌교수, 생명다양성재단 대표)

누군가 기후위기에 대해 말할 때, 인권연구자로서 죄책감이 앞서곤 한다. 내가 '모든' 사람의 권리를 말하며 누구도 배제하면 안 된다고 주장할 때, 동시에 나는 모든 '사람'의 권리를 말하며 다른 생명을 배제하고 있음을 어렴풋이 자각하고 있기 때문이다. 인권연구에 평생을 몰두한 저자는 그 한계를 벗어나는 방법을 찾아낸 것 같다. 이 책을 통해, 기후위기에 대처하기 위해 오히려 인권이 중요하다고 말한다. 우리가 소수자에게 관심을 가질 때 기후위기의 현실을 직시하게 되며, 평등과 다양성을 추구함으로써 생명을 존중하는 마음도 가질 수 있음을 알려준다. 인권은 끝없는 성장의 결과가 아니라 멈추어 주변을 돌아보는 시민의 힘으로 만들어진다. 그 힘으로 이제 기후위기에 맞서자는 저자의 세심하고도 결연한 말이, 그 어떤 연설보다 큰 울림으로 다가온다.

— **김지혜**(강릉원주대학교 교수, 『선량한 차별주의자』 저자)

지구행성 곳곳에서 벌어지고 있는 에코사이드는 자연의 생명세계를 대규모로 손상시키고 파괴하는 행위를 가리킨다. 탄소배출을 줄이는 것만으로는 부족하다. 진정으로 생명을 지키려면 우리의 행동이 달라져야 한다. 세상의 규칙이 변해야 한다는 뜻이다. 그것을 위해 에코사이드를 범죄로 규정해야 한다. 지금이야말로 전세계가 이 사실을 깨달아야 할 순간이다. 이 문제를 놓고 대화를 할수록 정치적 의지가 커질 수 있다. 이 책에서 전하는 것처럼 한국의 독자 여러분도 에코사이드 방지를 위한 법을 마련하는 데 힘을 보탤 수 있을 것이다.

— **조조 메타**(스톱 에코사이드 대표)

고대 그리스에 두가지 시간개념이 있었다는 사실은 잘 알려져 있다. '크로노스'는 달력과 연대기로 표현되는 시간이다. 누구에게나 똑같이 주어지고 인간의 개입과 상관이 없는 객관적인 시간이다. 반면 '카이로스'는 시간의 의미를 따지는 개념이다. 인간의 선택이 개입되는 주관적인 시간이다. 어떤 계기로 어떤 역사가 이루어지는 결정적인 '때'가 곧 카이로스다.

지금이 바로 그런 때다. 우리는 카이로스의 시간을 더이상 미룰 수 없게 되었다. 나는 10여년 전 기후위기가 인권의 최대 위협이라는 유엔의 발표를 듣고 이 분야를 공부하기 시작한 이래 코로나 사태를 거치면서 21세기가 인류에게 대전환을 요구하는 결단의 시대임을 매일같이 절감하고 있다.

이런 고민 속에서 2020년 말, 기후위기를 인권의 관점에서 다룬 『탄소 사회의 종말』을 펴냈다. 그후 문제의식을 넓혀 기후―생태위기 전반을 인권으로 분석한 신간을 이번에 내놓는다. 상황의 심각성 때문에 전하고 싶은 메시지가 많았다. 아이러니하게도 코로나 때문에 행동반경이 줄어 책 쓸 시간을 확보할 수 있었다.

전작을 발표하고 많은 이들과 대화할 기회를 가졌다. 그때마다 깊은 인상을 받았다. 기후행동에 나선 청소년, 기후행동을 지지하는 그레이그린(친환경 노년층), 헌신적인 환경운동가와 인권운동가, 지역사회에서 기후행동을 실천하는 주민, 생명과 생태의 시대적 징표를 알리는 종교인, 제자들에게 녹색미래를 열어주려고 애쓰는 교육자, 생태환경 책들을 대중에 알리기 위해 노력하는 도서관 사서, 임상 현장에서 코로나와 싸우는 사회복지인과 보건의료인, 기후위기의 정책대안을 찾는 국가인권기구 공직자와 지자체 행정가와 지역정치인 등 수많은 사람들이 위기의 해법을 모색하고 있었다.

그런 모습을 보며 나는 변화를 위한 움직임이 본격적으로 분출되고 있음을 느꼈다. 이런 가운데 내가 할 수 있는 역할은 기후-생태위기의 본질을 사회적으로 설명하고, 인권의 관점에서 사태를 분석하고, 위기를 극복하기 위해 새로운 스토리텔링을 제시하는 것이라고 생각했다. 그런 작업의 결과가 이 책이다. 문제를 세계적이고 역사적인 렌즈로 조망할 수 있도록 하면서, 어렵지 않게 핵심에 접근할 수 있는 글을 쓰려고 나름대로 최선을 다했다.

나는 오랫동안 인권사회학과 글로벌사회학을 가르쳐왔다. 자기 전공을 넘어 뒤늦게 새로운 영역을 공부하는 것은 힘들기도 하고 주제넘은 행보라는 소리를 들을 수도 있다. 그럼에도 인권사회학자가 굳이 기후-생태위기에 매달리는 이유는 그만큼 상황을 엄중하게 보기 때문이다. 또한 이 문제에 있어 칸막이식 접근을 넘어서야 하고, 그 해결을 위해 인권이 기여할 수 있는 바가 크다고 믿기 때문이다.

함께 인권학을 개척하고 있는 한국인권학회의 동료 연구자들, 환경운동가와 인권운동가들, 사회정책 전문가 그룹, 날카로운 질문과 토론으로 자극을 준 학부와 대학원 학생들에게 감사하는 마음이다. 우연한 기회에 참여하게 된 '생명애 콜로키움' 대화모임을 통해 생태전환과 관련하여 여러 지식인들의 견해를 접할 수 있어서 큰 도움이 되었다.

짧지 않은 세월의 인연이 쌓여 책이 나왔다. 오래전 창비의 염종선 선생이 인권 관련한 책을 내자고 맨 먼저 제안을 했다. 시간이 흐른 후 강영규 선생이 다시 상의를 해왔다. 그러고도 한참 더 지나 이지영 선생의 권유로 마침내 종지부를 찍게 되었다. 세 분에게 깊이 감사드린다. 원고를 정성껏 편집해준 김새롬 선생에게도 고마움을 표한다. 쳇바퀴 같은 생활을 이해해준 아내 권은정과 사랑하는 딸 명원이에게 이 책을 바친다.

2022년 봄
북악산 자락에서 조효제

차례

추천의 말   005
서문   007
들어가며   013

1 장

야누스의 비극은 어떻게 벌어지는가?

―환경파괴와 인권파괴의 연계

경제활동이라는 시한폭탄   028
자연환경을 강탈당하다   039
전쟁은 예외 없이   049
초토화작전은 환경전쟁   057
환경폭력, 자연을 무기로 휘두르다   063
핵이라는 공멸의 길   067
환경이 악화되면 평화도 어렵다   073
환경이 악화되면 젠더 평등도 어렵다   077
기후위기, 환경파괴와 인권파괴의 종합판   081
1장을 마치며   089

2 장

지구, 인류를 법정에 세우다
─에코사이드와 제노사이드

베트남전쟁과 에코사이드 논쟁	096
에코사이드 금지를 위한 첫걸음	100
전쟁이 낳은 환경파괴, 범죄가 되다	103
에코사이드 개념의 확장	108
제노사이드 개념의 확장	113
에코사이드와 제노사이드의 연계	119
사례1. 들소와 인디언의 무덤 위에 세워진 미국	123
사례2. DR콩고 노예의 피로 얼룩진 휴대폰	126
사례3. 아마존의 '더러운 전쟁'	131
에코사이드를 막으려면1. 기업 통제	138
에코사이드를 막으려면2. 국제범죄화	145
2장을 마치며	155

3 장

자연에게 권리를 주자
─인류세의 새로운 권리

도롱뇽은 졌지만 맹그로브숲은 이긴 까닭	162
도래한 인류세	165
새로운 시대, 인권의 딜레마	169
인권의 시야, 환경으로 확장되다	174
환경권이라는 새로운 인권	182
자연의 권리, 환경권을 넘어서다	188
자연의 권리·생태계·생물다양성	195
자연의 권리를 어떻게 보장할까	202
자연의 권리에 부치는 질문들	206
자연의 권리를 위해 인권이 필요한 이유	211
3장을 마치며	220

4장

공존을 위한 지도 그리기

—사회-생태 전환의 길

뒤틀린 사회계와 생태계	228
사회다양성·문화다양성·젠더	230
사회-생태 전환의 고비들	235
사회경제 시스템의 지속가능성	239
전환에 반대하는 이유	247
사회-생태 전환의 스케치	251
전환의 거시적 방향성: 구조와 패러다임	258
전환의 중간 범위: 제도와 정책	269
전환의 미시적 실천: 개인과 집단의 행동	277
전환을 위한 가치관	283
4장을 마치며	291

나오며

위기의 본질	298
다양성과 공존	302
글로벌 남북문제	305
한반도 남북문제	310
인류세를 건너기 위하여	314
주	320
참고문헌	361
찾아보기	400

들어가며

"방향이 잘못되면 속도는 의미가 없다."
—홍기빈

"유토피아 없는 세계지도는 눈길을 줄 가치도 없다."
—오스카 와일드Oscar Wilde

누군가가 2019년 12월에, 앞으로 10년 뒤 괴질로 수많은 사람이 죽고, 마스크를 끼지 않으면 외출을 못 하고, 사회적 거리두기를 해야 하고, 수업도 비대면으로 실시하며, 전국민 재난지원금이 나올 정도로 전대미문의 대사건이 발생할 거라고 했다면 아마 이상한 사람 취급을 받았을 것이다. 그러나 한달 뒤 코로나가 온 세상을 뒤덮었다. 코로나19처럼 전세계 모든 사람에게 개인적인 차원에서까지 직접적인 영향을 끼쳤던 사건은 일찍이 없었다. 세계대전이 일어났을 때에도 개인적으로는 별 상관없이 지내던 사람들이 많았다.

세계보건기구^{WHO}와 유엔환경계획^{UNEP}은 코로나와 같은 인수공통감염병이 기후변화, 숲의 파괴, 생물다양성 상실, 야생동물 밀거래, 공장식 축산, 지구화, 도시화 등과 밀접한 관련이 있다고 진단한다. 코로나를 질병으로만 볼 것이 아니라 생태환경의 전체적 맥락과 연결시켜서 봐야 한다는 뜻이다.

그런 점에서 이번 사태만큼 인간이 처한 객관적 상황을 잘 드러낸 경우도 없을 것이다. 극단적으로 발달한 지성과 기술, 우주와 가상현실로까지 확장된 최고의 '복잡성'을 대표하는 인간이, 생물과 무생물의 경계선상에 있는 최저의 '단순성'을 대표하는 바이러스 앞에서 전전긍긍하게 된 그 참담한 역설이라니.[1]

코로나가 한창이던 때는 기후위기의 시간이기도 했다. 2020년 6월 20일, 지구상에서 가장 추운 장소 중 하나인 북극권 내 시베리아 베르호얀스크의 기온 — 최저 영하 69.8도까지 내려간 적이 있다 — 이 영상 38도까지 올라가 유엔 세계기상기구WMO의 '날씨·기후 극한기록 아카이브'에 공식적으로 등재되었다.[2] 2021년 7월에는 캘리포니아 데스밸리의 온도가 54.4도까지 올라가 세계기상관측사상 최고기록을 깼고, 2022년 1월에는 오스트레일리아 서부에서 50.7도의 기록적 폭염이 발생했다. 2021년은 역사상 다섯번째로 더웠던 해였고, 2015년부터 2021년까지는 역사상 평균기온이 가장 높았던 7년이었다. 2021년에는 또한 전세계 해양 온도가 역사상 최고점을 찍기도 했다. 한국도 예외가 아니다. 기상청에 따르면 2021년은 전국 연평균 기온이 13.3도로 1973년 기상관측 이래 두번째로 높았다고 한다. 최고기록은 연평균 13.4도의 2016년이었다.

오스트레일리아, 캐나다, 미국, 남유럽, 인도, 방글라데시, 중동은 산불, 폭염, 혹한, 사이클론, 토네이도 등 아비규환의 재난을 당했다. 캐나다에서는 산불로 타운이 지도상에서 사라지고, 따

뜻한 텍사스주에서 246명이 동사하는 사건이 벌어졌다. 중국 허난성에서는 '천년 만의 폭우'가 쏟아져 398명이 사망·실종했다. 200여명의 사망자를 낸 독일과 서유럽의 물난리로 장애인 12명이 거주시설에서 익사하는 비극도 일어났다. 2021년 12월, 슈퍼태풍 라이가 필리핀을 강타하여 400여명이 숨지고 450여만명이 피해를 입었다. 2021년 전세계 상위 10대 기상재난만 따져봐도 재산 피해가 약 1700억 달러(201조 8000억원) 넘게 발생했다.

코로나 한복판에 한국정부는 '2050 탄소중립'을 발표했다. 유엔은 2030년까지를 '생태계 회복 10년' 기간으로 선포했다. 2021년 10월 유엔인권이사회는 사상 최초로 '건강한 환경권'을 정식 인권으로 인정하는 결의안을 통과시켰다. 2021년 10월 중국 쿤밍에서 '생물다양성협약' 당사국총회가 열렸다. 2021년 11월 영국 글래스고에서는 '기후변화협약' 당사국총회가 개최되었다.

숨 가쁘게 이어진 움직임들을 연결시켜보면 지금 이 순간이 기후, 생태, 보건, 경제, 사회 문제가 총수렴되고 있는 문명사적 위기 상황 — 진부한 상투구가 아니라 — 이라는 생각을 하지 않을 수 없다. 그런데도 우리가 이 문제에 유의미하게 개입할 수 있는 시간이 길어야 30년, 짧으면 10년밖에 남지 않았다는 사실 또한 명백해졌다. 이 작은 기회의 창을 어떻게 하면 잡을 수 있을까.

이 같은 문제의식을 바탕으로 내가 이 책에서 전하려는 메시지는 다음과 같다.

첫째, 기후위기와 탄소중립에만 국한하여 문제를 보아서는 안 된다. '2050 탄소중립'과 에너지 전환은 우리가 반드시 달성해야 할 과업이지만, 이것을 지구행성이 처한 총체적 난국(생물다양성 상실, 생태계 붕괴, 6차 대멸종, 담수 부족, 토지훼손, 산림파괴, 유해 화공물질 등)과 함께 이해해야 한다. 기후변화는 그중에서 수치로 표현하기가 용이하고 체감도가 높은 위기라 할 수 있다.

그러므로 기후문제와 생태문제가 얽혀 있는 '기후─생태 복합위기'를 함께 극복하겠다는 방향 설정이 필요하다. 국제사회는 '2050 탄소중립'과 '2030 생태계 회복' 및 '2050 자연과의 조화로운 삶'을 함께 추진하기로 했다. 탈탄소 에너지 전환과 함께, 우리가 자연을 대하는 방식, 삶의 방식과 경제운용에 근본적인 변화가 있어야 한다. 예를 들어, 재생에너지와 친환경제품에 필요한 광물자원을 대규모로 채굴하면서 전세계 빈곤국들의 환경이 크게 훼손되는 역설이 발생하고 있다.[3]

이미 생물다양성 상실과 자연훼손 문제를 놓고 탄소중립과 같은 차원의 책임을 국가와 기업에 부과하려는 움직임이 시작되었다. 생물다양성 상실과 관련된 투자, 조달, 개발, 생산, 복구, 재생 등에 대해 기업이 수행한 실적을 공개하고 실사를 받도록 하는 방안과 실행틀이 논의되고 있다. 조만간 국가와 기업은 탄소중립을 하라는 압력만큼이나 강력한 자연보전 압력을 받게 될 것이다. 에너지 전환과 탄소중립은 현재의 위기 상황을 타개하기 위한 필요조건이지만 충분조건은 아니다.[4]

둘째, 기후─생태위기가 한쪽에 있다면, 다른 한쪽에는 불평등, 인권박탈과 같은 사회적 문제가 함께 커지고 있다. 기후─생태위기와 불평등─인권악화는 뫼비우스의 띠처럼 안팎으로 맞물린다. 세계 인권학계는 환경과 인권의 심층적 관계에 주목하기 시작했다. 생태계를 대규모로 극심하게 파괴하는 에코사이드(생태살해)와, 인간계를 대규모로 극심하게 파괴하는 제노사이드(집단살해)가 그물망처럼 연계되어 나타난다는 사실이 드러나고 있다.

이 때문에 에코사이드를 단순한 환경문제가 아니라 정의의 차원에서 다스려야 한다는 인권-환경운동이 일어나기 시작했다. 제노사이드, 반인도적 범죄, 전쟁범죄, 침략범죄에 이어 에코사이드 범죄 역시 국제형사재판소에 회부해야 한다는 주장이 그것이다. 국제사회에서는 기후-생태위기를 인간과 자연의 파멸에 관한 최악의 범죄행위로 간주하는 경향이 생겼다. 이것은 우리가 흔히 환경문제를 자연과학, 경제활동, 환경정책, 개인 실천의 차원에서 보는 방향과는 결이 다른 시각이다.

인권과 환경을 서로 다른 영역에 속한 문제로 보거나, 심지어 이 둘을 상반되는 가치로 여기는 경우도 있다. 그러나 생태환경과 인권을 분리하는 것은 불가능하다. 인권, 사회정의, 기후정의, 환경정의, 생태정의는 큰 틀에서 함께 이해해야 하는 개념들이다. '중첩된 불의'를 모두 포괄하는 '지구행성 정의'planetary justice 라는 개념도 나와 있다.[5]

셋째, 인간의 권리가 기후-생태위기를 악화시킨 하나의 원인이 되었다는 비판을 공정하게 검토한다. 특히 재산권이나 인간 중심적 관점이 생태환경에 어떤 결과를 초래했는지를 추적한다. 그것을 통해 인권개념을 재구성하고, 그것에 더하여 '자연의 권리'를 주장하는 이론을 긍정적으로 살펴볼 것이다.

자연의 권리를 인정한다는 말은 권리의 범위를 비인간 실체로까지 확대하고, 인간의 권리 중 일부를 과감하게 축소·조정한다는 뜻이다. 기존의 인권개념에 대대적인 수정이 불가피하다. 그러나 그렇다고 해서 자연의 권리와 인간의 권리가 기계적으로 제로섬 관계인 것은 아니다. 자연의 권리가 존중될 때 인권도 보호될 수 있고, 인권이 있어야만 자연의 권리도 보호될 수 있다. 나는 인권학자로서 반성문과 변호문을 함께 제출할 것이다.

넷째, 기후-생태위기를 근본적으로 극복하기 위해서는 사회경제 시스템의 대전환이 있어야 한다. 작금의 위기는 땜질식 처방으로 넘어갈 수 있는 차원의 문제가 아니다. 그러한 **사회-생태 전환**을 위해 반드시 다루어야 하는 측면들(경제성장, 불평등, 소비, 지속가능, 노동, 녹색복지 등)을 하나의 일관된 서사로 풀어내고, 그 과정에서 인권이 기여할 수 있는 바를 제시할 것이다.

마지막으로, 기후-생태위기에 제대로 대처하려면 시민들이 문제의 본질을 알아야 하고, 토론해야 하고, 머리를 맞대야 한다. 이 책은 그것을 위해 필요한 사회학적 상상력을 제공하려 한다. 나는 전작 『탄소 사회의 종말』에서 사회 모든 구성원들 사이에 '**거대한 대화**'가 일어나야 한다고 강조했었다. 그러한 대화의 마중물로 이 저작이 활용될 수 있으면 좋겠다. '사회·인권·정의' 담론과 '생태·환경·녹색' 담론이 서로 소통할 수 있는 가교가 되기를 바라는 마음도 있다.

책 전체를 관통하는 학문적 조망은 인권사회학이다. 인권사회학은 개별 인권침해 사건의 문제해결에 초점을 맞추는 법률적 접근과는 다른 접근방식을 취한다. 인권사회학의 세가지 관점을 환경과 연관시켜 설명하면 다음과 같다. '총체성'은 인간과 자연으로 이루어진 전체 생명공동체를 상상할 수 있게 한다. '역사성'은 위기의 기원 그리고 장기추세의 누적된 영향을 일깨워준다. 그리고 '전지구성'은 자본의 초국적 자원추출 문제와 그것의 글로벌한 해법을 모색한다.[6]

나는 기후─생태위기를 극복하기 위해 인권의 논리를 끝까지 밀고 나갔을 때 현실에서 어떤 결과가 나오는지를 실증적으로 확인하고 싶었다. 그것을 위해 전세계에서 보고된 최신의 경험적 연구와 자료를 많이 참고했다. 또한 기후─생태위기를 다루는 '지속가능성학' 또는 '전환연구' 분야에서 '권리'의 역할을 크게 강조한다는 사실도 확인했다.

차례는 기승전결의 형식을 따랐다. 1장에서는 환경파괴와 인권파괴가 함께 발생한 세계적, 역사적 사례들을 범주로 나눠 소개한다. 인권과 환경은 기업과 산업 활동의 결과로서, 또는 기업활동의 목표 때문에 훼손되는 경우가 흔하다. 전쟁의 양상, 의도, 목표 때문에 인권과 환경이 파괴된 사례도 많다. 핵폭탄과 핵실험이 인권과 환경을 어떻게 훼손시켰는지, 그리고 환경악화가 평화회복과 젠더 평등에 얼마나 큰 장애요인이 되는지도 다룬다. 마지막으로 환경파괴와 인권파괴의 종합판인 기후위기를 설명한다.

2장은 에코사이드와 제노사이드를 다룬다. 베트남전쟁으로 촉발된 에코사이드 논쟁은 오늘날 극심한 환경파괴를 지칭하는 대명사가 되었고, 그 의미가 날로 확대되고 있다. 제노사이드 역시 인간생명의 학살만이 아니라, 인간집단의 사회문화적 정체성 파괴까지 포함하는 개념으로 확대되고 있다. 에코사이드와 제노사이드가 함께 일어나는 '에코사이드―제노사이드 연계' 현상은 인권운동·연구, 환경운동·연구에 혁명적인 발상의 전환을 촉구하며, 이 책의 핵심 개념이기도 하다. 에코사이드를 제노사이드와 동급의 국제범죄로 격상시켜 환경을 파괴한 기업 대표나 정부 책임자를 국제형사재판소에서 기소·처벌하려는 움직임을 소개할 것이다.

3장에서는 우리 시대의 인권을 새롭게 상상하고 재구성해야 한다는 점을 설명한다. 인류세의 상황으로 인해 예기치 못했던 인권문제와 환경문제가 발생하고 있다. 인권의 시야가 환경으로 넓어지고 인권으로서의 '건강한 환경권'이 인권의 핵심 주제가 되었다. 더 나아가, 환경에 대한 '인간'의 권리를 뜻하는 '환경권'을 넘어서는 새로운 권리체계, 즉 '자연의 권리'가 등장하고 있다. 비인간 생명체와 자연에 대해 법인격과 법적 권리를 부여하여 그들을 보호하는 일이 인류세의 시급한 과제로 떠올랐다. 그런데 자연의 권리를 보호하기 위해서라도 인권이 중요하다는 점을 놓치면 안 된다. 인간과 자연이 '생명'으로 연결된 운명공동체라는 점이 이 장의 결론이다.

4장에서는 인류세에 뭇 생명의 공존을 위해 현재의 사회경제 시스템이 바뀌지 않으면 안 된다는 점을 다룬다. 체계적인 정책 대안을 제시하는 것이 이 장의 목적이 아니다. 각종 새로운 아이디어들을 소개하여 관심과 토론을 불러일으키려 한다. 현재의 뒤틀린 사회―생태계를 극복하려는 사회―생태 전환은 인류가 한번도 가보지 않은 어려운 길이다. 하지만 전환의 방향으로 첫걸음을 떼는 것이 현세대가 미래세대에게 남겨줄 수 있는 가장 좋은 유산이다.

전환의 스케치북에는 그림 석장이 들어 있다. 구조와 패러다임을 다루는 '전환의 거시적 방향성', 제도와 정책을 다루는 '전환의 중간 범위', 개인과 집단의 역할을 다루는 '전환의 미시적 실천'이 그것이다. 각 단계마다 인권이 중요한 역할을 수행할 수 있다. 전환을 위해 어떤 가치관이 필요한지도 언급할 것이다.

원고를 시작했을 때에는 4장에 어떤 내용을 넣을지 확실치 않은 상태였다. 앞 장들을 집필한 후 그 흐름을 자연스럽게 따라가겠다는 계획만 있었다. 그런데 인권사회학의 관점에서 인류세의 환경과 인권 문제를 고민해보니 놀랍게도 '사회―생태 전환'으로 결론이 났다. 이는 우리 시대의 인권실천과 인권연구가 어떤 방향으로 진화해야 할지를 시사해주는 의미 있는 결과라고 생각한다.

되도록 무겁지 않게 4장을 쓰려고 노력했다. 너무 엄청난 과제에 압도당하면 회피와 외면의 심리에 빠질 수 있기 때문이다. 우리의 관점을 바꿔서 충족의 경제와 공존의 세상 쪽으로 마음을 모으면 즐겁고 행복하게 사회―생태 전환에 나설 수 있음을 여러 자료를 통해 입증하고 싶었다. 그것이 위기 속에서 우리가 선택할 수 있는 가장 덜 위험한 길 ― 역설적인 '유토피아' ― 이라 생각한다.

'나오며'에서는 우리를 짓누르고 있는 기후―생태위기의 본질이 무엇인지를 한번 더 짚어본다. 어째서 사회적 시각과 인권―

정의의 관점이 없으면 위기의 극복은커녕 위기를 제대로 이해할 수조차 없는지를 설명할 것이다. 우리가 전환을 이야기하는 것은 결국 뭇 생명이 공존하기 위해서다. 그러려면 인간과 비인간의 다양성을 존중해야만 한다. **다양성과 공존**도 이 책의 키워드에 속한다. 두 종류의 남북문제에 직면하고 있는 한국의 현실도 언급할 것이다. 기후-생태위기는 선진국-개도국의 역사적 관계에서 발생한 것이므로 '**글로벌 남북문제**'에 대한 분명한 입장이 있어야 한다. 그리고 남한만의 전환이나 남한만의 생존을 넘어, 같은 생물지역에 속하는 '**한반도 남북문제**'의 맥락을 상기해야 한다. 마지막으로 인류세를 건너기 위하여 시민들이 어떻게 해야 할지를 제안하며 결론을 내린다.

우리 시대에는 논리적으로 일관되면서도 상상력이 극대화된 '새로운 스토리텔링'이 필요해졌다. 이 책에서 소개하는 내용의 '실현 가능성'을 따지는 것은 별 의미가 없다. 그런 차원에서 해결될 수 있는 문제였으면 애당초 위기가 오지 않았을 것이다. '새로운 스토리텔링'의 깊은 의미는 익숙한 상자에서 바깥으로 나와 새로운 삶의 방식을 찾는 사람에게 더 잘 드러나는 법이다.

1장

야누스의 비극은
어떻게 벌어지는가?

─환경파괴와 인권파괴의 연계

"기후위기는 생명위기다."
—정성헌

"울창한 숲에 포탄이 떨어지면서 거목들이 깃털과 같이 허공으로
솟구쳤다. 전지역이 마술처럼 눈 깜짝할 사이에 황무지로 변했다."
—로렌스 프리드먼 Lawrence Freedman

"행복의 첫째 조건은 인간과 자연의 관계가
끊기지 않아야 한다는 것이다."
—레오 톨스토이 Leo Tolstoy

환경파괴와 인권파괴가 언제나 함께 오는 것은 아니다. 먼 오지에서 발생한 환경훼손이 도시에 사는 사람들에게 직접 피해를 주지 않을 수도 있다. 인간 사이에서 발생한 갈등이 반드시 환경악화를 초래하는 것도 아니다.

그러나 환경파괴와 인권파괴가 가깝게 연결된 경우가 더 많다. 장기적이고 구조적으로 보면 더욱 그러하다. 2021년 유엔 인권최고대표 미첼 바첼레트Michelle Bachelet는 기후위기, 생물다양성 상실, 독성물질 공해를 인권의 '삼중 위협'이라고 칭하면서 환경과 인권의 불가분성을 강조했다.

이 책을 여는 첫 장에서는 환경파괴와 인권파괴가 함께 일어난 사례들을 유형별로 소개한다. 원래 자연환경과 인간의 생존조건은 떼려야 뗄 수 없는 관계를 이루어왔다. 생명현상으로서 인간 존재는 자연의 일부이고, 살아가기 위해 자연에 의존해야 하기 때문이다. 그러나 인간은 자연을 대상화하여 '자원'으로만 여기고, 삶의 방식과 자연환경을 최대한 분리시키기 시작했다. 이런 태도는 인류 전체 역사로 보면 비교적 최근의 일이다. 하지만 기후-생태위기의 시대를 맞아 사람들은 환경과 인권의 관계를 — 뒤늦게 — 재발견하기 시작했다.

환경과 인권의 연계를 제대로 이해하기 위해서는 역사적인 이해와 세계적인 조망이 필요하다. 역사적으로 누적된 생태계에 대한 압박, 그리고 지구행성 전체가 하나의 단위로 돌아가는 현상을 종합적으로 고려해야 하기 때문이다. 한국만의 환경문제, 한국만의 인권문제라는 식의 접근은 더이상 충분치 않다. 기후변화든 생태위기든 인권침해든 국경선에 한정해서는 문제의 해법을 찾을 수 없다. 지금부터 개발, 착취, 전쟁, 핵실험, 젠더, 기후위기 등 여러 측면에서 환경파괴와 인권파괴가 함께 발생하는 역사적, 세계적 맥락을 사례 중심으로 살펴본다.

경제활동이라는 시한폭탄

1991년 경북 구미의 두산전자에서 화공약품 페놀 원액 수십 톤이 낙동강으로 유출되었다.[1] 강줄기를 타고 퍼져나간 페놀은 대구, 밀양, 부산에 이르는 거주지역의 식수원과 정수장을 모세혈관의 피톨처럼 파고들었다. 안전한 수돗물인 줄 알고 페놀 희석액을 마신 수백만 주민들이 구토, 설사, 두통, 복통을 겪었다. 어린

이들의 얼굴과 몸에 벌건 두드러기가 돋고 팔다리 피부에 염증이 생겼다. 임산부들이 유산했다는 신고가 수백건이나 들어왔지만, 과학적 인과관계가 증명되지 않는다는 이유로 피해보상이 이루어지지 않았다. "단군 이래 최악의 오염사건"이라는 말은 단순한 수사가 아니었다. 한 세대 전의 페놀사태가 이 땅의 환경운동 역사에 큰 획을 그었다.

페놀은 산업용으로 사용될 뿐만 아니라 그 맹독성 때문에 일찍부터 사람을 죽이기 위해 쓰였던 약품이다. 독일의 나치는 강제수용소에서 수인들을 학살하는 데 치클론B 가스만을 사용한 것이 아니었다. 소위 '인도적'으로 수인들을 처형하기 위해 여러 방법을 고안했다.

나치가 선호한 '인도적' 살인에는 네가지 조건이 있었다. 첫째, 피해자들이 자신의 죽음을 미리 알지 못해야 한다. 둘째, 부하에게 일을 떠넘길 수 있어 책임자가 살인 과정을 직접 지켜보지 않아도 된다. 셋째, 피해자의 시신에 뚜렷한 증거를 남기지 않아야 한다. 넷째, 시간을 끌지 않고 즉시 목숨이 끊어져야 한다.[2] 나치는 이런 식의 살인이 '인도적' 기준에 맞아떨어지므로 '도덕적' 행위라고 믿었다.[3]

이 '인도적' 살인이라는 기준에 부합하는 약물이 바로 페놀이었다. 아우슈비츠 강제수용소에서 소독업무를 담당하던 요제프 클레어Josef Klehr가 수인들을 효과적으로 제거하기 위한 실행계획Aktion 14f13의 일환으로 수많은 실험 끝에 페놀 주사법을 개발했다. 더이상 일을 하지 못할 정도로 쇠약해져 쓸모가 없어진 노동자들의 갈빗대 사이에 페놀 주사를 놓았다. 전쟁이 끝난 후 체포된 나치 의무대원의 증언에 따르면 주사를 맞으면 보통 1분 내로 생명이 끊겼다고 한다.[4]

나치가 학살에 사용했던 독극물이 반세기가 지나 한국의 강물에 대량으로 방출되어 수백만 주민의 건강권을 유린한 것은 비극적이면서 상징적인 사건이었다. 시간과 공간을 가로질러 페놀이라는 독극물이 유럽의 홀로코스트 학살과 한국의 낙동강 오염 사건을 잇는 상징적 연결고리가 된 점, 이런 것을 볼 줄 아는 눈, 그것이 이 책에서 강조하는 사회학적 상상력과 생태적 상상력의 시각이다.

2021년 한 시민단체의 발표에 따르면, 식수원으로서의 낙동강은 여전히 문제가 많다고 한다. 구미공단을 비롯하여 여러곳에서 2000여종의 화학물질이 강으로 유입되고, 하루에도 수십 톤씩 오수, 폐수가 흘러들어오고 있다. 대구시민의 70퍼센트가 사용하는 취수장 두곳의 물 품질이 생활용수 기준에도 못 미치는 3등급과 4등급에 해당하여 전국 최악의 수준이라는 것이다. 이처럼 공해 및 건강권 침해 우려가 높은 산업 인프라가 일단 들어서면 그 지역에는 거의 반영구적으로 환경문제가 발생할 개연성이 높아진다.[5]

페놀사태로 인해 또다른 차원의 문제가 생긴 점도 빼놓을 수 없다. 생수 판매가 일상화된 것이다. "페놀 방류 등 기업의 탐욕, 그리고 이를 거르지 못한 정부의 공공수도 정책과 환경정책의 실패의 결과로, 공공재였던 물이 생수라는 자본주의 최고의 상품으로 변모하고 만 것이다. 그리고 이는 새로운 환경 재앙으로 등장하고 있다."[6] 최근의 연구에 따르면 플라스틱병 생수는 수돗물보다 생태계에 1400배 이상 악영향을 끼치고, 제조 과정에서 수돗물보다 자원이 3500배 이상 든다고 한다.[7]

2021년 강원도 영월 서강변에서 쓰레기매립장 건설을 둘러싸고 벌어진 논란도 기업활동이 환경과 인권을 파괴할 가능성을 보여준 사례다. 쌍용C&E는 1960년대부터 이곳에서 시멘트 제조용 석회석을 채굴했다. 그런데 현재 축구장 25개 크기의 폐광으로 방치되어 있는 이곳을 친환경적으로 복원해야 할 의무가 있음에도 불구하고 회사는 대규모 쓰레기매립장을 건설하겠다는 의사를 밝혔다. 그들은 매립장이 환경에 전혀 영향이 없다고 주장했다. 그러나 자기들이 직접 우라닌이라는 초록색 형광물질을 풀어 실험해보니 단 사흘 만에 쌍용천과 서강이 초록색으로 변했다. 만일 쓰레기 침수물이 강으로 유입되면 수도권, 충북 제천, 단양, 충주의 주민들이 마시는 식수에 재앙이 올 것이다. 그런데도 회사 측은 "세계 최고의 안전하고 완벽한 친환경 매립장을 조성하겠습니다!"라는 광고를 지방신문에 버젓이 게재했다.[8]

이처럼 환경과 인권의 연계, 그리고 환경문제의 사회적 차원은 우리에게 환경을 보는 새로운 눈을 제공한다. 환경문제를 발생시키는 조건과 맥락은 정치, 경제, 사회적 요인과 밀접하게 연결되어 있다. 정치적으로는 국가의 방조와 비호, 경제적으로는 수익창출과 자본축적, 사회적으로는 소비지상주의적 생활양식이 환경문제를 양산하는 근본원인이다. 이런 요인들은 하나같이 개발, 산업 및 기업의 활동이라는 공통분모로 이어진다.

전세계에서 개발과 산업 및 기업 활동과 관련해서 가장 심각하게 오염된 곳이 어디일까. 환경오염을 연구하는 국제 비영리환경단체 퓨어어스(Pure Earth, 블랙스미스 연구소Blacksmith Institute의 바뀐 이름)가 정리한 리스트에 나오는 몇군데를 살펴보자.[9] 우리에게 생소한 지명들이 많다.

중국 안후이성의 제서우시界首市는 납 생산·처리의 중심지인데 환경과 건강에 해로운 중금속으로 토양과 강물이 극심하게 오염되어 있다. 납중독으로 아동의 지적 발달에 장애가 오고, 인근에서 재배되는 밀에서 국가 보건기준의 24배에 달하는 중금속이 검출되었다.

인도 수킨다Sukinda에는 스테인리스스틸 생산과 가죽 무두질에 필요한 크로뮴을 채굴하고 정제하는 산업단지가 들어서 있다. 영화 「에린 브로코비치」를 통해 우리에게도 잘 알려진 발암물질 크로뮴이 수킨다 지역 260만 주민의 건강을 직접 해치고 있지만, 공식적인 환경규제 정책은 거의 존재하지 않는다. 이 지역 거주자들의 사망원인 중 85퍼센트가 크로뮴 중독으로 추산된다.

페루 안데스 지역의 라오로야에서는 미국계 회사가 1922년부터 중금속 제련 공단을 운영해왔다. 그런데 이 지역 아동들 99퍼센트의 혈중 납 농도가 기준치를 훨씬 초과하는 것으로 나타났다. 지금 당장 시설을 폐쇄하더라도 이미 방출된 중금속이 수백년 이상 악영향을 끼칠 것이라 한다.

러시아 시베리아의 노릴스크에는 세계 최대 규모의 제련소들이 밀집해 있다. 매년 400만 톤 이상의 카드뮴, 납, 니켈, 비소가 대기로 방출된다. 이 지역의 호흡기질환 사망률은 전국 평균보다 월등하게 높다. 니켈 제련소에서 반경 48킬로미터 이내 지역은 성한 나무가 한그루도 남아 있지 않을 정도로 지옥과 같은 불모의 땅이 펼쳐진다.

잠비아의 카브웨는 환경훼손의 영향이 얼마나 장기적으로 영향을 미치는지 보여주는 곳이다. 이곳은 옛 로디지아 시절부터 납을 채굴해오다 더이상의 산업활동이 불가능하여 중단된 상태다. 그러나 주민들의 중독률은 여전히 엄청나게 높다. 아동들의 혈중 중금속 농도를 측정하던 기계가 너무 높은 수치 때문에 망가졌을 정도다.

2021년 봄 인도에서 발생한 히말라야 빙하홍수도 참고할 만한 사건이다. 북부 우타라칸드주 난다데비산에서 비롯된 홍수로 30여명의 희생자와 200여명의 실종자가 발생한 대형 참사였다. 상류 쪽에서 붕괴된 거대한 빙하가 계곡으로 부서져 내리면서 강 하류를 덮쳤다. 두가지 원인이 상승작용을 일으켰다고 추정된다. 하나는 기후위기다. 기온이 오른 탓에 빙하가 녹아 떨어지면서 강의 보를 뒤덮어 쓰나미가 촉발됐다. 또 하나는 난개발이다. 전문가들과 환경단체들이 사전에 수없이 경고를 했지만 인도정부는 강줄기를 따라 여러개의 수력발전소와 댐을 건설하여 급류의 피해를 키웠다. 개발 명목으로 환경을 변형시킨 것이 대규모 인권침해로 이어진 것이다.

개발과 산업활동이 환경을 훼손하고 그것이 다시 인권을 유린하는 패턴은 너무나 잘 알려진 문제다. 그런데도 비슷한 패턴이 계속되는 까닭은 개발이라는 경로에 진입했을 때 그 길을 계속 갈 수밖에 없기 때문이다. 인프라에는 항만, 도로, 발전소 등 자본을 많이 투입해야 하는 물리적 '경성 인프라'가 있고, 사람들의 지식과 태도, 세계관과 같은 '연성 인프라'가 있다. 일단 경성 인프라가 한 사회의 산업 시스템으로 자리잡으면 그것이 나쁜 줄 알면서도 계속 가동할 수밖에 없는 악순환이 지속된다.

예를 들어, 한국남동발전·동서발전·서부발전·중부발전, 한국 지역난방공사가 운영하는 화석연료 발전설비가 2020년대 중반까지 질소산화물을 할당량보다 5600톤 이상 초과 배출할 것이라는 보도가 나왔다.[10] 이런 물질은 초미세먼지를 발생시켜 천식, 폐렴 등 호흡기질환을 일으키고 산성비의 원인이 된다. 수도권 인구밀집지역에 소재한 발전시설은 주민들의 건강권을 직접 위협한다. 발전소 측은 탈진설비를 갖춰 대비할 예정이라고 하지만 현재의 화석연료 에너지 인프라의 경로를 유지하는 한 근본적인 해결책이 되지는 못할 것이다.

산업활동과 개발은 환경과 관련된 인재, 사건사고, 산업재해를 발생시키기도 한다. 2007년 12월 7일 충남 태안 앞바다에서 삼성 소속의 크레인 배가 홍콩의 15만 톤급 유조선 허베이 스피리트호와 충돌하여 약 8만 배럴의 원유가 인근 해역으로 유출되었다. 악취가 풍기는 거대한 검은색 기름띠가 바다를 뒤덮으면서 해수와 해변이 오염되고 용존산소가 줄면서 지역 생태계가 순식간에 궤멸되다시피 했다. 사고가 난 태안 근해는 물고기, 조류, 철새떼, 수중식물, 플랑크톤이 살기 어려운 죽음의 바다사막으로 변했다.

인근 양식장과 어장에 기름이 덮이면서 어패류가 폐사하여 산더미처럼 쌓였다. 어업과 관광업에 의존하던 어민과 지역주민은 생계에 회복 불능의 타격을 입었다. 타르 찌꺼기가 전남의 바닷가에까지 흘러갔다. 수많은 사람들이 기름 제거를 위해 자원봉사에 나섰던 이 사상 최악의 해양오염 사건으로 얼마나 큰 환경피해가 발생했는지, 보이지 않는 여파가 얼마나 지속될지, 지금까지도 논란이 되고 있다.

환경만 파괴된 것이 아니었다. 주민들의 심신건강에 곧바로 적신호가 왔다. 오염 노출 정도가 높을수록 두통, 어지러움, 메스꺼움, 가슴 두근거림, 전신 피로와 불면 등 신경계 증상이 나타났다. 목 아픔, 숨참, 기침 등 호흡기계 증상도 관찰되었다. 피부 가려움과 발적, 눈 아픔, 눈 충혈도 보고되었다. 저오염 지역군에 비해 고오염 지역군에서 두통이 무려 14배 이상 나타나는 등, 오염의 정도와 증상의 심각성이 비례했다.[11]

사고가 나고 10년 후 현장을 취재한 한 르포기사는 겉으로는 기름 흔적이 거의 사라졌지만 바닷속에 잔류한 성분 때문에 양식업이 계속 피해를 입고 있다고 보도했다.[12] 그나마 생태계는 외견상 조금씩 회복되는 것 같았지만 사람들의 건강은 더 나빠지고 있었다. 방제복이나 마스크 없이 기름 제거 작업에 뛰어들었던 주민들 중 남성은 전립선암, 여성은 백혈병을 많이 앓는 것으로 조사되었다. 어린이 천식의 위험도 높게 나왔다. 주민들의 70퍼센트 이상이 자살충동을 느낀다는 연구도 발표되었다. 삼성의 발전기금을 놓고 주민들 사이에 갈등이 높아져 지역공동체가 반목과 분열 상태에 놓여 있었다. 이렇듯 기름유출 사건은 환경오염 사건이기도 했지만 인간에 의해 자행된 인권침해와 사회적 사건이기도 했다.

1984년 12월 2일 밤부터 다음날 새벽 사이에 인도의 마디아프라데시주 보팔시에 소재한 미국계 기업 유니언 카바이드사 공장에서 살충제 원료로 쓰이는 유독가스가 수십 톤이나 새어나왔다.[13] "달착지근한 냄새가 공기 중에 퍼졌다"고 사람들은 증언한다. 사고가 나고 거의 순식간에 보팔 주민들 3800명 이상이 즉사했다. 사고 발생 24시간 내에 온 거리가 지옥과 같은 죽음의 도시로 변했다. 며칠 이내에 최소 1만명이 추가로 사망했다. 그후 20년 동안 1만 5000~2만명이 조기 사망한 것으로 추산된다. 장기간에 걸친 건강피해도 엄청났다. 안질환, 폐렴, 만성 설사, 염색체 이상, 유산, 영유아 조기 사망, 몸의 균형을 잡지 못하는 정신운동성 초조 등이 나타났다. 다양한 심신장애가 2세대, 3세대로까지 이어지고 있다. 인간만 피해를 당한 게 아니었다. 사고 다음날 보팔 시내는 사람 시신뿐 아니라 물소, 황소, 개, 새 들의 사체로 발 디딜 틈도 없었다.

회사는 사고가 나기 전부터 15년 이상 공장 주변 환경을 극심하게 오염시켜놓은 상태였다. 사건 발생 30년 뒤 현장을 취재한 기사는 참사가 현재진행형이라고 보도한다.

공장부지 내에는 350톤이나 되는 독성 폐기물이 지금까지 방치되고 있어서 주변 토양과 지하수를 계속 오염시키고 있다. 보팔 참사 2.0

버전은 원래 사고 때보다 더 많은 사람들을 위협하고 있다. 이런 화공 물질들은 분해속도가 느려 앞으로 수백년 동안 주변 환경에 잔류해 있을 것이다. 현장의 오염 처리를 완료하지 않는 한 독극물 피해는 계속될 수밖에 없다.[14]

이 사건은 전세계에서 사상 최악의 환경공해 사건으로 손꼽히고, 보팔이라는 이름은 산업형 재난의 대명사가 되었다.

2010년 미국 멕시코만에서는 원유가 대량 유출되는 사고가 터졌다.[15] 세계 굴지의 석유회사 BP의 시추선 딥워터 호라이즌호가 폭발하면서 수억 톤의 원유가 바다로 흘러나왔다. 사상 최악의 원유유출 사건이었다. 현대중공업이 제작한 딥워터 호라이즌은 수직 1만 미터가 넘는 깊이로 시추공을 팔 수 있는 최첨단의 심해 유전 탐사시설이었다. 이 사건으로 루이지애나주 일대의 바다가 한반도보다 더 넓은 기름막으로 뒤덮였다.

인근 자연환경이 즉시 파괴되기 시작했다. 원유와 화공약품이 섞인 유출물이 퍼지면서 참다랑어와 방어가 떼죽음을 당했다. 오일 분산제를 사용하여 바닷물 속의 원유를 잘게 분해한 탓에 인근 해역의 조개나 새우 체내에 미세원유가 침투했고, 이것이 다시 생태계 먹이사슬을 통해 모든 동식물에 영향을 끼쳤다. 각종 해산물이 오염되었고, 바닷새와 거북이의 개체수가 크게 줄었다. 돌고래들이 대거 사산한 모습이 관찰되었다.

폭발사고가 나면서 당시 시추선에 근무하던 노동자 11명이 즉사했다. 연안에서 조업 중이던 어부들에게도 건강이상 신호가 나타났다. 원유 제거 작업에 투입된 노동자들의 눈과 호흡기에 장애가 오고, 혈뇨와 혈변 현상이 나타났다. 구토, 경련, 피부 발적, 기억상실, 간과 신장 훼손, 중추신경계 손상, 고혈압, 유산 등도 관찰되었다. 아이들의 코와 귀에서 피가 흘러나오고 초경이 빨라졌다는 보고도 있었다. 장기적으로 암과 기형아 출산의 위험에 관한 의학적 경고도 나와 있다.

2012년 9월, 구미에 있는 산업단지의 불산 저장탱크가 폭발하여 10톤가량의 불산이 누출되었다. 이때도 인권과 환경이 함께 피해를 입었다. 유독가스를 흡입하여 5명이 사망하고, 소방관 18명이 부상을 당했으며, 주민들 3000명 이상이 진료를 받아야 했다. 212헥타르 면적의 농작물이 고사했고, 4000마리가 넘는 동물들이 떼죽음을 당했다. 주민 보상액만 380억원에 달했던 초대형 산업환경재해였다.[16]

그후 화학물질의 안전에 관한 법률들이 개정되어 2015년부터 시행되었다. 환경연합의 분석에 따르면 2015~19년까지 화학사고가 확연히 줄어드는 추세가 확인된다. 그러나 이후 정부가 화학물질 규제를 완화하면서 사고 건수가 대폭 늘어나기 시작했다. 기업이 요구하는 대로 규제를 느슨하게 풀어주면 사고가 증가한다는 사실이 입증된 것이다.[17]

이처럼 개발과 산업 및 기업 활동은 그 속성상 환경훼손과 환경사고를 일으킬 개연성이 높고, 그런 사건이 발생하면 거의 언제나 인권침해로 이어진다. 환경—인권이 연계된 메커니즘은 이처럼 현대사회의 통상적인 생산—소비 시스템 속에 단단히 뿌리

내리고 있으면서 언제 터질지 모르는 시한폭탄처럼 인간과 자연에 대한 리스크를 높이고 있다. 그러나 이런 활동이 '고의적'으로 자연과 인간을 파괴하려고 한 것이 아니라는 이유로 그것이 초래한 결과에 비해 훨씬 낮은 수준의 제재를 받기 쉽다. 이러한 '고의성'의 문제는 2장에서 집중적으로 다룰 것이다.

자연환경을 강탈당하다

경제활동의 부수적('고의적'이지 않은) 결과로써 환경파괴와 인권파괴가 일어나는 것을 넘어, 자연환경과 자원을 그 자체로 강탈하고 파괴함으로써 인권침해가 일어나는 경우도 많다. 유엔환경계획UNEP은 지난 60년간 발생한 모든 국가간 전쟁 중 40퍼센트가 자원을 둘러싼 갈등 때문에 일어났다고 지적한다. 1990년부터 2015년 사이에 목재, 다이아몬드, 금, 광물, 원유, 토지와 물 등 자원의 쟁탈경쟁으로 인한 전쟁이 최소 18번이나 발발했다.[18]

전쟁 시가 아닌 평상시에 환경자원을 둘러싸고 갈등과 저항이 벌어지는 과정을 살펴보려면 남태평양 솔로몬제도의 마라사 마을에서 일어났던 사건이 좋은 예가 된다. 이곳에서 자라는 크윌라나무와 아크와나무는 원목가구용 1등급 소재로 한국에도 잘 알려져 있다. 갈레고 리소스Gallego Resources라는 말레이시아계 벌목회사가 섬에 진출하여 크윌라숲의 나무들을 잘라내기 시작했다. 울창하던 숲이 사라지면서 붉은 토양이 노출되어 산사태가 나고,

물이 부족해졌고, 동식물이 크게 줄었다. 벌목으로 온 섬이 군데군데 뜯겨 아름다웠던 옛 모습을 잃고 누더기처럼 되어갔다. 지역주민의 생계가 곤란해졌고 사람들 사이에 틈이 벌어져 평화로웠던 동네 분위기가 뒤숭숭해졌다. 이런 현실에 대해 주민들이 벌목회사에 불만을 표시하면 회사와 결탁한 경찰이 사람들을 위협하고 폭력을 가하기도 했다.

하지만 주민들은 환경운동가와 손잡고 대응에 나섰다. 지속적으로 회사에 퇴거를 요구하고, 회사가 원래 허가받은 경계를 넘어 벌목을 저지른 증거를 사진으로 남겼다. 모든 대화를 녹음하고 모든 일들을 꼼꼼히 기록했다. 그리고 회사의 회유와 압박에 굴하지 않고 주민들이 똘똘 뭉쳐 795명의 서명을 받아 중앙정부에 진정을 넣었다. 글을 쓸 줄 몰라 엄지손가락 지장을 찍은 사람도 많았다. 이런 눈물겨운 투쟁 끝에 2018년에 드디어 갈레고 리소스사를 섬에서 철수시킬 수 있었다. 큰 상처를 입긴 했지만 골리앗을 상대로 주민들이 승리한 것이다.[19]

그러나 이 이야기는 전세계에서 벌어지는 유사한 사례 중 극히 예외적인 해피엔딩에 속한다. 비슷하게 자연자원 강탈이 발생했던 라이베리아에서는 심각한 인권유린과 쿠데타 사태가 벌어지기도 했다.

다국적기업들이 개도국의 유전, 광산, 산림을 무차별로 파헤치고 주민들의 인권을 유린하는 사건이 상상을 초월하는 수준으로 일어나고 있다. 한국에서는 이런 일들이 잘 보도되지 않고, 그것이 전지구적으로 어떤 영향을 끼치는지에 대해 관심을 갖는 경우도 드물다. 대규모의 극심한 초국적 환경훼손에 대해서는 2장에서 자세히 다루겠다.

미국계 석유회사 텍사코는 1964년부터 1992년 사이 에콰도르의 아마존강 유역에서 원유를 채굴했는데, 그 과정에서 에콰도르와 인접국 페루의 자연환경에 큰 피해가 발생했다. 발암물질인 원유 폐기물을 안전하게 수거하지 않은 채 그냥 강으로 흘려보냈고, 강의 생태계가 파괴되면서 강 수역의 식생, 습지, 농토가 광범위하게 오염되었다. 환경갈등이 워낙 높아져 결국 텍사코는 철수를 결정했다. 하지만 시추공이나 유정을 봉인하는 뒤처리를 제대로 하지 않아 지역주민들의 건강과 생계가 계속 나빠졌다. 한국에서도 유사한 사례가 있었다. 반환된 미군기지 12개 중 11개 기지에서 유류와 중금속이 검출되었고, 수천억에 달하는 환경정화비용을 한국이 떠안게 된 것이다.

동남아시아에서 일어난 산림개간용 방화 사태는 비교적 잘 알려져 있다. 환경단체 그린피스는 『추악한 은행가들』*Dirty Bankers*이라는 보고서에서 은행그룹 HSBC가 인도네시아와 동남아시아의 원시림과 이탄습지를 무차별 파괴하고 야자기름 채취를 위한 대농장을 개발하는 회사들을 어떻게 지원했는지 낱낱이 밝힌다.[20] 총 자산규모가 2조 7000억 달러가 넘는 유럽 최대 은행인 HSBC의 융자를 받았던 농업개발회사들은 인도푸드, 노블그룹, 굿호프, 포스코대우 등이었다.

이 회사들이 플랜테이션 농장을 조성하는 과정에서 조직적이고 광범위하게 생태환경파괴가 일어났다. 나무를 자르고 숲을 불태우는 바람에 도망갈 곳이 없어진 야생동물들이 화염 속에서 산 채로 타 죽었고, 보르네오 오랑우탄은 멸종 직전 상태에 이르렀다. 지역의 날씨 패턴이 바뀌고 생태계의 지탱력이 큰 타격을 입었다. 2015년에는 인도네시아를 포함한 동남아시아 여러 지역에서 숲을 제거하기 위해 초대형 산불을 동시다발로 일으켜 이곳에서 하루에 배출한 온실가스가 미국 전체의 1일 온실가스 배출량을 넘었을 정도다. 이런 규모의 고의적 환경파괴라면 국경선을 가로질러 자행되는 초국적 환경범죄로 보아야 마땅하다.[21]

숲을 제거한 후에도 농장운영 과정에서 수많은 인권침해가 일어났다. 외딴 대농장에서 아동들에게 강제로 노동을 시키고, 보안경찰과 용병들이 주민과 노동자들에게 폭력을 가하면서 공포통치를 자행하는 일이 비일비재했다. 지역주민들이 함께 활용하던 공유지가 대농장에 편입되면서 땅 없는 사람들은 생계수단을 잃고 대농장의 품팔이 일꾼으로 전락했다. 하버드대학과 컬럼비아대학의 공동연구에 따르면 2015년 9~10월 사이에 발생한 개간용 산불로 막대한 연기구름이 발생하여 인도네시아, 말레이시아, 싱가포르에서 평년보다 10만명 이상이 초과 사망했다고 한다.[22]

HSBC는 농업개발회사들이 저지르는 환경파괴와 인권파괴에 대해 충분히 인지하고 있었다. 하지만 융자, 회전 신용 편의, 리스크 인수 등 은행업이 베풀 수 있는 모든 종류의 '친절한' 금융서비스를 적극적으로 제공했다. 만일 HSBC가 자체 윤리규정을 지키기만 했어도 개발회사들에 그렇게까지 전폭적인 지원을 할 수는 없었을 것이다. 이런 일을 겪고도 HSBC의 기후위기 방조가 끝나지 않았다는 보도가 나왔다.

팜유(야자기름)는 우리의 일상생활에 깊이 들어와 있다. '세계에서 가장 대중적인 식물성 기름'인 팜유는 피자, 라면, 초콜릿, 샴푸, 탈취제, 분유 등 모든 포장제품의 절반, 그리고 화장품의 70퍼센트에 포함되어 있다. 인도네시아와 말레이시아가 전세계 팜유 생산의 85퍼센트를 차지하며 생산지 주민들의 생계와 소득에 큰 도움을 준다.

문제는 지속가능하지 않은 재배방식이다. 생물다양성 밀도가 가장 높은 열대우림을 파괴한 땅에서 농사를 짓기 때문이다. 지역사회가 쪼개지고, 토양침식, 수질오염, 기후위기 악화, 토지수탈, 강제이주, 산림 이용권 박탈, 노동자 인권침해, 지역공동체 파괴 등이 대규모로 발생했다. 팜유 생산은 오랑우탄, 코끼리, 코뿔소 등 최소 193종의 멸종위기동물을 위협하는 주된 요소가 될 정도로 "생물다양성과 생태계 기능에 처참한 결과"를 초래하고 있다.

2021년 세계자연기금[WWF]은 전세계 227개 기업을 대상으로 지속가능한 팜유 정책을 이행하고 있는지를 조사해서 발표했다.[23] 많은 기업들이 2020년까지 팜유 관련 환경파괴를 근절하겠다고 선언했었지만 이행점수를 보면 24점 만점에 평균 13.2점에 불과했다. 대다수 기업이 산림파괴, 자연 생태계 전환 및 인권침해를 막을 수 있는 효과적인 정책을 수립하지 않고 있었다.

이번 조사에서 처음으로 한국의 화장품, 생활용품, 식품제조, 케미컬 부문의 14개 회사에 참여를 요청했지만 다섯곳에서만 정보를 공개했다. 아모레퍼시픽이 14.5점으로 국내 최고를 기록했

고, 삼양사, 롯데푸드, AK켐텍, 동남합성도 정보를 공개했다. 한
국기업의 평균은 4.5점으로 전세계 평균보다 크게 낮았다. 농심,
효성, LG생활건강, 대상, CJ제일제당, 미원상사, 오뚜기 등은 아
예 조사요청에 응하지 않거나 정보를 공개하지 않았다. 이런 회
사들에 대해 소비자가 어떻게 대처해야 좋을까.

　광물이나 원자재가 환경파괴와 인권침해의 주범이 되기도 한
다.[24] 시에라리온에서 내전이 10년이나 계속되도록 만들었던 다
이아몬드가 대표적인 '분쟁 자원'이다.[25] 전세계 사람들이 쓰는
휴대폰에 들어가는 콜탄은 생산량의 80퍼센트가 콩고민주공화국
(이하 DR콩고)의 키부에서 채굴된다. 이 지역을 점령한 무장집단은
콜탄 판매금으로 신무기를 구입하고, 병력을 충원한다. 돈과 폭력
이 만나면 최악의 상황이 벌어지게 마련이다. 전투를 벌일 군자
금을 계속 확보할 수 있는 한 갈등은 쉽게 끝나지 않는다. 내전으
로 인해 수백만의 민간인이 죽음을 당했으며 많은 사람들이 고향
땅에서 쫓겨났다. 전세계 강제이재민의 10퍼센트가 DR콩고에서
비롯된다고 추산된다.

　콜탄은 하나의 사례일 뿐이다. 안티모니, 하프늄, 베릴륨, 비스
무트, 코발트 같은 물질은 현대사회의 산업활동에 꼭 필요한 핵
심 원자재들이다. 이런 원자재들이 소위 '피의 광물'이 되어 분쟁
을 지속시키는 원인이 된다는 사실을 깨달은 유럽연합은 '분쟁
광물 규제' 정책을 시행하기 시작했다.[26]

　다이아몬드가 분쟁 자원으로 쓰이지 않도록 규제했던 '킴벌
리 프로세스'와 비슷한 정책이다. 규제 대상은 광물 채굴자와 판

매자, 광물 수입업자들이다. 탄탈럼, 텅스텐, 금과 같이 무장분쟁의 생명줄이 되는 고부가가치 광물의 원산지를 표기하고, 채굴에서 가공까지 전과정을 공개하여 투명성, 광물회사의 실사, 경제·사회적 조건 향상 등을 유도한다. 말리, DR콩고, 리비아, 멕시코, 콜롬비아, 베네수엘라 등 전략적 광물을 생산하는 27개국이 주요 대상인데, 전략적 지정 광물의 종류와 규제 국가가 더 늘어날 가능성이 있다.

지역민이 소박한 생계수단으로 자연환경을 활용하는 정도를 넘어, 그것을 철저히 돈벌이의 수단으로 삼아 대량으로 착취하는 행위는 필경 사회갈등을 유발한다. 이런 일을 저지르는 기업과 폭력집단, 그것을 묵인하고 방조하는 국가로 인해 인권침해, 지역공동체 분열, 자연자원의 불평등한 접근성, 사람들의 생계 곤란이 가중된다. 더욱이 삶이 막막해진 사람들이 먹고살기 위해 범죄집단이나 무장집단에 가담할 확률이 높아지므로 더 큰 분쟁의 악순환이 계속되기 쉽다.

또한 환경파괴를 막으려는 환경운동가, 지역공동체 지도자들이 박해받고 심지어 살해당하는 사건도 빈번하게 일어난다. 국제환경감시단체인 글로벌 위트니스global witness의 보고서 『내일을 옹호한다』Defending Tomorrow에 따르면, 2019년 한해 동안 지역사회의 환경과 대지를 지키는 활동을 하던 운동가들이 전세계에서 최소 212명이나 살해되었다고 한다. 역대 최대 규모다. 사망자의 40퍼센트가 토착민 공동체에서 나왔다. 국가별로는 필리핀, 브라질, 멕시코, 루마니아, 온두라스 순이다. 광산업자, 농기업, 목재회사,

석유·천연가스 회사들이 주된 가해집단이었다. 이런 회사들은 보통의 기업이라기보다 악랄한 조직범죄 집단으로 규정해야 마땅하다.

지금까지 설명한 자연자원의 수탈과 환경훼손의 사례들을 종합하여 일반화를 해볼 수 있다. 이런 사건들을 은유적으로 '숲의 파괴 사건'이라고 부르는데, 그런 현상이 특히 개도국에서 어떤 메커니즘을 통해 인권침해로 이어지는지 분석해보면 다음과 같다.[27]

우선 땅과 자연자원에 대한 주민들의 법적 권리가 불확실하다는 문제가 있다. 마을의 공유지나 산림에 대한 관습법적 소유권이 인정되지 않거나, 소작농의 계약관계가 부실하다는 이유로 주민을 내쫓고 그 땅을 기업이 매입할 때, 또는 토지를 팔라고 강요하는 경우가 여기에 해당된다.

토지를 팔지 않거나 개발에 저항하는 주민과 활동가에 대해서는 가차없이 탄압이 가해진다. 외부 기업과 결탁한 경찰이 사람들을 불법적으로 체포, 구금하고 허위사실을 유포하여 멀쩡한 사람을 파렴치한 인간으로 만들기 일쑤다.

활동가를 살해하거나 납치 또는 강제로 '실종'시키는 범죄도 발생한다. 집단학살이나 초법적 처형이 일어나기도 한다. 여성 주민에게 성폭력과 성희롱을 가하고, 성폭력을 통제의 수단으로 삼는다.

사법부와 법집행 당국 역시 지역주민들에게 호의적이지 않은 경우가 많다. 차별과 배제가 흔하고, 문제를 제기한 측이 오히려 손가락질을 받는다. 행정적 혹은 사법적 구제를 받을 길도 막막하다. 가해자가 처벌받지 않고 풀려나거나 간혹 처벌된다 하더라도 저지른 죄에 비해 터무니없이 가벼운 제재를 받는다.

또한 숲을 개간하기 위해 강압적으로 지역공동체의 동의를 받아낸다. 개발사업의 전모를 알리지 않고 긍정적인 면만 부각시킨 허위정보를 유포한다. 마을주민들이 분열된다. 친기업적인 언론이 이런 선전선동의 나팔수 역할을 한다. 지방정부에 로비를 하거나 압력을 가해 산림벌채 허가를 따낸다.

지역주민들이 물리적으로 저항하면 '폭력집단'으로 규정하여 경찰을 동원해 탄압하거나 강제로 이주시킨다. 인위적으로 지역공동체의 의사결정 구조를 조작하여 개발을 승인하도록 한다. 주민들에게 불리하게 토지를 용도 변경한 후 회사의 뜻에 무조건 따를 것을 강요한다. 주민들을 회유하고 갈라치기한다. 주민들은 복잡한 법규정을 잘 모르거나, 적절한 법률 지원을 받지 못한다. 어떤 한정된 지역을 특별히 지정해서 그곳으로 주민들을 이주시켜버리면 이들은 생계활동을 할 수 없게 된다.

숲이 잘려나가고 사냥터가 사라지고 고기잡이를 할 수 없게 된다. 주거지가 파괴되고 공예품이나 약재를 만들 수 있는 천연자원이 고갈된다. 강이 오염되고 지하수와 개천물이 마른다. 거대한 면적의 숲을 태우면서 연기가 발생해 공기질이 나빠지고 사람들이 호흡기질환을 앓는다. 땅에서 나던 작물과 숲에서 나던 과일 대신 가게에서 파는 식료품을 사 먹어야 한다. 품삯을 받고 일하는 처지가 되어 노예와 같은 노동조건을 감수해야 한다.

토착민들이 받는 타격이 제일 크다. 부족이 세대를 이어 신성시해온 대지가 개발로 망가진다. 생계방식과 호구지책이 사라진다. 전통지식과 문화전승의 맥이 끊긴다. 자손들에게 이어지던 관습이 사라지면서 할아버지, 할머니와 손주들 사이에 의사소통, 이해, 유대가 불가능해진다. 종교적 의례를 위한 물품이나 전통 의약품을 만들 수 있는 천연자원이 고갈된다. 집단 문화생활을 영위할 수 없게 된다.

공유지를 잃은 사람들은 살던 곳에서 강제퇴거를 당해 뿔뿔이 흩어져 떠돌게 된다. 어쩔 수 없이 도시로 나가게 되고, 복잡하고 비위생적인 슬럼가에 정착하여 일자리를 찾는다. 주변화된 도시 빈민으로 힘겹게 살아간다. 이런 상황에서 아이들은 교육을 제대로 받지 못하고 빈곤이 대물림된다.

정도의 차이는 있지만 이런 일들이 한국의 개발 과정에서도 상당히 유사하게 나타나곤 했다. 인권운동가들은 이와 같은 상황에서 침해되는 인권의 종류를 다음과 같이 정리한다. 자유권, 사회권, 문화권이 골고루 섞인 목록이다.

생명권, 신체의 안전, 기본적 존엄, 자기결정권, 생계수단을 택할 권리, 자유롭게 사전에 잘 알고 하는 동의Free, Prior and Informed Consent, FPIC, 문화보전 권리, 전통직업 선택 권리, 땅과 자연의 관습적 사용 권리, 전통지식 전승 권리, 법 앞의 평등, 차별금지, 법적으로 구제받을 권리, 법적 인격으로 인정될 권리, 건강권, 건강한 환경 권리, 전통적 거주지의 땅과 영토와 자원에 대한 권리, 자의적 체포와 구금으로부터 자유로울 권리, 의사표현의 자유, 집회와 결사의 자유, 공적 의사결정에 참여할 권리, 토착민의 기본권, 생계권, 의식주 권리, 강제퇴거를 당하지 않을 권리, 그리고 교육권 등이다.

한가지 이해하기 어려운 점은, 이렇듯 명명백백하게 자연과 인간을 해치는 행위에 대해 기업활동의 의도치 않은 '부수적 피해'라고 면죄부를 부여하는 관행이 아직도 전세계에 널리 퍼져 있다는 사실이다. 바로 이 때문에 극심한 생태살해를 국제범죄로 다루자는 운동이 벌어지고 있다. 이것 역시 2장에서 다룰 것이다.

전쟁은 예외 없이

평화연구로 이름난 스톡홀름 국제평화문제연구소[SIPRI]는 1980년 『부서지기 쉬운 세계 속의 전쟁』*Warfare in a Fragile World*이라는 보고서를 출간했다.[28] 무력분쟁이 인간과 환경에 동시에, 크나큰 피해를 입힌다는 점을 밝혀 국제적으로 주목을 받았던 연구다.

보고서는 전쟁으로 인한 환경파괴가 예전부터 있어왔지만 기술발전과 국제적 상호의존성이 늘어났기 때문에 그 파괴 양상이 앞으로 더 커질 것이라고 예견했다. 이 보고서에는 인류역사를 통틀어 생태파괴가 극심하게 일어났던 대표적인 전쟁 26개가 소개되어 있다.[29] 그중 일부만 살펴보자.

기원전 6세기 페르시아—스키타이 전쟁에서 숲과 농경지의 방화, 우물에 독극물 주입 등 초기적인 환경전쟁 형태가 나타났다.

그후 펠로폰네소스 전쟁(기원전 431~404), 훈족 침입(4~5세기), 몽골족 침입(1213~24), 삼십년전쟁(1618~48), 나폴레옹전쟁(1796~1815), 태평천국의 난(1850~64), 미국 나바호족 말살 전쟁(1860~64), 미국 남북전쟁(1861~65), 미국 인디언전쟁(1865~98), 1차 세계대전(1914~18), 중일전쟁(1937~45), 2차 세계대전(1939~45), 앙골라 독립전쟁(1961~74), 그리고 베트남전쟁(1960~75) 등에서 인명피해와 환경파괴가 함께 일어났다.

중일전쟁 당시 중국이 일본 침략군에 대항하여 강물을 방어수단으로 썼던 사례는 널리 알려져 있다. 장제스蔣介石가 이끈 중국군은 1938년 6월, 황하의 화위안커우 제방을 터뜨려 일본군 수천 명을 수장시킴으로써 그들의 진격을 저지했다. 그러나 물 방어작전은 엄청난 부작용을 낳았다. 허난성, 안후이성, 장쑤성에서 수백만 헥타르의 농지가 침수·유실되고 11개 도시, 4000개 촌락이 물벼락을 맞았다. 적어도 수십만명이 수장당하고 수백만명의 이재민이 발생하여 "인명 손실의 규모로 보아 인류역사상 최악의 환경파괴 전쟁"이 되었다.[30] 황하의 물길은 1947년이 되어서야 겨우 통제가 가능해졌다. 이것을 역사학에서는 '화위안커우 제방 폭파 사건花園口決堤事件'이라고 부른다.

스톡홀름 국제평화문제연구소의 리스트에는 한국전쟁(1950~53)도 인명살상과 대규모 환경파괴가 연계되어 발생한 주요 사례로 언급된다. 약 400만의 인명피해를 낸 한국전쟁은 미공군의 폭격으로 인명피해와 환경피해가 조직적으로 발생한 전쟁이었다. 적어도 38만 6000톤 이상의 폭탄이 투여되었는데, 그중에서도 환경파괴를 유발하기 쉬운 네이팜탄과 소이탄이 많이 사용되었다. 또한 대형 폭탄일수록 지표면에 거대한 자국을 남기면서 토양유실과 토질악화가 발생하기 쉽고, 파편이 흙과 섞이고 수많은 물구덩이가 생겨 오랫동안 농사를 지을 수 없게 된다. 불발탄의 장기적, 잠재적 피해도 고려해야 한다. 공중폭격으로 북한지역의 경작지 약 3700제곱킬로미터가 황무지로 변했고, 남한의 가옥도 60만 호 이상 파괴되었다.[31]

미공군의 공중폭격 기록을 추적하여 한국전쟁을 복기한 김태우의 연구 『폭격』에는 인명피해와 환경파괴가 함께 발생한 사례들이 다수 소개되어 있다. 남한지역도 예외는 아니었다. "낙동강 부근의 논밭과 숲, 촌락은 본래의 형태조차 상실"했다는 보고가 있었고, 한국군 1사단장 백선엽은 "낙동강 서쪽 약목과 구미 사이 가로 5.6킬로미터, 세로 12킬로미터의 직사각형 구역이 쑥밭이 됐다"라는 기록을 남겼다. 2차 세계대전 당시 노르망디 상륙작전 이래 최대의 폭격작전이었다고 한다.[32]

현대 이전 시기로까지 거슬러올라가 한반도에서 전쟁과 환경의 연관성을 밝히려는 연구도 있다. 예를 들어 16세기 말의 임진왜란, 20세기의 중일전쟁과 태평양전쟁, 그리고 한국전쟁을 통해서 보아도 이 점이 확인된다. 산림파괴, 선박과 전쟁물자를 조달하기 위한 벌목, 연료 부족으로 인한 남벌, 산림보전 정책 중단, 식목사업 변화 등이 일정한 패턴을 두고 나타난다. "[한반도에서] 여타 역사적 조건과 비교했을 때 전쟁 및 전쟁으로 비롯된 폭력이야말로 생태계 및 인간의 정주환경을 가장 크게 변화시킨 요인이었다고 할 수 있다."[33]

이 책에서 인권과 환경의 연계를 강조하는 것처럼 역사학에서도 장기적 관점에서 전쟁과 환경 간의 상호작용을 강조하는 흐름이 나타나고 있는 것은 단순한 우연의 일치가 아니다. 그만큼 인간사회와 환경 사이에 기존에 생각했던 것보다 훨씬 더 깊은 차원에서 연결고리가 발견되고 있다는 뜻이다. 그것을 해석하고 의미를 부여할 수 있는 시각이 적었으므로 그런 사실이 잘 보이지 않았을 뿐이다.

전쟁은 거의 예외 없이 환경을 훼손시킨다. 우선 '고의적으로' 환경을 전쟁수단으로 파괴하지는 않았지만, '결과적으로' 환경이 훼손된 경우를 보자.

포사격으로 숲이 파괴되거나 동물의 서식처가 교란되는 2차 환경피해, 그리고 대형 트럭과 장갑차, 탱크 등 군용차량의 이동으로 인해 자연환경이 훼손되는 경우가 많다. 전쟁물자를 폐기하여 환경에 피해가 발생한 경우도 있다. 지학순 주교의 증언에 따르면 한국전쟁 당시 평양에서 미군이 후퇴하면서 화물차 수십칸에 가득 실은 휘발유를 대동강에 전부 쏟아부었다고 한다.[34] 뒤에서 보겠지만 전쟁으로 동물이 멸종되는 일도 흔히 발생한다.

전세계에 산재해 있는 군사시설의 문제도 있다. 현재 지구 표면상의 1~6퍼센트 정도가 군기지와 군사훈련장이라고 한다.[35] 군시설에서는 건축, 군사훈련, 병력과 병참 이동, 유해물질 저장 등 환경훼손과 밀접한 관련이 있는 활동이 다반사로 벌어진다. 특히 화생방무기와 핵무기의 보유·저장은 잠재적으로 환경에 시한폭탄과 같은 리스크를 높인다.

군대는 또한 기후위기의 주범인 온실가스를 다량 발생시킨다. 특히 미군은 거대한 온실가스 배출공장이라 불러도 과언이 아닌 조직이다. 만일 미군을 하나의 국가단위로 본다면, 전세계에서 미군보다 온실가스를 적게 배출하는 나라가 140개국이나 된다. 그 중에는 스웨덴, 핀란드, 뉴질랜드, 노르웨이, 스위스 같은 나라도 포함된다.[36] 미공군의 B-52 폭격기 1대가 1시간 동안 비행하려면, 도시에서 출퇴근용으로 승용차를 모는 운전자가 평균적으로 7년 동안 사용하는 분량의 휘발유가 필요하다.[37] 한·미 양국이 2021년 11월에 실시한 '비질런트 에이스' 연합공중훈련에 동원된 군용기 200대가 배출한 탄소량을 상쇄하려면 약 45만그루의 나무를 심어야 한다.[38]

대인지뢰, 집속탄, 불발탄은 환경을 직접 타깃으로 삼은 무기는 아니지만, 환경을 황폐화하고 인간에게 큰 피해를 준다. 민간인들이 죽고 다치며, 경작지의 토양이 오염되는데다 사람이 농토에 접근할 수 없어 생계에도 막대한 피해를 초래한다. 열화우라늄탄은 폭발 후에도 방사성물질을 방출할 수 있다. 폭탄 폐기물에서 독성 유해물질이 오랜 시간 방출되어 민간의 식수원을 망치는 경우도 있다. 버려진 전투장비와 고철을 수거·처리하는 노동자들이 유해물질에 노출되어 급·만성질환을 앓는 경우도 흔하다. 근해에서 침몰한 전함과 잠수함에서 새어나온 연료와 화공약품으로 인근 해역의 생태계가 훼손된 사례도 있었다.[39]

동물들도 전쟁의 '부수적 피해'를 입기 쉽다. 중국 의화단운동의 무장봉기 과정에서 '의도치 않게' 사슴과에 속한 사불상四不像이 멸종되었다. 유럽에서는 1차 세계대전 와중에 대형 들소가 거의 멸종되다시피 했다. 유럽들소는 알타미라 동굴벽화에 등장할 정도로 인간과 오랫동안 공존해온 역사적인 야생동물이다. 전쟁 중 독일 병사들이 폴란드의 비아워비에자숲Białowieża Forest에서 무게가 1톤이 넘는 대형 들소들을 재미 삼아 600마리나 쏘아 죽여 씨를 말리다시피 했다. 독일군이 퇴각할 때 숲에는 단 아홉마리의 들소만 남아 있었다고 한다.

전쟁으로 치안이 불안해지고 동물보호조치가 느슨해지면 밀렵꾼들이 판을 친다. 이 때문에 아프리카의 내전지역에서 흰코뿔소와 코끼리의 생존이 크게 위협받고 있다. 사정이 이러한데도 고의로 환경파괴를 목적으로 하지 않은 이른바 '소극적' 환경전쟁인 경우에는 '광범위하고 장기간에 걸쳐 극심한' 피해가 발생한 경우에만 국제법 위반으로 간주될 수 있다.[40] 하지만 전쟁이 벌어졌는데 이런 조건을 일일이 따져 법정에서 위반 여부를 따지는 것은 현실적으로 아주 어렵다. 법적 논리의 답답함이 드러나는 부분이다.

장기간의 무장분쟁으로 인간의 삶과 환경이 피폐해지는 양상을 잘 보여주는 사례로 에리트레아 독립전쟁을 들 수 있다. 전쟁 상황에서 자연환경에 대한 공격의 고의성을 따지기가 얼마나 어려운지를 보여주고, 어쨌든 전쟁이 일어나면 그것의 영향으로 환경이 얼마나 망가질 수 있는지를 보여주는 사례 모음집 같은 분쟁이었다.

1960년대 초부터 에티오피아 정부와 이에 맞서 독립을 원하는 에리트레아 독립해방군 사이에 무장충돌이 30년이나 계속되었다. 홍해 인근 동아프리카의 이 지역은 원래 건조하고 취약한 환경이었다. 그러나 농민들은 휴경과 윤작을 통해, 유목민들은 계절성 이동목축을 통해, 환경을 조심스럽게 유지·관리해오고 있었다.

우세한 군사력을 보유했던 에티오피아 공군의 폭격과 기계화부대의 작전이 전개되면서 이 지역의 숲과 초지가 불타고 나무가 뽑혀나갔다. 에리트레아 해방군 측에서는 방어선을 치기 위해 참호를 건설하는 과정에서 나무들을 대량으로 벌목했다. 그 결과 유칼립투스가 거의 사라지다시피 했다. 에티오피아군은 반군의 은신처를 차단하기 위해 잎사귀 많은 나무들을 대대적으로 제거하는 작전을 벌였다. 양쪽에서 경쟁하듯 숲을 파괴한 것이다.

게다가 전투지역에 거주하는 민간인들을 쫓아내기 위해 소개령이 발동되어 주민 수만명이 강제이주를 해야 했다. 자기 땅에서 추방되어 피난민이 된 농민들은 타향에서 더이상 토지를 관리할 수 없었다. 임시 거처를 만들고 땔감을 얻기 위해 나무를 잘라야 했다. 쫓겨난 농민들이 정착한 지역에는 곳곳에 검문소가 설치되었고, 야간 통행금지가 실시되었다. 이동제한조치를 당한 농민들은 촌락에서 가까운 주변의 자연환경을 더욱 훼손시킬 수밖에 없었다.

유목민들도 이동을 못 하게 되자 정착하여 농사를 지어야 했다. 하지만 휴경이나 윤작을 하지 않아 토양의 질이 계속 떨어졌다. 땅을 찾아 점점 더 고산지대로 올라갔기 때문에 농토가 유실되고 산사태가 발생하는 일이 잦아졌다.

이재민 촌락에 사는 사람들은 생계를 잇기 위해 땔감용 장작과 숯을 구워 파는 일을 많이 했다. 이런 상황이 길어지면서 자연환경이 더욱 나빠졌다. 1970년대 중반경 이미 에리트레아, 에티오피아, 소말리아, 수단 등 동아프리카 전지역이 기후위기의 영향권 아래 놓여 있었다. 가뭄과 물 부족으로 집단들 사이의 갈등이 고조되었고, 에리트레아에서 50만명 이상이 수단의 동쪽 국경을 넘어 난민이 되었다. 이들이 거주하는 난민촌 인근의 숲과 산이 급속히 고갈되었다.

한편 에티오피아는 환경보호라는 명분을 내걸고 시골지역을 점령했으며 농민들의 토지를 몰수했다. '환경보호'를 지배와 착취를 위한 수단으로 삼은 셈이다. 또한 서구로부터 해외원조를 더 받아내기 위한 일종의 세일즈 방안으로 환경보호 캠페인을 활용했다. 이런 일을 숱하게 겪은 농민들은 '환경'이라는 말을 듣기만 해도 지긋지긋하게 여길 정도가 되었다. '환경보존'이 곧 정부의 탄압 또는 거짓선전과 같은 말처럼 취급되었다. 이처럼 주민의 참여와 합의 없이 이루어지는 하향식 환경정책 혹은 면피용 환경보호는 공허한 구호에 그치기 쉽고 역효과를 내곤 한다.[41]

에리트레아 독립전쟁은 1991년에 공식적으로 끝났지만 이 지역의 환경문제는 지금도 계속되고 있다. 2020년 에티오피아의 티그레이에서 무장충돌이 발발했다. 이 지역에 난민으로 와 있던 10만명이 넘는 에리트레아인들은 전쟁과 물 부족으로 이중의 고통을 겪었고, 주변의 다양한 부족들 사이에서도 갈등이 불거져 나왔다. 사막화, 물 관리, 식량 부족, 질병 통제 등이 갈등의 핵심 이슈가 되었다. 현재 동아프리카 지역은 기존 부족들 간의 갈등 격화, 알샤바브와 같은 테러집단의 발호, 이주민과 난민의 증가라는 삼중의 문제를 안고 있는데, 이 모든 현상의 바탕에는 환경악화와 인권악화의 연쇄적 발생이라고 하는 근본문제가 도사리고 있다.

초토화작전은 환경전쟁

전쟁 수행을 위해 고의적이고 계획적으로 환경을 파괴하는 행위, 즉 적극적 환경전쟁은 국제법으로 범죄에 해당된다. 적극적 환경파괴 전쟁에서 고전적인 전술이 '초토화작전'이다. 초토焦土란 '불에 타서 검게 그을린 땅'이라는 뜻이다. '불에 탄 것처럼 황폐해지고 못 쓰게 된 상태를 비유적으로 이르는 말'이라는 뜻도 있다. 군사적으로 초토화작전을 쓴다는 말은 적이 활용할 수 있는 무기, 운송수단, 통신시설, 산업 인프라 등의 자산 그리고 식량저장고, 전답, 산림, 급수원 등을 모조리 파괴한다는 뜻이다. 앞에서 본 것처럼 기원전 6세기에 페르시아의 다리우스 대왕이 스키타이를 공격했을 때 스키타이족이 스스로 식량을 불태우고 우물에 독을 풀어 페르시아군을 괴롭힌 것이 초토화작전의 초기 사례다.

전쟁의 역사에서 나타난 초토화작전을 종합해보면 '적극적' 환경파괴 전쟁의 정의와 잘 맞아떨어진다. "적측의 인원과 군마가 군량으로 사용할 수 있는 수확한 농작물은 약탈하고 농경지와 목초지를 소각함으로써 적의 전쟁지속능력을 제거하고자"하는 전술이 초토화작전의 핵심이기 때문이다.[42] 환경을 공격하는 것이 곧 적을 파괴하는 수단이 되는 것이다. 농경지와 목초지를 쓸어버리는 작전은 그 자체로 전투원과 비전투원을 가리지 않는 개념이다. 국제인도법에 따르면 비전투원 민간인의 집단살상은 그 자체로 전쟁범죄가 된다.[43]

초토화작전이 가장 극적으로 나타난 경우로 중일전쟁에서 일본군이 중국의 허베이, 산둥 등지에서 벌인 삼광작전三光作戰을 들 수 있다. 삼광이란 '모두 죽이고'(살광殺光), '모두 태우고'(소광燒光), '모두 약탈한다'(창광搶光)라는 뜻이며, 영어로는 'Three Alls Policy'라 한다. 일본의 역사가 히메타 미쓰요시姬田光義의 연구에 따르면 초토화 삼광작전으로 중국의 민간인 270만명 이상이 직간접적으로 죽음을 당했고, 그 규모와 잔혹성이 난징대학살(1937)을 훨씬 능가했다고 한다.[44]

견벽청야堅壁淸野도 초토화작전과 비슷한 개념이다. 견벽청야 작전은 중국 청나라가 반란세력에 대해 가혹하기 짝이 없는 살육을 감행했던 '전술'로, 꽤 오래전부터 문제시되어온 것이었다. 이런 작전은 근대 이후 엄격히 금지되었고, 그런 명령을 내린 지휘관은 국제법상 전범으로 처벌받게 되어 있다.[45]

한국현대사에서 수행된 견벽청야 작전은 고전적인 환경파괴 전쟁과 대단히 유사하다. 산림과 산간마을을 불살라 없앰으로써 적의 보급로와 숙식을 차단하여 빨치산 세력을 약화시키고 장애물을 없앤 상태에서 소탕작전을 전개하는 작전이었기 때문이다.

최덕신 준장이 지휘한 육군 11사단이 1951년 2월 산청, 함양에서 공비들에게 협력했다는 이유로 지역주민 약 700여명을 학살한 사건이 대표적인 견벽청야 작전이었다.[46]

제주 4·3사건 때도 초토화작전이 벌어졌다. 1948년 11월 17일 제주도에 계엄령이 선포되기 전, 해안선으로부터 5킬로미터 이상 들어간 중산간지대를 통행하는 자는 무조건 폭도배로 간주하여 총살하겠다는 포고문이 발표되었다. 이때부터 중산간마을 주민에 대한 '대량학살계획'program of mass slaughter이 실행에 옮겨졌다. 학살과 함께 중산간마을에 불을 질러 모든 것을 태웠는데, 이를 군 내부에서 '초토화작전'이라고 불렀다는 증언이 있다. 미군정이 용인했던 이 작전으로 인해 1949년 2월까지 4개월 동안 도내 인구 30만명의 10퍼센트인 3만여명이 희생되었고, 중산간마을의 95퍼센트가 화염 속에 사라졌다.[47]

4·3사건이 발생하기 한해 전 조천면 선흘리의 국민학교 후원회에서 관리하던 동백나무숲을 모리배가 불법으로 대량 벌채한 일이 있었다. 이때 싹튼 갈등이 4·3 때까지 이어져 벌채를 저질렀던 이들이 산사람에 의해 보복희생을 당하는 사건이 일어나 마을 분위기가 극히 흉흉해졌다. "선흘곶 벌채와 관련한 마을의 알력은 많은 젊은 청년들을 마을에 남아 있을 수 없는 상황으로 만들었다."[48]

한국전쟁 때 북한지역의 초토화작전을 승인한 더글러스 맥아더Douglas MacArthur 장군은 북한의 도시와 마을을 '군사시설'이라고 표현하면서 자신의 명령을 정당한 군사작전으로 합리화했다. 네이팜탄, 소이탄으로 대상 지역을 타격하여 모조리 불태우는 것이 '정당한' 작전으로 둔갑했던 것이다. 1951년 국제민주여성연맹 조사단이 북한지역을 답사하여 전쟁 피해 상황을 조사하던 중 다음과 같은 사건을 목격한 기록이 남아 있다.

평양에서 개천까지 가는 도중에 조사단원들은 완전히 파괴되어 폐허가 된 작은 도시 4곳을 보았다. 불타버린 수많은 촌락과 농가를 지나갔다. (⋯) 조사단원들은 6곳에서 산불을 보았다. 그중 2곳은 그들의 눈앞에서 불붙기 시작했다. 1곳은 평양과 개천 사이였고 다른 1곳은 희천과 개천 사이였다. 조사단원들은 2곳 모두에서 항공기 소리를 들을 수 있었으며, 땅위에서 불길이 올라가자 곧 불이 번쩍하고 별안간에 불길이 퍼지는 것을 보았다. 그들은 화염에 휩싸인 나뭇가지들을 보았다. 조사단원들은 이동 중에 산불에 의해 시커멓게 타버린 산등성이들을 보았다.[49]

북한지역에서의 폭격은 대량 소각작전을 전제로 했으므로 미공군 전폭기들은 네이팜탄을 적 파괴의 핵심 수단으로 활용했다. 무조건 태우고 파괴하는 전술을 정당한 군사작전으로 일상화한 것이다. 공군 폭격기뿐만 아니라 지상군들도 매우 적극적으로 마을과 인가를 불태우는 작전에 참여했다고 한다. 공군의 폭격과 포병의 포격이 있은 후 총격과 소각 순으로 작전이 전개되었다. 세세하게 기록이 남아 있지 않더라도 그 과정에서 엄청난 자연파괴가 수반되었을 것으로 유추할 수 있다.

환경을 전쟁수단으로 활용함으로써 마치 '묵시록'과 같은 상황이 발생했던 사건이 있었다. 1991년 걸프전쟁 때 쿠웨이트에서 철수하던 이라크군이 방화를 하여 유전 736개가 화염에 뒤덮였다. 인공위성에서 불길이 보일 정도였다. 1월에 시작된 화재가 거의 1년이 지나서야 불길이 잡혔던 전대미문의 전쟁—환경 사건이었다. 칼 세이건Carl Sagan과 같은 과학자는 쿠웨이트 유전 화재로 지구상에 핵겨울 비슷한 재난이 올 수 있다고 경고했을 정도다. 이때 원유 약 10억 배럴이 연기로 사라졌다고 추산된다.

유전 방화는 중동지역의 환경에 궤멸적인 피해를 끼쳤다. 페르시아만 인근의 기상조건이 변했고, 사우디아라비아와 바레인에는 연기와 그을음이 뒤섞인 검은 산성비가 내렸다. 그해 전세계 이산화탄소의 2퍼센트가 이곳에서 배출되었다는 보도가 나왔다. 불길에 싸인 유전에서 흘러나온 원유로 기름 '호수'가 300개 이상이나 생겼고, 주변의 모래와 토양이 4000만 톤 이상 오염되었다. 쿠웨이트 국토의 5퍼센트 이상이 원유 찌꺼기로 뒤덮였다. 인근의 식물계도 타격을 받았고, 땅속으로 스며든 원유는 지하수를 오염시키고, 800만 배럴 이상의 원유가 페르시아만으로 유입되어 해양 생물계를 파괴시켰다.

이 사건으로 '걸프전증후군'이라는 용어가 생겼다. 불길을 잡기 위해 동원되었던 병사들이 만성피로, 근육통, 인지능력 저하, 연기 흡입으로 인한 폐질환 등을 앓았던 것이다. 담배를 하루 세 갑씩 3년 연속 피운 것보다 더 나쁜 상태였다고 한다.

2021년 현재까지 올림픽급 수영장 7600개를 채울 수 있을 만한 분량의 원유가 여전히 처리되지 않은 채 방치되어 있다. 식물에 의존하는 동물들도 거의 사라졌다. 현지 환경단체들은 쿠웨이트의 자연이 사고 이전으로 영원히 돌아갈 수 없는 상태가 되었다고 개탄한다.

뒤에서 보겠지만 토착민 집단을 추방하기 위해 이들이 거주하는 지역의 환경을 고의로 초토화시키는 국지적 분쟁도 발생한다.

초토화작전과 같이 분쟁의 적대성이 심해질수록 그런 전쟁을 지속하기 위한 자금 마련용으로 2차 환경침해가 벌어질 가능성이 높다. 또한 극심한 무력분쟁이 일어날수록 사회질서가 무너지면서 군용화기가 암시장으로 흘러들어가게 된다. 그런 무기로 멸종위기동물을 밀렵하거나 포획하여 돈을 버는 일도 자주 일어난다.

전쟁이 전지구적인 야생동물 밀매 범죄와 연결되어 생태계 파괴로 이어지는 경우도 많다.[50] '멸종위기에 처한 야생 동·식물종의 국제거래에 관한 협약'CITES에 따르면 분쟁, 밀거래, 남획 등에 의한 멸종위기종의 국제적 거래 규모는 지난 40년 사이 1675만건이나 되었다. 보호종으로 등재되지 않은 생물종까지 고려하면 실제 거래는 그 몇배나 될 것이다.[51]

지금까지 봤듯이 전쟁은 환경과 생물다양성에 극히 부정적인 결과를 낳는다. 환경문제와 생물다양성 감소의 주요 원인 중 하나가 현대전쟁이라 해도 과언이 아니라 할 정도로 전쟁은 인간과 환경에 돌이킬 수 없는 상처를 남긴다.[52] 유엔은 전쟁과 무장분쟁이 환경파괴를 일으키는 문제에 경종을 울리기 위해 매년 11월 6일을 '국제분쟁 시의 환경파괴 방지의 날'로 정했다.[53]

환경폭력, 자연을 무기로 휘두르다

초토화가 사람과 환경을 가리지 않고 모두 쓸어버리는 무지막지한 작전이라면, 환경을 무기로 삼아 적측에 타격을 주는 경우도 있다. 자연환경의 파괴에 초점을 맞춰 그것을 적극적으로 '활용'하는 행위이기 때문에 '고의성'이 명백하고 파괴의 정도가 극심하다. 환경의 측면에서 보면 가장 지능적이고 악랄한 공격이다.

환경 자체를 전쟁의 공격목표로 삼는 행위를 에너지의 측면에서 분석할 수 있다. 자연환경에 내장되어 있는 에너지를 군사적으로 급격히 발산시켜 적을 공격하는 수단으로 삼는 방법이 전통적인 환경전쟁이다. 우선 숲과 나무를 연료처럼 태워 열에너지를 방출시킴으로써 적에게 피해를 줄 수 있다. 또는 둑이나 보를 터뜨려 수력에너지를 방출시킴으로써 적을 휩쓸어버리는 방법이 있다.[54]

한국전쟁에서의 폭격이 이런 류의 환경전쟁을 생생하게 보여준다. 미공군의 공중폭격은 북한지역의 댐과 보와 저수지를 주요 타격목표로 삼았다. 두가지 점이 고려되었다. 우선 공산군 측의 주보급로를 차단하려고 했다. 또한 농사를 짓지 못하게 해서 민간인에게도 식량 부족의 고통을 겪게 하고, 집단 차원에서 심리적 고통을 가하려는 목표가 있었다. 1953년 5월 대동강 상류의 평남 순천군 자모저수지를 폭격한 순간이 이렇게 기록되어 있다.

대규모의 저수지에 60미터 너비의 균열이 발생하면서 상상을 초월하는 막대한 양의 물이 순식간에 쓰나미처럼 인근 농경지와 주택을 집어삼켰다. 이 인위적 홍수는 수백 정보의 농경지를 침수시켰고, 40여 호의 농가를 파괴했다.[55]

비슷한 시기에 평양 보통강 상류의 견룡저수지도 폭격을 당했다. 저수지 아래 계곡 43킬로미터 유역이 완전히 침수되었고, 신의주와 평양을 잇는 경의선의 주요 구간도 물에 잠겼다. "대홍수는 수천평의 논에 측정 불가능한 피해를 주었고, 평양 시내에도 700채의 건물이 파괴되는 커다란 피해를 입혔다."[56] 이런 기록을 통해 한국전쟁 당시의 '고의적' 환경전쟁이 얼마나 대규모로 인권과 환경을 동시에 파괴시켰는지 상상해볼 수 있다.

허위정보에 의한 환경전쟁을 적극적으로 역이용하려 했던 사례도 있다. 1986년 전두환 정권은 북한이 금강산의 발전소 댐을 '고의적'으로 붕괴시키면 200억 톤의 물이 쏟아져 나와 수도권이 침수되고 한반도 동부의 자연 생태계가 궤멸할 것이라고 발표했다. 국회의사당과 서울시청은 완전히 물에 잠기고, 여의도 63빌딩은 3분의 1이 잠긴다는 컴퓨터그래픽을 텔레비전으로 방영하여 국민들을 공포에 떨게 했다. 결국 이 사건은 대국민 사기극으로 판명났지만 어쨌든 환경전쟁의 무서움을 우리에게 각인시켜준 계기가 되었다. 적극적·고의적 환경파괴 전쟁은 '광범위, 장기간, 극심한 피해' 여부와 상관없이 그 자체로서 국제법상의 '위해 금지 원칙'을 위반하는 것이 된다.

이라크의 독재자 사담 후세인Saddam Hussein은 자신이 주도했던 쿠웨이트 침공 때 협조하지 않았다는 이유로 이라크 남부 습지대에 사는 마시아랍족을 상대로 환경전쟁을 벌였다. 후세인 정권은 1992~2000년 사이 이 지역 습지대의 90퍼센트 이상을 강제로 배수시켜 불모의 땅으로 만들었다. 환경공학적 탄압으로 마시아랍족의 생활터전과 생계를 박탈한 것이다. 이와 함께 주민들을 고문하고 '강제 실종'시켰으며, 이들을 고향땅에서 추방하여 수십만의 강제이재민과 난민이 발생했다. 유엔환경계획은 이 작전을 "세계 최악의 환경재난 중 하나"로 규정했다.[57]

현대에 와서 환경전쟁은 다면적인 차원으로 진화했으며, 공상과학소설에 나올 법한 발상, 실제로 사용된 사례, 상상을 초월하는 실험, 우려스러운 시도 등 여러 형태가 계속 나오고 있다. 초대형 폭발을 유도하여 지구 자전축을 태양과 일치시킨다는 쥘 베른Jules Verne의 아이디어, 핵폭탄 사용, 강우량과 날씨를 조작하는 기후수정 기술, 오존층의 인공적 훼손, 남극의 빙산을 강제로 분리시켜 쓰나미 촉발, 인공지진 유도, 해류 이동로 변경, 그리고 고엽제에 의한 산림파괴 등이 대표적이다.[58] 심지어 세계적인 문제가 되어 있는 미세먼지에 의한 대기오염이 사실은 대류권에 석탄입자를 살포한 지구공학적 환경전쟁의 결과라는 음모론적인 주장까지 나와 있을 정도다.[59] 환경전쟁이 얼마나 정교하게 고도화되었는지를 보여주는 은유라 할 수 있다.

2021년 2월 이스라엘의 지중해 연안해변 대부분이 기름띠와 타르로 뒤덮이는 심각한 환경오염 사고가 발생했다. 이스라엘의 길라 감리엘Gila Gamliel 환경보전부 장관은 이란이 유조선 탱커에서 고의로 기름을 유출시키는 '환경 테러리즘'을 감행했다고 맹비난했다.[60] 실제로 이란의 환경공격이었는지는 밝혀지지 않았지만, 이는 각국 정부가 환경전쟁의 잠재적 위험을 얼마나 민감하게 받아들이는지를 잘 보여준다. 대규모로 본격적인 환경전쟁이 벌어졌던 베트남전쟁에 대해서는 2장에서 자세히 살펴볼 것이다.

환경을 직접 파괴하지는 않았지만, 열악한 자연환경을 '활용'하여 사람들을 말살시킨 사례도 있었다. 현대에 들어 발생한 최초의 집단학살 사건으로 꼽히는 아르메니아 대학살이 그것이다. 1차 세계대전의 와중에 오토만제국의 '통합진보위원회'CUP라는 조직은 아르메니아인들이 분리독립을 획책했다는 이유로 그들을 조직적으로 박해했다. 1915년을 기점으로 약 100만명의 아르메니아 주민들이 살해되거나 추방당했다. 많은 성인 남성들이 집단으로 처형되었고, 여성과 아동들은 이슬람으로의 개종을 강요받음으로써 민족정체성이 말살되다시피 했다. 그와 함께 수십만의 아르메니아인들이 사막으로 쫓겨났다.

여기서 '사막'The Desert이란 유프라테스강과 티그리스강 사이, 오늘날 터키 동남부, 이라크 모술, 시리아 동북부 지역을 포괄하는, 남한 다섯배 정도 넓이의 자지라Jazira 황무지를 일컫는다. 사막으로 쫓겨난 아르메니아인들은 폭염, 기아, 메뚜기떼, 말라리아와 같은 질병과 고통에 시달렸고, 아랍, 베두인족, 쿠르드족, 체체니아 유목민들의 습격과 약탈, 납치와 인신매매의 대상이 되었다. 하이에나, 자칼, 늑대, 들개 무리가 허약해진 사람들을 먹잇감으로 공격하기도 했다.

유목민에게 넘겨진 아이들은 양치기나 하인이 되었고, 아르메니아 언어와 정체성을 잃은 경우가 많았다. 양치기가 된 아이가 자기 말을 잊지 않으려고 황야에서 양들을 상대로 아르메니아어 연습을 했다는 슬픈 기록도 남아 있다.

이 문제를 연구한 환경역사가 새뮤얼 돌비^{Samuel Dolbee}는 아르메니아 학살 사건에서 '사막'이 마치 르완다 학살의 '도끼'나 홀로코스트의 '가스실'처럼 박해를 위한 '무기'로 활용되었다고 지적한다. '사막'이라는 자연조건이 두려움과 죽음을 몰고 오는 '환경폭력'으로 전환되었던 것이다.[61]

핵이라는 공멸의 길

1945년 8월 인류역사상 최초로 전쟁 시에 원자폭탄이 일본에서 사용되었다. 일본 방사선영향연구소^{RERF}에 따르면 미공군의 원폭 투하 후 2~4개월 내 히로시마에서 9만~16만 6000명, 나가사키에서 6만~8만명이 사망한 것으로 추산된다. 두 도시의 인구 중 약 3분의 1이 순식간에 사라진 것이다. 한국인의 인적 피해 규모에 관해서는, 1945년 일본 내무성 경보국^{警保局}이 히로시마에서 3만 5000명, 나가사키에서 1만 5000명이 사망했으리라고 추산한 적이 있다. 1972년 한국원폭피해자협회의 발표에 따르면 한인 피폭자 7만명 중 4만명이 사망했다고 한다.[62] 단기적 사망자뿐만 아니라 수십년에 걸쳐 백혈병, 갑상선암, 유방암 등으로 수십만명이 넘는 추가 피해자가 나왔다.

주변 환경도 막대한 손실을 입었다.[63] 히로시마에 투하된 원폭은 반경 1마일 내의 모든 것들을 초토화시켰고, 초고온 열폭풍으로 인간과 동식물이 순식간에 소멸되었다. 그후 방사능 낙진이 비와 바람을 타고 멀리까지 날아가 히로시마현을 흐르는 오타강, 나가사키현을 흐르는 우라카미강을 오염시켰고 물고기들이 떼죽음을 당했다. 지하수와 농작물과 동식물의 먹이사슬도 방사능에 노출되었다. 반세기가 지나 인근 산림을 조사했을 때 1945년 시점의 나이테에서 방사성동위원소 스트론튬-90이 대거 검출되었다.

냉전 시기에 핵무기를 개발하고 유지하기 위해 핵실험을 실시했던 역사도 인권과 환경에 큰 후유증을 남겼다.[64] 2012년 유엔 인권 특별보고관은 남태평양의 마셜제도에서 반세기 전에 실시된 핵실험이 인권과 환경에 미친 결과를 조사하여 인권이사회에 보고서를 제출했다.

마셜제도는 2차 세계대전 후 유엔의 신탁통치 프로그램에 의해 미국의 보호령으로 지정되었다. 유엔은 "마셜제도의 국토, 자원, 거주민의 건강을 보호"할 책임을 완수한다는 조건으로 미국에 신탁통치를 위임했고, 그 조치는 1947년부터 정식으로 발효되었다. 그러나 미국정부는 신탁통치가 시작되기도 전에 이미 마셜제도에서 핵실험을 하고 있었다.

미국은 1946년부터 마셜제도의 비키니섬에 사는 주민 167명을 더 작은 롱게리크섬으로 이주시키고 비키니섬에서 핵실험을 실시했다. 실험이 종료된 후에는 강제이주시켰던 주민들을 아무 대책 없이 방치했다. 아사 직전에 이른 주민들에 대해 비판여론이 높아지자 그제야 이들을 다른 섬으로 이동시키고, 다시 또다른 섬으로 이동시켰다가, 다시 비키니섬으로 귀향시켰다. 그러나 섬에서 검출된 방사능 때문에 주민들을 작은 그룹으로 나눠 각각 다른 섬으로 또다시 이동시켰다.

그러는 중에도 핵실험은 계속되었고 1954년에는 수소폭탄 실험까지 하기에 이르렀다. 그해에 마셜제도 주민들은 유엔에 '제발 우리를 살려주세요'라는 탄원서를 제출했다. 아마 유엔이 창설된 이래 소수민족에 의해 접수된 가장 애처로운 진정이었을 것이다. 1946년부터 1958년 사이 미국은 마셜제도에서 총 67회의 핵실험을 실시했다. 서울시 면적의 30퍼센트도 안 되는 작은 섬나라에서 미국이 역사적으로 행한 모든 핵실험의 3분의 1이 실시된 것이다. 1998년 국제원자력기구IAEA는 비키니섬을 영구적 거주불능 지역으로 선포했다.

인권 특별보고관의 보고서 중 한 구절을 보자.

핵실험으로 유출된 방사능으로 인해 사망자와 급·만성질환자들이 발생했다. 돌이킬 수 없는 환경오염도 일어났는데 이로 인해 주민들은 생계수단과 삶의 터전을 잃었다. 수많은 사람들이 자신의 땅을 영원히 잃고 타향살이를 하게 되었다.[65]

강제이주로 인한 생명, 존엄, 자유의 박탈, 그리고 자기 고향땅과의 애착관계가 단절되어 문화적 정체성이 파괴된 것을 어떻게 보상받을 수 있을 것인가.

조사에 따르면 마셜제도 주민들은 피부 화상, 탈모, 손톱 변색, 구역질과 구토, 암, 아동 성장장애, 갑상선질환, 심각한 정신장애, 여성들의 사산·유산·조산·선천성 기형아 출산 등의 고통을 겪었다. 게, 생선, 새우, 해초 등 해산물과 나무열매가 오염되어 사람들이 자기 땅에서 나는 토산품을 기피하는 경향마저 생겼다. 식수원까지 오염되는 바람에 식품과 물을 외부로부터 수입해야 했고 그로 인해 발생한 쓰레기 문제도 만만찮았다.

특히 여성들의 정신적 트라우마와 피해가 컸다. 유산과 사산이 마치 임산부의 잘못인 것처럼 손가락질하는 분위기가 생겼다. 게다가 미군 의료진이 옷을 공개적으로 벗기고 검진함으로써 모욕감을 준 것이 여성들에게 평생에 걸친 심리적 상해를 남겼다. 코코넛을 가공하거나 나뭇잎사귀의 섬유로 옷감 짜는 작업을 도맡아했던 여성들에게 방사능오염이 많이 나타났다.

여타 환경문제에서도 마찬가지이지만, 핵실험에 의한 환경파괴에서도 성별화된 피해가 차별적으로 발생했다. 똑같이 환경파괴가 일어나도 자연계와 인간계에 미치는 영향의 양상이 다르다. 인간계에서는 환경파괴의 영향이 불평등하게 나타나는 경우가 흔하다. 성별, 지위 등 사회적 필터를 거치기 때문이다.

미국과 함께 핵실험으로 악명을 떨친 나라로 프랑스를 꼽을 수 있다. 2021년에 기밀 해제된 정보에 따르면, 프랑스는 1966년부터 1996년까지 남태평양에 있는 프랑스령 폴리네시아에서 193회나 핵실험을 실시했다. 또한 프랑스 정부는 대외적으로 타히티섬의 방사능 낙진 위험을 40퍼센트나 낮춰 계산하여 발표했음이 드러났다. 탐사보도 전문매체의 독립 연구자들이 새롭게 추산한 바에 따르면 인근 섬주민들 11만명이 건강 허용치보다 높은 방사능에 노출된 것으로 나타났다. 이 수치는 잠재적인 암 발생률과 암 치료 보상 청구자들이 대단히 많을 것임을 보여준다.[66]

게다가 프랑스 정부는 환경운동가를 살해하는 짓까지 저질렀다. 1985년 모루로아섬에서 실시된 핵실험에 항의하기 위해 환경단체 그린피스의 활동가들이 '레인보우 워리어'라는 배를 타고 남태평양으로 향했다. 이들은 항해 도중 뉴질랜드의 오클랜드 항구에 잠시 머물렀다. 이때 프랑스 군정보기관 소속의 비밀요원들이 배를 폭파시켜 네덜란드 출신의 환경 사진작가 페르난도 페레이라Fernando Pereira가 사망하는 사건이 발생했다. 뉴질랜드 총리는 이 사건을 '국가 주도 테러리즘'이라고 불렀고 국제적으로 큰 파문이 일었다.

핵실험뿐만 아니라 체르노빌 원자력발전소 사건(1986), 후쿠시마 원자력발전소 사고(2011) 등도 에너지 생산, 산업재해, 핵 관련 위험을 우리에게 각인시켜주었다. 체르노빌 사건에서는 식용수 오염, 동식물계 변형, 먹이사슬 오염, 방사능 낙진 피해가 발생했다. 사고 발생 3개월 내에 사망자가 31명, 급성 방사능피폭 질환자가 237명 나왔고, 장기적인 건강피해는 여전히 현재진행형 문제로 남아 있다.

후쿠시마 사고에서도 방사성동위원소에 의한 식용수 오염과 피폭에 따른 주민들의 장기적 건강문제가 지금도 논란이 되고 있다. 2021년 4월 일본정부가 후쿠시마 원전의 방사성물질 오염수를 30년간 바다에 방류하기로 결정했다. 지리적으로 가장 가까운 나라인 한국, 특히 직접 피해를 걱정할 수밖에 없는 부산·울산·경남 지역 주민들의 충격이 컸다. 당시 경남도지사가 이 조치를 "인류와 자연에 대한 범죄"라고 규정한 것은 이 장에서 강조한 환경-인권 연계와 정확하게 부합하는 시각이다.

원자력발전소 인근의 환경오염과 주민안전 문제도 잊어서는 안 된다. 2021년 원자력안전위원회는 월성원전 부지 내의 토양과 물에서 세슘-137과 삼중수소 등 방사성물질이 검출되었다고 공식적으로 확인했다. 원자력발전 과정에서 나오는 핵분열 생성물질이 외부로 유출되지 않도록 막는 장치인 차수 구조물에 문제가 있다는 지적이 1997년부터 제기되어왔다. 최대 20년 이상 방사성물질이 흘러나왔을 가능성이 있는 것이다. 의혹이 제기된 시점부터 원자력안전위원회는 계속 '부인' 또는 '비공개' 입장을 고수하다 주민들의 불안이 커지고 나서야 비로소 그 사실을 인정했다.[67]

2021년, 유엔의 '핵무기금지조약'[TPNW]이 발효되었다. 모든 핵무기의 개발·실험·생산·보유·사용을 금지하고, 핵무기를 가진 나라가 다른 나라에 소위 '핵우산'을 제공하는 것까지도 금지한 국제조약이다. 한국은 불참한 상태다. 기존의 '핵확산금지조약'[NPT]에서는 공식적으로 미국, 중국, 러시아, 영국, 프랑스가 핵보유를 예외적으로 인정받았지만, '핵무기금지조약'에서는 핵무기 자체를 비인도적인 불법으로 간주한다.[68]

'핵무기금지조약'은 핵무기가 인간과 사회, 그리고 환경에 끼치는 심각한 악영향을 모두 동일한 차원의 문제로 본다. 조약의 전문에서부터 "핵무기의 궤멸적 결과는 (…) 인간 생존, 환경, 사회경제 발전, 세계경제, 식량안보, 현세대와 미래세대의 건강에 심대한 영향을 초래하고, 전리방사선으로 인해 여성과 여아에 더 큰 피해를 입힌다"라고 지적한다. 또한 6조에서는 조약 당사국이 핵무기로 인한 피해자에게 지원을 제공할 의무, 그리고 오염이 발생했을 때 환경을 개선할 책임이 있음을 명시하고 있다.[69]

2022년 공식적 핵보유국인 미국, 중국, 러시아, 영국, 프랑스의 정상들이 공동성명을 발표했다. 핵보유국들이 핵전쟁을 방지하고 그 위험을 낮출 책임이 있으며, 핵전쟁에는 승자가 있을 수 없으므로 절대로 핵무기를 이용한 전쟁을 해서는 안 된다고 선언한 것이다. 핵보유국들이 스스로의 책임을 인정한 것은 인간과 환경 보호에 중요한 의미가 있는 행보라 할 수 있다.

환경이 악화되면 평화도 어렵다

파키스탄과의 전쟁을 치르고 1971년 분리독립한 방글라데시는 자연재해가 잦은 조건과 사회적 대응능력이 낮은 신생국으로 출발했다. 사이클론이 지나는 벵골만의 길목에 자리잡고 있는데다 인구증가, 토지 부족, 산림벌채의 문제가 겹쳐 재난에 대한 회복력이 높지 않았다. 많은 방글라데시인들이 살길을 찾아 인도의 아삼, 트리푸라, 서벵골 지역으로의 이주행렬에 올랐다. 그렇게 국경을 넘은 사람들이 약 1200만~1700만명이나 되었다.

방글라데시로부터 생계형 난민이 급격히 쏟아져 들어온 지역에서 토박이들과 이주자들 사이에 긴장이 높아졌다. 나눌 땅이 부족했고, 경제적 이해관계와 상권이 충돌했으며, 물과 주거를 둘러싼 경쟁이 벌어졌다. 그러면서 정치권력의 균형도 흔들리기 시작했다. 특히 아삼의 토착부족인 랄롱족은 방글라데시 출신의 무슬림 이주자들을 싫어하고 배타적으로 대했다. 경제사회적 갈등과 종교적 불관용이 상승작용을 일으켰다. 결국 1983년 넬리Nellie 촌락에서 학살사건이 일어났다. 불과 5시간 만에 방글라데시 이주민 1700명이 집단학살되는 대참극이 발생한 것이다. 환경문제에서 비롯된 상황이 '집단정체성 갈등'으로 폭발한 비극적 사태였다.[70]

환경문제가 경제문제로 이어져 같은 나라 사람들 사이에서 경쟁과 충돌이 벌어지는 경우도 있다. 아프리카의 부르키나파소는 '자부심 넘치고 정직한 국민들의 땅'이라는 별칭을 가진 나라였다. 그런데 1970년대에 토양침식, 땔감 부족, 농작물 수확량 감소, 가축의 떼죽음 등 환경재난이 연이어 닥치면서 국내총생산GDP이 10퍼센트나 떨어질 정도로 경제 상황이 악화되었다.

반면에 그런 문제를 처리해야 할 중앙정부의 역량은 턱없이 부족했다. 관개 시스템을 확충하고 식목사업을 추진하고 농업 생산성을 높여야 했지만, 재정적으로나 정치적으로 너무나 취약하고 능력이 부족한 정부였다. 생활이 극도로 어려워진 대중의 불만이 고조되면서 국가의 정당성이 약화되고 그 틈을 타 사회집단들 사이에 '박탈 갈등'이 폭발했다. 그 결과 1980년대에 연이어 쿠데타가 발생했다. 결국 국민들이 들고일어나 국회에 불을 지르고 대통령을 축출하는 사태까지 벌어졌다.

이처럼 환경이 나빠지면 외부 집단과의 '정체성 갈등' 혹은 자기 내부의 '박탈 갈등'이 터져 나올 가능성이 높아진다.[71]

천연자원이 고갈되고 자연보호지역이 훼손되는 등 환경조건이 악화되면 사람들 사이에 분쟁이 발생하는 것도 문제지만, 설령 분쟁이 끝난다 해도 평화적으로 사회를 재건하기가 어렵게 된다. 분열된 사회구성원들이 나눌 수 있는 공동의 자원이 없어진 상태이기 때문이다. 이 때문에 콜롬비아에서는 내전이 끝난 후 적극적 환경회복 정책을 통해 평화구축을 도모하기도 했다.[72] 이렇게 본다면 자연환경은 전쟁의 원인을 제공하기도 하고, 평화의 선행조건이 되기도 한다.

수단의 다르푸르에서 무장갈등이 종료된 후 지역의 환경을 평가했던 유엔환경계획은 전쟁으로 인한 환경파괴의 결과가 총성이 멎은 후에도 여전히 악영향을 끼치고 있고, 사람들 사이의 적대감도 줄지 않았다는 사실을 발견했다. 자기 땅을 떠났던 피난민들이 전투가 끝나고 고향으로 돌아왔지만 이미 토질이 악화되고 숲이 파괴된데다 사막화와 물 부족이 심각해진 상태여서 그지역 내의 다른 부족, 집단들과 잘 지내기가 어려운 상황이었다.

다르푸르 북부지역은 생태붕괴가 사회붕괴로 이어진 비극적 사례라 할 수 있다. 갈등의 근저에 놓여 있는 환경과 생계의 긴밀한 연결고리 문제가 해결되지 않는 한, 이 지역의 장기적 평화는 가능하지 않을 것으로 보인다.[73]

유엔환경계획의 지적은, 갈등의 바탕에 도사리고 있는 환경문제를 해결하지 않은 채 겉으로 드러난 정치적 측면의 문제만 해결해서는 평화유지가 극히 어렵다는 사실을 깨우쳐준다.

폭력이 끝나고 평화로 이행하는 단계에서 자연환경을 어떻게 관리하느냐 하는 문제도 평화구축에 중요하다. 종전 후 복구사업에는 국제기구와 외국의 원조 프로그램이 많이 참여한다. 거액의 복구자금이 들어오기 시작하면 전세계 기업들이 대형 프로젝트의 입찰에 몰려든다. 이때 신자유주의적으로 복구정책의 틀을 짜면 천연자원 채굴이나 산림벌채에 대해 공공기관이 아닌 사기업이 사업권을 따내는 경우가 많다. 그리고 사기업이 이런 사업을 수주하면 지역주민들의 토지 사용이나 공유재 활용을 제한하는 경우가 늘어나 사회갈등이 높아진다. 게다가 기후위기로 인한 재난까지 더해지면 전쟁은 끝났지만 평화는 오지 않는 불안정한 상태가 계속된다. 이런 상황은 다시 국제안보 여건의 불안정으로 이어진다.

북아일랜드의 경우, 과거의 유혈분쟁은 끝났지만 온전한 평화는 아직 오지 않았다. 브렉시트 이후 오히려 상황이 더 나빠지고 있다. 게다가 신자유주의가 대세를 이룬 맥락에서 무장분쟁 이후에 갈등의 양상이 경제적 양극화로 전환되었다. 이때 북아일랜드와 아일랜드공화국 사이의 국경간 환경협력을 통해 지속가능한 평화를 구축할 수 있다는 연구가 나왔다. 분쟁 해소를 인간과 인간의 문제로만 볼 것이 아니라, 인간과 자연의 문제로도 봐야 하는 것이다.[74]

그러므로 전쟁 후 평화를 정착시키는 단계에서 환경이라는 변수를 어떻게 처리해야 할지에 대해 관점을 잘 정해야 한다.[75] 우선, 자연자원을 누가 관리할 것인가 하는 문제를 미리 정리해둘 필요가 있다. 또한 겉으로 보기에 서로 다른 문제라 해도 환경과 연결된 경우가 많음을 기억해야 한다. 예를 들어, 식량생산 문제에는 강우량이, 도시의 침수 문제에는 폭풍우가, 노동자 건강 문제에는 기온과 습도가 큰 영향을 끼친다. 즉 식량, 도시계획, 노동자 문제가 환경정책과 연결되어 있는 것이다. 시간적으로나 공간적으로 멀게 느껴지는 환경문제에 대비하려면 장기적이고 미리미리 조치하는 사전주의적 공공정책을 마련해야 한다. 또한 환경문제가 사회 취약계층에 더 큰 피해를 준다는 점을 우선적으로 고려해야 한다.

환경이 악화되면 젠더 평등도 어렵다

환경이 악화되면 여성에 대한 인권침해가 많이 발생한다. 특히 기상이변과 장기적 기후변화로 인해 젠더에 기반한 폭력이 늘어나고 있다.[76] 환경재난으로 지역이나 국가 차원의 인프라가 훼손

되고 통신, 교통, 보급, 전기와 상하수도, 치안, 쉼터, 의료, 복지서
비스 전달체계가 제대로 작동되지 않아 전체 사회가 복합적 스트
레스를 받게 되면 젠더 불평등이 더 심해지고 폭력이 증가할 가
능성이 늘어난다.

사람들은 대형 재난을 당한 뒤 악화된 생존조건에 처했을 때
금전적, 심리적 곤경에 빠지고 사회적 공황장애를 겪는 경우가
많다. 이때 생계를 책임지는 사람이 남성일 경우 배우자에게 폭
언과 폭행을 하는 비율이 늘어난다.

예를 들어, 2011년 남태평양의 바누아투섬에 열대성 사이클론
이 덮친 후 여성에 대한 폭력이 이전보다 몇배 이상 증가했다. 이
상기후로 가뭄이 장기화된 오스트레일리아에서는 농부들이 술
과 마약에 빠지고 그 스트레스를 여성에 대한 폭력으로 해소하는
경우가 많아졌다. 2005년 허리케인 카트리나가 미국 남부지방을
강타했을 때 대피소를 찾았던 여성 이재민들에 대한 젠더 폭력이
평소의 세배 이상 늘었다.

유엔환경총회UNEA-2는 2016년 '전쟁 시 환경보호 결의안'을 채
택하면서 전쟁 시 환경파괴는 여성과 이주민에게 더 큰 피해가
돌아가는 인도적 위기의 문제라고 선언했다. 또한 미래세대가 살
아갈 터전을 미리 허물어뜨리는 '후손살해'postericide 범죄이기도
하다고 강조했다.

세계 여러곳에서의 연구를 보면 무장충돌 시에, 그리고 전쟁이
끝나도, 환경훼손으로 인한 피해는 사회적 약자와 여성에게 유독
두드러지게 나타나는 경향이 있다. 여성에게 나타나는 부정적 영

향이 무엇이며, 그것이 어떤 형태로 드러나는지에 관해 여러 각도에서 연구가 진행되는 중이다.

아프리카의 코트디부아르에서 무장충돌이 종료된 후 사회와 환경의 변화 양상을 조사한 결과를 살펴보자.[77] 전쟁 중 사람들이 생계를 위해 흙구덩이를 파서 산금山金광석을 채취하는 소규모 광업이 성행했다. 중남부의 야무수크로 지역에는 여성들만 일하는 노천금광이 있다. 전쟁통에 생활이 어려워지고 젊은 남성 노동자를 구하기 어렵게 되자 여성들을 반강제로 산금 채굴에 동원한 것이다.

여성 노동자들은 땅 표면에서 3미터 깊이까지 손으로 구덩이를 파서 금 조각을 가려내는 일을 수행했다. 그런 식으로 구덩이를 수없이 팠기 때문에 토사가 강으로 쓸려 내려가 산림이 파괴되고 수질이 나빠졌다. 이들의 건강문제도 심각한 상태에 놓였다. 금을 선별하는 작업에 사용된 독성 화공약품의 문제가 있었고, 노동조건이 전반적으로 열악했다. 위생시설과 의료시설이 전혀 없었고, 휴식시간도 불규칙했으며, 아이를 돌봐줄 일손이 없어 노동현장에 자녀들을 데리고 와서 함께 일하는 경우가 많았다. 여성을 상대로 한 성매매와 성착취가 많이 발생했다. 정부군과 반군이 번갈아가면서 보호 명목으로 돈을 갈취했다.

여성 노동자들은 전쟁이 발발하기 전에도 음식 장만, 물 긷기, 땔감 마련하기 등 가사를 책임지고 있었다. 전쟁 중에는 가사활동이 더욱 어렵고 위험해진다. 물을 길으러 하루 평균 5~9킬로미터의 들길과 산길을 왕복하는 동안 성희롱, 습격, 강간, 인신매매의 피해를 당하기도 한다. 전쟁이 끝나도 전투지역에 남겨진 유해 독성물질에 의해 남녀간 신체반응이 다르게 나타난다. 환경파괴와 여성인권파괴가 함께 일어나는 경우가 많다는 점을 반드시 기억해야 한다.

이것을 뒤집어보면, 전쟁 종식 후 평화구축 과정에서 젠더 관점을 적용하면 평화유지와 환경보호, 양자에 모두 도움이 된다는 사실을 알 수 있다. 유엔안보이사회는 전쟁이 끝난 후 여성이 참여하는 평화구축 방안에 관해 2000년과 2015년에 결의안을 내기도 했다. 구체적으로 보면, 평화협상을 할 때 여성들이 지역의 자연자원을 지속가능하게 관리할 수 있어야 하고, 전쟁 시 그리고 전쟁 후에 자원과 관련된 여성폭력에 강력히 대처해야 한다. 평화가 들어서고 새로운 정치·사회체제를 마련할 때 젠더 이슈를 전면적으로 다루어야 한다.[78]

이렇게 본다면 큰 갈등이 종료된 후의 상황을 창조적인 사회 디자인의 계기로 활용할 수도 있다. 1994년에 집단학살 사건을 겪은 아프리카 르완다에서는 2003년 신헌법을 제정하면서 깨끗한 환경권 그리고 여성인권 개선 조항을 포함시켰다. 모든 차원에서 국가의 공적인 의사결정 과정에 여성이 최소 30퍼센트 이상 포함되어야 한다는 내용도 들어갔다. 2019년 현재 르완다 국회의원의 62퍼센트가 여성으로 이루어져 있다. 분쟁을 넘어 평화 속에서 환경과 인간이 공존할 수 있는 사회를 건설하기 위한 첫걸음을 젠더 평등으로부터 시작하겠다는 의지가 느껴지는 대목이다.

기후위기, 환경파괴와 인권파괴의 종합판

국제적으로 기후변화에 관한 용어가 바뀌는 추세다. 지구온난화에서 지구가열화global heating로, 기후변화에서 기후위기climate crisis 또는 기후비상climate emergency으로 부르는 경우가 많아졌다. 용어가 변한다는 것은 그만큼 기후 현실이 급박하게 돌아간다는 뜻이고, 우리가 현상황에 그만큼 시급하게 대처해야 한다는 뜻도 된다.

1978년부터 40년간 가뭄, 홍수, 극한기상이변, 폭염, 산사태, 산불 등 기상재난으로 인해 전세계에서 연평균 6만명이 목숨을 잃었다.[79] 시기를 좁혀봐도 2000년에서 2020년 사이에 총 126만 5000명이 재난으로 사망했다.[80] 전세계적으로 기상재난에 대해 인간의 취약성이 점점 높아지는 추세가 발견된다. 빈부격차가 커지고 뭄바이, 콜카타, 다카, 멕시코시티, 상파울루와 같은 개도국의 대도시 슬럼가에서 살아가는 인구가 크게 늘었지만, 재난에 대한 대응능력은 개선되지 않았다. 한국에서도 상습 침수 지역의 물난리 피해, 녹지 부족 지역의 폭염 피해가 더욱 심해지는 추세다.

기후위기는 지구환경을 빠른 속도로 비틀고 있다. 토양의 유기질이 줄고 염분이 늘면서 토질이 악화된다. 또한 토양의 생물다양성이 줄어들고 목초지의 사막화와 폭우로 인한 홍수가 빈번하게 일어난다.

기후위기는 전체 자연계의 생물다양성에도 큰 영향을 준다. 생물 개체수, 군락의 구성, 서식처의 분포, 생태계의 리듬에 직접적인 충격을 준다. 기온 변화로 북극곰, 눈표범, 대왕판다, 호랑이, 제왕나비, 녹색바다거북의 장기적 생존에 적신호가 커졌다. 간접적인 영향도 크다. 예를 들어, 기후위기로 가뭄이 들면 직접적으로는 두꺼비가 살 수 있는 연못 서식지가 줄어들고, 간접적으로는 물속에 균류가 번식하여 두꺼비들의 개체수가 크게 떨어진다.

향로봉에서 천왕봉까지 700킬로미터가 넘는 백두대간의 침엽수림이 2014~18년 사이에 10퍼센트나 줄었다고 한다. 불규칙한 강우 패턴으로 생물종의 생존 안정성이 교란되고 있다. 폭우가 자주 오면서 산사태가 많이 발생하여 백두대간의 산줄기 자체가 무너지고 있다는 보도도 나왔다.[81] 소백산맥, 태백산맥, 제주 한라산의 고도별 산림생태계와 식생이 크게 변하고 고산식물과 나무들이 말라죽는 현상이 폭넓게 관찰된다.[82] 환경운동가 서재철의 증언을 요약해보자.

하늘에서 찍은 사진은 지리산에서 구상나무가 본격적으로 떼죽음을 하고 있다는 사실을 분명히 보여준다. 보통 한 집단에서 70퍼센트에서 많게는 90퍼센트 이상 고사가 진행된 곳이 많다. 우리나라에서 가장 높은 산인 한라산에서 마치 폭격을 맞아서 부서진 건물처럼 구상나무가 뿌리까지 뽑혀 있거나 부러져 있다. 다 말라서 생선가시처럼 서 있기도 한다. 특히, 성판악부터 백록담까지 이어지는 진달래밭 코스의 해발 1700미터, 1800미터에서는 푸른색을 찾아보기 힘들 정도다. 지리산에서 고산 침엽수가 가장 발달해 있던 천왕봉 중봉도 모두 회색이나 흰색으로 변했다.[83]

수온이 오르면 수중생태계의 건강도 위협받는다. 해수면의 온도가 달아오르고 해양 산성화, 조류와 풍향의 변화로 바다의 물리적, 생물학적 조성이 정상치를 크게 벗어나고 있다. 해수 온도 변화와 해류 변화는 어종의 지리적 분포에 결정적인 영향을 준다. 외래 어종이 유입되면 토착 어종이 생존의 위협을 받는다. 해양 산성화로 산호초와 같이 탄산칼슘을 분비하는 해양생물의 생존조건이 악화되면서 바닷가 생태계가 망가지는 경우가 많다.

이 책에서 계속 강조할 점이기도 한데, 기후위기는 여타 환경문제, 예를 들어 독성 공해물질, 생물다양성 상실, 코로나와 같은 인수공통감염병의 창궐 등과 연계된 문제로 이해하는 것이 중요하다.[84]

기후위기는 환경파괴와 함께 인권도 파괴한다.[85] 우선 모든 인권의 첫자리에 있는 생명권이 침해된다. 태풍과 같은 '급격한 개시'sudden onset 사건이 일어나면 인명 손실이 커진다. 폭염, 가뭄, 매개체 감염질환 등의 '완만한 개시'slow onset 사건으로도 인명 손실이 발생한다. 생계권도 타격을 입는다. 농업, 수산업, 계절성 경제 활동에 특히 피해가 크다. 기후변화는 갈등 및 전쟁과도 연관이 있다. 물 부족으로 직접 갈등을 초래하는 경우도 있고, 기후위기가 기존의 상황을 악화시켜 전쟁을 일으키는 매개변수로 작용하는 경우도 있다.[86]

세계보건기구와 유엔인권이사회는 기후변화로 특히 건강권이 침해된다고 경고한다. 신부전, 계절성 질환, 말라리아, 뎅기열, 출혈열, 콜레라, 지카열, 비브리오, 설사, 심장질환, 폐질환, 진드기에 의한 라임병 등 온갖 종류의 건강문제가 발생한다. 또한 정신건강문제, 그리고 재난 후의 불만과 울분, 공황발작이 나타난다. 코로나와 같은 바이러스성 인수공통감염병의 출현도 기후위기 및 환경파괴와 깊은 연관성이 있다.

기후위기로 토착민, 섬주민들이 삶의 터전을 잃고 자신의 공동체를 지키지 못하게 되어 자기결정권을 침해당하고 있다. 또한 기후위기는 개도국의 경제적·사회적 발전권을 원점으로 되돌려놓는다. 가뭄, 홍수, 해충 등으로 인해 식량안보가 위협당하는 일이 대폭 늘어났다. 물 부족으로 식수에 대한 접근권과 위생권이 크게 흔들리는 지역이 많다. 극한기상이변으로 집이 휩쓸려가거나 물에 잠겨 주거권을 잃는 일도 일어난다. 다른 계층에 비해 기후의 영향을 크게 받는 기후 취약계층의 생존권, 복지권에 타격이 온다. 지구 기온이 오르면서 겨울스포츠가 위기에 처했으며 폭염 일수가 늘어서 야외운동선수들의 건강권에도 문제가 생겼다.

기후위기 때문에 인권이 특히 나빠지는 집단이 있다.[87] 그중 대표적인 집단을 꼽아보면, 여성과 여아, 토착민, 소수민족, 주변화된 인종집단, 어린이·청소년, 이주자, 난민, 국내 이산민, 연안지방과 작은 섬나라 주민, 장애인, 미래세대, 야외 노동자, 쪽방 주민, 홀몸 노인, 환기불량 주택 거주자, 저소득층, 기초생활 수급자, 노숙인, 만성질환자, 심신 쇠약자, 녹지 협소 지역과 재정 자립도가 낮은 지역 주민을 들 수 있다.

다문화사회에서는 아프리카계 인구집단과 제국주의 때 본국으로 유입된 노동인구들이 역사적으로 소외계층을 형성한 경우가 많다. 이들은 차별, 빈곤, 불평등, 열악한 주거 조건 및 교육 여건에 더하여 기후위기 및 환경공해의 피해자가 되기도 한다. 저지대 거주지가 침수되거나 태풍 등의 재해에 취약하고, 인근에 공해유발 시설이나 폐기물 처리장이 건립되는 경우가 많기 때문이다.

미세먼지만큼이나 우리가 직접적으로 경험하는 건강 위협 요인도 드물 것이다. 미세먼지의 확산과 이동은 기후변화 및 기류 변화와 연관이 있다. 화석연료를 태울 때 나오는 초미세먼지로 인해 2018년 한해에 전세계적으로 870만명이 조기 사망했다고 한다.[88] 2021년 2/4분기 기준으로 서울시 인구가 979만명이었으니 얼마나 엄청난 규모의 대량 살상이 벌어지고 있는지 알 수 있을 것이다. 미세먼지는 조기 사망 외에도 호흡기질환, 천식, 심혈관계질환, 눈병, 피부병, 뇌졸중, 알레르기, 불임, 조산, 신생아 저체중 같은 문제를 발생시킨다.

미세먼지가 인간 건강을 해친다는 점은 경험상 쉽게 이해할 수 있다. 그러나 미세먼지가 생태계에도 막대한 발자국을 남긴다는 사실을 아는 사람은 많지 않다. 유엔 산하의 유럽경제위원회UNECE는 이 문제를 다음과 같이 설명한다.[89]

대기오염은 식량생산에 나쁜 영향을 준다. 질소산화물과 각종 유기물질이 공기 중에 늘어나면서 지표면에 형성된 오존이 농작물에 침투하여 발육장애를 일으킨다. 이렇게 되면 곡식 불임이 늘어 콩은 6~16퍼센트, 밀은 7~12퍼센트, 옥수수는 3~5퍼센트나 수확량이 줄어든다. 감자와 벼도 수확이 떨어진다. 이런 작물은 전세계 사람들이 주식으로 섭취하는 곡물이어서 문제가 더욱 심각하다.

미세먼지가 심해지면 강물의 수질에도 영향을 끼쳐 연안의 산호초, 해초, 맹그로브숲이 오염된다. 그렇게 되면 이곳에 서식하는 물고기 종들의 생존에 위협이 온다. 대기오염과 지표면의 오존은 생태계의 기능과 성장에 큰 저해요인이 된다. 대기오염의 주성분인 이산화황과 질소산화물은 산성비의 형태로 물과 토양에 축적되고 이것은 동식물의 성장에 부정적인 영향을 끼친다.

지표면 오존은 식물의 세포막을 손상시켜 식물의 성장과 발육을 가로막는다. 이렇게 되면 나무와 숲이 대기 중의 오염물질을 흡수하기 어렵게 된다. 그러면 나무의 공기정화 능력이 떨어져 대기오염이 더 심해지는 악순환이 거듭된다. 나무가 온실가스를 저장하는 기능도 떨어지므로 기후위기를 늦추기 어렵게 된다.

대기오염이 심해질수록 강과 호수의 부영양화도 심해진다. 수중생태계에 과부하가 오면 녹조현상이 일어나고 용존산소가 낮아지면서 수중 동식물이 줄어든다. 즉 대기오염은 생물다양성을 감소시킨다. 이것이 끝이 아니다. 수중식물이 줄어들면 지표수를 정화하는 기능이 떨어져 결국 인간에게도 해로운 결과가 초래된다.

산불의 위험도 극대화되고 있다. 전세계적으로 산불의 빈도와 강도가 늘어나고 있다. 2021년 미국, 캐나다, 남유럽에서 일어난 산불로 천연림, 도시, 휴양지가 소멸되었고, 지구 전체 육지의 5퍼센트가 잿더미로 변했다. 산불로 인해 배출되는 온실가스가 세계 전체 온실가스 배출의 20퍼센트나 된다. 산불이 자주 나면 생물다양성이 줄어들고, 온실가스에 포함된 이산화탄소를 숲이 흡수하지 못하게 되어 기후위기가 더욱 심해지는 악순환의 회로에 빠진다.[90]

2019년부터 2020년 사이 오스트레일리아에서 일어난 '검은 여름'Black Summer 이라 불린 산불은 규모도 초대형이었지만 기후위기와의 연관성 때문에 더욱 주목을 끌었다. 인명, 재산, 자연환경에 대한 피해가 역대급이었다. 약 1900만 헥타르의 산림이 전소되고, 건물 5900채가 파괴되었으며, 적어도 34명이 목숨을 잃었다. 생물계의 피해도 역사적 규모였다. 파충류, 조류, 포유류, 양서류를 포함한 척추동물 약 30억마리가 불에 타 죽은 것으로 추산된다. 그중에는 멸종위기동물들도 포함되어 있었다.

지구 온도 상승폭이 1.5~2도로 높아지면 산불기상지수가 두배 가까이 늘어날 것이라 한다. 최근 한국에서 자주 일어나는 겨울 산불은 기온상승과 밀접한 관련이 있다. 산불이 집중적으로 일어나는 시기가 봄철에서 겨울철로 앞당겨졌다. 지구 기온이 2도 오르면 한겨울인 12월과 이듬해 1~2월부터 산불이 다수 발생하기 시작할 것이라는 분석도 나온다. 2021년 강원 정선과 경북 안동에서 발생한 것과 같은 겨울 산불이 흔하게 발생할 수 있다는 뜻이다.[91]

기후위기로 인한 자연적, 물리적 재해를 넘어 그것의 사회적 피해도 무시할 수 없다. 기후위기로 이산민이 늘어나면서 전세계적으로 착취와 인신매매도 기하급수적으로 늘어나고 있다. 2021년 국제환경 및 개발연구소IIED 와 노예폐지인터내셔널Anti-Slavery

International이 발표한 보고서에 나오는 사례를 보자.[92]

아프리카 가나 북부지역 출신인 22세 여성 살라마투Salamatu는 수도인 아크라에서 7년째 카야이 일을 하고 있다.

짐꾼이라는 뜻의 '카야이'는 지름 80센티미터 정도의 커다란 스테인리스 양재기를 머리에 이고 물건을 나르는 노동자를 가리킨다. 음식, 땔감, 물건 등을 도보로 배달하는 택배 일꾼인데 주로 여성들이 많이 종사하는 직종이다. 살라마투는 고향땅에 몇년째 극심한 가뭄과 홍수가 번갈아 오는 바람에 생계를 찾아 도시로 무작정 이주한 수많은 사람 중 1인이다. 기후변화로 고향에서 살길이 막막해진 젊은 남녀가 가장 쉽게 선택하는 길이 도시로 이주하는 것이다.

살라마투는 카야이를 고용한 주인으로부터 주거와 일당을 제공받는 조건으로 일하고 있다. 최소 생활비와 고향에 부치는 돈을 빼면 수중에 한푼도 남지 않는데, 일할수록 빚이 늘어나는 채무형 강제노역 상태에 놓여 있다. 배달 도중 물건을 떨어뜨려 손상시키면 그것을 물어낼 때까지 임금을 받지 못한다. 가나 전체 인구의 52퍼센트가 기후위기로 생계가 극히 불안정해진 상태이며, 2018년의 추산에 따르면 이미 13만 3000명이 기후위기로 인해 '유사 노예'의 처지에 빠졌다.

기후위기는 인신매매로 이어지기 쉬운 '이주의 사회적 경로'를 창출한다. 세가지 경로가 확인되어 있다. 첫째 극한기상이변과 같은 '급격한 개시'로 이재민이 되는 경우, 둘째 물 부족, 가뭄, 흉년과 같은 '완만한 개시'로 고향을 떠나 타지에서 일자리를 찾게 되는 경우, 셋째 '완만한 개시'와 전쟁-내전 등이 결부되는 경우 등이다.

세계은행은 전세계 인구의 55퍼센트를 차지하는 사하라사막 이남 아프리카, 남아시아, 라틴아메리카 지역에서 기후위기 때문에 이주를 택하는 사람들이 1억 4300만명에 이를 것으로 추산한다. 이런 사람들은 이주 과정에서 생존을 위해 지푸라기라도 붙잡는 심정이 되고, 인신매매에 희생될 개연성이 크게 늘어난다. 국제이주기구IOM에 따르면 기후위기로 이주에 나선 사람들은 여타 이유로 이주를 택한 사람보다 인신매매를 당하기 쉽다고 한다.

1장을 마치며

이 장을 시작하면서 나는 환경과 인권이 연계된다는 표현을 썼다. 그 연관관계를 드러내 보이기 위해 역사적이고 세계적인 차원에서 환경파괴와 인권파괴가 함께 발생한 대표적 사례들을 소개했다.

환경과 인권의 연계는 복합적인 양상을 보인다. 시간적 선후관계가 다양하고, 둘 사이의 인과관계 또는 상관관계가 물고 물리는 관계로 나타나곤 한다. 하지만 우리는 이런 설명을 들어도 환경파괴와 인권파괴의 연결성을 여전히 잘 실감하지 못한다. 인공적인 도시공간에서 흙이나 자연과의 연결고리를 거의 잊은 채 살아가고, 자연환경의 매개 없이도 어느 정도 삶의 질이 보장되는 생활을 하고 있기 때문이다. 하지만 미세먼지, 코로나, 기후위기를 겪으면서 이런 안이한 생각에 의문이 들기 시작했다. 점점 더 많은 사람들이 환경과 인권의 연결고리를 실감하기 시작했다. 현실적 대처방안이 막막해 보여서 행동을 주저하고 있을 뿐이다.

1948년 유엔총회에서 채택된 '세계인권선언'에 "인권을 무시하고 짓밟은 탓에 인류의 양심이 분노하였다"라는 표현이 나온다.[93] 우리 시대에는 여기에 "자연환경을 착취하고 파괴한 탓에 인류의 양심이 분노하였다"를 추가해야 하지 않을까. 21세기의 인권에서는 환경문제가 가장 중요한 이슈가 되었기 때문이다.[94] "안전한 환경에 접근할 수 없을 때 인간은 기본적 차원에서도 존재하기 어렵다."[95] 사실 이 말은 상식적 차원에서 너무나 당연한 이야기인데도 등잔 밑이 어두웠던 셈이다.

환경과 인권에 대해 생각할 때마다 내 머릿속에 떠오르는 이미지가 있다.

첫째는 어릴 때 자라던 동네 앞을 흐르던 도시하천의 시커먼 구정물이다. 산업화시대의 전형적인 풍경이었다. 사람이 들어갈 수도 없었고, 동식물도 살지 않았고, 언제나 악취가 풍기는 끔찍한 곳이었다. 얼마 전 지인이 바로 그곳에서 찍은 사진을 보내주었다. 작은 물고기를 부리에 물고 있는 날렵하게 생긴 왜가리. 내 눈을 믿을 수 없을 만큼 반가웠다.

둘째는 수은중독의 미나마타병으로 전신마비를 앓던 우에무라 도모코上村智子를 그의 어머니가 목욕시키는 사진이다. 그 형언할 수 없이 비극적인 이미지는 자세한 사정을 몰랐던 내 어린 마음에 망치로 치는 것 같은 충격을 주었다.

셋째는 공중폭격을 피해 알몸으로 비명을 지르며 달려오는 베트남 소녀 판 티 킴 푹Phan Thi Kim Phuc의 사진이다. 국민학교 다닐 때 아버지가 읽던 신문에서 접한 그 이미지는 내 기억속에 도장처럼 깊은 자국을 남겼다. 그 사진이 환경파괴와 인권파괴를 함께 보여주는 역사적 기록이라는 점을 깨달았던 건 시간이 한참 흐른 뒤였다. 이것이 다음 장을 베트남전쟁으로 시작하는 이유다.

2장

지구,
인류를 법정에 세우다

—에코사이드와 제노사이드

"마지막 한그루까지 나무를 다 베어내고서야, 마지막 강줄기까지
오염시키고 나서야, 마지막 한마리 물고기까지 씨를 말리고 나서야,
당신은 돈을 먹을 수는 없다는 사실을 깨달을 것이다."
—크리Cree 인디언 부족의 격언

"법은 인간만이 만들 수 있습니다. 그러니 입법을 해야 합니다.
제 말을 이해하시겠어요? 법을 제대로 만들어야 한다고요!"
—라파엘 렘킨Raphael Lemkin

"비상 상황이라고 두려워할 필요는 없다.
지금이야말로 세상을 바꿀 수 있는 순간이고 새로운 어떤 것이
탄생할 수 있는 순간이기 때문이다."
—폴리 히긴스Polly Higgins

이번 장에서는 생태파괴를 둘러싸고 반세기 전부터 본격적으로 제기되었던 투쟁의 역사를 이야기하려 한다. 베트남전쟁에서의 고엽제 사용 반대 운동, '에코사이드' 용어의 탄생, 스톡홀름 유엔 인간환경회의(약칭 '스톡홀름 환경회의') 개최, 로마클럽의 『성장의 한계』*The Limits to Growth* 출간 등이 1970년대 초에 일어났다. 지난 반세기는 실망의 세월, 좌절의 세월이기도 했고 상당한 진전이 있었던 세월이기도 했다. "변화를 바라는 사람들의 조바심이 모여 세상이 천천히 그러나 확실히 변한다"라는 격언이 맞아떨어진 시기였다. 비인간집단의 말살과 인간집단의 말살이 톱니바퀴처럼 맞물려 있다는 사실이 확인된 점은 환경과 인권의 역사에서 새로운 이정표가 되었다. 비인간집단과 자연환경을 말살하는 문제를 인간집단의 학살에 버금가는 국제범죄로 다스려야 한다는 움직임이 앞으로 더 커질 것이다. 자연에서 벌어지든 인간세상에서 벌어지든, 거대한 파괴적 참극에 대해서는 동일한 수준의 도덕적 분노와 정의의 원칙으로 대처해야 한다는 것이 이 장의 핵심 메시지다.

베트남전쟁과 에코사이드 논쟁

베트남 중부 꽝남성 디엔반현의 하미 마을에는 전쟁의 참상을 기록한 위령비가 세워져 있다. 비문의 내용을 보자.

1968년 이른 봄, 정월 24일에 청룡부대 병사들이 미친 듯이 몰려와 선량한 주민들을 모아놓고 잔인하게 학살을 저질렀다. 하미 마을 30가구, 135명의 시체가 산산조각이 나 흩어지고 마을은 붉은 피로 물들었다. (…)

하미 마을에서 벌어진 일은 비슷한 시기에 퐁니·퐁넛, 투이보, 주이응이어 마을에서 민간인 2000여명이 희생된 일련의 학살사건 중 하나다. 위령비 마지막에 다음과 같은 구절이 나온다. "모래사장과 포플러나무들이 하미 학살을 가슴 깊이 새겨 기억할 것이다."[1]

퐁니·퐁넛 마을 사건을 조사했던 언론인 고경태는 마을 입구에 서 있는 야유나무의 시선으로 다음과 같이 기록했다.

야유나무는 다 보았다. 퐁니·퐁넛의 민가로 진입하던 군인들을, 총탄에 쓰러지던 노인과 부녀자들을, 불타는 초가집에서 나와 울며 달리던 소녀들을, 환자들을 긴급히 후송하던 미군 헬기를. 언제부턴가 퐁니·퐁넛 사람들은 그 피바람을 이렇게 불렀다. '야유나무 학살.'[2]

모래사장과 포플러나무들이 하미 마을의 유혈참극을 가슴 깊이 새겼을 때, 그리고 야유나무가 퐁니·퐁넛 마을의 비극을 목격했을 때는 베트남에서 미군이 논과 숲과 동식물에 제초제인 고엽제를 무차별 살포하던 시점이기도 했다. 미공군은 1961~71년 사이에 '랜치핸드'Ranch Hand라는 작전명으로 베트남에 제초제를 살포했다. 전체 분량 2020만 갤런 중 75퍼센트가 1967~69년에 집중적으로 사용되었다.[3]

적군과 그 동조자들의 식량이 될 농작물을 없애고 적의 은신처를 드러내고 공중폭격 지점의 시야를 확보하는 것이 주목표였다. 제초제herbicide라는 명칭 때문에 베트남의 잡초를 없애는 작전이라는 오해도 있었다. 그러나 잡초 제거를 위해 군기지 인근에 뿌린 분량은 2퍼센트에 지나지 않았다. 랜치핸드는 산림과 농작물을 잡초로 취급하여 생태계와 경작지를 고사시킨 작전이었다. 사용했던 화공약품 중 다이옥신TCDD을 혼합한 고엽제를 '에이전트 오렌지'Agent Orange라 불렀다. 55갤런짜리 드럼통에 완장처럼 오렌지색으로 띠를 둘렀기 때문에 생긴 별명이었다. 드럼통 36만 7000개 분량의 맹독성물질을 비행기나 헬기로 10년 이상 하늘에서 비처럼 쏟아부었다.[4]

고엽제만 뿌린 게 아니었다. 2.5톤짜리 강철칼날이 부착된 롬 플라우Rome Plow라는 산림벌채용 불도저로 매일 800헥타르씩 숲을 밀어내어 서울의 다섯배 이상 되는 면적이 민둥벌판이 되었다. 숲을 불사르기 위해 대포를 쏘거나 공중폭격을 하기도 했다.[5]

이런 파괴활동이 자연 생태계에 어떤 영향을 주었는가. 베트남 전체 산림의 5분의 1 이상에 해당하는 2만 제곱킬로미터 면적의 녹지와 남베트남의 맹그로브숲 40퍼센트가 사라졌고, 수천 제곱킬로미터의 논과 밭이 반영구적으로 훼손되었다. 토양이 오염되었고 숲이 사라지면서 홍수가 잦아졌다. 지역적 기후변화가 발생하여 강수량과 풍량이 변했고 폭염이 잦아졌다. 숲의 탄소저장능력이 큰 폭으로 떨어져 훗날 기후위기에 대처하기 어려운 조건이 만들어졌다.

생물다양성도 크게 줄었다. 원래 남베트남은 어류, 파충류, 조류, 포유류 등 2500여종이 넘는 동물이 서식하는 생태계의 보고였다. 한 조사에 따르면 고엽제를 살포한 숲에서는 조류가 24종, 포유류가 5종밖에 발견되지 않았지만, 고엽제를 살포하지 않은 인근의 두 숲에서는 145~170종의 조류와 30~55종의 포유류를 확인할 수 있었다고 한다.

다이옥신은 인류가 발명한 최악의 독성물질이다. 시간이 지날수록 식물뿐만 아니라 인간과 동물에게도 극심한 피해가 발생한다는 사실이 밝혀졌다. 랜치핸드 작전에서 적어도 5958회 이상의 고엽제 공중살포가 이루어졌고, 그중 적어도 3851회는 남베트남의 촌락과 민가를 직접 겨냥했다. 베트남 전국토의 5분의 1에 고

엽제와 네이팜탄이 투하되었고, 베트남 인구 중 210만~480만명이 고엽제에 직접 노출되었다.[6]

고엽제가 살포된 동네에서 심각한 문제를 가진 아이들이 태어나기 시작했다. 임신 중의 모체에 다이옥신이 들어가면 태아의 이상발육과 선천기형을 유발하는 최기형성催畸形性이 발생한다.[7] 선천성 결함, 신경행동장애, 심장 기형, 척추갈림증, 평발, 입술입천장갈림, 눈 없는 아이, 짧은 다리, 걸음걸이 부조화 등이 나타났다. 한 집안의 다섯 아이가 모두 청각장애를 앓는 사례도 있었다.

성인들의 피해도 심각했다. 사망률 증가, 암, 간질환, 피부병, 호흡기질환, 백혈병, 림프종, 다발골수종, 당뇨 등이 급증했다. 이런 증상이 자식과 손자 세대에까지 유전되었고, 조혼풍습 때문에 증손자에게까지 후유증이 이어지고 있다. 베트남 적십자에 따르면 고엽제 때문에 약 40만명이 단기간에 사망했고, 약 300만명이 만성장애에 시달리며, 약 15만명의 기형아가 태어났다고 한다.

북베트남에서 라오스와 캄보디아를 우회하여 남베트남으로 들어가는 군사보급로인 '호찌민 통로'Ho Chi Minh trail 근방의 피해가 특히 컸다. 숲속의 좁은 산길을 따라 '하얀 구름과 같은' 고엽제를 집중적으로 살포해서 독극물의 농도가 높았고 독성이 땅과 숲에 더 오래 잔류했다.[8]

건강상 문제뿐만 아니라 사회적 영향도 컸다. 고엽제로 논밭이 망가져 더이상 농사를 지을 수 없게 된 농민들이 고향을 떠나 도시로 이주했기 때문이다. 고엽제 살포를 시작할 무렵에 280만명이었던 남베트남의 도시거주 인구가 살포가 종료된 시점에는

800만명으로 늘어났다. 사이공에만 이런 농민들이 150만명 이상 달동네 슬럼가에 몰려 살았다.[9]

베트남에 파견되었던 군인들도 고엽제의 후유증을 앓았다.[10] 1962년 1월 9일부터 1975년 5월 7일 사이 베트남 복무자, 캄보디아와 태국 등 미군 주둔 지역 복무자, 또는 1967년 9월 1일부터 1971년 8월 31일 사이 한국 비무장지대에서 복무한 병사들이 백혈병, 호지킨병, 다발골수종, 전립선암, 폐암, 연부조직육종軟部組織肉腫, 아밀로이드증, 당뇨병, 허혈심장질환, 파킨슨병, 말초신경병증, 피부포르피린증을 앓는 것으로 조사되었다.

베트남전쟁 기간에 한국의 비무장지대에서도 미군이 에이전트 오렌지, 블루, 모뉴론 등의 고엽제를 뿌렸다. 미육군의 공식발표보다 훨씬 더 오랫동안 한국에서 고엽제가 살포되었다고 한다.[11] 에코사이드 논쟁의 국제적 뿌리 중 하나가 한국 비무장지대에서의 에이전트 오렌지 사용이었다는 사실은 한반도의 평화와 생태안보의 연결성을 이해할 수 있는 새로운 시각을 제공한다.

에코사이드 금지를 위한 첫걸음

베트남전쟁 시 고엽제의 사용과 그것의 참혹한 결과는 거대규모의 환경-생태파괴에 대한 심각한 문제의식이 생긴 계기가 되었다.[12] 랜치핸드 작전이 계속되면서 아무리 전쟁 중이라도 그렇게까지 무지막지하게 자연환경을 파괴하는 것을 바라만 볼 수 없다는 비판이 미국의 과학자들로부터 나오기 시작했다. 일단의 전문가들이 1960년대 중반부터 이 문제를 지적하기 시작했고, 베트남 현지조사를 통해 이 작전이 잡초 제거가 아니라 생태계에 대한 무차별 공격이라는 사실을 확인하고 공개적으로 경종을 울렸다.[13]

제초제의 공격적 사용이 전시에 지켜야 할 전쟁규범을 위반했다는 점이 명백하게 드러났다. 이 문제를 다루기 위해 1970년 워싱턴에서 '전쟁과 국가책임에 관한 학술대회'가 개최되었다. 이 자리에서 생명윤리학자 아서 갤스턴Arthur W. Galston은 베트남에서 벌어지는 자연환경 파괴행위를 '에코사이드'ecocide라고 이름 붙였다.

새로운 용어가 탄생한 것이다. 에코사이드는 '집'이라는 뜻의 그리스어 '*oikos*'와, '파괴하다' '죽이다'라는 뜻의 라틴어 '*cide*'를 조합해서 만든 말이다. '생태살해' 또는 '생태학살'이라고 번역된다.

갤스턴은 "자신의 고유한 방식대로 살아가는 사람들이 거주하는 환경을 고의적·영구적으로 훼손하는 행위인 에코사이드는 반인도적 범죄로 간주되어야 마땅하다"라고 선언했다.[14] 이 순간부터 에코사이드는 베트남전쟁의 불법성을 선명하게 표현하는 상징어가 되었다. 단순한 제초제 살포가 아니라 대대적인 화학전이었고, 통상적인 인명살상이 아니라 인간이 사는 환경 자체를 절멸시키는 특수한 범죄로 간주되기 시작한 것이다.

그럼에도 불구하고 미국정부는 제초제가 단기적으로만 환경을 훼손하고, 인간에게는 피해가 없다는 주장을 되풀이했다.[15] 제초제 사용 찬성론자들은 1차 세계대전 당시 독가스 사용을 연상시킨다는 이유로 '화학전'이라는 표현을 극도로 회피하는 경향도 있었다.

1972년 유엔이 주최한 '인간환경회의'가 스웨덴의 수도 스톡홀름에서 열렸다. 국제발전과 환경보호에 관심이 많던 사민당의 울로프 팔메$^{Olof Palme}$ 총리는 개막연설에서 개도국의 생태를 파괴하고 경제착취를 저지르는 선진국들의 행태를 맹비난했다.

> [베트남에서의] 무차별 공습, 불도저와 제초제의 대량살포로 인해 에코사이드라 부를 수 있는 대규모 파괴행위가 개탄스럽게 자행되고 있는 현실에 대해 국제사회가 시급하게 주목해야 한다.[16]

이 회의에서 에코사이드에 대한 결론이 나지는 않았지만, 세계 시민사회는 팔메의 제안에 호응하여 '에코사이드전쟁 협정'을 제정하자는 캠페인을 시작했다. 이 무렵 세계적인 환경운동도 커지기 시작했다.

비슷한 시기에 프린스턴대학의 국제법학자 리처드 포크^{Richard} ^{Falk}가 '국제 에코사이드전쟁 협정'의 초안을 발표했다.[17] 베트남전쟁을 염두에 두었던 포크는 환경전쟁이란 "환경 그 자체의 파괴 또는 장기간에 걸쳐 인간과 자연 사이의 정상적인 관계를 훼손할 목적으로 무기 혹은 전술을 사용하는 것"이라고 정의했다.[18]

구체적으로 보면, 핵무기와 화생방무기 사용, 고엽제 살포, 토양을 오염시키거나 인간과 곡식과 동물에 대한 질병 초래, 산림과 경작지 파괴, 인공구름으로 비를 만들어 공격용으로 쓰는 강수량 조절 기술, 인간이나 동물을 거주지로부터 추방하는 행위 등을 금지시킨다는 내용이었다.

에코사이드를 직접 지칭하지는 않았지만 환경과 관련된 기술을 전쟁용으로 사용하지 말자는 '환경변경기술 사용금지협약'ENMOD도 1976년에 체결되었다. 그러나 이 조약은 약속을 위반했을 때 제재할 수 있는 수단이 없었다.[19]

그때만 해도 전쟁 시에 군대가 '의도성'을 가지고 환경을 파괴하는 문제만을 주로 다루는 경향이 있었다. 그러나 평상시에 이루어지는 환경파괴는 어떻게 할 것인가. 그리고 전쟁 시든 평상시든 '의도성'을 어떻게 해석할 것인가. 이런 점들이 지금까지 에코사이드의 쟁점이 되고 있다. 또한 전쟁 시든 평상시든 민간기업이 환경파괴에 연루되거나 가담하는 문제를 어떻게 다룰 것인가 하는 문제도 극히 예민한 쟁점이 되었다. 이것은 이번 장에서 다루는 주제와 깊은 연관이 있다.[20]

전쟁이 낳은 환경파괴, 범죄가 되다

에코사이드를 통제하기 위해 새로운 법을 만들기보다 '제노사이드협약'(정식명칭 '집단살해죄의 방지와 처벌에 관한 협약')을 개정하자는 움직임이 유엔인권소위원회를 중심으로 나타났다. 세계인권선언이 채택되기 하루 전인 1948년 12월 9일 유엔에서 통과된 제노사이드협약은 제정 직후부터 비판에 직면했었다. '제노사이드'의 규정이 너무 협소하고, 적용하기 어렵게 만들어져 있어 보호가 필요한 집단을 위한 조치가 충분치 않았기 때문이다. 제노사이드에 대한 설명은 뒤에서 다룰 것이다.

에코사이드의 처벌을 주장한 쪽에서는 사람들이 거주하는 자연환경을 파괴하는 행위가 곧 인간집단의 말살 ─ 제노사이드 ─ 에 해당한다는 논리를 제시했지만, 제노사이드협약에 에코사이드 범죄를 추가로 포함시키기는 쉽지 않았다. 유엔총회 산하 국제법위원회ILC에서도 환경파괴를 국제법상 범죄로 규정할 수 있을지를 놓고 많은 연구를 했다.[21] 긴 논의 끝에 "자연환경에 광범위하고, 장기간에 걸쳐, 극심한 피해를 고의적으로 초래했거나 그것을 명령한 자"를 처벌하자는 제안이 나왔지만, 네덜란드, 영국, 프랑스 등이 반대하여 결국 무산되었다.

국제적으로 이런 논의가 이어지던 중 자기 나라의 국내법에서 에코사이드를 범죄로 규정한 나라들이 등장하기 시작했다. 환경전쟁의 직접적 피해를 가장 심하게 경험한 베트남이 1990년 형법 342조에 에코사이드를 '반인도적 범죄'에 포함시켰다. 1991년 소련이 붕괴한 후 주로 구소련권 국가들이 에코사이드를 형법에 넣기 시작했다. 카자흐스탄, 키르기스스탄, 타지키스탄, 조지아, 벨라루스, 우크라이나, 몰도바, 아르메니아가 대표적이다. 특히 러시아는 1996년의 신형법 358조에서 "동식물계의 대규모 파괴, 대기권이나 식수원 오염, 기타 생태적 재난을 초래할 수 있는 행위"인 에코사이드 범죄에 대해 12~20년의 자유박탈형에 처할 수 있다고 규정했다.

에코사이드를 다루기 위한 국제적 노력도 계속되었다. 여기서 국제형(사)법에 대한 약간의 설명이 필요하다. 2차 세계대전이 끝난 후 전승국들은 독일의 뉘른베르크에 국제군사재판소를 설치하여 일련의 재판을 진행했다. 제일 먼저 최고위급 나치 전범들이 평화에 반하는 죄, 전쟁범죄, 반인도적 범죄, 이런 범죄의 모의 등의 혐의로 기소되어 그중 10명이 사형에 처해졌고, 3명이 종신형, 4명이 10~20년 감금형을 받았다.

뉘른베르크 재판을 계기로 대규모의 심각한 범죄를 국제적 차원에서 다뤄야 한다는 국제형법이 본격적으로 논의되기 시작했다. 그 결과 1948년에 제노사이드협약이 체결되었지만 실질적으로 효과가 크지 않았다. 그러나 1990년대의 구 유고슬라비아 내전과 1994년의 르완다 학살 사건 등을 계기로 국제형법이 새롭게 조명되었고, 뉘른베르크 모델에 대한 관심이 다시 고조되었다.

국제사회의 오랜 노력 끝에 1998년 유엔에서 '국제형사재판소에 관한 로마규정'(이하 '로마규정')이 채택되었다. 로마규정은 ① 제노사이드(집단살해죄), ② 반인도적 범죄, ③ 전쟁범죄, ④ 침략범죄를 4대 국제 핵심범죄로 지정했다.[22] 로마규정에 따라 2002년 국제형사재판소ICC가 네덜란드 헤이그에 설치되었다. 긴 세월 국제형사재판소 설립을 요구해왔던 세계 인권운동의 기쁨은 이루 말할 수 없었다.[23]

로마규정은 환경파괴 범죄에 있어서 작은 돌파구를 열었다. 네 가지 국제 핵심범죄 중 '전쟁범죄' 조항에 **"자연환경에 대하여 광범**

위하고 장기간의 중대한 피해를 야기한다는 것을 인식하고서도 의도적으로 행한 공격의 개시"라는 내용이 들어간 것이다.[24] 국제형법 체계에 환경파괴 범죄가 처음으로 포함되었다는 의의가 있다.

국제 핵심범죄는 다음과 같은 특징이 있다.

첫째, 극히 큰 규모로 심각한 내용의 악행이 벌어진 경우다. 큰 사건을 혼자서 저지를 수는 없다. 다수의 조직적 가담자, 다수의 피해자, 광범위하고 체계적인 범행, 무기와 물적 자원의 대규모 동원이 있어야 한다.

둘째, 심각한 악행을 저지르겠다는 의도성(고의성)이 있어야 한다. "인식하고서도 의도적으로"라는 표현이 그것이다. 그런데 '의도성'은 에코사이드를 다룰 때 늘 문제가 된다. 고의성 없이 저지른 행동의 결과로 환경이 파괴되었다면 어떻게 할 것인가.

셋째, 개인에게 형사책임을 지운다. 이 점이 특히 중요하다. 얼핏 보면 모순적인 두 측면 — '범죄의 집단성'과 '처벌의 개인성' — 이 결합되어 있다.[25] 국제법에서 개인은 별로 주목받지 못하던 주체였다. 1648년의 베스트팔렌조약 이래 전통적으로 국제법의 주체는 개인이 아니라 국가였다. 그러나 1차 세계대전 후 베르사유조약에서 개인 형사책임의 씨앗이 등장한다. 2차 세계대전 후 뉘른베르크 재판의 결과로 나온 '뉘른베르크 원칙'에서는 중요 범죄에 책임이 있는 개인은 — 국내법상 처벌 규정이 없다 하더라도 — 국제법상으로 처벌이 가능하다고 규정했다.[26]

지도자 '개인'을 처벌했을 때의 장점이 있다. '국가'를 처벌하면 그 범죄와 상관없는 일반 국민들이 고생할 가능성이 있다. 1차

세계대전 후 독일 '국가' 전체에 전쟁배상금을 물려서 국민들이 심한 고통을 겪었다. 그리고 그 불만들이 커져서 나치가 득세할 수 있는 토양이 생겨 결국 두번째 세계대전이 터졌다.[27]

인권침해는 높은 산에 비유할 수 있다. 우선, 산기슭에서 시작해서 9부 능선까지 즉 산의 대부분은 통상적인 인권침해라고 보면 된다. 이러한 인권침해 문제는 국가가 책임지게 되어 있다. '국제인권법 체계'에서는 각국의 인권문제에 대해 해당 국가를 대상으로 조사를 하고, 책임을 추궁하고, 해결방안을 시행하라고 권고한다.

그러나 4대 국제 핵심범죄는 산꼭대기에 해당하는 특수한 인권침해다. 국가 차원에서 저지른 일종의 국가범죄에 해당하는 경우가 많다. 이런 범죄에 대하여 국제형법에서는 그 범죄에 책임이 있는 지도급 인사를 '개인적'으로 처벌한다. 국제형사재판소가 주로 다루는 업무가 이런 사건들이다.

복잡한 국제관계 때문에 권력자들의 모든 범죄를 국제형법에서 다루기는 어렵다. 그러나 지도자들이 권력을 극심하게 남용하여 그 나라 국민들의 피해와 국제적인 여파가 너무 크다면 국제형법을 발동할 수 있다. 즉, 국제형법 체계는 전체 인권침해의 산꼭대기에 해당되는 거대범죄만을 다루는 특수한 장치라 할 수 있다.[28] 이 점을 비유한 말이 있다. "독재국가는 국제형사재판소와 무관하지만, 독재자는 국제형사재판소의 소관이다."

에코사이드 개념의 확장

에코사이드 논쟁 초기에는 주로 군사작전의 '고의적' 환경파괴에만 초점을 맞췄다. 전쟁이라는 상황 그리고 범행의도$^{mens\ rea}$를 중요하게 고려했고, 전쟁 시의 '비의도적' 환경파괴는 제외되었다. 또한 평상시에 경제활동의 명목으로 벌어지는 환경파괴는 거의 모두 '비의도적'으로 간주되어 에코사이드 범주에서 제외되었다.

평상시의 경제활동이 '비의도적'이라는 이유로 환경파괴 책임으로부터 면제되었다는 사실은 시사하는 바가 크다. 환경파괴 사건에서만 그런 것이 아니다. 전쟁 시에 기업이 아무리 적극적으로 부역했더라도 전쟁범죄와 직접 관련이 없는 '비의도적' 활동이라고 용서를 받은 경우가 많았다. 기업의 잘못은 전쟁 시, 평상시를 가리지 않고 거의 언제나 예외로 취급되었다.

전쟁 시 범죄에 가담했던 기업을 전쟁 후에 처벌하려 했던 역사적 전례가 있다. 뉘른베르크 재판이 대표적이다. 1946년 10월 주요 전범들에 대한 뉘른베르크 1차 재판이 끝난 뒤 의료인, 판사, 기업인 등을 대상으로 한 12차례의 후속 재판이 진행되었다.[29]

나치가 집권하기 직전인 1932년 베를린 주식시장에 상장되어 있던 회사 중 절반 이상이 그후 나치와 깊이 결탁했다. 크루프, IG 파르벤, 다임러-벤츠 등 헤아릴 수 없이 많았다. 이 기업들은 탱크용 철강과 알루미늄 제련, 합성고무, 가솔린 정제, 항공기, 유보트(1~2차 세계대전 때 사용된 독일 대형 잠수함들의 총칭), V-2 로켓(이 로켓을 미사일로 개발하여 유럽 및 영국의 인구밀집지역에 퍼부었다), 신경가스 등을 생산하여 막대한 부를 챙겼다. 유대인들의 재산을 헐값으로 매입하고, 정부와 계약을 맺어 강제수용소 수인들의 노동력을 공짜로 이용했다.

이런 기업들은 나치의 전쟁 수행과 홀로코스트 사건에 결정적인 부역자였고 핵심적인 동조자였다. 기업인들도 당연히 자신의 죄를 인지하고 있었다. 전쟁 후 지멘스사의 고위임원 5명이 스스로 목숨을 끊었을 정도다. 기업인들에 대한 처벌이 당연시되는 분위기였다. 특히 철강, 제련회사들의 소유권 이전과 해체가 과거사 청산의 핵심으로 떠올랐다. 드와이트 아이젠하워^{Dwight Eisenhower} 장군은 IG 파르벤의 해체가 세계평화에 도움이 된다고까지 믿었다.

그러나 부역 기업들은 반성하지 않았고 재판에 협조하지도 않았다. 기업활동이 막히면 독일 국민의 민생이 파탄날 거라면서 큰소리를 치고 저항했다. 하필이면 그때 냉전이 시작되었다. 서독이 공산세력의 확장을 막을 수 있는 전진기지라는 인식이 생겼다.

냉전 때문에 뉘른베르크 재판처럼 소련을 포함한 4대 전승국이 함께 모여 재판을 주관하는 것이 어려워지자 미국, 영국, 프랑스가 점령한 지역별로 재판을 따로 열기로 했다. 영국 점령지에서는 기업인 처벌을 전혀 하지 않았고, 미국 점령지에서는 절반만 재판이 진행되었다. 비슷한 시기 도쿄의 극동국제군사재판에서도 기업인은 제외되었다.

재판을 한다 해도 약식으로 기소하고 아주 가벼운 형을 내리기 일쑤였다. 피고 측은 그저 애국적 의무로 기업활동을 했을 뿐이며 나치의 만행을 전혀 몰랐다는 핑계를 내세웠다. 수익을 창출하는 것이 기업의 신성한 의무라고 기업 편을 들어준 판사도 있었다. '병아리 도둑도 좋아할 만한 가벼운 처벌'이라는 빈정거림이 나왔다.

독일 기업들과 이해관계가 얽혀 있던 스탠더드오일과 같은 미국 기업들의 은밀한 압력도 작용했다. 심지어 기업인들 재판에서 기소를 맡았던 미국 검찰관들은 귀국 후 국내에서 벌어진 매카시즘의 광풍에서 공산주의 동조자라는 손가락질을 받아야 했다.

이렇듯 전쟁 시든 평상시든 기업이 저지른 범죄를 처벌하기는 참으로 어렵다. 그러나 일부 선각자들이 평상시 경제활동으로 인한 대규모 환경파괴를 '에코사이드'라 부르기 시작했다. 사실은 갤턴이 '에코사이드'를 공식적으로 거론하기 한해 전인 1969년에 이미 '에코사이드' 용어가 사용된 적이 있다. '신경제학 슈마허 센터'에서 발간한 「에코사이드와 제노사이드의 경제학」Economics of ecocide and genocide이라는 소논문에 예언적인 내용이 실려 있었다.[30]

베트남에서의 제초제를 사용한 산림 제거 작전이 미국의 농촌에서 이미 반세기 전에 시작된 '에코사이드'의 확대판이라는 주장이었다.[31] 미국에서 상업용 종자, 화학비료, 살충제를 패키지로 개발하여 국내외적으로 보급해 단기적으로는 수익이 늘었지만 장기적으로 토양과 환경에 치명적인 악영향이 발생했다. 부농들이 농사 패키지 상품을 구입하여 농작물을 대량생산한 후 헐값에 시장에 내놓았으므로 가격 경쟁력에서 밀리는 소농들은 농토를

버리고 도시빈민으로 전락했다. 농업 에코사이드와 소농 말살이 함께 발생한 것이었다.

이후 에코사이드 개념이 두 방향으로 확대되어 사용되기 시작했다. 하나는 역사적으로 자행된 에코사이드, 예를 들어 서구의 식민지배로 비서구 토착민들의 거주지가 상업형 수탈을 당하고, 생태적 지속가능성을 박탈당했던 역사적 과정을 에코사이드의 시각으로 파악하기 시작했다.

또 하나는, 산업형 자본주의체제에서 여러 형태로 자연환경이 파괴되는 현상을 '에코사이드'라 부르기 시작했다. 이 문제는 대단히 논쟁적인 사안이지만 에코사이드를 이해하려면 정면으로 다룰 수밖에 없는 주제다.

경제활동으로 빚어지는 크고 작은 환경훼손을 모두 에코사이드라고 하지는 않는다. 대규모의 심각한 환경파괴만을 에코사이드라고 한다. 예컨대, '**극한 에너지**'extreme energy 개발 사례를 보자. 극한 에너지는 우리가 흔히 사용하는 석탄이나 석유와 같은 관행적 에너지원이 점점 줄어들어 투자수익률이 너무 낮아지면서 등장했다. 예전에는 거들떠보지 않던 에너지자원을 '극단적인' 첨단기술을 동원해 뽑아내는 것이다.

고체 상태로 굳은 원유 입자들이 포함된 모래층을 긁어내 가공 처리하는 오일샌드, 지하 셰일층에 섞여 있는 원유와 천연가스를 압력을 가해 뽑어 올리는 프래킹fracking, 심해유전 개발 등이 좋은 사례다. 이때 토양층 훼손, 발암물질 누출, 물 고갈, 지진 발생, 메탄가스 유출, 주민들의 건강 침해 등 각종 환경─사회문제가 발생한다. 인권학자 데이미언 쇼트Damien Short는 극한 에너지가 "자본 축적의 반생태적 논리"를 잘 보여준다고 지적한다.[32]

이런 맥락에서 '세계 포식자'The Worldeater라는 은유가 등장한다.[33] 마치 나무늘보가 천천히 나뭇잎사귀를 먹어치우듯, 전지구적 기술자본주의는 지구행성의 자연자원을 천천히 그러나 확실히 파헤치고 갈아내고 뽑아 쓰고 폐기한다. 산림과 초목을 벌채하고, 지하수와 강물을 산업용수로 오염시키고, 바닷물을 담수로 바꾸며, 팜유 생산을 위해 동식물의 서식지를 초토화시킨다.

이런 시스템에서는 인간이나 비인간 생명체를 직접 절멸시킬 뿐만 아니라, 에너지 추출 기술과 생명조작 기술을 활용해서 경제활동에 필요한 방식으로 생명을 규율하기도 한다.[34] 이런 과정을 '통제의 경제화'라고 한다. '자연스러운' 경제활동을 통해 인간과 비인간을 통제하고 조종한다는 뜻이다. "동식물 그리고 인간의 사회적·문화적 다양성의 제거를 마치 정상인 것처럼 간주하는 산업형 개발체제"에 의한 파괴가 에코사이드를 양산하고 있는 것이다.[35]

서구 산업국가에서 시작된 이런 경향은 식민지배 과정에서 개도국에도 전파되었다. 과거 식민지였던 나라들은 사적 소유를 절대시하고, 가부장제와 경제권력을 결합하고, 일방적인 노동윤리를 강요하고, 철저하게 분업식으로 산업을 조직하며, 기술과 경제성장을 절대시하는 문화를 내면화했다. 경제개발의 안경을 쓰고 세상을 바라보니 에코사이드가 눈앞에서 일어나도 그것을 생명파괴로 인식하지 못하는—오히려 발전의 증거라고 생각하는 ── 상태가 되어버렸다.

결론적으로, 전쟁 시의 고의적 환경파괴를 고발하기 위해 만들어진 에코사이드 개념이 이제는 평상시 경제활동에 의한 대규모 환경파괴로까지 확장되어 사용되기 시작했다.

제노사이드 개념의 확장

에코사이드와 짝을 이루는 개념인 제노사이드 역시 그 의미가 넓어지고 있다. 원래 제노사이드는 '인간집단'이라는 뜻의 그리스어 '*geno*'와 '파괴하다' '죽이다'라는 뜻의 라틴어 '*cide*'를 조합해서 만든 말이다. 이런 일은 고대에서부터 발생해왔다. 기원전 5세기 그리스에서 펠로폰네소스 전쟁이 일어났다. 아테네가 38척의 배에 병사 3400명을 태우고 멜로스섬을 공격하여 섬주민들을 학살한 사건이 벌어졌다. 아테네군은 섬에 살던 성인 남성을 모두 처형하고, 여성과 어린이는 노예로 삼았다. 병사 500명이 식민 지배자로 정착했다. 한 인간집단이 다른 인간집단의 맥을 끊어버린 것이다.[36]

1948년의 제노사이드협약에 따르면 '제노사이드'란 '국민적, 인종적, 민족적 또는 종교적 집단'을 파괴하기 위해, 그 집단을 죽이거나, 심신에 심각한 피해를 입히거나, 살기 어려운 조건을 강요하거나, 대를 잇지 못하게 만들거나, 집단의 아이들을 강제로 분리시키는 것을 말한다.[37] 집단의 학살과 박해와 해체, 그리고 범죄의 의도성을 강조하는 정의다.

정치학자 루돌프 러멜 Rudolph Rummel 은 제노사이드와 기타 집단학살을 포함해서 20세기에만 약 2억 6200만명이 희생되었다고 추산한다. 시신을 일렬로 늘어놓으면 지구를 10바퀴 돌 수 있는 규모다.[38]

제노사이드를 한국에서는 '집단살해' 또는 '집단학살'이라고 번역하지만, 제노사이드협약의 규정이 온전히 전달되지 않는다. 그동안 한자문화권에서 '제노사이드'의 번역이 다양하게 나왔다. 1948년 협약이 제정되었을 당시 유엔에서 중국 전체를 대표하던 중화민국(지금의 대만)은 제노사이드를 '잔해인군죄 殘害人群罪'라고 번역했다. 대만에서는 지금도 이 용어를 쓴다. 그러나 중화인민공화국(지금의 중국)은 1983년부터 '멸절종족죄 滅絕種族罪'라는 말을 썼고, 현재 유엔의 공식 번역문에서는 '위해종족죄 危害種族罪'라고 표현한다.[39]

제노사이드는 라파엘 렘킨 Raphael Lemkin, 1900~59 이 만든 신조어다. 렘킨은 지금의 벨라루스, 그 당시 폴란드에서 태어난 유대인 출신 법학도였다. 젊은 시절 렘킨이 독일에 유학하던 중 베를린에서 아르메니아 집단학살 사건의 주범 중 한 사람이 아르메니아 청년에게 암살당한 사건이 벌어졌다. 렘킨은 한 사람을 죽인 사건은 큰 관심을 끄는데 왜 100만명을 죽인 학살사건 자체에 대해서는 사람들이 무관심한지 이해할 수 없었다.

렘킨은 1933년 마드리드에서 열린 국제형사법 학술대회에 논문을 제출했다. 집단의 말살을 '야만의 범죄' crime of barbarity, 문화의 파괴를 '반달리즘 범죄'crime of vandalism로 정하자는 주장이었다. 1939년 폴란드가 나치 독일의 침공을 당한 후 그는 중립국인 스웨덴으로 피신했다. 폴란드에 남았던 렘킨의 일가친척 49명이 몰살당했다. 그는 독일 점령군이 유럽 각국에서 내린 포고령을 수집, 정리하던 중 독일의 점령정책에 일정한 패턴이 있음을 발견했다.

미국으로 건너간 렘킨은 1944년 『추축국의 유럽 점령정책』Axis Rule in Occupied Europe을 발간했다. 독일 점령군이 인종·종족집단에 따라 식량 배급, 결혼, 형벌 등을 차별적으로 시행한 것을 체계적으로 분석한 연구였다. 이 책에서 '제노사이드'라는 용어가 처음으로 등장한다.

원래 렘킨이 제안한 제노사이드는 나중에 제노사이드협약에서 규정한 개념과는 상당한 차이가 있었다. 렘킨이 '제노사이드'에서 강조했던 것은 그저 '많은 사람들'aggregate을 죽이는 학살행위가 아니었다. 어떤 '집단'group의 정체성을 소멸시키는 행위를 제노사이드의 핵심이라고 보았다.

이런 각도에서 보면 제노사이드는 특정집단을 겨냥해서 ── 생물학적 제거이든 아니든 간에 ── 그 집단의 생존조건과 문화적·사회적 정체성을 기어코 지워버리고 말겠다, 그 집단의 '집단으로서의 존재 흔적'을 지상에서 없애고야 말겠다는 증오와 적의가 강하게 풍기는 말이다.

렘킨은 역사, 언어, 전통, 문화, 종교, 사회적으로 내적 통합성을 지닌 집단은 생물학적 생명과 문화적 생명을 함께 가진다고 믿었다. 만일 어떤 집단의 생물학적 생명이 공격을 받으면 그 집단의 문화적 생명이 끊기고, 문화적 생명이 파괴되면 그 집단의 생물학적 생명 역시 위태로워진다는 것이다.

렘킨은 제노사이드가 발생하는 8개 영역과, 제노사이드를 일으키는 3가지 방법이 있다고 보았다.[40]

우선 ① 정치적 ② 사회적 ③ 문화적 ④ 경제적 ⑤ 생물학적(산아제한) ⑥ 물리적(기아, 건강박탈, 학살) ⑦ 종교적 ⑧ 도덕적(피해집단의 경멸) 영역에서 제노사이드가 발생한다.

그리고 ① 물리적(집단학살과 상해) ② 생물학적(단종 시술, 가족 분리, 아동 격리) ③ 문화적(정체성 박탈) 방법을 통해 제노사이드가 일어난다.

렘킨의 정의에 따르면 집단의 구성원 개개인이 살아남더라도 그 집단의 정체성이 해체되면 그것 역시 제노사이드에 해당된다. 예를 들어, 어느 민족이 자기 언어를 빼앗긴다면 그 집단은 문화적 의미에서 제노사이드를 당한 것이다. 즉 제노사이드는 '한 집단의 고유한 사회적 실체가 사라진 것'을 의미한다.[41] 렘킨에게는 개인의 인권보다, 개인이 속해 있는 집단 전체의 권리가 더 중요했다.

가해자의 주관적 '의도'는 제노사이드의 핵심이 아니었다. 고의적이든 아니든 간에 다양한 동기와 방식을 통해 어떤 집단에게 다양한 형태의 말살이 발생할 수 있기 때문이다.

정리하자면, 렘킨이 원래 제시했던 제노사이드 개념은 우리가 흔히 상상하는 나치의 가스실, 철조망으로 둘러싸인 강제수용소, 킬링필드, 집단 매장지의 이미지보다 훨씬 넓은 개념이었다. 사람

들의 생활 본거지를 불태우고 생계수단을 모조리 파괴한다면 그
것 역시 나치의 가스실만큼이나 나쁜 악행이 아니겠는가.

최근 들어 제노사이드 개념을 렘킨식으로 확장하여 대규모 인
간 고통에 적용하려는 움직임이 학문적으로, 실천적으로 나오기
시작했다. '렘킨의 재발견'이 이루어지고 있는 셈이다. 초기의 제
노사이드 연구에서는 사람들의 생물학적 죽음에 초점을 맞추는
경향이 있었다. 나치식 절멸정책, 집단학살, 홀로코스트 등이 대
표적이다. 제노사이드 자행자, 국가 행위자, 의도성, 예외성이 강
조되었다. 물론 이런 점은 지금까지 중요했고 앞으로도 중요할
것이다.

그런데 최근의 연구 동향에서는 어떤 집단의 통합적 일체성이
해체되는 문화·환경 조건의 파괴, 즉 사회적 죽음에 대해서도 관
심을 기울이기 시작했다. 철학자 클로디아 카드^{Claudia Card}에 따르
면 '사회적 죽음'이란 '사회적 생명력'을 빼앗긴 상태인데, 사회적
생명력은 "동시대적 관계 및 세대간 관계를 통틀어 존재하며, 삶
에 의미를 부여해주는 정체성을 만들어"주기 때문에 인간에게 각
별히 중요하다.[42] 그러므로 사회적 생명력을 앗아 가는 제노사이
드는 특별한 '악'을 상징한다.

식민지배 말살정책과 제노사이드 사이의 내적 연속성과 연관
성을 찾는 탈식민 제노사이드 연구도 나오기 시작했다. 예를 들
어, 오스트레일리아나 캐나다에서 백인들이 원주민을 물리적으
로 학살했을 뿐만 아니라, 문화적으로 강제 동화정책을 쓰고, 아
이들을 부모에게서 빼앗아 기숙학교에 강제로 수용시켜 친족관

계와 토착언어를 단절했던 사례가 곧 사회적 죽음이 동반된 제노사이드였다고 할 수 있다.[43]

새로운 제노사이드 연구에서는 국가가 주도하고 관료제가 실행한 고의적 학살범죄를 넘어 다른 차원의 제노사이드를 상상한다. 제노사이드를 특정한 시간과 장소에서 벌어진 '사건'으로만 규정하지 않고, 또한 가해자와 피해자의 관계를 일회적 에피소드로만 보지 않으며, 그런 사건이 일어나는 '구조'의 측면에 더 관심을 기울인다. 자유주의적이고 법률적인 해석이나, 유럽중심적이고 인간중심적인 세계관을 넘어서서 제노사이드를 이해하려 한다. 다시 말해, '일반적 제노사이드'가 우리로 하여금 그 행위의 사악함에 분노하도록 만든다면, '구조적 제노사이드'는 인간 고통을 양산하는 시스템에 분노할 줄 아는 감수성을 요구한다.[44]

2021년 전세계 제노사이드 연구자들이 '기후비상사태에 대응하기 위한 선언'을 발표했다.[45] 선언은 지금까지 제노사이드 연구에서 암묵적으로 전제해왔던 관점을 비판한다. 전체주의, 파시즘, 권위주의 때문에 법질서가 예외적으로 붕괴된 사건을 제노사이드라 하면서도, 초국적기업이나 그 방조국가를 제노사이드 자행자^{génocidaires}로 규정하지 않았다는 것이다.

이 선언에서는 에코사이드와 제노사이드가 얽히면서 인간과 지구행성에 가하는 복합적 폭력을 직시해야 한다고 말한다. 특히 남반구 난민, 유색인종, 도시빈민, 소농, 유목민, 전쟁 이재민, 토착민 등, 기후−생태 재난의 '최전선에서 싸우는 공동체들'을 위한 각별한 연대가 필요하다고 강조한다.

에코사이드와 제노사이드의 연계

기후-생태위기를 맞아 '에코사이드와 제노사이드가 얽히면서 인간과 지구행성에 가하는 폭력'이 인권과 환경의 핵심 주제로 떠올랐다. 이것을 '에코사이드-제노사이드 연계'라고 한다. 이 책에서는 '연계'nexus를 직선적 인과관계가 아니라, 시공을 가로질러 얽혀 있는 상관관계의 실타래라는 의미로 사용한다.

제노사이드를 발생시키는 렘킨의 세가지 방법 모두에 에코사이드가 적용될 수 있다.[46] 어떤 집단의 농작물과 먹거리를 파괴하고, 물을 오염시켜 질병과 기근을 일으키면 '물리적 방법'의 제노사이드가 발생한다. 식량 부족과 생활조건 악화로 영유아 사망률이 늘어나면 '생물학적 방법'의 제노사이드가 발생한다. 자연환경이 파괴되어 사람과 환경 간의 유대가 끊기면 집단정체성이 사라지는 '문화적 방법'의 제노사이드가 발생한다.

에코사이드-제노사이드 연계를 일으키는 대표적인 메커니즘 몇가지를 알아보자.

첫째, 식민지배의 역사적 유산이 에코사이드와 제노사이드를 잇는 강력한 접착제가 된다. 예를 들어, 아프리카의 수단은 19세기에는 오토만-이집트, 그리고 1898~1956년에는 영국 제국주의 지배를 받았다. 오토만-이집트 지배 시절부터 '아비드'(노비)라 불리던 흑인 토착민들은 이 기간 내내 인종차별적 착취의 대상이었다.[47] 영국의 지배가 시작되면서 노예제가 폐지됐지만, 흑인 토착민은 여전히 문명화되지 못한 열등인간 취급을 받았고, 대규모 관개사업의 값싼 노동력으로 동원되었다. 20세기 후반 신자유주의 시대가 오면서 기계화된 경작방식이 확대되어 토착민들은 전통적인 농사방식을 포기해야 했다. 원유 채굴로 인한 토지 강탈, 주민 강제이주, 폐기물과 오염 문제가 심해진 상태에서 기후변화까지 겹치면서 에코사이드가 발생했다. 이렇게 역사적 인종차별과 자본주의가 결부된 바탕 위에서 에코사이드와 제노사이드가 함께 나타난 것이다.

둘째, 개발주의에 의한 인간과 자연의 단절을 들 수 있다. 땅과 자연환경에 뿌리를 두고 있는 토착민과 전통부족 ─ '대지에 기반한 집단' ─ 에게 자연은 생물학적·문화적 통합성의 원천이 된다.[48] 이들의 역사적 서사, 생활방식, 제의, 전통은 모두 거주지와 밀접하게 연결되어 있다. 이들에게서 땅과 자연환경을 빼앗고 추방하면 이 사람들은 '생태적·문화적 제노사이드'의 희생자가 된다. 이들에게 생태·문화적 공격과 생물학적 공격은 동전의 양면이다.

셋째, 경제개발의 명분으로 생산과 자본축적 활동을 시작할 때 흔히 '판갈이'를 먼저 한다. 지역주민을 내쫓거나 억누르고, 다 함께 사용하던 공유지에 선을 긋거나(인클로저), 사유화 제도를 실시한다. 이런 식으로 자본 재생산을 위한 '땅고르기'를 한 바탕에서 산업과 금융 활동을 개시한다. 이때 자연환경을 상품화할 수 있고 관리 가능한 단위로 더 세밀하게 쪼개고 상업용으로 용도를 변경한다. 이렇게 되면 '노동의 분업'만이 아니라 '자연의 분절'

이 함께 일어난다. 이런 개발 과정은 무지막지한 생태파괴를 동반하기 쉽다. 한국의 부동산 개발과 토건사업에서도 흔히 나타나는 현상이다. 이때 원주민과 서민들이 더욱 주변화되거나 외곽지대로 쫓겨나게 된다.

넷째, 국가가 방조한 기업범죄 혹은 기업이 지원한 국가범죄도 에코사이드—제노사이드 연계의 메커니즘이다. 산업화된 광산 채굴, 조직적인 환경파괴, 상업형 대규모 영농에 의한 소농의 추방은 기업의 투자와 국가의 정책지원이 합해진 결과다. '녹색 범죄학'Green Criminology에서는 이를 '국가—기업 범죄연계'로 해석한다.[49] 세계적 차원에서 보면 이런 연계는 서구국가들, 서구가 지배하는 세계은행, 국가기관, 씽크탱크, 원자재 수출입 업자들, 기업들, 벤처캐피털 등으로 광범위하게 뻗어 있다.

해외개발용 금융투자가 생태계와 토착민을 위태롭게 하는 경우도 있다.[50] 예를 들어, 중국의 국가개발은행CDB과 중국수출입은행CHEXIM은 2008~19년 사이 총 4620억 달러(약 547조원)를 전세계 93개국에 제공했다. 사업 내용의 대다수가 교통 인프라, 채굴, 에너지 개발에 집중되었다.

문제는 중국이 국제 신용대출을 할 때 환경이나 토착민 보호를 거의 고려하지 않는다는 점이다. 전체 대출의 3분의 2 정도가 생물다양성 민감지역, 자연보호구역, 또는 토착민 거주지역을 대상으로 한다. 특히 베냉, 볼리비아, 몽골과 같은 나라에서는 모든 프로젝트가 생물다양성 민감지역이나 자연보호구역과 관련이 있는 것으로 조사되었다. 결과적으로 전세계 조류, 파충류, 양서류의 4분의 1이 중국의 해외 투자정책으로 인해 잠재적 위협을 받게 되었다.

에코사이드—제노사이드 연계가 일어나는 메커니즘은 이처럼 다양하고 다차원적이다. "걷잡을 수 없는 기후위기 (…) 생물종의 급격한 절멸, 서식지 파괴, 생태계 붕괴가 함께 일어나고 있다. 인간종이 지구의 생물권에 의존하고 있다는 자명한 사실을 고려하면 '자연적' 에코사이드와 '인위적' 에코사이드가 향후 제노사이드의 1차적 원인이 될 가능성이 높다."[51]

문화이론가 진 레이Gene Ray는 기술과 과학을 맹목적으로 신뢰하고 찬양하는 근대주의의 맹신으로부터 눈을 떠야만 우리 주변에서 벌어지고 있는 '에코사이드—제노사이드 매듭'이 보일 것이라고 한다. 가뭄, 해수면 상승과 식량 부족으로 인해 인간들이, 그리고 생태계 변화로 인해 비인간 생물들이 동시에 '기후난민'이 되고 있는 끔찍한 현실을 사람들은 왜 잘 인식하지 못하는가.

모든 것을 근대적 이성으로만 이해하고, 마음과 몸을 분리하여 생각하는 방식이 그 바탕에 깔려 있기 때문이다. 그러나 인간의 인간에 대한 제노사이드와, 인간의 자연에 대한 에코사이드가 연결되어 있음을 깨달으려면 이성을 넘어서는 시각이 절대적으로 필요하다. "더 많은 가슴, 더 많은 상호성, 더 많은 생명존중"이 있을 때 에코사이드와 제노사이드의 매듭을 정확히 보고, 그것을 풀 수 있는 방법을 생각할 수 있다.[52] 에코사이드—제노사이드 연계에 관한 몇가지 사례를 소개한다.

사례1. 들소와 인디언의 무덤 위에 세워진 미국

2016년 버락 오바마Barack Obama 대통령은 아메리카들소를 미국의 '국가 동물'로 지정하면서 매년 11월 첫째 토요일을 '들소의 날'로 선포했다. 아메리카 토착 독수리인 흰머리수리가 1782년에 '국가 조류'로 지정된 후 두번째 일이었다. 버펄로 또는 바이슨이라 불리는 야생들소는 19세기 초까지만 해도 미국 중서부 대평원에 약 3000만~6000만마리나 살고 있었다. 그러나 19세기 말 이들은 멸종위기에 놓였다. 소위 '인디언 문제'를 해결하기 위해 들소를 대량으로 학살했기 때문이다.

북미대륙 서쪽으로 진출하던 백인들은 대평원의 정복이 '필연적 정당성'을 가졌다고 확신했다. 원래는 수Sioux, 카이오와, 코만치 등 인디언 부족들과 협정을 맺어 거대한 영토를 약속했지만, 이를 어기고 인디언들을 보호구역의 농경 부족으로 정착시키려는 계책을 세웠다. 그러나 들소떼가 평원을 돌아다니는 한 인디언들을 한곳에 정주시키기가 어렵다는 판단을 내리게 되었다.

자연 속에서 자연의 일부로 살아가던 인디언에게 들소는 삶 자체인 동물이었다. 인디언 출신의 한 작가는 이런 생활양식을 다음과 같이 표현한다. "자연은 오직 백인에게만 '야생'이었다."[53] 들소는 인디언들에게 식량, 의복, 천막, 도구 제작용 뼈, 장신구, 축제용품을 제공했다. 들소사냥은 인디언 공동체를 결속시키고 복지를 제공하는 통로이기도 했다. 들소고기는 공동자산처럼 취

급되었고, 과부와 고아에게 먼저 나눠 주었다.[54]

기마 인디언 부족의 경우 1인당 1년에 평균 6~7마리의 들소가 필요했다. 대평원의 인디언 인구가 약 6만명이었고, 농사를 짓는 부족들과 물물교환을 하기 위해 필요한 가죽까지 포함해서 1년에 약 45만마리를 사냥한 것으로 추산된다. 그 정도는 들소떼가 생태적 재생산을 유지할 수 있는 수준이었다. 그러나 백인들이 대량으로 들소를 사냥하면서 그 균형이 급속하게 깨졌다.[55]

미국 군대는 공식적으로는 들소사냥을 직접 할 수 없었으므로 전문 사냥꾼들에게 들소를 마음대로 사냥하도록 부추겼다. 유럽에서까지 사냥꾼들이 원정을 왔다. "들소 하나를 없애면 인디언 하나가 없어진다!"라는 구호를 내걸었다. 인디언을 궁지에 몰아넣으면서 들소 가죽과 고기로 수입을 올릴 수 있었으므로 일거양득이었다.

당시 사냥용 라이플의 탄환 1개가 25센트, 들소 1마리의 가죽이 3.5달러였으므로 12배가 남는 장사였다. 어떤 사냥꾼은 혼자서 18개월 동안 하루도 쉬지 않고 매일 8마리씩, 총 4280마리를 잡았다는 기록이 남아 있다. 현재가치로 3억 7000만원 이상을 번 것이다. 들소에게 '천천히 풀을 뜯는 네발 달린 은행계좌'라는 별명이 붙을 만했다.

19세기 말이 되면 그 많던 들소가 원래의 0.001퍼센트에 불과한, 겨우 수백마리만 남은 상태가 되었다. 풍성하던 주요 생물종이 멸절의 문턱에 이른 것이다. 20세기 초부터 인위적으로 들소 보전 노력을 기울여 현재 수만마리 수준이 되어 있는 상태다.

들소와 인디언 부족들을 몰아낸 후 백인들은 미국의 거대한 대평원(몬태나, 노스·사우스다코타, 와이오밍, 네브래스카, 캔자스, 콜로라도, 오클라호마, 텍사스, 뉴멕시코 지역)을 완전히 자기들의 영토로 만들었다. 들소떼의 절멸 이후 그 지역에 정착한 백인들은 가는 곳마다 들소의 뼛더미가 들판에 하얗게 뒤덮여 있는 괴기한 광경을 목격해야 했다.

들소의 싹쓸이는 사냥을 주업으로 삼던 인디언들에게 궤멸적인 결과를 가져왔다. 19세기와 비교해서 20세기에 이들의 신체조건, 생활조건, 삶의 양식은 '사회적 죽음'에 가까운 상태로 전락했다. 19세기 말 프란츠 보아스Franz Boas라는 체질인류학자가 대평원 인디언 1만 5000명의 신장, 성별, 나이를 조사했던 기록이 남아 있다. 이 기록과 현재의 상태를 비교한 연구가 최근 발표되었다.[56]

1890년대 들소사냥으로 생활하던 인디언 부족 성인의 평균 신장은 173센티미터였다. 그때 유럽 출신 미국 백인의 평균 키가 171센티미터, 유럽인은 170센티미터 미만이었다. 당시 인디언들은 세계에서 제일 키 큰 종족에 속했다. 1인당 물질적 풍요 역시 세계 최고 수준이었다. 그러나 들소떼 절멸 후에 태어난 세대는 그 전에 비해 평균 신장이 5~9센티미터 이상 작았다. 세계에서 평균 키가 가장 작은 집단에 속하게 된 것이다. 현재 인디언 보호구역에 살고 있는 들소사냥 부족의 후예들은 농경 부족의 후예들에 비해 1인당 수입이 20~40퍼센트 낮다. 들소떼가 급속하게 소멸된 지역의 부족일수록 현재 수입이 낮다.

들소사냥 부족의 후예들은 자살률, 사망률, 알코올중독, 당뇨의 비율도 월등히 높았다. 더 놀라운 점은 이런 결과가 지금까지도 이어지고 있다는 사실이다. 과거의 트라우마가 대를 이어 계승되는 후성유전으로 인해 자손들에게 적응 부조화, 우울증, 자살과 자해, 폭력 성향이 많이 나타났다. 들소떼가 사라지면서 그 동물에 의존해서 살던 인간집단 역시 해체와 영락의 길을 걸었던 것이다.[57] 현재 들소사냥 부족이 거주하는 보호구역의 당뇨병 비율은 전국 평균의 800퍼센트에 달하며, 이들 중 건강한 음식을 섭취할 수 없는 가구가 40퍼센트나 된다. "이러한 '절망에 의한 죽음'의 양상은 들소떼의 말살 이후 나타난 인디언 부족들의 심리적 안녕의 상실과 일치한다."[58]

이런 사실은 미국 백인사회의 주류적 서사를 완전히 뒤집는다. 지금까지 백인들이 서구사회의 인적 자본과 기술을 '무주공산'인 아메리카대륙에 이식하여 경제성장과 번영을 이루었다는 식의 역사서술이 표준으로 취급되었다. 그러나 실상은 토착민들의 인적 자본, 제도, 그리고 자연환경을 파괴한 바탕 위에서 백인들의 경제성장과 발전이 가능했다. 그러므로 미국은, 적어도 부분적으로는, '에코사이드-제노사이드 연계'의 무덤 위에 건설된 문명이라 해도 과언이 아니다.

사례2. DR콩고 노예의 피로 얼룩진 휴대폰

노예와 예속은 인권유린의 고전적 형태이자 오늘날에도 계속되고 있는 문제다.[59] 아프리카 노예무역으로 인한 제노사이드를 배·보상해야 한다는 주장이 지금도 국제사회에서 논란이 되고 있다. 인권NGO의 시초를 1783년 영국의 노예무역폐지위원회에서 찾을 정도로 노예는 인권역사에서 해묵은 난제에 속한다.[60] 세계인권선언 4조는 "어느 누구도 노예가 되거나 타인에게 예속된 상태에 놓여서는 안 된다. 노예제도와 노예매매는 어떤 형태로든 일절 금지된다"라고 명시한다.

노예제도가 남긴 역사적 유산을 청산하기 위해 유엔은 2014~24년을 '국제 아프리카 후손의 10년' 기간으로 정해 캠페인을 벌이고 있다. 오늘날 공식적으로 노예제도가 존재하는 나라는 지구상에 없지만, '타인에게 예속된 상태'가 존재하는 나라는 한국을 포함하여 대단히 많다.

매년 12월 2일을 '국제 노예제 철폐의 날'로 기념하는 유엔에 따르면, 2020년 현재 전세계적으로 약 4030만명이 현대판 노예 신세에 빠져 있다고 한다. 이 수치에는 강제노동자 2490만명, 강제결혼자 1540만명이 포함된다. 전세계 인구 1000명당 5.4명이 사실상의 노예인 셈이다. 이밖에도 어린이 10명 중 1명이 강제 아동노동의 피해자로 추산된다.[61]

현대판 노예와 환경파괴 및 기후변화가 연계되어 발생한다는 사실도 밝혀지고 있다. 현대판 노예에 관한 세계적 전문가인 케빈 베일스Kevin Bales는 『피와 땅』Blood and Earth이라는 고발서에서 에코사이드와 노예 현상이 연계되는 참상을 낱낱이 고발한다.[62]

노예가 존재하는 곳에서는 어김없이 환경이 파괴된다. 기후위기의 주범인 이산화탄소 배출도 노예노동과 직결된다.[63] 만일 노예노동자들이 하나의 나라를 이룬다면 폴란드나 캐나다보다도 인구가 많다. 노예노동으로 배출되는 온실가스 총량은 중국과 미국 다음으로 세계 3위가 된다.

2018년 현재 G20 국가가 수입하는 제품 중 노예노동으로 생산되었다고 추정되는 컴퓨터, 휴대폰, 의류, 해산물, 코코아, 설탕 등이 약 3540억 달러어치나 된다. 한국은 노예노동으로 만들어진 제품을 약 140억 달러 정도 수입하는, 전세계 7위 국가에 속한다.

노예노동이 일어나는 대표적인 장소로 방글라데시·태국·미얀마를 연결하는 순다르반스Sundarbans 도서지역의 맹그로브숲, 가나의 금광, DR콩고의 광산, 인도 북부의 채석장 등을 꼽을 수 있다. 한국에서도 준노예적 노동 사례가 존재한다.

에코사이드와 노예노동이 연결되는 메커니즘은 단순하면서도 강력하다. 기후위기나 난개발로 환경이 악화되면 주민들의 전통적인 생계가 어려워지고, 기만적인 고용관계에 빠지기 쉽다. 사업주는 이런 사람들을 악랄한 계약조건으로 묶어놓고 적도 우림의 벌목, 벤처형 광산개발, 벽돌 제조, 생태파괴적 어업과 양식업을 강요한다.

아프리카 DR콩고의 동북부에 있는 비지Bisie 광산의 사례는 인간착취와 생태파괴가 연계되는 현실을 극명하게 보여준다. 이곳에서는 전자제품 기판의 납땜용 물질인 주석과 납, 그리고 컴퓨터와 휴대폰에 쓰이는 희귀광물인 콜탄이 생산된다. 콜탄을 찾기 위해 동원된 인부들이 삽과 곡괭이로 산과 강변과 들판을 마치

달 표면처럼 파헤쳐놓았다. 유엔환경계획에 따르면 채굴 작업으로 인한 서식지 상실 때문에 2015~20년 사이에 이곳의 고릴라 중 90퍼센트가 사라졌다고 한다.[64] 굶주린 노동자들이 야생동물을 잡아먹기도 한다.

강제 동원된 노동인력은 주로 고아 출신의 소년병, 빚 때문에 노예 비슷한 신세가 된 노동자, 농사가 안 되어 일자리를 찾아온 농민, 광물을 세척하고 취사를 담당하는 여성과 여자아이들이다. 여성은 흔히 강간과 성폭력의 대상이 된다.

이 지역에 거주하는 전체 인구 2만명 중에서 사업주, 병사, 장사꾼을 제외하고는 거의 모든 사람이 다치거나 병든 상태에 있다. 갱도를 파고 흙을 나르다 돌에 다치고 안구가 손상되기도 한다. 규폐증으로 숨쉬기 어려운 사람들이 많다. 여성들은 대다수가 성병에 걸린 상태다. 가혹한 노동현장에서 살아남기 위해 마리화나와 하시시 같은 마약에 의존한다.

비지 광산에서 채굴된 광물이 휴대폰이나 컴퓨터 제작에 활용되어 최종적으로 소비자의 수중에까지 들어가는 과정을 살펴보자.[65] 공급사슬의 시작점부터 종착점까지 적어도 11단계를 거치게 된다. 이 중 어느 단계가 비지 광산에서 벌어지는 에코사이드와 노예노동에 책임이 있는가. 현대판 노예를 통한 에코사이드-제노사이드 연계를 차단할 수 있는 해결책을 찾으려면 이런 단계들을 정확히 이해해야 한다.

① 콜탄을 직접 채굴하는 노예노동자들. 이들은 가장 큰 고통을 겪

으면서 강제로 일을 하는 피해자들이므로 책임이 없다.

② 노동자들을 직접 관리하고 통제하는 무장집단, 이런 일에 기생해서 살아가는 지방관리, 부족장, 경찰, 대금업자, 포주, 광물중개업자. 이들은 노예노동에 직접적인 책임이 있다. 말단 간수나 사병은 자신들도 노예 비슷한 상태에서 명령에 따르는 처지이긴 하지만, 이들역시 책임이 전혀 없다고 할 수는 없다. 땅을 파고 동식물을 쓸어버리라는 명령이 하달되는 이 단계에서 에코사이드도 동시에 발생한다.

③ 화이트칼라 중개상인은 노예노동과 에코사이드의 공범이라 할수 있다.

④ 광물거래소 업자와 수출업자는 노예노동과 에코사이드의 방조범이다. 이 단계에서 노예노동으로 생산된 불법적 광물이 합법적 재화로 세탁된다. 불법적 광물이 합법적 광물보다 언제나 저렴하다. 이들은 광물의 출처를 모른다고 잡아떼곤 하지만 새빨간 거짓말에 불과하다.

⑤ 광물의 제련, 야금, 정련, 가공을 맡은 외부세계의 기업. 이들은에코사이드와 노예노동에 직접 책임은 없지만 불법 광물을 가려내고,그것에 손대지 말아야 할 의무가 있다.

⑥ 콜탄으로 콘덴서를 제조하고, 주석으로 납땜을 제조하는 회사들의 역할도 상당하다. 2011년의 조사에 따르면 소니, 카시오, 산요 등은노예노동의 생산물을 알면서도 묵인했다. 그렇다면 이들에게 법적 책임은 없더라도 도덕적 책임이 면제되지는 않는다.

⑦ 위의 부품을 회로기판에 조립하는 공장 제조라인이 있다.

⑧ 최종 소비자를 위해 상품을 최종 조립하는 공정이다. 상품의 가

격을 책정하는 경쟁이 심하므로 바로 이 단계에서 헐값의 노예노동으로 생산된 부품에 대한 인센티브 압력이 은연중에 위쪽으로 전해진다.

⑨ 브랜드 회사, 예를 들어 애플과 같은 회사의 역할이 작용하는 단계다. 애플이 제품단가를 어느 선에서 정하느냐에 따라 ⑧번 단계에 있는 폭스콘 같은 회사의 대응이 달라진다.

⑩ 소매상과 판매점에서 노예노동에 대한 정보를 소비자들에게 전하는 경우는 거의 없다.

⑪ 최종 소비자는 노예노동과 에코사이드를 반대한다고 분명히 표현하고, 윤리적인 시민으로서 행동해야 한다.

결론적으로 ②, ③, ④, ⑤, ⑥, ⑨번이 핵심 고리이며, ⑪번 소비자들은 ⑩번 판매점과 ⑨번 브랜드 회사에 압력을 가함으로써 에코사이드와 노예노동 문제 해결에 힘을 보탤 수 있다. 베일스는 "공급사슬은 복잡할지 몰라도 도덕은 복잡하지 않다"라고 말한다. 우리는 노예노동의 피로 만들어지지 않은 깨끗한 컴퓨터를 사용할 권리, 노예노동의 피로 얼룩져 있는 께름칙한 휴대폰을 거부할 의무가 있다.

사례3. 아마존의 '더러운 전쟁'

2019년 브라질 아마존강 유역의 한 오지에서 과거사청산을 위한 청문회가 열렸다. 이 자리에서 마을주민들은 자기들이 당했던 박해에 대한 기억을 더듬었다. 정확한 날짜를 기억하지도 못하는 순박한 시골 사람들이었다. 증언에 따르면 1968~77년 사이에 BR-174국도 120킬로미터 구간의 건설에 협조하지 않았다는 이유로 와이미리-아트로아리Waimiri-Atroari족이 살던 거주지가 여러차례 군의 공격을 받았다. 전투기로 폭격을 하고 총기로 난사하여 최소 600명, 최대 3000명이 희생됐다는 사실이 밝혀졌다.

2019년 8월에 아마존의 열대우림에 대화재가 발생하여 전세계적인 뉴스가 됐다.[66] 위성사진에도 불길이 잡힐 정도의 초대형 산불이었다. 이 사건은 산림소각만이 아니라 불법 광산 채굴, 무차별 남벌, 야생동물 밀매, 원주민 추방 등 아마존의 모든 문제들을 집약적으로 보여주었다. 전세계 우림의 60퍼센트가 브라질에 모여 있고, 이곳에 300만종의 동식물이 살고 있다. 아마존 열대우림은 남한의 40배 크기다.

아마존 개발의 역사를 간략히 짚어보자. 노동자당의 룰라Luiz Inácio Lula da Silva 대통령 재임기간을 포함해서 1990년대부터 2010년까지 생태계 보전을 위한 아마존 보호운동에 호의적이었던 시절이 있긴 했다. 이때 산림벌채 비율이 크게 줄었다. 그러나 나머지 기간은 진보든 보수든 아마존을 '근대화'해야 한다는 기본발상에는 차이가 없었다. 극우 성향의 자이르 보우소나루Jair Bolsonaro 대통령이 2019년에 취임한 후 그런 경향이 더욱 심해졌다.

라틴아메리카의 거의 모든 나라에서 '개발 대 환경·인권'의 구도가 대립한다. 그중에서도 브라질에서 이런 경향이 특히 심하다. 국제사회의 외부인들은 전지구적 관점에서 아마존의 생태환경을 걱정하고, 그 안에 거주하는 토착민의 생존을 인권의 관점에서 염려한다. 그러나 브라질 국내에는 아마존의 환경문제에 국제사회가 관심을 기울이는 것 자체를 못마땅하게 여기는 여론이 많다. '아마존 문제의 국제화'를 외세의 내정간섭으로 받아들인다. '다른 나라들은 다 개발을 하는데 왜 우리는 우리 땅을 개발하면 안 되는가'라고 거부감을 보인다. 보우소나루 대통령은 아마존이 '지구의 허파'가 아니라 '브라질의 허파'라고 강변하기도 했다.

브라질 지배층은 아마존을 언제나 식민지배자의 시각으로 대해왔다. 자연자원을 추출하고 수익을 올릴 수 있는 요충지, 하지만 닫혀 있고 미개하고 문명을 거부하는 험지라는 인식이 강했다. 이런 역사적 과정을 관통하는 키워드는 문명화, 근대화, 정착식민지배형 개발주의에 근거한 산림벌채였다.[67]

브라질 국기에는 '질서와 진보'*Ordem e Progresso*라는 구호가 적혀 있다. 실증주의 철학자 오귀스트 콩트*August Comte*의 영향을 받은 것이다. 브라질의 개발론자들은 '질서'를 국가주권으로, '진보'를 개발로 풀이하곤 한다. 정착식민지배형 개발은 단숨에 완성된 것이 아니라 계속되는 과정 속에서 각기 다른 형태로 진행되었다. 인류학자 패트릭 울프*Patrick Wolfe*는 "정착식민지배는 사건이 아니라 제노사이드와 연결되는 구조로 보아야 한다"라고 지적한다.[68] 그래서 에코사이드-제노사이드 연계를 역사적으로 이해하는 것이 중요하다.

포르투갈이 '황금의 땅 엘도라도'라고 생각한 아마존을 '발견'한 후 16~19세기 사이에 자원추출형 식민지배가 시작되었다. 탐사를 통해 코코아, 고무, 말라리아 약제 퀴닌의 존재를 확인했고, 이런 정보는 국가기밀로 취급되었다. 식민지배자의 침입으로 토착민들은 살육, 억압, 추방, 이산을 겪었고, 인구가 대거 줄어드는 피해를 입었다.

1880~1930년대에 산업용 고무즙을 대규모로 채취하기 시작했고, 커피농장 개발 붐이 일면서 외지인들이 아마존 내지로 대거 유입되었다. 1908년부터 수많은 일본 노동자들이 브라질로 노동 이주를 해왔다. '세링게이루'*seringueiro*라 불리는 현지의 고무나무 수액 채취 노동자와 토착민들은 착취, 차별, 토지소유 금지, 노예화 등의 부당한 처우를 당했다. 상황이 너무 심각해져서 원주민 보호청SPI이라는 기관이 설립되어야 했다.

1940~80년대는 도로와 수력발전, 축산용 농장 등의 인프라를 주로 건설했다. 이때는 군부독재(1964~85)가 민주인사들 그리고 개발을 반대하는 토착민들을 상대로 '더러운 전쟁'을 벌인 시기와도 겹친다. 추방, 강제 실종, 학살과 초토화작전이 횡행했다.

군사정권은 '아마존 작전'이라는 내부식민화 프로젝트를 본격적으로 추진했다. 1만 6000킬로미터 이상 도로를 건설하고, 농장을 짓고, 타지역 사람들을 아마존 깊숙이 이주시켰다. 1961~73년 사이 한국 노동자들도 브라질로 집단이민을 떠난 적이 있다. 이들은 열악한 생활환경, 개미떼, 독충, 생활고 등으로 큰 고생을 했다.[69]

아마존 개발을 국가안보와 연결시켰던 점도 특이하다. 아마존을 게릴라와 반정부 세력의 본거지로 여겼던 군사정권은 아마존을 개발하지 않으면 외세의 침략을 당할 것으로 믿었다. 이때 나온 구호가 "빼앗기지 않으려면 점령하라"ocupar para não entrega 였다. 이런 과정에서 토착민과 지역주민이 큰 피해를 입었다. 군사독재 기간 중 토착민 8350명이 살해되었다고 공식적으로 발표되었다. 토착민의 거주지를 물리적으로 파괴하는 행위는 에코사이드와 제노사이드의 동시 발생이자 연계를 의미한다. 그것은 실로 "산림파괴와 토착민 탄압이 합쳐진 이중적 과정의 산물"이었던 것이다.[70]

군사정권이 끝나고 브라질이 신흥경제대국BRICs의 반열에 오르면서 산업 인프라, 농업, 수력발전용 개발이 더욱 늘어났다. 브라질에서는 수력발전이 전체 발전량의 75퍼센트를 차지하는데, 2019년 현재 거의 4000개 가까운 댐이 건설되어 있다. 이 댐으로 인해 강 유역에 거주하는 주민들의 생계와 생활 본거지가 위협받고 있다. 광산 개발의 폐해도 크다. 채굴로 인한 폐기물이 강으로 유입되어 강물에 서식하는 생물들이 떼죽음을 당했고, 생계수단인 어업이 곤란해지고 토착민의 거주지가 파괴되어 이산민이 발생했다.

보우소나루 대통령은 2019년 1월 취임 첫날 '행정명령 870호'에 서명하여 과거 노예 출신의 토착민 킬롬부quilombo와 관련된 업무를 농업부로 이관시켰다. 킬롬부를 거주지에서 쫓아내기 쉽게 하려는 조치였다. 또한 농기업들에 아마존 개발의 인허가를 남발했다. 농기업의 이익을 대변하는 국회의원들이 강력한 후원세력이 되었다. 보우소나루는 기후변화를 부정하고 환경규제조치의 완화를 외쳤다. '환경범죄 규제라는 이름의 축제'를 뿌리뽑겠다고 공언하고 다녔다. 그의 취임 후 환경파괴에 대한 범칙금 부과

액이 사상 최저 수준으로 떨어졌다. 브라질의 남부와 북부 파라주를 잇기 위해 국도, 고속도로, 철도를 건설했지만 토착민과 주민 공동체의 의사는 완전히 무시되었다.

식민지배가 시작되기 전에는 아마존에 약 800만~1000만명의 토착민이 거주했지만, 1900년 이후 대규모로 말살되었다. 현재 약 450개 종족집단, 150만명이 남아 있다. 1분당 축구장 40개 넓이의 열대우림이 잘려나가고 있다. 2020~21년 사이에 서울시, 인천시, 경기도를 합친 것보다 더 넓은 면적의 숲이 사라졌다. 산림훼손이 너무 심해져 아마존은 이미 숲보다 목초지가 더 많아졌고, 온실가스 흡수보다 배출이 더 많은 지역이 되었다. 지금의 대학생이 환갑이 되면 아마존 열대우림은 기억속에서만 존재할 것이다.

숲이 사라지면 공기 중 수증기를 숲이 머금지 못하고, 물순환 사이클이 교란된다. 물순환이 단절되면 숲은 더욱 줄고 동물들이 사라진다. 그러면 수렵에 의존하던 토착민들의 생활과 생계가 곤란해진다. 가뭄과 홍수가 번갈아 오면서 사람들은 점점 더 살기 어려워진다. 강 유역에 거주하는 주민들은 가뭄이 들면 상류에서 수렵과 채취를 하지 못한다. 어획량이 줄면 수입이 줄어든다. 폭우와 장마가 와도 문제다. 주민들의 조기 사망률이 증가하고, 상당수는 타지로 이주해 나간다. 지역공동체가 와해되면서 집단정체성이 해체되어 사람들이 개인들의 무리로 전락하고 있다.[71]

숲을 없앤 자리에는 밭을 일구어 대두, 옥수수, 환금작물 등을 재배한다. "브라질이 없으면 세계의 아침 식단이 멈춘다"라는 말이 있다. 전세계 오렌지주스의 5분의 4, 전세계 설탕의 절반, 전세계 커피의 3분의 1, 전세계 가축사료의 3분의 1이 브라질 한 나라에서 나온다. 축산업도 우림의 벌채에 큰 역할을 한다. 고기 생산만이 아니라 가죽에 대한 수요도 대폭 늘어났다. 미국에서 인기 있는 대형 승용차의 내부와 시트를 모두 가죽으로 덮으려면 적어도 12마리 이상의 소를 잡아야 한다. 패션산업에서 소비하는 가죽도 엄청난 규모다. 특히 H&M, 나이키, 랄프로렌, 아디다스, 자라 등 글로벌 패션 브랜드들이 산림파괴와 연루된 가죽을 사용한다는 의심을 받고 있다.

2017년 한국이 브라질에서 수입한 물품의 총액은 37억 100만 달러(약 4조 3700억원)에 달했다. 주로 철광석, 대두(콩), 사탕수수당, 원유, 종자, 닭고기 등이다. 특히 대두는 브라질 농산업의 핵심이다. 2020년 한해에 브라질이 대두로 벌어들인 외화가 350억 달러 이상이었다. 대두는 옥수수와 함께 대표적인 사료용 작물이다. 한국에서 연간 2000만 톤의 배합사료를 생산하는데, 그중 원료의 95퍼센트를 해외에서 수입한다. 아마존의 에코사이드―제노사이드가 한국인의 육류 소비와 이런 식으로 직접 연결된다.

2021년, 아마존 보호운동가이자 카야포 부족의 지도자 라오니 메투크티레Raoni Metuktire가 보우소나루 대통령의 생태계 파괴행위를 조사하라고 국제형사재판소에 요구하여 큰 주목을 받았다. 보우소나루의 취임 후 산림파괴가 50퍼센트 이상 급증했고, 토착민의 거주지 침범 사건이 135퍼센트나 늘었다.[72] 코로나 사태가 발생한 후 연방정부가 토착민을 얼마나 무시하는지가 또다시 드러났다. 이들에 대한 보호조치가 턱없이 부족하여 토착민의 감염률이 국민 평균보다 16퍼센트나 높았다. 말라리아 약을 코로나 치료제라고 속여서 보급하기도 했다. 특히 연로한 지도자들이 많이 희생되면서 토착민들의 지식 전승과 리더십에 큰 공백이 생겼다. 룰라 전 대통령은 현정부의 팬데믹 정책을 최악의 '제노사이드'라고 규탄한 바 있다.

브라질만큼 환경운동과 인권운동이 가깝게 연결되는 나라도 없을 것이다. 아마존이 환경운동가들에게 죽음의 땅이 되었기 때문이다. 2018년 한해에만 활동가 20명이 살해되었다. 2009년 이래 누적 피살자가 300명 이상 된다. 사건 대부분이 미제로 남아 있고, 기소된다 해도 처벌되지 않는 경우가 흔하다. 아마존에서 벌어지는 에코사이드−제노사이드의 참극은 개발의 세계관과 공존의 세계관이 충돌하는 전지구적 갈등의 표본이 되었다.

에코사이드를 막으려면1. 기업 통제

에코사이드−제노사이드 연계가 발생하는 복잡한 메커니즘 뒤에는 거의 언제나 돈벌이를 위해 수단과 방법을 가리지 않는 문제적 기업들이 있다. 문제적 기업이란 보통의 일반회사가 아니다. 대규모 에코사이드를 일으켜 인간과 환경의 지속가능성을 위협할 정도의 메이저급 조직 ─ 예를 들어 초국적기업들 ─ 을 말한다.

기업의 무소불위적 활동에 정당성을 부여했던 '프리드먼 독트린'을 예로 들어보자.[73] 밀턴 프리드먼Milton Friedman이 반세기 전

『뉴욕타임스』에 기고한 「기업의 사회적 책임은 수익 창출」이라는 글은 "'자유기업 시스템하에서 기업의 사회적 책임' 운운하는 사업가들을 볼 때마다 나는 다음과 같은 생각이 든다"라는 유명한 문장으로 시작한다.

프리드먼은 '그런 기업가들은 바람직한 사회적 목표를 추구하는 것이 옳다고 오해하고 있다'고 말한다. 그리고 '그런 사람들은 법에 정해진 것 이상으로 기업이 환경을 개선하기 위해 공해방지 시설에 투자하는 것이 바람직하다고 착각하고 있다'고 한다. 더 나아가 프리드먼은 이런 사람들이야말로 "진정으로 순수한 형태의 사회주의"를 설파하고 있다고 비난한다.

지금 읽어봐도 논조의 선명함, 적나라함, 의도적 도발성의 기운이 강렬하게 느껴지는 글이다. 기업은 무조건 돈 버는 일이 알파요 오메가이지, 사회적 책임 운운하는 것만큼 가소로운 일도 없다는 식의 냉소와 지적 우월감이 하늘을 찌른다. 그러나 거대기업들이 그의 '가르침'을 곧이곧대로 실천한 결과가 기후-생태위기를 불러온 것에 대해서는 어떻게 생각하는지 묻고 싶다.

세계 최초의 기업은 1288년 스웨덴에서 설립된 스토라 코파르베리Stora Kopparberg라는 구리광산 회사였다.[74] 이 회사는 현재 핀란드의 스토라-엔소Stora Enso라는 제지회사로 바뀌었다. 세계에서 제일 오래된 기업의 모회사와 자회사가 모두 공해와 관련되어 있다는 사실은 상징적이다. 그러나 이 회사의 투자자들은 700여년 전이나 지금이나 환경파괴에 대한 책임과 관계없이 여전히 수익을 올리고 있다.

이 말은 거대기업들이 산업 과정을 마음대로 통제하는 한, 에코사이드를 근절하기 어렵다는 뜻이다. 고엽제를 생산하여 베트남의 미군에 납품했던 몬산토와 다우케미칼 등 9개 화공약품 회사들은 지금까지도 자기들의 책임을 인정하지 않고 있다. 기후위기, 플라스틱, 대기오염, 물오염, 다이옥신, 살충제, 제초제 등 거의 모든 공해가 주로 기업활동을 통해 배출된다. 전세계 737개 기업이 전세계 부의 80퍼센트를 소유하고 있는 현실도 기억해야 한다.

그런데도 기후, 환경, 생태 문제를 공식적으로 다룰 때 기업의 활동을 부각시키는 경우가 드물다. 2015년 '파리기후협정'의 전체 텍스트에 기업corporation, 회사company, 수익profit이라는 단어는 단 한번도 나오지 않는다. 2021년 글래스고 기후변화협약 당사국총회COP26의 최종 결정문에서도 마찬가지다. 기업의 통제 없이는 기후−생태위기에 대처하는 것이 불가능한데도 현실은 왜 이러한가.

거대기업, 초국적기업들이 이런 특권을 누리는 데에는 국가의 후원이 큰 몫을 한다. 정치권력의 이해관계와 기업의 이해관계가 만나면 국가가 환경문제에 개입하는 수준이 낮아진다. 세수, 일자리 창출, 정치 기부금 등이 모두 국가와 기업의 관계에 달려 있기 때문이다. 정경유착이 이루어지면 국가가 주도하고 기업이 동조하는 환경범죄, 기업이 저지르고 국가가 방관하는 환경범죄, 기업이 경제권력을 이용해 국가로 하여금 환경을 파괴하도록 유도하는 환경범죄가 일어나기 쉽다.

게다가 현재의 국제법은 초국적기업에 유리하게끔 만들어져 있다. 근대 국제법의 모태가 된 '만민법' 사상은 '자연법적 이성'

으로 세상의 모든 사람을 공평하게 다스린다는 원칙에서 출발한다. 그러나 오늘날의 국제법은 철저히 '경제적 이성'의 지배를 받는다. 전세계 기업의 활동을 단순히 인정하는 차원을 넘어 초국적기업들에 커다란 특권을 인정한다.

예를 들어, 국제 '투자자─국가 중재 메커니즘'에서는 초국적 기업이 투자를 유치한 국가에 직접 진정을 제기할 수 있도록 보장한다. 사실상 기업과 국가가 대등한 지위임을 인정한 것이다. 반면에 개인들에게는 그런 권한이 인정되지 않는다. 이런 구도에서는 기업에 의한 환경파괴나 인권침해를 다루기가 원천적으로 한계가 있을 수밖에 없다.[75]

에코사이드를 연구하는 녹색 범죄학에서는 개인의 특성이나 개인간 관계에 주로 초점을 맞추는 통상적 범죄학을 넘어, 정치경제 이론의 측면에서 범죄를 분석한다. 자본주의를 지탱하는 '생산의 맷돌'이 어떤 식으로 생태계를 파괴하는지 알아보자.

자본주의에서는 생산의 맷돌이 지속적으로 돌아가야 경제가 확대되고 자본의 축적이 가능해진다. 그런데 생산의 맷돌이 계속 돌아가려면 맷돌에 자원을 계속 투입해야 한다. 그렇게 하려면 투입할 수 있는 자원이 있어야 하고, 그런 자원이 계속 늘어나야 한다. 자원이 투입된다는 말은 자연자원의 소비가 늘어난다는 뜻이다. 그러나 자원 소비가 너무 늘어나면 생태계가 균형을 맞추지 못하며, 더 심해지면 생태계가 소진된다.

그런데도 왜 기업에 의한 생태계 소진과 환경파괴를 규제하기 어려운가.[76] 우선 경제활동과 환경파괴의 인과관계를 설정하기가 쉽지 않다. 설령 인과관계를 찾는다 해도 기업이 현행 법규를 위반하지 않는 이상 기소할 수 없다. 어떤 행위가 법으로 먼저 금지되어 있지 않으면 아무리 문제가 있어도 그것을 처벌할 수 없기 때문이다.

산업사회에서 공기와 물은 이미 심각한 정도로 오염되어 있지만, 그것을 환경훼손 기업활동에 의한 '범죄'의 결과라고 생각하는 사람은 드물다. 국가가 기업의 모든 활동을 '통상적 행위'로 인정해주면 기업범죄가 정상시되며, 공적 논의의 장에서 아예 다루지 않게 된다. 게다가 신자유주의가 득세하면서 '탈규제'와 '작은 정부론'이 절대 진리인 것처럼 통하기 때문에 국가는 기업의 활동을 적극적으로 규제하기를 꺼린다.

대중도 기업의 활동을 순응적으로 바라보기 쉽다. 공기처럼 자연스럽게 받아들이다보면 그것이 초래하는 문제를 '보면서도 못 보는' 상태가 된다. 그러면서 여전히 기업의 상품을 구입하는 소비자로서 살아간다. 이것은 한나 아렌트Hannah Arendt가 말한 '악의 평범성'과도 연결된다. 환경의 질이 나빠져도 사람들은 그것을 나쁘다고 잘 느끼지 못한다. 모든 사람의 삶의 모든 분야가 시장관계와 긴밀하게 연결되어 있기 때문이다.

'세계 포식자'의 '탐욕스러운 먹어치움'으로 인해 장기적으로 막대한 사회적 비용이 발생하고, 사회-생태위기가 온다 하더라도 사람들은 그것을 경제 사이클이나 시장이 제공하는 기회의 결과라고 생각한다. 문제가 있긴 하지만 '사회발전에 따르는 불가피한 부작용' 정도로 치부하기 십상이다. 그런 과정에서 소리 소문 없이 희생되는 사람들의 문제는 시스템상의 어쩔 수 없는 필요악이라고 여기면서 그런 생각을 머릿속에서 밀어낸다.

그렇다면 에코사이드를 막기 위해 기업을 어떻게 통제할 것인가. 사회문제가 흔히 그러하듯 여기서도 단일하고 즉각적인 방책은 없다. 약한 조치부터 강한 조치까지 대표적 아이디어들을 몇 가지만 알아보자.

첫째, 기업하는 사람들에 대해 정확한 지식을 가져야 한다. 기업인은 단기적 수익성에 반응하게끔 훈련된 이들이다. 수익 극대화라는 목표와 인간의 장기적 안녕 및 환경보호가 상충될 때에는 '자연스레' 수익 극대화 쪽을 선택하도록 되어 있다.

기업인들도 심리적, 문화적 요인의 영향을 많이 받는다. 통계적 리스크의 정보를 과소평가하고, 미래보다 현재의 가치를 높게 친다. 어떤 문제가 있을 때에 종합적 대책을 꾸준히 취하기보다 그저 발등의 불만 끄고 더이상 행동하지 않는다. 그리고 '해로움의 증거의 부재'를 '해로움의 부재의 증거'로 해석한다. 또한 이들은 이해관계가 걸려 있으면 상황을 자기에게 유리한 방식으로 생각하는 경향이 있다. 환경과 건강에 나쁜 것을 알면서도 돈을 더 벌 수만 있으면 스스로의 행동을 쉽게 정당화하고, 자기기만에 빠지는 경우가 흔하다.

이런 문제에 대해 가장 강력한 해결책은 법과 행정과 재정적 규제책을 동원하는 것이다. 그런데 이러한 규제가 언제나 가능하지는 않고, 문제가 발생하기 전부터 미리 규제조치를 갖추는 것이 쉬운 일만은 아니다.

따라서 규제에 대한 보완책으로서 기업가들이 직면한 딜레마를 솔직히 드러내어 토론할 수 있는 기업문화를 만들어야 한다. 모범답안식 행동지침을 들이밀고 그대로 행동하라고 다그치기보다, 공개적이고 투명하고 참여적인 결정구조를 만들어 그 속에서 현실의 모순을 인정하면서 복잡한 흥정trade-off의 어려움을 솔직히 논의하도록 유도하는 과정이 필요하다.[77]

둘째, 요즘 큰 흐름을 이루고 있는 기업의 'ESG 경영'(친환경, 사회적 책임, 지배구조 투명성)의 기준을 업그레이드시키고, 에너지 사용과 온실가스 배출과 폐기물 발생 및 자원순환에 대한 투명한 정보공개와 실천이 필요하다.[78] 또한 ESG 전체를 인권의 관점에서 다루는 시각이 있어야 한다.

인권법학자 송세련은 ESG를 지나치게 외적인 규제로만 접근하거나 기업자율에만 맡겨서는 안 된다고 강조한다. 2011년 이래 유엔이 권장해온 '인권경영'의 정신으로 ESG 경영이 이루어져야 한다. 인권경영이란 "인권 실사를 통해 기업활동이 인권에 미치는 영향을 파악하고, 파악한 실태에 따라 기업활동을 개선하며, 이 과정을 이해관계자의 관점에서" 바라보도록 하는 경영원칙이다. 유럽의회는 기업이 인권·환경·지배구조HEG에 위험을 초래하지 않도록 하기 위해, 관련된 조사를 의무적으로 시행하는 '기업 실사 의무화법'을 제정하려고 심의 중에 있다.[79]

셋째, 세계시민의 열린 의식으로 환경파괴와 인권파괴를 자행하는 기업에 공개적 압박을 가하고 '사회적 면허'를 취소해야 한다. 평화적으로 가능한 모든 방법을 동원해야 할 것이다. 예를 들어, 2021년 네덜란드 법원은 석유 메이저인 로열더치셸에 2030년까지 탄소배출량을 2019년 대비 45퍼센트 줄이라고 명령했다. '지구의 벗' 등 환경단체들이 네덜란드 시민들 1만 7200명을 대표해 제기한 소송에서 원고가 승소한 것이다. 시민들은 로열더치셸이 파리기후협정의 목표를 어김으로써 인권과 생명을 위협한다고 주장했다.[80] 이런 움직임은 2022년에도 이어져 네덜란드에 법인등록이 되어 있는 전세계 30개 주요 탄소배출 다국적기업에 대한 소송이 제기될 예정으로 있다. 세계시민들의 이런 움직임은 많으면 많을수록 좋다.

넷째, 기후-생태위기의 심각성을 근본적으로 성찰한다면 기업의 '개혁'을 넘어 완전히 새로운 산업조직 방식을 도입해야 한다.[81] 예를 들어, 복잡한 초국적 소유권 구조를 불법화하여 기업의 전지구적 활동범위를 제한하고, 유한책임성 원칙을 바꿔서 환경파괴 기업의 투자자와 주주에게도 법적 책임을 물리며, 생태파괴 활동으로 거둔 수익을 환수조치하고, CEO의 처벌을 강화해야 한다. 마지막 부분인 기업대표의 처벌은 에코사이드를 국제형법상의 범죄로 다루자는 주장의 핵심이 된다.

에코사이드를 막으려면2. 국제범죄화

베트남 고엽제 사건 이래 세계 인권-환경운동은 국제적인 규모의 에코사이드를 범죄, 특히 '국제범죄'로 단죄해야 한다는 주장을 발전시키기 시작했다. 에코사이드를 반대하면 됐지 굳이 법률적 의미에서 '범죄'라고 규정할 필요가 있는가. 가장 간단한 대답은 에코사이드의 피해가 인류 존망의 문제로까지 커졌기 때문이다.

범죄에는 두 종류가 있다. 하나는 법에 범죄라고 규정되어 있는 경우다. 이것을 '금지적 범죄'*malum prohibitum*라 한다. 또 하나는 법규정과 상관없이 그 자체로 나쁜 행위를 '본래적 범죄'*malum in se*라 한다. 예를 들어, 석유 메이저 엑슨모빌이 온실가스에 의한 기후변화를 알면서도, 그리고 온실가스를 줄일 수 있었으면서도, 계속 온실가스를 배출해서 인간과 자연에 엄청난 피해를 입혔다면, 그런 행위는 설령 법으로 금지되지 않았더라도 '본래적 범죄'라 할 수 있다. '본래적 범죄'를 법으로 처벌할 수 있는 '금지적 범죄'로 정하자는 움직임이 '에코사이드 범죄화' 운동이다.

에코사이드를 범죄로 정하면 생태계를 대규모로 파괴하는 근본원인을 막으면서, 그런 행위에 책임이 있는 개인을 처벌할 수 있는 길이 생긴다. 예를 들어, 공해를 유발시킨 측에서 그 처리비용을 부담해야 하는 '공해유발자 부담원칙'을 넘어 처음부터 공해를 유발하지 못하도록 하는 '공해유발 금지원칙'을 정해놓고, 그것을 어긴 기업의 대표나 국가의 대표에게 개인적으로 책임을 물리겠다는 것이다.

에코사이드 범죄화를 인권의 눈으로 해석하면 '정의'의 렌즈로 환경문제를 본다는 뜻이 된다. 세가지 측면이 있다. 첫째, 인간사회의 불평등 때문에 건강한 자연환경으로부터 배제되는 사람들의 부당함을 시정한다. 둘째, 사람이 겪는 차별과는 별개로 자연환경 자체의 가치를 인정하고 보전한다. 셋째, 인간이 비인간 생물종을 착취하거나 그것에 고통을 주지 않고 보호해야 할 '종적 정의'의 책무를 강조한다. 에코사이드는 세 측면 모두에 해당된다.[82]

어느 정도의 환경파괴를 국제범죄로 정할 수 있을까. 여러 범주의 사례를 들 수 있다. 우선, 트롤선단에 의한 해저 어종의 저인망 싹쓸이, 어류 남획과 혼획, 바다 기름유출, 플라스틱섬, 심해유전 개발과 같은 '해양파괴' 문제가 있다.

남벌, 농장 개발을 위한 산림파괴, 초국적 농식품 기업들에 의한 초대형 농업 비즈니스, 공장식 축산업, 범용성 작물(flex crop, 식량, 사료, 연료, 기타 산업용 원자재 등으로 사용)인 옥수수·팜유·대두·사탕수수를 재배하기 위한 산림소각 등 '토지 사용' 문제가 있다.

광산 개발, 원유 시추공 누출, 노천광산, 오일샌드, 프랙킹, 방직산업의 염색물질, 토양오염, 폐수 방류, 오염에 의한 곤충 멸종과 같은 '대지와 수질 오염' 문제가 있다.

유해가스 유출, 핵실험에 의한 방사능 대기 배출, 굴뚝산업 공단의 공해 배출, 시멘트 제조, 온실가스 배출과 같은 '대기오염' 문제가 있다. 이런 것들이 모두 에코사이드 범죄의 후보들이다.[83]

에코사이드를 국제범죄로 정하려는 운동은 역사의 가시밭길이었다. 앞에서 봤듯이 1998년 로마규정의 '전쟁범죄' 조항에 딱 한줄이 들어간 것뿐이었다. 하지만 평상시의 환경범죄 및 군대가 아닌 민간주체에 의한 범죄는 완전히 빠졌다.

폴리 히긴스Polly Higgins, 1968~2019라는 스코틀랜드 출신의 변호사가 있었다. 심각한 환경파괴인 에코사이드를 제노사이드에 준하는 국제범죄로 정하기 위해 싸웠던 사람이다. 히긴스는 2010년 유엔 국제법위원회에 로마규정을 개정하여 에코사이드 범죄를 포함시키자는 공식제안을 제출해서 세계 환경운동의 주목을 받았다.[84]

에코사이드를 국제범죄로 정한다는 것은 국제형법 체계에 완전히 새로운 형사책임 규범을 도입한다는 뜻이다. 또한 환경파괴를 국제사회의 존립, 평화, 안보를 해치는 '근본위협'으로 간주한다는 뜻이다. 대규모 환경파괴가 캄보디아 킬링필드나 르완다 학살 사건과 동급의 범죄로 취급되는 것이다.

이런 발상의 바탕에는 기후와 생태조건이 안정되어 있던 구시대의 법규범으로는 현시대의 위기를 감당하지 못한다는 문제의식이 깔려 있다. 현재 국제법 규범에는 환경에 관해 근본적 차원의 윤리적 토대가 없는 실정이다. 이런 상태를 넘어서기 위해 '생태통합성'이라는 틀을 국제법과 국제형법의 기본규범*grundnorm* 으로 인정해야 한다.[85]

생태통합성의 논리에 따르면 자연환경 안에 인간사회가 존재하고, 인간사회 아래에 경제모델이 종속된다. 생태의 안녕이 있어야만 인간의 안녕이 가능하고, 경제자유는 생태 안녕과 인간 안녕을 넘어설 수 없다는 말이다. 따라서 에코사이드 범죄화는 지구의 생태적 한계에 대한 타협 불가한 결의를 뜻하며, 생태통합성의 원칙 위에서 정치, 경제, 사회를 재편해야 한다는 메시지가 담겨 있다.

그런데 에코사이드에 관한 새로운 국제법을 만들지 않고 로마규정을 개정하려는 이유는 무엇인가. 우선, 이미 존재하는 법을 개정하기만 하면 국제형사재판소의 기능과 절차를 그대로 활용할 수 있기 때문이다. 기업과 국가의 최고책임자인 개인을 처벌할 수 있으므로 환경파괴 기업을 용인하는 관행에 큰 경각심을 불러올 수 있다. 또한 개정 절차가 비교적 단순한 것도 장점이다. 한 나라가 개정안을 발의하면 전체 123개 회원국의 3분의 2 다수결로 개정이 가능하다. 어느 나라도 거부권을 행사할 수 없다.

에코사이드를 국제범죄로 정하는 것을 반대하거나 염려하는 의견도 적지 않다. 우선, 에코사이드를 정확히 규정하기가 쉽지 않다. 국제법을 만드는 과정에서 어떤 용어를 규정하는 것에는 언제나 논란이 따른다. 예를 들어, '교토의정서' 협상 과정에서 '나무'의 법적 정의를 놓고 몇년이나 협상을 끌어야 했다. 결국 2~5미터 이상 성장할 수 있는 능력을 지닌 식물이 곧 '나무'라는 최종 결정이 나왔지만, 이것 하나만 보더라도 에코사이드를 정의하는 문제가 얼마나 어려울지 상상할 수 있다.

기업의 행위와 환경파괴의 인과관계를 입증하기 어렵고, 범행의도를 따지는 것도 어렵다. 설령 범행의도가 있었다 하더라도 그것의 정도를 따지기는 더 어렵다. 적극적 의도인지 미필 또는 방임인지를 어떻게 정확히 가리겠는가. 발생국가와 피해국가가 겹친다면, 혹은 여러 장소에서 동시다발로 발생한다면, 가해자를 어떻게 확정할 것인가. 에코사이드가 범죄로 지정되어 경제성장에 방해가 된다는 비판이 제기된다면, 그 저항을 어찌 감당할 수 있을 것인가.

또한 비인간 생명체를 피해자로 인정했을 때 법의 근본이 바뀔 가능성도 있다.[86] 국제형사재판소에서 다루는 제노사이드는 세상에 존재하는 모든 범죄 중 가장 높은 수준의 비난을 불러일으키는 악랄한 범죄인 셈인데, 에코사이드를 그 정도의 범죄로 격상시키는 것은 법적으로 쉽지 않다는 우려도 나온다.[87] 국제형사재판소가 지금까지 그리 효과적이지 않았다는 비판도 존재한다.[88]

어떤 나라에서 로마규정 개정안을 제출한다고 해도 통과가 쉽지는 않을 것이다. 미국, 중국, 러시아 등은 로마규정에 가입하지도 않았지만, 개정안이 통과된다면 자기들에게 미칠 파급효과를 우려해서 반대 로비를 벌일 가능성이 크다. 미국은 로마규정이 나왔을 때에도 공개적으로 반대운동을 했던 전력이 있다.

이러한 반대에도 불구하고 '에코사이드 범죄화' 운동은 여러 곳에서 지지를 받기 시작했다. 2012년 세계청소년의회에서 에코사이드 범죄화를 지지하는 성명이 나왔다. 프란치스코 교황은 2019년 로마에서 개최된 국제형사법학회 총회에서 에코사이드 범죄를 제정하자고 촉구했고, 가톨릭교회 교리서에 '생태에 반하는 죄'를 신설하기도 했다. 에마뉘엘 마크롱Emmanuel Macron 대통령과 프랑스 기후시민의회 대표들의 99퍼센트도 이 움직임에 동조했다. 벨기에의 녹색당과 스웨덴의 국회의원들도 찬성하고 나섰다. 기후운동가 그레타 툰베리Greta Thunberg는 상금으로 받은 10만 유로를 에코사이드 범죄화 운동단체에 기부했다. 2014년 노벨평화상을 받은 파키스탄 출신의 말랄라 유사프자이Malala Yousafzai도 이 운동에 동참하고 있다.

2019년 국제형사재판소 당사국총회에서 바누아투와 몰디브, 두 나라가 로마규정에 에코사이드를 포함시키자는 공식성명을 발표했다. '유럽시민 이니셔티브'는 유럽집행위원회에 에코사이드 범죄화를 요구하는 청원운동을 벌여 20만명 가까운 서명을 받기도 했다. 이런 움직임 속에서 국제형사재판소도 현행 법테두리 내에서 심각한 환경파괴를 다룰 수 있는 방안을 연구하기 시작했다.[89]

히긴스의 유지를 이어받은 국제 환경-인권단체 '스톱 에코사이드'Stop Ecocide International 의 조조 메타Jojo Mehta 대표는 2020년 11월 뉘른베르크 전범재판 개시 75주년을 맞아 에코사이드 범죄의 법적 초안 작성을 시작한다고 발표했다.

세계 각국 12명의 전문가로 이루어진 패널의 노력으로 2021년 6월 에코사이드의 법적 정의에 관한 초안이 완성되었다. 로마규정의 정신과 구성을 기본으로 하여 제노사이드, 반인도적 범죄, 전쟁범죄, 침략범죄에 이어 국제 핵심범죄의 다섯번째 기둥이 제안된 것이다.[90] 기존의 국제형법 체계에 바로 스며들 수 있도록 일관성을 갖춘 엄밀한 초안이다. 이것을 쉽게 풀어 번역하면 다음과 같다.

에코사이드란, 어떤 행위가 환경에 극심하고 광범위한 손해 또는 극심하고 장기적인 손해를 끼칠 것이라는 실질적 가능성을 인식한 상태에서 이루어진 불법적 행위 또는 무분별한 행위를 뜻한다.[91]

이 초안에 따르면 어떤 행위가 에코사이드 범죄로 규정되려면 두가지 문턱을 넘어야 한다. 첫째는 극심하고 광범위한 손해 또는 극심하고 장기적인 손해를 끼칠 수 있는 '실질적 가능성'이 존재해야 한다는 문턱이다. 인간 생명, 자연, 문화, 경제에 심각한 손해를 끼칠 정도로 극심하고, 생태계나 수많은 사람에게 광범위한 영향을 주고, 단시간 내에 자연적 회복이 어려울 정도의 사건이 벌어져야 한다. 그러나 '선의의' 경제활동을 통해서도 이런 결과가 발생할 수 있으므로 추가조건이 들어가야 한다.

둘째는 불법적 행위 또는 무분별한 행위여야 한다는 문턱이다. 국제 환경규범이나 국내 환경법을 어긴 불법적unlawful 행위, 또는 명백히 과도하고 무모한 손해를 끼치는 무분별한wanton 행위가 있어야 한다.

초안이 제안됨으로써 이 두가지 문턱을 넘은 행위에 대해서 제노사이드와 같은 수준의 비난과 제재를 가할 수 있는 가능성이 생겼다. 로마규정의 당사국들이 이번 초안을 공식적으로 논의하여 채택할 것인지를 두고 국제사회가 큰 관심을 보이기 시작했다.

에코사이드 범죄가 국제형법에 포함되면 기업에 자연환경을 보호할 엄격한 의무를 부과할 수 있다. 마치 정부가 시민들의 생명과 안전을 보호해야 할 정치적 책무가 있는 것처럼, 기업도 환경을 보호해야 할 법적·윤리적 책무가 생긴다. 법망에만 걸리지 않으면 무슨 일이든 할 수 있다는 식의 과거 패러다임에 확실한 제동이 걸린다.

여전히 본질적 질문이 남아 있긴 하다. 에코사이드 범죄가 인정되어 환경파괴범들이 개인적으로 처벌된다면 과연 전세계 기후—생태위기가 해결될 수 있을 것인가.

이 질문에 대해 에코사이드 범죄화에 찬성하는 사람들의 입장은 명확하다. '범죄'라는 용어가 나타내는 상징성이 있다는 것이다. 어떤 '범죄'에 반대한다는 말에는 명백히 나쁜 어떤 것, 거대한 어떤 악에 맞선다는 선명한 이미지가 존재한다. 생태학살을 나치의 집단학살과 비슷한 차원의 '악'으로 형상화할 때 그것의 효과는 강렬할 수밖에 없다. 에코사이드 범죄화는 그것을 국제형사재판소에서 단죄한다는 의미를 넘어, 생태파괴를 범죄로 상상하게 함으로써 사람들에게 충격적인 인상을 남길 수 있다.

로마규정이 개정되어 에코사이드가 국제범죄에 포함되었다고 가정해보자. 두가지 효과가 발생할 수 있다.

하나는, 법 자체로서의 '도구적 기능' 효과다. 에코사이드 범죄를 법규범대로 처벌할 때 나타나는 효과를 뜻한다. 또 하나는, 에코사이드가 국제형법에 포함되어 있다는 사실만으로도 사람들에게 호소력과 경각심을 불러일으킬 수 있는 '표출적 기능' 효과가 있다. "에코사이드라는 어휘와 개념은 청소년들의 기후행동, 학교 등교 거부, 멸종 저항운동 등에서 하나의 중요한 이미지로 활용될 수 있다."[92] 즉, 에코사이드의 법적 처벌 그리고 에코사이드 개념의 사회적 확산, 두가지 방향으로 쓰일 수 있다는 뜻이다.[93] 에코사이드의 범죄화 논의로 촉발된 생태운동의 새로운 방향성은 대형 생태파괴와 대형 인권파괴를 연결 짓는 강렬하고 새로운 관점이라 할 수 있다.

다시 말해, '에코사이드 범죄화'는 사법적 전략이기도 하지만,

동시에 정치적 전략이기도 하다.[94] 거대 환경파괴 행위를 국제범죄로 규정하고, 그 책임자를 헤이그 국제형사재판소에서 재판받아 마땅한 잠재적 국제범죄자로 지목함으로써 사회적 낙인효과를 극대화할 수 있는 계기가 마련되기 때문이다.

이것은 일종의 프레이밍 기법이고, 정치적·상징적 네이밍 전략이기도 하다. 이미 에코사이드를 "자연환경의 인위적 파괴"라는 넓은 의미로 사용하는 경우가 나오기 시작했다.[95] 예를 들어, 제주에서 비자림로를 내기 위해 나무를 잘랐을 때 숲을 지키던 시민들은 "삼나무 학살", 즉 에코사이드라는 표현으로 사태의 심각성을 나타냈다. 이는 은유적 차원의 묘사였지만, 그것이 품고 있는 의미는 깊었다. 그것은 "인간과 비인간의 상호의존성을 강조하며 돌봄과 윤리에 의한 관계의 재구성을 강조"하는 지향이 들어 있는 운동전략이었던 것이다.[96]

사실 1948년의 제노사이드협약이 너무 일찍 법제화되면서 이 용어의 뜻이 법적 의미로만 좁게 해석되어온 측면이 있었다.[97] 만일 제노사이드를 인간집단의 집단적 정체성을 파괴하는 행위라고 넓게 규정했더라면, 그리고 계속 진화되는 개념으로 해석했더라면, 제노사이드의 의미가 대중적으로 확장되었을 것이다. 그러나 너무 이르게, 너무 법적인 개념으로 성문화되는 바람에 제노사이드의 원래 개념의 잠재력이 위축되어버렸다. 이른바 '얼어붙은 성문화의 저주'가 일어난 셈이다.

에코사이드 역시 '얼어붙은 성문화의 저주'에 빠지지 않으려면 이것이 로마규정에 포함될 날만을 기다릴 일이 아니다. 에코사이드 개념을 많이 토론하고, 많이 활용하고, 많은 논쟁에 노출시킴으로써, 단순히 법률용어로 고착되지 않고 사회화된 개념이 되도록 해야 할 것이다.

한국은 2007년 '국제형사재판소 관할 범죄의 처벌 등에 관한 법률'을 제정함으로써 로마규정의 국내 입법을 마쳤다. 만일 로마규정이 개정되어 에코사이드 범죄가 포함된다면 당연히 한국법도 개정되어야 한다. 우리는 사회변화 속도가 대단히 빨라진 시대에 살고 있다. 에코사이드 그리고 그것이 상징하는 생태보전의 메시지에 우리의 인권 감수성이 얼마나 예민하게 주파수를 맞추고 있는지 생각해볼 일이다.

2장을 마치며

환경 쪽에서는 정의─인권의 문제가 녹색가치와는 결이 조금 다르다고 느끼는 경우가 간혹 있는 것 같다. 반대로 인권 쪽에서는 환경과 생태의 중요성을 인정하면서도 구체적으로 인권이 할 수 있는 바가 막연하다고 느끼곤 한다. 그러나 우리는 그런 인상기적 거리감을 넘어 전세계에서 벌어지고 있는 환경─생태파괴의 실상을 엄중하게 직시할 필요가 있다.

지구행성 차원에서 벌어지는 에코사이드─제노사이드의 현실은 우리가 한국에서 흔히 예상하는 수준보다 훨씬 더 극심하고, 그런 일을 저지르는 집단의 탐욕은 우리가 흔히 상상하는 차원보다 훨씬 더 집요하다. 이런 문제와 이런 집단을 정의의 관점에서 통제하지 않으면 기후-생태위기의 극복은 불가능하고, 녹색전환도 공허한 말잔치로 끝날 가능성이 크다.

악덕 대기업들의 생태파괴 문제를 통렬하게 지적하는 어느 개도국 지식인의 말을 들어보자.

> "텍사코(석유 메이저)와 같은 다국적기업이 대규모로 화공약품 폐기물을 강물에 투척하는 것은 시골 농부가 강에 농약병을 던져버리는 것보다 100만배는 더 위험한 짓이다. 만일 20여개의 다국적기업들이 한꺼번에 그런 일을 저지른다면 지구는 10년 내에 결딴나고 말 것이다."[98]

나는 이 한마디에 에코사이드의 모든 측면이 다 들어 있다고 생각한다. 복잡한 이해관계로 얽혀 있는 세상을 조금이라도 더 녹색으로 만들려면 그에 걸맞은 복합적인 시각이 필요하다. '녹색의 실천'과 '정의의 실현'을 언제나 함께 밀고 나가야 한다. 특히 에코사이드와 제노사이드가 연계되어 발생하는 현실은 녹색운동과 인권운동 양측에 세상을 새롭게 상상하는 눈을 열어준다.

인간을 죽이는 행위를 '살인'이라고 한다. 살인자는 처벌을 받는다. 그러나 인간집단을 말살하는 행위에 대해서는 따로 명칭이 없었다. 가해 책임자가 처벌받는 경우도 드물었다. 그래서 '이름 없는 범죄'라 했다.

렘킨은 그런 이름 없는 범죄에 '제노사이드'라는 이름을 붙였다. 비로소 새로운 개념이 탄생했다. 개념이 생기면 구체적인 행동이 나올 수 있다. 렘킨은 듀크대학의 교수 자리도 마다하고 평생을 제노사이드 연구에 바치다 가난과 고독 속에서 59세의 나이에 뉴욕 42번가 버스정류장에서 심장마비로 쓰러졌다. 그의 가방에는 세계 제노사이드 역사에 관한 원고가 들어 있었다.

베트남전쟁을 계기로 환경을 대규모로 말살하는 행위에 대해 '에코사이드'라는 이름이 붙었다. 하지만 그런 일로 책임자가 처벌받는 경우는 극히 드물었다. 히긴스는 전도유망한 변호사 일을 그만두고 에코사이드를 국제범죄로 만들기 위해 혼신의 힘을 기울였다. '지구의 수호자' 캠페인을 벌이다 건강을 해쳐 결국 말기암 판정을 받고 51세의 나이로 세상을 떠났다.

두 사람은 살아생전에 자신들이 시작한 운동의 결실을 보지 못했다. 그러나 그들의 아이디어는 우리에게 큰 영감을 주면서 계속 진화 중이다. 세계시민들이 힘을 모은다면 '에코사이드—제노사이드 이중 범죄'의 매듭은 끝내 풀리고야 말 것이다.

3 장

자연에게
권리를 주자

─인류세의 새로운 권리

"자신을 동물로 생각하지 않는 동물이 세상을 지배하고 있다."
—멜라니 챌린저Melanie Challenger

"노예제는 무상의 노동력 제공을 가능하게 했다.
노예제에 대한 비용을 이후에라도 지불한 적이 없다.
우리는 단지 풍부한 에너지와 그에 따른 경제 시스템을 향유하고 있으면서
그 편리함에 젖은 나머지 지구환경 파괴에 대하여
비용은 지불하지 않으면서 도덕적인 죄책감 정도만 느낀다.
우리에게 지구, 동물, 식물, 산, 강, 호수는 노예인가?"
—강정혜

"모든 위대한 운동은 조롱, 논의, 채택의 세 단계를 거치게 마련이다."
—존 스튜어트 밀John Stuart Mill

전세계적으로 환경법과 환경권이 등장한 지 반세기가 지났다. 환경법과 환경권은 환경 분야에서 주로 발전해왔지만 인권 분야에서도 환경(인)권에 대한 관심이 크게 늘면서 두 흐름이 수렴되고 있다.

인류세가 모든 것을 바꾸고 있는 중이다. 인간이 지질학적 힘을 발휘할 정도로 영향력이 커진 시대가 온 것이다. 지층과 암석과 대기에, 열대우림에서 심해 바닥에까지 인간의 흔적이 새겨지고 있다. 인간이 자연의 일부가 아니라, 자연이 인간의 지배 아래로 들어온 듯하다. '자연의 왜소화'가 인류세의 일상적 풍경이 되었다.

이렇게 길들여지고 초라해지고 쇠약해지고 위축된 자연이 어떻게든 회복되지 않으면 자연도, 인권도 위기에서 벗어나기 어렵게 되었다. 인간이 망해도 지구는 망하지 않는다는 말이 있다. 틀린 말은 아니지만 만신창이가 되어가는 지구를 생각하면 그런 이야기를 쉽게 하기 어렵다. '자연의 권리'는 지구에 강력한 생명유지장치를 제공하기 위해 나온 혁명적 발상이다. 이론적으로나 현실적으로 쉽지 않은 아이디어지만 우리는 이제 다른 방도가 없을 정도로 막다른 코너에 몰렸다. 응급병동의 긴박한 시선으로 이 장을 읽어주기 바란다.

도롱뇽은 졌지만 맹그로브숲은 이긴 까닭

2006년 한국의 대법원은 도롱뇽에게는 재판을 신청할 자격이 없다는 결정을 내렸다. 비인간 동물은 자신의 '집'이 망가져도 인간의 법정에 억울함을 호소할 수 없다는 것이었다. 어떻게 해서 이런 판결이 나왔던가.

자연 생태계가 풍부하고 늪지대가 많은 경남 양산의 천성산에 터널을 뚫어 경부고속철도가 지나도록 하겠다는 건설계획이 발단이 되었다. 이를 반대한 천성산 사찰의 스님, 환경운동가, 지역주민이 '도롱뇽의 친구들'이라는 단체를 만들어 공사를 막기 위해 가처분 소송을 냈다.

울산지방법원은 도롱뇽과 같은 '자연물'은 '당사자능력'을 가졌다고 볼 수 없다는 이유로 가처분 신청을 받아들이지 않았다. 또한 '도롱뇽의 친구들'에 대해서도 통상적인 생활이익 구제의 범위를 벗어났고, 이들이 동물을 대리하여 신청을 낼 권리가 없다며 기각결정을 내렸다.

천성산 주변에 서식하는 꼬리치레도롱뇽은 유미목 도롱뇽과에 속한 양서류 동물이다. 전체 길이가 볼펜 정도 되는데 몸통보다 더 긴 꼬리를 흔들며 앞으로 전진한다고 해서 그런 이름이 붙었다. 국제자연보전연맹IUCN에서 '관심필요종'으로 지정한 생물이기도 하다. 그러나 꼬리치레도롱뇽이 아무리 희귀동물이라 해도 판사가 보기에는 그저 '자연물'에 지나지 않아 법적 소송을 제기할 수 있는 자격 자체가 없었다.

이 사건은 대법원까지 갔지만 똑같은 결론이 나왔다. 대법원은 "자연물인 도롱뇽 또는 그를 포함한 자연 그 자체로서는 이 사건을 수행할 당사자능력을 인정할 수 없다"라고 판단했던 원심의 결정이 정당하다고 보았다. 또한 신청인들이 제기한 환경권 및 자연방위권도 인정할 수 없다고 한 원심의 손을 들어주었다.

당시 사법부의 결정으로만 보면 이 소송은 도롱뇽과 환경운동가들이 완패한 사건이었다. 그러나 역사의 눈으로 보면 시간이 지날수록 도롱뇽 소송은 한국인의 생태적 상상력과 의식을 일깨운 기념비적인 사건으로 기억되고 있다.[1]

한국에서 도롱뇽을 무시한 판결이 나온 지 거의 10년이 지난 2015년 남미 에콰도르의 헌법재판소는 맹그로브숲이 사람의 재산권보다 중요하다는 판결을 내렸다.[2] 에콰도르는 전세계에서 생물다양성 밀도가 가장 높은 지역에 속하며 남미를 통틀어 새우양식이 제일 활발한 나라다. 이익집단을 형성한 새우양식 회사들의 영향력과 로비력이 크다고 알려져 있다.

그런데 새우양식장은 연안바다를 오염시키고 맹그로브숲을 파괴하는 주범이다. 에콰도르 정부는 에스메랄다스 지역에 일부 남아 있는 맹그로브숲을 지키기 위해 이곳을 카야파스 생태보호구역으로 지정했고, 환경부는 이곳에서 영업을 하는 새우양식업체들에 퇴거명령을 내렸다. 이에 반발한 양식업자가 행정명령의 효력을 정지시켜달라고 법원에 소송을 제기했다.

재판부는 환경부의 조치가 헌법에서 보장한 개인의 재산권과 직업선택의 자유를 침해한다고 판시했다. 고등법원에서도 비슷한 결론이 나왔다. 환경부는 이런 결정들이 2008년 제정된 신헌법에 위배된다는 이유로 사건을 다시 헌법재판소로 가지고 갔다.

환경부는 신헌법에 나오는 '자연의 권리', 그리고 '부엔비비르'(*buen vivir*, 좋은 삶) 원칙이 개인의 재산권보다 더 중요하다고 주장했다. 2015년 헌법재판소는 헌법상 '자연의 권리' 조항이 재산권을 비롯한 그밖의 다른 모든 권리보다 더 우선적인 영향력을 행사한다고 결정했다. 헌법재판소는 자연을 단순히 사람이 활용하는 자원의 공급자로 여기는 인간중심주의를 넘어 생명중심주의적 시각을 가져야 한다고 주문했다.

어째서 한국의 도롱뇽은 법원 문턱을 넘지 못했지만 에콰도르의 맹그로브숲은 재판에서 이길 수 있었을까. 한국의 사법부는 도롱뇽이 법률에 호소할 수 있는 당사자가 아니라는 이유로 사건을 기각했다. 법정에 출석하여 법인격으로 인정받을 수 없는 존재는 아예 보호의 대상이 되지 않거나, 잘해야 인간의 호의에 전적으로 의존해야 하는 신세다.

반면 에콰도르의 사법부는 헌법에 규정된 자연의 권리 조항이 '횡단적'transversal 성격을 지니고 있으므로, 자연의 권리가 헌법상의 여타 권리들을 '가로지르며' 우선적으로 적용된다고 해석했다. 헌법에 자연의 권리가 들어 있고, 그것을 횡단적으로 해석할 수 있으면 이렇게 중요한 차이가 발생한다.

도래한 인류세

자연과 환경을 보는 시각이 크게 바뀐 것은 20세기 후반에 들어서다. 인공위성에서 찍은 지구의 모습은 인간이 얼마나 부서지기 쉬운 유리구슬 같은 공간 — 극히 얇은 생명의 막 — 에 거주하는 미약한 존재인지를 상기시켜주었다. 천문학자 칼 세이건은 이런 지구의 모습을 '창백한 푸른 점'이라고 불렀다.[3] 자연환경 파괴가 인간에게 얼마나 큰 피해를 입히는지 점점 더 뚜렷해졌다. 오늘날 증후가 뚜렷해진 기후-생태위기로 인해 인류문명이 붕괴될지도 모른다는 절박한 우려가 퍼지기 시작했다.

이런 배경에서 '인류세'人類世, Anthropocene 개념이 등장했다. 말 그대로 '인간의 시대', 즉 인류가 지질학적 흔적을 남길 정도로 자연에 절대적 영향력을 발휘하게 된 시대라는 뜻이다.[4] 우리는 공식적으로 아직 충적세Holocene에 살고 있지만, 2000년에 파울 크뤼천Paul J. Crutzen과 유진 스토머Eugene F. Stoermer가 '인류세'라는 새로운 지질연대를 제안했다.[5] 산업혁명 이후 화석연료의 대규모 사용,

핵실험으로 인한 방사성물질 확산, 대기의 이산화탄소 농도 증가, 플라스틱 양산 등이 인류세를 초래한 대표적 요인들이다. 서구가 15세기부터 전세계적으로 식민지배를 넓혔던 사건을 기원으로 꼽는 학자도 있다.

특히 산업혁명 이래 석탄과 석유의 사용은 오늘날 우리가 자연스럽게 상식처럼 받아들이는 현대 산업문명의 기초를 닦았다. 조지 오웰^{George Orwell}은 1937년에 발표한 「탄광 속에서」라는 글에서 석탄과 현대문명의 관계를 다음과 같이 묘사한다.

> 곰곰이 생각해보면, 문명은, [종교적 신념을 가진] 체스터턴에게는 미안한 말이지만, 우리가 생각하는 것보다 훨씬 더 총체적으로 석탄에 기반을 두고 있다. 우리의 삶을 유지해주는 기계들, 그리고 기계를 만드는 기계들이 모두 직간접적으로 석탄에 의존한다.[6]

이렇게 철저한 화석연료 의존성 때문에 산업화된 경제체제와 인간의 산업사회적 생활양식을 바꾸기가 그렇게 어려운지도 모른다.

직간접적 형태로 인류세의 징후가 이미 나타나고 있다. 한해 600억마리가 소비되는 닭의 뼈가 지층에 쌓여 가시적인 증거를 남긴다. 호수 밑바닥 퇴적층에 짙은 농도의 유기물질이 쌓인다. 지난 100년간 높이 45미터 이상의 대형 댐이 전세계적으로 하루 평균 1개 이상 건설되었다. 지금까지 생산된 시멘트를 모두 합치면 지표면 전체를 2밀리미터 덮을 수 있을 정도가 된다. 지금까지 생산된 플라스틱을 모두 합치면 지표면 전체를 비닐랩으로 두를 수 있을 정도가 된다. 지구 전체에 사는 '동물'의 무게가 약 4기가 톤인데, 생산된 모든 플라스틱의 무게가 8기가톤이다. 지구상의 포유류 무게를 따져보면 인간이 30퍼센트, 가축이 67퍼센트이며, 야생동물은 3퍼센트에 지나지 않는다.

인간의 지질학적 영향력이 확인된 바로 그 순간에 기후-생태 위기가 본격적으로 제기되었음은 우리에게 시사하는 바가 크다.[7] 인간이 지상의 절대강자로 등극했지만 그 힘이 양날의 칼임이 분명해졌다. 기후-생태위기는 과학의 영역을 넘어 정치, 경제, 사회, 윤리, 교육의 영역에서 다루어야 할 문제이기도 하고, 인류의 실존을 걱정해야 할 정도의 위협이기도 하다.[8]

인류세와 연관된 개념도 여럿 제안되었다.[9] 자본세Capitalocene 개념에서는 자본주의가 생명과 세계를 지배하게 되었다고 본다. 고독세Eremocene 개념에서는 생물다양성이 사라지고 인간과 가축, 농작물, 그리고 곰팡이와 세균만 남은 '외로움의 시대'가 왔다고 본다. 화염세Pyrocene 개념에서는 내연기관이 대기를 뜨겁게 달구는 시대를 묘사한다. 여성세Gynocene 개념에서는 젠더적으로 평등한 혹은 여성이 주도하는 개입주의적 환경담론의 시대를 이야기한다. 술루세Chthulucene 개념에서는 인종주의와 성차별주의적 성격을 띤 자본주의적 인류세를 넘어서기 위한 대안적 시대를 주창한다. 생태세Ecocene 개념에서는 생명가치를 고양하면서 모든 억압에 반대하는 존재론과 인식론을 지향한다. 동질세Homogenocene 개념에서는 지구 생태계의 특징이 서로 비슷하게 수렴되는 현상을 강조한다. 학살세^{Caedemocene} 개념은 역사상 최악의 인간 말살이 일어나고, 생태계의 여섯번째 대멸종이 개시된 시대를 지칭한다.

인류세를 시각적으로 보여주는 가장 극적인 증거는 아마 세계지도에서 찾을 수 있을 것이다. 학창시절 교실 벽에 걸려 있던 세계지도를 상상해보라. 산맥과 강줄기와 열대우림과 해안선 등 변치 않고 영원할 것처럼 보이던 지형이 기억날 것이다. 하지만 전세계 지표면 지도는 더이상 고정불변의 형태가 아니다.

지형은 아주 긴 세월에 걸쳐 자연적으로 조금씩 변해왔다. 그러나 요즘엔 인간의 개입으로 지표면이 불과 며칠 사이에 천지개벽하듯 바뀌고 있다. 전세계적으로 한순간도 쉬지 않고 땅을 파고, 산을 깎고, 터널을 뚫고, 다리를 놓고, 물길을 바꾸고, 댐을 짓고, 습지를 없애고, 길을 내고, 철도를 깔고, 활주로를 밀고, 숲을 베고, 채석장을 깎아내고, 바다를 메꾸고, 광산을 개발하고, 마천루를 올리고 있기 때문이다.

이제 세계지도는 매주, 심지어 매일 단위로 업데이트해야 하는 지속적인 '이미지 정보의 흐름'이라고 보는 편이 정확하다. 확정판 최종 뉴스라는 말이 성립되지 않는 것처럼, 확정판 최종 지도역시 더이상 존재하지 않는다. 인공위성에서 찍은 최신의 이미지로 세계 지표면 지도를 실시간으로 수정하여 인터넷에서 서비스하는 회사도 생겼다.[10]

우리는 칼 맑스^{Karl Marx}의 말처럼 "확고부동한 것들이 모두 허공으로 사라지는" 시대에 살고 있다. 인간이 지질력의 주체가 되었지만, 인류세는 인류에게 행복한 시대가 아니다. 인류세 과학자

윌 스테펜^{Will Steffen}에 따르면 지구는 "되돌릴 수 없는 임계폭풍을 눈앞에 두고" 있는 상태다.[11] 그에 따라 인권도 혁명적으로 바뀌고 있다. 생각지도 못했던 새로운 침해가 일어나고, 우리가 인권을 이해하는 방식 역시 근본적으로 바뀌고 있다.

새로운 시대, 인권의 딜레마

인류세를 맞아 인권침해의 양상과 규모가 크게 변하기 시작했다. 인류세는 환경에 대한 인간의 개입이 극대화된 시기이므로 앞에서 보았듯이 환경파괴와 인권파괴가 연계되는 경우가 많아졌다. 사람의 인위적 개입으로 ─주로 수익을 올리기 위해─ 환경문제가 발생하여 인간 고통이 발생한다면, 그것은 단순히 자연재난 즉 천재天災에 의한 '불운'한 사건이 아니라, 인재人災에 의한 '불의'한 사건으로 봐야 한다.

인재로 분류될 수 있는 환경재난과 극한기상이변이 증가한 점이 인류세에 나타나는 인권침해의 큰 특징이다. 인간 개입의 결과가 인간에게 다시 돌아와 피해를 입히는 현실 ─이른바 '재귀적 근대화'의 결과─ 이 급격히 진행 중이다. '재귀성'을 환경에 적용하여 해석하면, 자연적 원인에 의한 직접적 피해가 아니라, 인간이 자연에 변화를 준 것이 원인이 되어 인간이 이차적으로 피해를 입는 것을 뜻한다. 인권운동에서는 기록적 폭염이나 폭우, 가뭄, 빈번한 태풍과 산불 등 기상재난이 '인재'라는 점을 놓고 책임을 물어야 한다는 움직임이 커졌다.

2015년 남미 페루에 사는 한 농부가 유럽 독일의 회사를 상대로 독일 법정에 소송을 제기했다.[12] 피고가 된 회사는 독일에서 가장 큰 전력회사인 라인베스트팔렌전력[RWE]이었다. 사울 루시아노 리우야[Saul Luciano Lliuya]라는 농부가 사는 페루 우아라스[Huaraz] 상류에 있는 팔카코차[Palcacocha] 호수의 빙하가 녹으면서 동네에 물난리가 일어날 위험이 커졌다. 지자체와 동네주민들이 임시방편으로 물막이 공사를 했지만, 기후위기가 계속되는 한 언제라도 대형 수재가 발생할 가능성이 높아졌다. 독일 환경단체의 도움을 받아 소송을 제기한 리우야는 오랫동안 화력발전으로 전기를 생산해온 RWE에 수해방지공사 대금의 0.47퍼센트를 부담하라고 요구했다.

어째서 0.47퍼센트인가. 이 수치는 1988~2015년 사이 전세계에서 배출된 온실가스 중 RWE가 발생시킨 몫을 뜻한다. 하지만 에센주 지방법원은 기후위기와 같은 복합적 사건의 책임을 —비록 일부라 하더라도—개별 기업에 물을 수 없다는 이유로 원고 패소 판결을 내렸다. 원고는 고등법원에 항소했고, 고등법원은 피해 증거 수집을 위해 페루 현지를 방문하기도 했다. 수해의 책임을 정말 RWE에 지울 수 있는지(인과관계 설정), 지울 수 있다면 어느 정도나 지울 수 있는지(책임비중 산정) 등을 앞으로 결정하게 될 것이다.[13]

기후위기로 자기 동네에서 입은 피해에 대해 수만리 떨어진 외국 기업으로부터 보상을 받으려는 재판이 벌어지는 사실 자체가 세계 사법사상 초유의 일이다. 머지않은 어느 날, 수만리 떨어진 어느 섬나라 주민으로부터 한국에서 유독 온실가스를 많이 배출하는 기업체에 고소장이 배달된다 해도 전혀 이상하지 않은 시대가 되었다. 한국의 회사 경영진은 처음에는 코웃음을 칠지도 모르겠다. 그러나 이 소식이 국내외로 뉴스를 타면서 그렇잖아도 이미지가 좋지 않던 그 회사의 평판에 또 금이 갈 것이다. 기업의 가치가 소셜미디어에서 실시간으로 평가되는 인류세에는 돈의 힘만 믿고 오만하게 굴던 사람들의 안색이 순식간에 창백해질 수도 있다.

최근 연구에 따르면 1991~2018년 사이 전세계에서 폭염으로 사망한 사람들의 37퍼센트 이상이 기후위기로 인한 추가 사망이었다고 한다.[14] 이처럼 인류세에는 정확한 수치로 확인될 수 있는 '인재'에 의한 기상이변 피해가 계속 늘어날 수밖에 없게 되어 있다. 인류세의 대표적인 현상인 기후위기로 인한 인권침해는 1장에서 상세히 소개했다.[15]

인류세의 인권과 관련된 또 하나의 특징은 인권침해가 초국경적, 전지구적 원인 때문에 발생하고, 그것의 결과도 초국경적, 전지구적으로 확산된다는 점이다. 인류세에 흔히 나타나는 환경—인권문제에는 근본적 딜레마가 깔려 있다. 자기 나라만 잘못한 일이 아니고, 자기 나라만 잘한다고 해결되지도 못할 복잡한 인권문제를 각국 개별 정부가 어떻게 다룰 것인가.

또한 환경과 관련된 인권침해가 전지구적으로 발생하는 것을 넘어, 인권의 기본구도 자체에 큰 도전이 가해진다. 이상하게 들리겠지만, 인권을 증진하기 위한 국가적 노력이 결과적으로 환경을 파괴하여 장기적으로 전세계 인권에 위협을 가하는 역설이 발생할 수도 있다.[16]

예를 들어보자. 인권 중에서도 특히 경제·사회적 권리는 경제발전과 성장이라는 바탕 위에서 달성될 수 있다는 논리가 오랫동안 거의 당연하게 여겨졌다. 그러나 경제성장을 계속했을 때 유한한 지구의 지탱능력이 붕괴되어 생태계 파괴로 이어질 수 있다. 그렇다면 인권을 증진하려 했던 노력이 오히려 인간을 파멸시킬 수도 있다는 결론이 나온다.

인권학계에서도 이런 딜레마를 솔직히 인정하는 목소리가 나오기 시작했다. "기후변화와 자원고갈 시대에 가장 고통받는 전세계 빈곤층의 욕구를 우선적으로 충족하면서도, 그런 자원배분이 무한정한 욕망을 충족하기 위한 도구로 악용되는 것을 미연에 방지"하기 위해서 무한성장이라는 지속불가능한 패러다임을 거부하는 "지속가능한 경제적·사회적 권리"를 고민해야 한다는 지적이 그것이다.[17] 이 점은 4장에서 다룰 것이다.

환경은 인간에게 생명유지를 위한 기본조건을 제공한다. 인간에게는 양호한 자연환경이 절대적으로 필요하지만, 그렇다고 해서 인간이 자연을 무한대로 지배할 수 있다는 논리는 성립되지 않는다. 자연환경이 인간에게 자원을 제공하기 위해서, 그리고 인간에 의해 가치 있게 활용되기 위해서만 존재하는 것이 아니기 때문이다.[18]

이처럼 기존의 인권이론과 실천방식으로는 인류세에 발생하는 수많은 문제에 대응하기 어렵다는 비판이 커지고 있다.[19] 20세기 중반 세계인권선언이 선포된 후 일어났던 1차 인권혁명처럼, 21세기의 인류세에 걸맞은 2차 인권혁명이 일어날 필요가 있다는 주장이 지지를 받기 시작했다.

인류세의 새로운 인권담론은 다음과 같은 역할을 해야 한다.[20] 첫째, 개별적 인권침해 사건의 해결을 넘어, 정치·경제·사회·생태의 근본적 구조변화에 기여할 수 있어야 한다. 둘째, 사회세계의 '도덕적 영역'과 자연세계의 '생물·지리·물리적 영역' 사이의 문턱을 조정하는 원칙을 제시해야 한다. 지금까지의 인권담론이 사회세계의 도덕에 한정되어 있었다면, 인류세의 새로운 권리는 사회세계와 자연세계를 이을 수 있는 가교역할을 해야 한다는 뜻이다. 전혀 새로운 권리체계가 생기는 셈이다.

말은 쉬워도 이것을 실행하기는 어렵다. 눈앞에 벌어지는 통상적 인권문제를 해결하기에도 벅찬 판인데, 인류세의 특징을 반영한 새로운 권리체계를 만들어야 하다니, 보통 문제가 아니다. 그러나 어려워도 피할 수는 없다. 다음 절에서는 우선 기존의 인권을 재해석, 재구성하여 인권에서 자연환경을 포괄하려는 노력을 설명한다. 그런 후, 기존 인권의 틀을 뛰어넘어 완전히 새로운 권리체계를 만들려는 움직임을 소개할 것이다.

인권의 시야, 환경으로 확장되다

어째서 환경문제를 인권에서도 다뤄야 하는가. 환경이 인간의 생명, 생존, 행복, 웰빙에 크나큰 영향을 끼치기 때문이다. 선사시대부터 자연환경의 변화가 인간종의 서식지와 이주, 식량 확보, 전쟁과 갈등의 동인이 되어왔지만, 인류세에 접어들어 그런 영향이 더욱 직접적이고 더욱 커졌기 때문이다.

환경문제를 인권의 시각으로 다루는 것을 '환경문제의 권리기반 접근'이라고도 한다. 이것의 장점이 있다. 우선 환경문제의 본질 —— 왜 발생하며, 누구 책임인가 등 —— 을 파악하는 데 도움이된다. 그리고 서로 연결된 환경재난의 근본원인을 찾을 수도 있다. 또한 모든 사람에게 건강한 환경에 대한 접근성을 최저 기준으로 보장할 수 있으며, 사람들로 하여금 '권리'의 이름으로 열렬한 행동에 나서도록 촉발할 수 있다. 무엇보다 불평등과 차별에 민감하게 반응하게 되므로 환경문제로 가장 고통받는 계층의 욕구에 특히 주의를 기울일 수 있게 된다.[21]

통상적으로 환경법 또는 국제환경법에서는 환경문제가 국가, 사회, 이웃나라에 미치는 악영향을 다스리려고 한다. 여기서 한걸음 더 나아가 환경이 인간의 생명, 건강, 일상생활, 개인 재산등에 영향을 끼친다는 점을 강조하여 환경문제를 '환경권'(또는 '환경인권')으로 규정한다.[22]

2021년 현재, 유엔의 193개 회원국 중에서 헌법, 일반법률, 지역

조약 가입 등의 형태로 환경권을 보장하는 나라가 156개국이다.[23] 환경권을 규정한 각국 헌법에서는 국민이 쾌적한 환경을 누릴 권리, 환경문제로 청원할 권리, 정부의 환경보전 책무, 개인의 의무 등 다양한 내용을 다룬다.[24] 2017년 현재, 환경과 관련된 국내법 체계가 있는 나라는 176개국, 내각 차원에서 환경 관련 부서를 둔 나라는 164개국에 이른다.[25]

1987년에 개정된 대한민국 헌법에도 환경권이 포함되어 있다. 헌법 제2장 '국민의 권리와 의무' 중 35조에서 "건강하고 쾌적한 환경에서 생활할 권리" 그리고 "국가와 국민은 환경보전을 위하여 노력"할 의무를 규정한다.

헌법상의 환경 규정에 더하여 넓게 보아 '환경법'이라고 부를 수 있는 환경 관련 법률들이 여럿 제정되어 있다.[26] 환경정책기본법을 위시해서 환경영향평가, 대기환경 보전, 수질 및 수생태계 보전, 폐기물 관리, 토양환경 보전, 자연환경 보전, 소음·진동 관리, 환경분쟁 조정, 환경범죄 단속, 환경오염 피해 등에 관한 법률이 존재한다.

그런데 여러 환경법에서 실제로 환경을 헌법적 권리의 차원에서 받아들이는지 의문이다. 헌법의 환경권이 구체적 효력을 가진 '권리'라는 학설도 있지만, 재판에서 그 효력이 충분히 발휘되고 있다고 보기는 어렵다.[27] 헌법의 환경권이 현실사회에서 충분히 '내면화'되거나 '사회화'되지 못한 상태인 것 같다.

설령 환경권이 헌법상 권리로 구체적 효력성을 인정받는다고 해도, 아직까지 일반대중의 '인권' 감수성 레이더에 환경이 잘 잡히는 것 같지 않다. 예를 들어, 한국사회에서 첨예한 인권쟁점이 된 차별금지, 혐오표현, 젠더 평등과 동일한 선상에서 환경문제가 '인권' 이슈로 인식되고 있는가.

20세기 후반에 환경권이 등장한 것은 1972년 유엔이 스톡홀름에서 소집한 인간환경회의에서 채택한 '인간환경을 위한 스톡홀름 선언 및 행동계획'(약칭 '스톡홀름 환경선언')이 결정적 계기가 되었다.[28] 경제성장, 환경훼손, 인간 웰빙을 연결해서 생각하고, 이런 문제를 선진국과 개도국 관계에 대입하여 고민하기 시작한 순간이었다. 이 회의를 계기로 '유엔환경계획'이 창설되었다.

스톡홀름 환경선언은 제1원칙에서 "인간에게는 생명의 존엄과 안녕을 가능하게 하는 환경에서 자유와 평등과 적절한 삶의 조건을 누릴 기본권이 있다. 인간에게는 현세대와 미래세대를 위해 환경을 보호하고 개선할 엄숙한 책임이 있다"라고 선포한다. 제4원칙에서는 인간에게 동식물의 계보와 서식지를 지키고 슬기롭게 관리할 특별한 책임이 있음을 상기시킨다.

그런데 제1원칙 뒷부분에 다음과 같은 경고가 나온다. 스톡홀름 환경선언을 환경에 관한 선언으로만 이해하는 사람들이 흔히 놓치곤 하는 부분이다. "이 조항과 관련하여, 아파르트헤이트(남아공 인종차별정책), 인종 분리, 차별, 식민지배 및 기타 형태의 억압, 타국의 지배 등은 규탄받고 철폐되어야 한다." 전지구적 차원에서 환경이 악화되는 문제의 근본에 선진국들의 역사적 죄과와 구조적 불평등이 도사리고 있다는 통렬한 비판인 것이다.

이 점을 인권의 시각에서 보면 국내외를 막론하고 환경권을 진정으로 보장하려면 사회적 불의와 국제적 불균형을 해소하려는 노력이 있어야 한다는 결론이 나온다. '정의'에 대한 분명한 관점 없이 '환경'문제만 이야기할 수는 없다. 스톡홀름 환경선언은 당시로서는 파격적인 주장이었다. 선언 이전만 해도 인간의 법체계에서 자연은 그저 '대상물'에 지나지 않는 경우가 많았는데, 이 선언을 기점으로 인간과 자연 사이에 상호의존적 관계가 확실히 인정되기 시작했다.

1972년은 로마클럽의 미래예측 보고서 『성장의 한계』가 출간된 해이기도 하다.[29] 로마클럽은 세계 각국의 과학자, 경제학자, 교육자, 경영자 들이 모여 인류를 위협하는 문제들(과잉인구, 환경오염, 자원고갈, 식량 부족 등)의 해결책을 모색하기 위해 설립한 민간연구단체. 이 보고서는 지구라는 한정된 공간 내에서 무한한 성장은 불가능하고, 경제발전과 자연환경 사이에 '전지구적 균형'이 이루어져야 한다는 예언적 경고가 들어 있어 큰 반향을 불러일으켰다.

스톡홀름 환경선언 이전에도 환경을 규제하는 법이 있긴 했지만, 이것을 인권 혹은 권리의 이름으로 말하는 경우는 드물었다. 예를 들어, 미국에서 발달한 국립공원제도는 자연의 풍광과 지질학적 특성 그리고 다양한 생태계의 보전, 레크리에이션 기회 제공 등을 주목적으로 삼는다. 1872년에 '옐로스톤 국립공원'으로 시작해서 지금까지 63개 국립공원이 지정되었지만, 이 제도를 권리의 관점에서 설명하는 경우는 흔치 않다.[30]

스톡홀름 환경선언이 나오고 20년 후 유엔이 1992년에 소집한 유엔환경개발회의(약칭 '리우회의')에서 '환경과 개발에 대한 리우 선언'(약칭 '리우선언')이 발표되었다.[31] 리우회의는 환경문제에 대해 국제사회의 관심이 얼마나 커졌는지를 여실하게 보여준 일대 사건이었다. 환경운동을 비롯한 시민사회단체의 활약이 국제사회에서 두드러지게 나타나기 시작한 시점이기도 하다.[32]

스톡홀름 환경선언과 리우선언의 바탕에 공통적으로 깔려 있는 철학은 다음과 같다. 인간이 기본적 욕구와 의식주를 충족시키려면 자연환경이 주는 각종 혜택이 반드시 필요하다. 인간의 건강, 적절한 생활수준, 생계, 심미적 충족감 등을 위해 사람은 환경에 대한 평등한 접근성과 이용능력을 가져야 한다. 이것이 곧 '환경에 대한 권리' 즉 환경권이다.

심지어 주로 전쟁과 안보를 다루는 유엔 안전보장이사회에서도 환경의 중요성을 강조할 정도가 되었다. "국가간 전쟁과 군사적 갈등이 없다고 해서 자동적으로 국제 평화와 안보가 보장되지는 않는다. 경제적, 사회적, 인도적, 생태적 영역의 비군사적 불안정성이 국제 평화와 안보를 위협하고 있다."[33]

세계인권선언 이래 전통적으로 인권은 '자유권'(시민적·정치적 권리)과 '사회권'(경제적·사회적 권리)으로 구분되어 왔다.[34] '자유권'은 외부의 위협으로부터 자신을 지키고 자율성을 유지할 수 있는 권리 중심으로 이루어져 있고, 흔히 1세대 인권이라 불린다. '사회권'은 사람이 살아가는 데 꼭 필요한 필수욕구를 사회로부터 제공받을 수 있는 권리 중심으로 이루어져 있고, 흔히 2세대 인권이라 불린다.[35] 1세대 자유권과 2세대 사회권은 한 사람 한 사람이 누리는 '개인의 권리'라는 공통점이 있다.

더 나아가 3세대 인권이라고 불리는 '연대권'에는 환경권, 문화권, 발전권이 포함된다. 연대권은 구성원 전체가 누리는 '집단의 권리'라는 특징이 있어서인지 주류 인권담론에서 아직도 생소하게 받아들이는 경향이 있다. 하지만 3세대 인권은 인권의 범위를 획기적으로 확장시킨 개념이며, 1세대 인권, 2세대 인권을 거쳐 3세대 인권으로 종합되었다는 변증법적 논리로 설명되기도 한다.

3세대 연대권은 특히 인류세에 들어 그 중요성이 크게 부각되고 있다. 신자유주의적 지구화와 초국적기업들이 전세계를 하나의 거대한 시장처럼 다루면서 자연자원의 수탈, 지역공동체와 전통문화의 붕괴, 비서구 개도국의 환경파괴, 선진국에서 저개발국으로 공해유발 산업의 외주화 등이 일어났다.[36] 그 결과 환경과 문화와 발전이 인권에서 피난처를 찾게 된 것이 바로 3세대 연대권이다.

선진국과 개도국의 환경운동에는 차이점이 있다. 북반구 선진국에서는 대량생산, 대량소비, 대량폐기의 결과로 빚어진 환경훼손의 영향을 줄이려는 환경운동이 많다. 그러나 남반구 환경운동은 특정한 지역의 자연환경이 파괴되는 것을 막으면서, 그와 동시에 지역공동체 주민들의 생존, 생계, 문화전통을 지키려는 움직임이 함께 벌어지는 특징이 있다.[37]

물론 남반구와 북반구 환경운동의 공통점도 있다. 즉, 유한한 자연자원을 고갈시키는 방식으로는 진정한 의미에서의 인간발전과 문화보전이 불가능하다고 보는 것이다. 환경과 문화와 발전이

3세대 인권으로 분류되는 이유가 바로 이것이다.

한국을 비롯해 글로벌 북반구 '선진국'에 사는 현대인들은 소비지상주의적 문화와 삶의 방식에 익숙해진 나머지 인간의 문화가 주변 자연환경에 깊이 뿌리내리고 있다는 사실을 망각하곤 한다. 그러나 인류학적 의미에서의 '문화'는 자연환경과 결코 분리될 수 없다. 영어에서 '문화'를 뜻하는 단어 'culture'는 원래 라틴어의 '경작하다'라는 뜻의 *cultura*에서 나온 말이다. 전승 설화, 민간풍습, 절기에 따른 축제, 전통음악, 수공예, 먹거리와 먹거리문화 등이 좋은 예다.

이런 점을 인권사회학자 마크 프레초^{Mark Frezzo}는 다음과 같이 설명한다.

> 어떤 사회, 사람들, 종족집단, 또는 지역공동체의 문화유산에는 인간이 자연환경과 만나는 방식이 필수요소로서 반드시 포함되어 있다. (…) 물과 토양과 대기의 오염, 자연자원의 과도한 추출, 벌목, 대형 댐 건설, 도시와 도시 주변부의 난개발, 주요 수로에서의 남획, 해수면 상승, 기후변화 같은 자연환경에 대한 위협 역시 필연적으로 문화를 손상시킨다.[38]

이처럼 자연환경은 인간공동체의 문화와 집단정체성에 결정적인 영향을 준다. 1장에서 "강제이주로 인한 생명, 존엄, 자유의 박탈, 그리고 자기 고향땅과의 애착관계가 단절되어 문화적 정체성이 파괴된 것을 어떻게 보상받을 수 있을 것인가"라고 물었던 것도 이런 점과 연결된다.

17세기 후반 스위스의 의학자 요하네스 호퍼^{Johannes Hofer}는 환자들을 진료하던 중 이상한 증상을 접했다. 프랑스와 이탈리아의 저지대에 파견되어 나와 있던 스위스 용병들 사이에 이상한 질병이 돌았다. 기절, 고열, 소화불량, 위경련, 심지어 사망자까지 발생했다. 알고 보니 스위스 병사들이 고향의 산과 계곡을 그리워한 나머지 그렇게 됐다고 해서 일명 '스위스병'이라는 속칭까지 생겼다. 호퍼는 이런 병을 노스탤지어^{nostalgia}, 즉 '향수병'이라고 불렀다. 향수병을 치료하기 위해 병사들에게 고향을 생각나게 하는 스위스 노래를 부르지 못하게 금지시키기도 했다.

역사학자 에릭 홉스봄^{Eric Hobsbawm}이 전하는 사례도 있다. 19세기에 발트해 부근 에스토니아 농노 출신의 어떤 하녀가 독일 작센주 퀴겔겐스^{Kügelgens}에 와서 자유민으로 취업해 좋은 대우를 받으며 살고 있었다. 그러나 이 사람은 자기 고향땅의 울창한 숲이 너무나 그리웠던 나머지 고향으로 돌아가 기꺼이 다시 농노가 되었다는 것이다.[39]

이탈리아는 2001년에 헌법을 개정하면서 117조에 국가가 환경, 생태계, 문화적 전승^{beni culturali}을 보호해야 한다는 규정을 넣었다.[40] 이 조항은 두가지 점에서 인상적이다. 우선 환경과 생태계를 구분한 점, 그리고 환경생태계와 문화적 전승을 동일선상에서 국가적 책무로 정했다는 점이다. 종합적인 3세대 인권이 헌법체계에 포함되기 시작했다는 증거다.

환경권이라는 새로운 인권

유엔인권이사회는 기후─생태위기가 21세기에 인권침해의 주범이 되고 있다는 문제의식에서 2012년 '인권·환경 특별보고관' 자리를 신설했다. 환경과 인권을 별개 영역으로 나누어 생각하는 방식은 이제 '인류세 이전'의 낡은 세계관이 되었다. 인권과 환경의 상호의존성을 전제하지 않으면 인권을 말하기 어려운 시대가 된 것이다.[41]

인권에서 환경을 대할 때 두 차원의 권리가 있다.[42] 시민의 권리는 정부의 입장에서는 지켜야 할 책무가 된다.

첫째, 절차적 권리가 있다. 환경에 대한 정보접근권, 의사결정 참여, 사법정의를 구할 권리 등이 여기에 속한다. 리우선언 제10원칙에는 환경과 관련된 정책을 결정할 때 대중이 참여해야 하고, 유해 독성물질에 대한 정보에 대중이 접근할 수 있어야 하며, 환경 이슈에 대해 사법적, 행정적 절차를 마련해야 한다는 권고가 들어 있다. 1998년 유엔 유럽경제위원회는 리우선언의 원칙을 이어받아 '환경 사안에 있어 정보에 대한 접근성, 의사결정에의 대중 참여, 그리고 사법정의에 대한 접근성'에 관한 '아루스협정'을 체결했다.[43] 예를 들어, 기후위기 상황에서 탄소중립 정책을 마련할 때 시민들에게 정보를 제공함과 동시에 그들의 참여를 보장하는 채널이 있어야 한다.[44]

일반대중이 환경과 관련된 정보를 제공받고 그것에 대해 접근성을 가지는 것은 환경문제 해결에 국한되는 일만이 아니다. "환경문제에 대한 공적 토론이 더 많은 정보를 기반으로 하고, 더 주류가 된다면 이것은 환경을 위해서만 좋은 일이 아니다. 이것은 민주주의체제 자체의 건전성과 기능에도 더욱 중요할 수 있다."[45]

둘째, 환경을 실질적 권리의 문제로 다룰 수도 있다. 환경은 생명권을 좌우하는 요인이 된다. 또한 건강권, 물과 먹거리 권리, 문화와 관련된 권리도 여기에 포함된다. 환경이 파괴되면 곧바로 삶의 터전을 잃게 되는 토착민의 권리도 기억해야 한다. 환경영역에서도 차별금지를 포함한 다양한 인권원칙이 그대로 적용된다. 환경운동가들에 대해 위협과 희롱, 탄압, 신체적 공격, 투옥, 흑색선전, 비난과 인신공격을 가해서는 안 된다. 집회 및 결사의 자유를 제한하고, 공익제보자를 박해하며, 미디어 보도를 제한하고, 환경 관련 정보를 은폐해서도 안 된다.[46] 특히 명예훼손을 빌미로 법적 소송을 통해 운동가들을 '합법적으로' 괴롭혀서는 안 된다.[47] 국가는 환경문제에 있어 표현의 자유를 보장하고, 평화로운 집회와 결사의 자유를 보장해야 한다.

국제인권 메커니즘에는 9개의 핵심 국제조약이 있으며, 각 조약마다 위원회가 가동된다. 그중 '자유권규약'에서는 인권에서 역사적으로 제일 전통이 깊고 핵심적인 역할을 해온 자유권(시민적·정치적 권리)을 다루며, 자유권위원회에서 그 업무를 관할한다.

자유권위원회는 2018년에 환경파괴, 기후변화 그리고 지속불가능한 발전이 현세대와 미래세대가 '생명권'을 누릴 수 있는 능력을 가장 시급하고 심각하게 위협하는 요인이라고 발표했다.[48]

생명권은 세계인권선언의 맨 앞부분에 등장할 정도로 상징성이 높은 인권이며, '자유권규약' 6조에서 "모든 인간은 생명에 대해 본질적 권리를 가진다"라고 규정할 정도의 권리다. 그렇게 중요한 생명권이 환경문제로 침해를 받는다고 강조한 것이다.

자유권위원회의 발표 중 의미심장한 내용이 또 있었다. 국제인권법과 국제환경법을 서로 교차시켜야 한다는 제안이었다. 국제환경법에 가입한 나라들이 '환경'만 생각하지 말고 '자유권규약'에서 정한 생명권을 고려할 의무가 있고, '자유권규약'에 가입한 나라들이 생명권을 국제환경법의 대상으로까지 확대·적용해야 한다는 말이다. 이런 지적은 당연히 한국정부에도 해당된다.

인권과 환경 사이의 칸막이를 허물려는 시도가 다방면에서 나오고 있다.[49] 예를 들어, 인권에서 중시하는 '존엄'과 환경을 연결시킨 '환경 존엄권' 아이디어가 제시되었다.[50] 환경영향평가를 할 때 '인권영향평가'를 넣으려는 움직임도 나타났다. 인권영향평가에는 세가지 차원이 들어가야 한다. 첫째, 생명, 건강, 의식주, 물, 문화 보호가 들어가야 한다. 둘째, 차별금지 원칙이 체계적으로 포함되어야 한다. 셋째, 환경악화와 기상재난에 특히 취약한 계층을 보호할 의무가 들어가야 한다.

환경과 관련하여 대표적인 취약계층이 누구인가. 개도국 여성의 경우, 물을 길어 오는 노동, 위생시설 접근성의 미비, 의사결정 과정에서 배제되는 경향 등의 문제가 있다. 성장기 아동의 경우, 환경오염에 대한 면역기능이 낮고, 어릴 때 환경오염에 노출되면 성인이 된 후에도 악영향이 계속 남아 있을 가능성이 높다. 빈곤층의 경우, 의식주, 취사, 냉난방의 에너지 접근성 등의 문제가 있다. 토착민과 전통사회의 경우, 개발과 자연자원 강탈, 의사결정에서의 배제 문제가 있다. 노인의 경우, 폭염, 오염물질, 벡터매개 질병(모기, 파리, 진드기 등의 매개체에 의해 전염되는 질병)에 취약한 문제가 있다. 장애인의 경우, 기상재난과 극한기상이변에 건강상 취약하고 정보 접근성, 교통과 주거 등의 문제가 있다. 오지나 산간벽지, 달동네에 거주하는 사람들, 폐기물 수거인, 송전탑이나 발전소 근처에 사는 사람들, 초고압선 인근 주민도 환경 취약계층에 속한다.

정리하자면 인권에서 환경문제를 바라보는 기본관점은 '환경오염이 곧 인권침해'라는 시각이다.[51] 인권에서는 환경문제를 그저 또 하나의 '사회문제'로만 간주해서는 안 되고, 그것을 인권유린 문제나 범죄로 다뤄야 한다는 정서가 강하다. 예를 들어, 유엔 사회권위원회는 사람이 거주하는 지역에 독성 폐기물을 방출하는 것은 그저 환경범죄가 아니라 인권유린 범죄라는 입장을 견지한다.[52] 유럽인권재판소에서도 독성 폐기물로 목숨을 잃으면 인권유린 범죄로 다뤄야 한다고 본다.

2018년부터 유엔에서 전세계 차원의 국제환경법을 제정하려는 움직임이 시작되었다. 인권 분야에는 거대하고 촘촘하게 국제인권보호 시스템이 만들어져 있지만, 환경 분야에서는 그런 식의 통일된 국제 시스템이 부족하다. 국제환경범죄 개념도 뒤늦게 형성되고 있는 중이다.[53] 이 점은 뒤에서 다시 설명할 것이다.

지금까지 인권에서는, 환경과 관련된 문제 때문에 기존의 권리들이 침해받기 때문에 환경문제를 인권문제로 보았다. 예를 들어, '공해가 발생하면 건강권이 침해받는다' 또는 '환경문제에 대한 정보접근권이 침해받았다'라는 식이었다. 그런데 이런 차원을 넘어 '환경권' 자체를 하나의 독립된 인권 항목으로 인정하자는 움직임이 확산되었다.

이런 움직임은 세계인권선언이 선포된 이래 현대 인권의 발전 과정에서 나타난 경향과 일치한다. 즉, 두루뭉술한 보편인권 원칙이 독립적인 개별 권리로 '분화'되어온 경향이 그것이다. 다시 말해, '모든 사람의 모든 권리를 평등하게 보장한다'라는 원칙을 넘어, 현실에서 특별히 존중되어야 할 필요가 있는 이슈들이 개별 권리로 분화, 제도화되는 경향이 나타났다.

크게 보아 두 흐름이 있었다. 첫째, 권리들이 '주제별'로 독립하여 제도화되었다. 예를 들어, 고문받지 않을 권리는 세계인권선언에 이미 나오는 권리지만, 1984년 '고문방지협약'CAT을 통해 독자적인 권리로 한층 더 강력하게 제도화되었다. 둘째, 권리들이 개별 '집단별'로 독립하여 제도화되었다. 예를 들어, 여성에 대한 차별 금지는 세계인권선언에 이미 나오는 권리지만, 1979년 '여성차별철폐협약'CEDAW을 통해 독자적인 권리로 한층 더 강력하게 제도화되었다.

환경권도 마찬가지다. 환경과 관련된 문제를 인권의 여러 각도에서 다뤄왔고 '환경권'이라는 표현을 많이 사용해왔지만, '환경권' 자체를 독자적인 정식 권리로 정하여 한층 더 강력하게 제도화하자는 움직임이 생겼다.

유엔 내에서 인권과 환경을 특히 열성적으로 다루는 핵심 그룹으로 코스타리카, 몰디브, 모로코, 슬로베니아, 스위스 등 다섯 나라가 있다. 이들이 중심이 되어 '안전하고 깨끗하고 건강하고 지속가능한 환경 권리'(약칭 '건강한 환경권')를 유엔인권이사회의 결의안으로 채택하자는 운동을 활발하게 벌였다.[54]

이 제안은 적어도 69개국 이상의 지지를 받았고, 유엔 사무총장, 유엔 인권최고대표, 유엔 특별기구들도 환경권의 독자적 성문화 아이디어를 열렬히 지지했다.[55] 이런 노력이 결실을 맺어 2021년 10월 8일 유엔인권이사회는 '건강한 환경권'을 정식 인권으로 인정하는 '결의안 48/13'을 만장일치로 채택했다.[56] 이와 함께 기후비상사태를 인권문제로 다룰 인권 특별보고관을 임명하자는 '결의안 48/14'도 통과시켰다.

유엔인권이사회의 결의안은 인권에서 환경문제를 주요 변수로 다루려 했던 지난 반세기의 노력이 결실을 맺은 역사적 쾌거였다. 전세계 1100개 이상의 시민사회단체들이 오랫동안 힘을 모아 이루어낸 빛나는 결과였다. 1장에서 봤듯이 기후위기, 생물다양성 상실, 독성물질 공해를 21세기 인권의 '삼중 위협'이라고 경고했던 유엔 인권최고대표 미첼 바첼레트는 이번 결의안이 인간과 자연을 보호할 수 있는 경제적, 사회적, 환경적 전환의 도약판이 될 것이라고 환영했다.

한국사회에서 인권을 이해, 상상, 실천하는 방식은 국제사회의 그것에 비해 상당히 협소하다. 이 문제를 하루빨리 넘어서자는 것이 이 책의 핵심 메시지이기도 하다. 인권운동, 인권교육, 국가

인권기구의 활동이 환경－생태문제와 연계되지 않으면 통상적인 인권문제조차 제대로 해결할 수 없는 인류세에 우리가 이미 들어서 있음을 깨달아야 한다.

'건강한 환경권'이 하나의 독립된 인권으로 공식 인정되었으므로 앞으로 그것을 중심으로 촘촘한 법적 제도화가 진행될 것이다. 예를 들어, 환경 관련 정보 공개, 환경 관련 의사결정 참여 등과 같은 절차적 권리, 그리고 깨끗한 공기, 안전하고 충분한 물, 위생, 건강하고 지속가능한 먹거리, 독성물질 공해 금지, 안전한 기후, 건강한 생태계, 생물다양성 등이 '건강한 환경권' 범주에서 제도화될 가능성이 높다.[57]

이 절을 마치기 전에 환경권에서 우리가 놓치면 안 되는 점을 짚고 넘어가자.[58] 우선, 시간적으로 봐서 환경은 현세대를 넘어서 영속적으로 이어지는 문제임을 기억해야 한다. 따라서 단순히 개별 '인간'의 권리를 말하기보다, 전체 '인류'의 권리를 새롭게 설정해야 한다는 목소리가 나온다. '인류 권리'에는 당연히 미래세대의 권리가 포함된다.[59] 또한 공간적으로 보아, 지금과 전혀 다른 거버넌스 사상과 시스템적 사고로써 지구행성을 이해할 필요가 있음을 기억해야 한다.[60]

자연의 권리, 환경권을 넘어서다

어떤 사상이든 시간이 흐르면 한편으로 그것이 처음 등장할 때의 문제의식이 여전히 유효하면서도, 다른 한편으로 그 정도의 문제의식으로는 해결할 수 없는 새로운 상황이 나타나기 마련이다. 즉, 오래된 문제가 아직도 많이 남아 있는데, 새로운 문제가 등장한 형국이다. 환경권에서도 마찬가지다.

환경권에 나오는 '환경'이란 말은 '인간을 위해서' 잘 보전되어야 할 환경을 뜻한다. 자연환경은 인간에게 쓸모가 있기 때문에 중요하며, 인간에게 도움이 되느냐를 따져 가치를 정할 수 있다는 말이다. 이 논리를 확장하면 환경권에서 말하는 환경의 가치는 어디까지나 인간의 시각과 인간의 호의에 의존하는 것이 된다.[61]

설령 인간의 기본욕구를 채우기 위해 환경을 이용할 수 있는 권리를 인정한다 하더라도 그 한계를 어떻게 정할 것인가. 어디까지가 '기본욕구'이며, 어디부터가 인위적 ─ 꼭 필요치 않은 ─ 욕망인가. 이 문제는 환경권의 의미와 한계를 둘러싼 본질적 쟁점이 된다. 그런데 인간은 사회적 동물이며 서로간에 영향을 주고받는 존재이기 때문에 기본욕구와 인위적 욕망을 명확히 구분하기 어렵다.

사촌이 땅을 사면 설령 그것이 자신의 기본욕구와 관계가 없더라도 배가 아프기 쉽다. 특히 소비지상주의, 더 정확히 말해 '소비촉발체제'는 첨단 마케팅 기법을 통해 사람들에게 끊임없이 새로운 욕망, 선망, 모방을 부추기면서 (환경을 파괴하는) 생산과 소비를 폭발적으로 증가시킨다.[62] 이런 시스템에서 환경권은 결국 인간에게 필요한 환경을 인간이 지배하고 소유하겠다는 발상과 ─ 본의 아니게 ─ 연결될 수 있다.

따라서 비판론자들은 '환경권'이 '환경에 대한 인간의 권리' human right to environment에 불과하다고 본다. 그런 식으로 반세기 동안 노력했지만 환경이 크게 좋아지지 않았다는 문제의식이 깔려 있다. 그런 비판의식에서 '환경 자체의 권리'right of the environment를 주장하는 목소리가 나오기 시작했다.

물론 전통적 환경권이 환경문제 해결에 효과가 없었다고 단정할 수 없다. 환경권이 없었더라면 지금보다 상황이 훨씬 더 나빴을 것이다. 또한 인간의 이익과 전혀 상관없이 환경만의 가치를 인정한다는 것이 과연 가능한지, 인간을 제외하고 자연환경에 '가치'를 부여할 수 있을지 등, 이론적인 쟁점이 많다. 그럼에도 불구하고 현재의 환경권 개념에 일정한 한계가 있음을 부정할 수 없다.[63]

환경권에 대한 비판은 새로운 언어의 출현에서도 느껴진다. '자연의 내적 가치', '자연의 존중', '자연에 대한 인간의 책임', '미래세대를 위한 형평성' 등의 표현이 대표적이다. 자연을 대상화하지 않고 그 자체로 존중하자는 사상적, 문화적 흐름도 강하게 등장했다.[64]

이런 추세를 반영하여 1982년 유엔총회에서 '세계자연헌장'이 선포되었다.[65] 이 헌장에서는 인간이 자연의 일부이고, 문명은 자연에 뿌리를 두고 있으며, 자연계의 기능이 잘 작동해야 생명이 유지될 수 있다는 점을 지적한다. 헌장 총칙 1에서는 자연의 본질적 과정을 침해해서는 안 된다고 강조한다. 유엔은 2009년 '자연과의 조화'라는 일련의 대화 프로젝트를 시작했으며, 2018년 유

엔총회는 '세계환경협정'을 제정하겠다는 결의안을 발표하기도 했다.[66]

세계환경협정은 전세계적으로 통용될 수 있는 포괄적이고 구속력 있는 국제환경권 조약이라는 의미가 있다. '자유권규약'이 1세대 인권을 대표한다면, '사회권규약'이 2세대 인권을 대표한다고 할 수 있고, '세계환경협정'은 3세대 인권을 법제화하려는 취지라고 해석할 수 있다. 하지만 협상 과정에서 내용이 상당히 희석되어 2022년 스톡홀름 환경선언 50주년에 맞춰 포괄적인 정치적 '선언'—법적 효력이 있는 '협정'이 아니라—을 내놓기로 방향이 조정되었다.

한걸음 더 나아가, (인간의) 환경권이 중심이 되어 있는 현재의 환경법을 완전히 새로운 권리체계로 대체하려는 움직임도 나온다. 인간이 자연을 지배하고 인간에게 자연이 필요하다는 관점에서 벗어나, 인간이 자연의 일부이고, 자연은 스스로 존재하고 번성할 수 있는 권리가 있다는 사실을 겸허하게 받아들이자는 생각이 그것이다.

대안으로서 여러 아이디어가 나와 있다. '생태권'에서는 "개인의 자유가 사회적 맥락에서만이 아니라 생태적 맥락에서 행사되어야 한다는 제한조건을 인정하는 인권"을 강조한다.[67] 인권을 생태의 한계 내에서 조건부로 인정하자는 입장이다. 인간만이 아니라 모든 생명의 존재 권리를 옹호하는 '생명권' 개념도 제안되었다.[68]

'자연의 권리'는 환경권을 넘어서자는 여러 대안 중 비교적 많이 쓰이기 시작한 개념이다.[69] '지구의 권리' 또는 '대지의 권리'도 비슷한 맥락으로 사용된다. 유엔 인권·환경 특별보고관인 데이비드 보이드David Boyd는 인권 전문가이지만 『자연의 권리』라는 책을 쓸 정도로 자연의 권리와 동물권을 열렬히 지지한다. 그에 따르면 자연의 권리와 동물권을 인정하면 다음과 같은 점이 달라진다고 한다.[70]

첫째, 지각을 가진 동물이 입는 해를 줄일 수 있다. 동물의 마음을 더 잘 이해할 수 있기 때문이다. 처음부터 '권리'가 주어지지 않더라도 적어도 동물학대를 방지하고 동물복지를 개선시킬 수 있다.

한국의 '동물보호법'에서는 "고통을 느낄 수 있는 신경체계가 발달한 척추동물"에 대한 학대행위를 금지한다. 그러나 현행 민법에서는 동물을 물건으로 규정하고 있어서 동물보호법을 적극적으로 적용하는 분위기가 적었다. 실제로 2010년부터 10년 동안 동물보호법 위반으로 304명이 기소되었지만, 실형을 선고받은 경우는 10명뿐이었다. 정부는 동물의 법적 지위를 명확히 규정하는 방향으로 민법을 개정할 예정이라 한다.[71] 2026년부터는 곰 사육과 웅담 채취도 금지될 예정이다.

2021년 영국정부는 척추동물에 적용하기로 했던 동물복지법안의 범위를 문어와 같은 두족류, 바닷가재와 같은 십각류에까지 넓히기로 했다. 따라서 고통을 느끼는 지각력을 가진 것으로 밝혀진 문어, 오징어, 바닷가재를 산 채로 삶지 못하게 되었다.

아르헨티나의 멘도사 동물원에 세실리아라는 스무살짜리 침팬지가 몇년째 혼자 살고 있었다. 세실리아를 브라질의 보호구역으로 보내주자고 동물권 보호운동 변호사들이 인신보호 청구소송을 냈다. 그러나 동물원측 변호인은 아르헨티나 법에 따르면 세실리아는 '물건'에 불과하므로 법인격이나 권리를 부여받을 수 없고, 침팬지와 그 변호사는 이런 소송을 제기할 당사자 적격성이 없다고 주장했다.

그러나 사건을 담당한 판사는 '세계동물권선언'과 아르헨티나 헌법을 인용해서 세실리아를 브라질로 보내라고 판결했다. 그 판결문 중 일부를 보자.

> 동물에게 인간과 동일한 권리를 부여하느냐의 문제가 아니라, 그들이 살아 있고 지각하는 존재로서 법인격을 가진다는 사실, 그리고 그들이 각자의 종에 적합한 환경에서 나서 살고 자라고 죽을 기본적인 권리를 (다른 권리들과 함께) 가진다는 사실을 확정적으로 수용하고 이해하느냐의 문제다.[72]

요컨대 우리가 동물권을 인정한다는 말은 그들에게 선거권이나 종교자유와 같은 '인권'을 인정한다는 뜻이 아니라, 그들 각자의 종적 생존에 적합한 권리를 인정한다는 뜻이다. 예를 들어, 야생동물에게는 인간에게 간섭받지 않고 살 권리와, 자신의 삶을 자연스럽게 선택하고 결정할 수 있는 권리가 있다. 이런 입장에서는 단순히 동물 보살핌이나 가축복지 차원을 넘어, 복수의 종들이 공존하는 '다종 공동체' 사회를 꿈꾼다. 마치 한 사회 내의 모든 사람이 정당한 구성원으로서 성원권('인간 시민권')을 가지는 것처럼, 모든 (비인간) 생명체들도 생명공동체 내에서의 성원권('생물 시민권')을 인정받아야 한다는 생명-동물권 정치를 지향하는 것이다.[73]

둘째, 인간이 초래하는 생물멸종을 중단시킬 수 있다. 미국에서는 모든 종에게 생존권, 서식지 유지 권리, 건강한 개체수 유지 권리를 부여한다. 이러한 절멸위기종 보호법이 전세계적으로 파급되어나가는 추세다.

셋째, 나무에서부터 강과 생태계 전반에 이르기까지 '권리'를 인정해주면 지구의 생명유지 시스템 — 생태계 전체 — 을 보호할 수 있다. 예를 들어, 뉴질랜드 황거누이강 유역에 사는 마오리족은 우주의 모든 생물-무생물이 연결되어 있고, 친족관계에서 우러나오고 세대를 초월하는 상호존중 의무가 모두에게 있다고 믿는다. 뉴질랜드 정부는 마오리족의 이러한 세계관을 수용해서 황거누이강에 법인격체의 권리를 부여했다.

앞에서 봤듯이 자연의 권리를 제일 먼저 제도화한 나라는 에콰도르다. 2008년 새 헌법을 제정하면서 자연을 한낱 '자원'으로만 간주하는 데에서 벗어나 '좋은 삶'을 보장하는 '어머니 지구'로 대접해야 한다는 원칙을 포함시켰다. 시적으로 표현된 헌법 71조를 보라.

생명이 재생산되고 발생하는 곳인 자연, 곧 파차마마Pachamama는 그 존재를 온전히 존중받고 그 생명주기와 구조, 기능, 진화 과정이 유지되고 재생산되도록 할 권리가 있다. 모든 개인, 지역사회, 부족, 민족은 공공당국에 자연의 권리의 집행을 요구할 수 있다.[74]

볼리비아 역시 2009년 개정한 헌법에서 개인과 현재-미래세대 전체, 그리고 다른 생명체에도 "건강하고 보호되고 균형 잡힌 환경에서 살아갈 권리"를 보장해야 한다고 규정했다. 비인간 동물과 식물, 생태계에도 헌법적 권리가 생긴 것이다. 볼리비아는 그후 '어머니 지구의 권리에 관한 법'도 제정했다.[75] 2022년 현재 에콰도르, 볼리비아, 뉴질랜드, 방글라데시, 콜롬비아, 멕시코, 브라질, 파나마 등 8개 나라에서 자연의 권리를 헌법이나 법률로 보장하거나, 재판에서 인정하고 있다.

자연의 권리·생태계·생물다양성

2021년 경기도 파주 근처의 임진강변을 따라 수백 미터 하천부지에 붉은 흙산성이 쌓였다. 어떤 주민이 장비업자와 짜고 덤프트럭과 굴착기 수십대를 동원하여 불법으로 흙을 대규모로 매립한 것이다. 강변 습지를 흙으로 덮어버리면 어떤 문제가 생기는가. 임진강-비무장지대에서 생태보전활동을 하는 한 운동가는 이렇게 설명한다.[76]

하천부지는 홍수 예방터 구실을 하는 범람원이어서 메우거나 지대를 높이면 문산의 주변 마을들이 홍수 위험에 처할 수 있다. 특히 임진강 하천부지는 주변 논습지와 함께 멸종위기종의 서식지로 생물다양성 측면에서 매우 중요한 구실을 하고 있어 매립하면 재두루미, 수원청개구리, 뜸부기, 저어새 등 멸종위기 야생생물의 서식환경이 악화될 것으로 우려된다.

2022년 보도에 따르면 이곳을 수년째 찾던 재두루미 가족들이 자취를 감췄다고 한다. 이뿐만 아니라 폐건설자재도 매립되어 토양과 수질이 오염되었다. 산성을 쌓아놓은 땅에서 나오는 흙탕물이 강하류까지 내려가 어민들에게 피해를 끼쳤다. 어망이 흙에 묻히고 어획량이 줄었다. 어민들은 "황복, 숭어, 실뱀장어를 잡을 시기에 시뻘건 토사와 오염물질이 흘러내려 큰 피해를 입었다"고 호소한다.

왜 이런 일이 벌어졌는가. 수도권 개발지역의 공사장에서 나온 흙과 폐기물을 값싸게 처리하려는 업자의 이해와, 땅값을 높이려는 외지인 소유자의 이해가 일치했기 때문이다.

이와 비슷한 사건이 2010년 에콰도르의 빌카밤바강에서 일어났다. 로하 주정부가 도로건설 과정에서 나온 폐기물을 강에다 버렸다. 이 때문에 강의 유량이 늘고 강물 흐름이 바뀌면서 장마 때 홍수가 발생했다. 주민이 강과 인근의 생태계 회복을 요구하면서 강의 보호를 위한 청구를 제기했다.

1심에서는 원고가 패했지만 항소심에서는 헌법에 나온 자연의 권리 조항에 근거해서 원고가 이겼다. 법원은 '자연의 기본적, 핵심적 중요성'을 인정하고 환경피해를 즉시 구제하기 위해 헌법상 보호조치를 청구할 수 있다고 판시하면서 지방정부에 생태계를 회복시키라고 명령했다.

항소심은 또한 개발사업이 환경오염을 발생시키지 않는다는 점이 증명되기 전까지는 사전에 오염예방 조치를 통해 자연의 권리를 보호하는 것이 판사의 책임이라는 점도 밝혔다. 더 나아가, 자연의 피해는 세대간 피해에 해당하므로 원고가 피해 입증을 할 필요가 없고, 도로공사를 시행한 지방정부가 환경에 피해를 입히지 않았음을 증명해야 한다는 '증명책임 전환'의 원칙을 밝혔다. 법원은 지방정부에 30일 이내에 강 주변의 정화 및 복원 계획, 주민에게 끼친 피해회복 계획 및 환경당국의 권고 이행 계획을 제출하라는 명령을 내렸다.[77]

이처럼 자연의 권리가 보장되면 자연 생태계가 인간의 개발과 파괴 앞에서 그저 속수무책으로 당하지만은 않게 된다. 법적 대항력이 생기기 때문이다. 물론 헌법에 자연의 권리가 들어간다고 해서 무조건 자연에 유리한 판결이 나오는 것은 아니다. 하지만 자연의 권리가 인정되는 경우, 적어도 그런 문제가 재판의 문턱을 넘지도 못하는 일은 없어진다. 도롱뇽과 강물이 인간의 법정에서 인간을 상대로 — 물론 인간 대리인을 통해야 하지만 — 법리 공방을 벌이는 일이 가능해진다. 어쨌든 자연이 '법인격'을 가진 주체로 나설 수 있게 되는 것이다.

2021년 국립생물자원관은 『국가생물적색자료집』의 개정판을 펴냈다.[78] 이 땅에서 생물다양성이 얼마나 훼손되었는지를 보여주는 이 책자를 읽다보면 마음의 평정을 유지하기 어려울 정도의 이야기를 만난다. 바다사자는 1950년대 후반 이후 완전히 '절멸'되었고, 늑대, 대륙사슴, 스라소니, 표범, 호랑이는 '지역절멸'되었다. 사향노루와 여우는 '위급' 상태에 있으며, 무산쇠족제비, 물범, 반달가슴곰, 산양, 작은관코박쥐는 '위기' 상태에 놓여 있다. 사향노루는 약용을 위한 무분별한 포획, 산림 개발과 도로 개설로 인한 서식지 축소 때문에 위급한 상태에 빠졌고, 여우는 1970년대에 많이 살포했던 살서제(쥐약), 산지 개발, 불법 포획, 올무사냥 때문에 위급한 상태에 빠졌다.

올무에 걸린 동물은 뼈가 드러날 때까지 몸부림을 치다 죽는다고 한다. 만일 자연의 권리가 인정되었더라면 사향노루와 여우가 이렇게까지 비참한 지경에 처하지는 않았을 것이다.[79] 미국의 한 연방 생물학자는 상아부리딱따구리의 멸종을 최종적으로 확인하는 보고서를 쓰면서 말 그대로 "흐느껴 울었다"고 한다.

현재 지구 생태계의 주요 영역들이 거의 모두 급격히 훼손되고 있다. 농경지, 산림, 담수, 목초지, 관목지, 사바나, 산악지대, 해양, 연안지대, 토탄지대, 도시지역 등의 생태계가 중병을 앓고 있다. 기후변화, 자원추출, 경작방식, 공해, 질병 때문에 6차 대멸종의 징후를 보이고 있다는 발표도 나왔다.

현재 우리는 기후위기와 생태위기가 결합된 이중적 복합위기에다 경제사회적 격차와 박탈이 함께 진행되고 있는 사회-생태 붕괴 상황에 놓여 있다. 흔히 '침묵의 위기'라고 표현되는 생태계 붕괴가 기후위기보다 사실은 더 근본적인 문제라고 경고하는 학자들도 있다.[80] 1992년의 리우회의에서도 기후변화, 사막화방지, 생물다양성, 이 세가지 쟁점을 놓고 협약을 마련할 정도로 기후와 생태 문제는 오랫동안 통합적인 관점에서 다뤄져왔다.[81]

그 일환으로 유엔은 2021년 6월부터 2030년까지를 '생태계 회복 10년' 기간으로 선포했다.[82] 2011~20년의 '생물다양성 보전 10년'에 이은 후속 조치다. 전세계 10억 헥타르 이상 육지면적의 훼손된 생태계, 그리고 해양과 연안지역의 생태계를 복구하자는 메시지가 주요 골자다. 이미 행동을 시작한 케냐는 2021년 '국민 인구총조사'와 비슷한 '야생동물 전수조사'를 시행했을 정도다.

유엔환경계획에 따르면, 생물다양성 보전, 가루받이(수분)를 통한 식량생산, 건강 유지, 신종 감염병 예방, 담수 보존, 기온 조절 등 생태계 서비스의 역할은 광범위하다. 인간이 배출한 폐기물을 흡수하는 가장 큰 메커니즘이 생태계이기도 하다.

인간이 섭취하는 곡류와 식물 중 75퍼센트 이상이 동물에 의한 꽃가루받이에 의존한다. 벌, 말벌, 개미, 파리, 나비, 나방, 딱정벌레, 박쥐, 새, 원숭이, 도마뱀과 같은 꽃가루 매개체들이 사라진다면 사람이 먹는 식량생산에 당장 위기가 올 수 있다.

한국에서 참치통조림에 가장 많이 쓰이는 가다랑어는 어릴 때는 동물성 플랑크톤과 피낭동물을 먹고 자라고, 커서는 주로 작은 물고기, 오징어, 갑각류 등을 사냥한다. 만일 해양오염이나 산성화, 기후위기로 가다랑어의 먹잇감이 사라지면 가다랑어도 사라지고, 참치통조림도 사라지고, 참치통조림의 생산과 소비에 의존하는 모든 경제활동 — 참치김밥을 포함한 — 이 사라질 수밖에 없다.

이처럼 생태계는 인간을 포함하여 지구상 생명의 그물망과 인간사회의 네트워크를 유지하는 데 사활적인 역할을 한다. 게다가 인간의 문화와 영성의 차원에 이르기까지 생태계가 우리에게 미치는 영향은 가히 절대적이라 할 수 있다.[83] 자연이 권리를 가지면 이런 생명의 그물망을 지키기가 훨씬 수월해진다.

건강한 생태계가 존재할수록 기상이변의 충격을 완화하고 완충하는 기능이 활성화된다. 훼손된 숲, 농경지와 목초지 25억 헥타르를 회복시키고, 2억 3000만 헥타르의 산림을 다시 살리는 등의 생태계 복구를 통해 2030년까지 달성해야 할 온실가스 감축목표의 3분의 1을 감당할 수 있다고 한다.

자연의 권리가 등장한 시점은 신자유주의적 지구화가 본격적으로 추진되면서 세계경제가 폭발적으로 성장한 시점, 그리고 인간에 의한 자연자원 추출과 착취가 급속하게 늘어난 시점과 겹친다.[84] 인류세의 등장과도 맞물리는 시기다.[85]

이와 관련하여 2021년 역사상 최초로 유엔 생물다양성 과학기구IPBES와 유엔 기후변화에 관한 정부간 협약체IPCC가 『생물다양성과 기후변화에 관한 워크숍 보고서』를 공동으로 발표했다.[86] 보고서는 생물다양성 상실과 기후변화를 공통의 위기로 봐야 한다고 강조한다. 기후위기는 생물 서식지를 파괴하고 생태계를 교란시킨다. 생태계가 훼손되면 탄소를 흡수할 수 없게 되어 기후위기가 악화된다. 즉 기후문제와 생물다양성 문제가 상호 악순환의 사이클로 맞물려 있다.[87]

그런데도 생태계의 문제는 주류 정책, 언론 미디어, 대중의 관심으로부터 멀리 떨어져 있다. 기후위기의 해법으로 탄소중립만을 강조하는 분위기에 파묻혀 생태위기가 망각되는 것이 아닌가 하는 우려가 들 정도다. 여기서 우리는 탄소중립의 진정한 취지를 원점에서부터 기억해야 한다. 기후변화 국제협력의 서막을 알렸던 1992년의 '유엔기후변화협약', 그리고 2015년의 '파리기후협정'에서 모두 생태계 보호를 강조하고 있다.

그렇다면 왜 전세계 주요국들이 탄소중립과 그린뉴딜 의제에만 집중하면서 생태위기에 대해서는 큰 관심이 없는가. 물론 가장 큰 이유는 기후문제가 워낙 다급하기 때문일 것이다. 또한 기후위기는 탄소배출과 기온상승 간의 인과관계가 비교적 명확하고, 그 해법을 수치와 통계로 제시하기가 쉽다. 그러나 생물다양성과 생태계 붕괴는 인과관계를 설명하기가 훨씬 더 복잡하고, 정확한 수치로 설명하기가 어려운 난점이 있다.

현위기를 기후위기에 국한해서 다루는 것과, 기후-생태위기로 확장해서 다루는 것 사이에 어떤 차이가 있는가. 기후위기에만 주목하면 기후위기를 초래하는 탄소를 도려내기만 하면 된다는 탄소감축 만능론에 빠질 우려가 있다. 에너지 전환만 되면 우리가 누리는 안락한 삶의 방식을 바꾸지 않아도 된다는 이야기, 그리고 에너지 전환이 새로운 기회의 창이 될 수 있다는 메시지는 굉장히 매력적이다. 정치적으로도 대중을 설득하기 좋은 프레임이다.

그러나 현재의 위기를 기후-생태 복합위기로 간주한다면, 탄소감축은 기본이고 그것에 더하여 우리가 지구―자연을 대하는 방식 자체를 바꾸어야 한다. 지구의 지탱역량을 훨씬 초과하여 돌아가고 있는 소비지상주의와 무한 경제성장의 문제점까지 직시해야 하고, 생물다양성을 보전하고 생태계를 살리면서 자연의 한계 내에서 살아가는 법을 실천해야 한다. 생태계에 자연의 권리를 부여하는 것이 인류의 미래와 직결되는 과제가 되었다.[88]

자연의 권리를 어떻게 보장할까

자연의 권리를 보장하기 위해서 필요한 방안을 간략하게 알아보자.

법체계 내에서 자연의 권리를 제도적으로 보장하면 제일 이해하기 쉽고 명확하다. 좋기로는 헌법에다 자연의 권리를 못 박아두면 확실하다. 에콰도르나 볼리비아가 이런 방식을 택했다. 에콰도르 헌법에 따르면 자연은 '존재와 생명주기와 진화를 존중받을 권리', 그리고 손상되었을 때 '원상회복될 권리'를 가진다.

자연의 권리가 법으로 확정되면 현재 우리가 알고 있는 인권의 구도도 크게 바뀐다. 권리를 가진 '권리자'가 인간만이 아니라 비인간 생명체 그리고 넓은 의미의 생태계 전체로 확장된다. 그러나 권리자의 범위가 늘어도 의무를 지닌 '의무자'의 역할은 여전히 인간의 몫이다.

최근 한국에서 논의되기 시작한 '지구법학'은 자연의 권리를 위한 포괄적인 법체계라 할 수 있다. 국가법, 지역법, 국제법을 넘어서는 새로운 차원의 법이다. 지구법학의 문제의식은 명확하다. 근대 이래의 주류 법개념은 자본주의, 개인주의, 자유주의, 사적자치私的自治의 원칙에 기반을 둔다. 문제는 이런 법개념이 인류세를 감당하기에는 역부족이라는 점이다. 따라서 지구법학에서는 "새로운 생태대의 문명 거버넌스는 산업문명시대의 인간중심주의가 아니라 지구중심주의를 기초로 설계"되어야 한다고 주장한다.[89] '생태대'란 신생대 이후 찾아올 지질학적 시기로, 지구공동체 전 구성원들이 화합하여 지구를 치유하는 시기라고 할 수 있다.

인간이 지구를 지배하는 것이 아니라 인간사회가 지구공동체의 한 부분이므로, 인간중심적 가치규범에서 생명중심적 가치규범 또는 지구중심적 가치규범으로 전환해야 한다. 전환이 늦어질수록 파국의 가능성이 커진다.

지구법학에 따르면 인간을 포함해 지구공동체의 모든 구성요소는 세가지 기본권(존재할 권리, 서식지에 대한 권리, 지구공동체가 계속 변해가는 과정에서 자신의 역할과 기능을 수행할 권리)을 가진다.

이렇게 되면 법학의 초점을 확장하여, 인간을 보다 넓은 지구공동체의 일부로 간주하는 시각을 가져야 한다. 탈인간중심적 윤리관으로 보면 비인간 존재도 도덕적 고려의 대상, 존중의 대상, 권리를 가진 대상이 된다. 인간이 아닌 자연물이라도 '존재한다'는 이유만으로 내재적 가치와 존재이익을 가질 수 있게 된다.[90]

지구법학은 인간들 간의 관계뿐만 아니라, 지구공동체 모든 성원들 사이의 관계를 유지하고 규율한다.[91] 에콰도르와 볼리비아는 지구법학을 실제로 적용한 사례였다고 할 수 있다.[92] 자연이 그 자체로서 본원적 가치를 가지므로 자연에게 '권리를 가질 권리'가 있음을 인정한 것이다.[93] 종교철학자 박일준의 설명을 빌려 지구법학을 해석한다면 그것은 인간중심주의를 넘을 뿐만 아니라 생물-유기체 중심주의도 넘어 비유기체적 존재론까지 포괄하는 법사상이라 할 수 있다.

만일 한국사회가 지구법학의 정신에 따라 생태주의 헌법을 제정한다면, 국민국가의 바람직한 헌법체계에 더하여 지구생태주의 헌법의 이념, 원칙, 권리를 추가해야 한다. 즉 주권재민, 인권, 민주주의, 권력분립, 법의 지배, 국제평화와 같은 인류의 소중한 원칙을 계승하되, 그것에 추가하여 국가와 기업이 지구 생태계의 본질적 내용을 침해할 수 없다는 요소를 대폭 반영해야 한다.[94]

한국에서도 이런 노력에 동조하는 움직임이 생겼다. 2021년 헌법학자, 생물학자, 환경운동가 들이 헌법 제1조에 "대한민국은 기후 및 생물다양성 위기를 극복하고 지속가능한 환경을 후손에게 물려줄 의무를 지닌다"라는 내용을 담자는 '환경헌법'을 제안했다.[95]

현재 국제법 체계에서는 자연환경에 대해 근본적 차원에서의 윤리적 토대가 없다.[96] 기후와 자연환경이 비교적 안정적이던 충적세에 맞춰 만들어진 구태의연한 법규범으로 인류세의 상황을 감당하기 어렵다는 인식에 점점 더 많은 사람들이 호응하고 있다. 그렇다면 어떻게 해야 할 것인가. 2장에서 보았듯이 '생태통합성'을 국제법의 기본규범으로 삼아 법을 완전히 새로운 방향으로 재정립하자는 요구가 나오기 시작했다.

생태적 한계를 인정하는 바탕에서 경제, 정치, 사회 제도를 운용할 수 있는 법을 제정한다면 '생태통합성' 원칙이 모든 법규범을 평가하는 최종 심급이 된다. 이것은 특히 경제에 있어 큰 함의를 지닌다. 그 어떤 경제활동도 생태적 한계의 레드라인을 넘지 못하며, 그 어떤 수익사업도 전체 생명공동체에 속한 존재로서의 인간의 행복이라는 범위를 초과할 수 없다. 이런 체제를 '생태적 법의 지배', 또는 '생태적 주권', 또는 '전지구적 환경 헌정주의'라고도 한다.

생태통합성을 법의 기본규범으로 인정하면 기업에 대해서도 문제가 생겼을 때에만 사후책임을 묻는 것이 아니라, 처음부터 환경을 존중하고 보호해야 할 책무성을 공식적으로 부과할 수 있다. 유엔인권이사회는 2011년 기업이 인권을 존중해야 한다는 이행지침을 승인했다.[97] 더 나아가, 기업의 인권존중 책임에 관해 구속력 있는 국제조약을 체결하려는 협상이 현재 진행되고 있다.[98]

다만 법률이나 헌법에 인권을 규정하는 것만이 권리 보장의 만병통치약은 아니다. 비입법적 방식의 정치·사회적 운동이 장기적으로 더 필요하고 더 효과적일 수도 있다. 사회적 홍보와 학습, 이미 존재하는 법률에 대한 감시, 인권침해자에 대한 대응과 처벌, 대중적 압력 등이 그것이다. 정치·사회적 실천과 대중의 호응이 없으면 아무리 법제도가 있어도 그것의 영향은 제한적일 수밖에 없다.[99] 자연의 권리 영역에서도 법제도화 및 정치·사회적 운동이 함께 일어나야 한다.

자연의 권리에 부치는 질문들

애당초 자연의 권리가 왜 필요하게 되었는지, 전지구적으로 생태-환경이 왜 이렇게 나빠졌는지를 되짚어보자. 첫째, 인간이 세상을 지배하는 주인이라고 보는 관점, 즉 '인간중심주의'적 시각에 문제의 근원이 있다. 둘째, 그것과 연관하여 인간의 소유관념을 법적으로 최대한, 절대적으로 보장하는 재산권의 문제도 있다. 셋째, 경제규모가 계속 늘어나야 한다고 전제하는 경제성장 모델의 문제도 있다.

유엔 인권·환경 특별보고관인 보이드는 다음과 같이 지적한다. "인간중심주의와 재산 '권'은 현대 산업사회의 토대를 이루며, 법과 경제로부터 교육과 종교에 이르기까지 모든 것을 떠받친다. 경제성장은 정부와 기업의 주된 목표로서 일관되게 환경에 대한 우려보다 더 우선시된다." 그러므로 "자연의 권리가 끝없는 경제성장, 소비주의, 제약 없는 세계화, 혹은 자유방임적 자본주의와 양립할 수 없다는 것은 자명하다."[100] 이 절에서는 인간중심주의와 재산권의 문제를 다루고, 경제성장에 대해서는 4장에서 살펴볼 것이다.

인간중심주의가 왜 문제가 되는가. 인간중심주의란 인간을 중심으로 하는 가치관, 다시 말해 세상에서 인간만이 도덕적 지위를 가진 우월한 존재라고 믿는 입장을 말한다. 인간중심주의는 '인간문화' 대 '자연환경'의 이분법을 강조하는 서구사상에서 비

롯되었다고 보는 견해가 많다.[101]

인간중심주의에서는 자연을 인간의 목적을 위한 수단으로 간주하므로, 자연이 인간의 지배와 소유의 대상이라고 본다. 또한 인간은 자연을 활용하여 스스로의 욕구를 충족할 권리가 있다고 믿는다. 반면, 생태중심주의 또는 생명중심주의에서는 자연이 스스로 내재적 가치를 가지며, 인간도 전지구적 생태계의 일부이므로 경제성장이 생태적 도덕성의 통제를 받아야 한다고 본다.[102]

최근에는 인간중심주의보다 '인간예외주의'가 더 심각한 오류라는 주장도 나왔다. 인간예외주의에서는 인간이 자연의 일부가 아니고, 자연에 의존하지도 않으며, 자연파괴와 무관하게 계속 발전할 수 있는 유일무이한 존재라고 가정한다. 이런 사고방식은 비인간 자연을 더 철저하게 타자화하고 착취하기 쉽다.[103]

인간중심주의와 인권과의 관계에 대해서 약간의 설명이 필요하다. 인권이 인간중심주의에서 비롯되었다고 생각하는 시선이 있기 때문이다. 원래 인권은 국가의 통치로부터 소외되기 쉬운 정치적 반대자와 약자와 낙오자를 보호하고, 국가의 권력남용을 막기 위해 탄생했다. 인권은 원래 '국가중심주의'를 배격하고 개인을 지키기 위해 만들어진 것이다.

인권은 자연과 동물을 배제하면서 인간만 보호하겠다는 이기적 사상으로 출발한 것이 아니라, 국가라는 억압권력에 초점을 맞춘 대항담론으로 출발했다고 보면 정확하다. 그런데 오늘의 생태적 시각으로 보면 인권이 인간중심주의를 대변하는 사상인 것처럼 보일 여지가 커졌다. 대표적으로 재산권이 그런 빌미를 제공했다.

인류세에 들어 재산권의 문제가 큰 쟁점이 되었다. 재산권이 어느 정도나 인간 존엄에 필요한가를 놓고 그전부터 오랫동안 논쟁이 있었다.[104] 자연을 인간의 소유물로 간주하고 사람들 마음대로 할 수 있다고 전제하는 '지배적 재산권'이 특히 문제가 된다. 자연을 그런 식으로 다뤘기 때문에 오늘날 생태위기가 왔다고 해도 과언이 아니다.

현재 전세계 육지의 거의 대부분이 개인이나 국가의 '재산'으로 등록되어 있다. 예를 들어, 대한민국의 면적은 10만 412제곱킬로미터인데 그중 50.5퍼센트가 민유지, 25.3퍼센트가 국유지, 나머지는 도유지, 군유지, 법인과 비법인 소유지로 되어 있다. 주인 없는 땅은 한평도 없다.

더 나아가, 국가 영토에서 가까운 바다를 제외한 먼바다 공해公海는 모든 나라가 마음대로 사용할 수 있는 무주공산의 '노다지 세계' 비슷하게 취급된다. 이처럼 대지와 물, 야생동식물, 생태계 등 모든 자연환경을 인간이 지배하고 마음대로 다룰 수 있다는 사고방식이 우리를 철저히 사로잡고 있다.

대지, 산림, 자연경관 지역을 '개발'해서 화폐로 전환 가능한 형태—부동산, 관광, 사업 등—로 수익을 올리는 것을 '권리' 또는 '생존권'이라고 주장하는 경우가 있다. 물론 개인의 재산권은 인정해야 한다. 그러나 이런 문제는 사회—생태계의 보전과 균형이라는 대원칙에 따라 '횡단적으로' 다루어야 할 문제다. 모든 수익용 개발을 불가침의 인간 존엄과 동일한 차원에서의 '권리'

라고 말하는 것은 지나친 일반화다.

재산권이나 개발권 등은 절대적일 수 없고 절대적이지도 않다. 지구법학에 따르면 인간은 지구공동체의 근본원리에 부합하는 방식으로 스스로를 규율하는 원칙을 만들 때에만 생존하고 번영할 수 있다. 재산권과 소유관념을 현재의 절대적 위치에서 끌어내려 지구생태주의 관점과 부합하는 한도 내에서 인정하는 것이 올바른 방향이다.[105] 물론 재산권 중에서도 지역공동체가 토지와 산림을 함께 소유하고 보전하는 방식의 재산권은 사회−생태 회복력을 유지하는 데 도움이 된다는 점도 감안해야 한다.[106]

인간이 자연과 동물의 권리를 보장해야 한다고 말하면 흔히 나오는 질문이 있다. 인간이 동식물을 음식으로 섭취하는데, 그렇다면 그들의 '권리'를 본질적으로 해치는 것이 아닌가.

인간이 동식물을 '먹는다'고 해서 반드시 자연의 본질적 가치를 훼손하는 것은 아니다. 원칙적으로 말해 인간과 동식물과 자연은 모두 '존재의 상호의존적 그물망'에 포함된 존재들이다. 따라서 이 그물망 내의 모든 존재들은 먹이사슬로 연결되어 있고, 서로가 서로에게 의존하며, 서로가 서로를 먹이로 '활용'한다.

생물 A가 생물 B를 먹는 것은 존재의 상호의존적 그물망 내에서 일어나는 극히 자연스러운 현상이다. "생명은 생명할 책임이 있기 때문"이다.[107] 그러므로 어떤 자연자원이 잡아먹혀서 다른 형태의 자연적 요소로 전환되는 것은 여기서 문제의 핵심이 아니다. 살아 있는 존재가 어떤 방식으로, 그리고 어떤 정당화 논리에 따라 자연자원을 전환시키느냐가 문제의 핵심이다.

이 지점에서 인간이라는 존재의 '윤리성'이 문제가 된다. 인간은 기술적으로 고도로 진화한 동물이어서 인간의 행위 중 어디까지가 존재의 상호의존적 그물망 내에서 자연스럽게 일어날 수 있는 행위인지, 어디부터가 정당화될 수 없는 과잉행위인지를 구분하기 쉽지 않다.

그러나 현시대에 인간이 동물을 상업적, 산업적으로 다루고 있는 방식을 존재론적 차원에서 자연스럽게 일어날 수 있는 현상이라고 옹호하기란 불가능하다. 돈벌이 논리에 기반해서 인위적으로 마케팅되는 소위 '먹거리 문화'의 베일 뒤에서 벌어지는 공장식 축산업, 대규모 동물학살, 유전자조작, 생명의 경제적 조직화 등 이루 열거할 수 없을 정도로 충격적인 비윤리적 현상이 벌어지고 있기 때문이다. 그렇게 했던 것의 업보로 신종 감염병이 돌고, 그러면서도 그런 행위를 끊지 못하는 '학습된 악순환'이 되풀이되고 있다.

자연을 도구적 가치로 다루는 입장, 그리고 자연을 본질적 가치로 존중하는 입장 사이의 갈등은 인간이 존재하는 한 어쩌면 영원히 해결되기 어려운 숙제일지도 모른다. 한가지 확실한 점은, 경제 시스템을 포함한 모든 활동을 자연의 본질적 가치를 훼손하지 않는 한도 내에서 최선을 다해 통제하려는 의식적 노력이 필요하다는 점이다. 또한 동식물과 자연의 착취를 지속시키는 사회적 조건을 제거하기 위한 거시적 조망을 잊어서는 안 된다.[108]

"존재의 상호의존적 그물망에 좀더 부합하는 인간 활동과 경제 시스템이 있을 수 있고, 그렇지 않은 인간 활동과 경제 시스템이 있을 수 있다."[109] 완벽하지 않더라도 상호의존적 그물망에 부합하는 방향으로 최선을 다해 행동하고, 자기제한적인 의무를 스스로 부과하면서 살아야 한다는 뜻이다. '모순적 인간'*Homo contradictus*으로서의 한계를 인정하고, 이상과 현실 사이의 거리를 최대한 좁혀야 하는 것이 윤리를 추구하는 인간종의 숙명인지도 모른다.

자연의 권리를 위해 인권이 필요한 이유

자연의 권리를 인정하고 보호하는 것이 인류세의 새로운 패러다임이지만, 그렇다고 해서 전통적인 인간의 권리가 무효가 되는 것은 아니다. 자연의 권리를 보호하려면 기본적인 인권보호장치가 필요하다는 점을 한번 더 기억해야 한다. 자연의 권리를 파괴하는 세력은 자연의 권리를 옹호하는 인간도 억압하기 때문이다. 인권이 사라지면 시민으로서 자연의 권리를 위해 활동하기도 어렵고, 자연을 대리하여 재판을 청구할 수도 없으며, 자연을 짓밟는 자들에 맞서 싸울 수도 없다.

한국에서 환경운동가들의 인권을 유린했던 사건이 실제로 벌어졌다. 4대강 사업에 반대한다는 이유로 국가정보원이 환경운동가들을 불법사찰하고, 신원을 파악하고, 개인 비리를 수집하고, 기업체 후원금 모금을 차단하고, 국고보조금을 중단시킨 적이 있다. 종교계 인사들의 정치적 성향을 부각시키는 공작도 벌였다.

자연의 권리와 인간의 권리는 환경운동 현장에서 이처럼 구체적으로 연결된다.

기후위기 극복을 위해 필요한 재생에너지 분야에서도 마찬가지다. 재생에너지 생산용 희귀광물을 채굴하는 광부들의 노동권과 생명권이 보호를 받아야 탄소중립을 제대로 추진할 수 있을 것이다.[110]

최근 기후변화가 악화되면서 '인권'이 침해되었다는 이유의 소송이 많아졌다.[111] 2021년 한해만 해도 독일, 노르웨이, 벨기에, 네덜란드 등에서 기후위기로 인한 '인권'침해 문제가 법정에서 중요하게 다루어졌다. 런던정치경제대학LSE 그랜섬 기후변화·환경연구소의 조사에 따르면 2021년 7월 현재, 그동안 전세계에서 제기되었던 모든 기후 관련 소송이 총 40개국 1841건에 달한다고 한다.[112] 그중에서 2020년 중반부터 2021년 중반까지 한해 동안 '인권'기후소송이 전세계적으로 112건이나 제기되었다.

그런데 법정에서 실제 판결을 이끌어내는 것만큼이나 법정 바깥에서 사회의 인식을 바꾸는 일도 중요하다. "인권기후소송은 사회의 규범 및 가치와 같은 근본적 질문을 다루면서 미디어 캠페인과 함께 진행되는 경우가 많으므로, 흔히 법정 바깥에서 잠재적으로 대단히 광범위한 영향을 미칠 수 있다는 점을 특히 중요하게 고려해야 할 것이다."[113]

전세계적으로 4억 7000만명이 넘는 토착민, 원주민, 소수민족 등 지역공동체의 인권을 보호해야 자연의 권리도 보호할 수 있다는 사실이 드러나고 있다. ICCA 연합체ICCA Consortium가 2021년 발표한 보고서『생명의 영토』^{Territories of Life}는 전세계의 환경을 수호하는 데 있어 '토착민과 지역공동체'^{indigenous peoples and local communities}의 인권이 얼마나 중요한지를 보여준다.[114] 이들은 전세계 생물다양성 핵심 지역 중 적어도 22퍼센트 이상의 지역에 거주하고 있다.

토착민과 지역공동체가 거주하는 곳에서 자연이 훨씬 더 잘 보호된다. 이들은 생물종 보전, 서식지 유지, 생태계 보호에 있어 핵심적인 역할을 수행하며, 그것을 통해 타지역 사람들에게도 깨끗한 공기와 물, 먹거리, 생계수단 등을 제공해준다. 토착민과 지역공동체는 지구환경의 수호대라 해도 과언이 아닌 집단이다.

브라질에서 고무나무 보호운동을 하다 개발업자들에게 무참히 살해당한 시쿠 멘지스^{Chico Mendes, 1944~88}는 자신에게 다가오는 위협을 느끼고 이런 말을 남겼다.

"처음에는 고무나무를 살리기 위해 싸운다고 생각했습니다. 그러다보니 아마존 열대우림을 살리기 위해 싸운다는 깨달음이 들었습니다. 이제 나는 인류를 위해 싸우고 있음을 알게 되었습니다."

토착민과 지역공동체 구성원들이 이런 역할을 할 수 있는 것은 그들의 정체성과 전통문화, 그리고 공동으로 땅을 관리하는 방식 덕분에 자신들의 삶과 대지와 생물종 사이에 깊은 차원에서 연결성이 생겼기 때문이다. 이들은 환경만이 아니라 문화, 언어, 유형·무형의 문화재 보전에도 큰 기여를 하고 있다.

지금까지는 토착민과 지역공동체가 자연환경의 보전에 얼마나 큰 도움을 주는지 사람들이 잘 알지 못했다. 이들의 역할을 인정하기는커녕 개발에 장애가 되는 골칫거리 정도로만 여겼다. 자원 개발과 인간착취가 함께 발생했던 식민지배 시절부터 형성된 이런 태도가 지금까지도 이어지고 있다. 인도 출신 작가 아미타브 고시Amitav Ghosh는 다음과 같이 말한다.

2세기 동안 전세계를 갈기갈기 찢어놓았던 유럽 식민지배자들은 자연과 대지를 정복의 대상이자 무한정 소비할 수 있는 물질로만 보았고, 자연에 대한 토착지식은 아무짝에도 쓸모없는 것이고 토착민들은 제거해야 할 야만인으로 간주했다. 오늘날 우리가 이런 [기후-생태위기] 상태에 빠진 이유는 무조건 축적, 축적, 축적, 소비, 소비, 소비만 추구했던 정착식민적 세계관 때문이다. (…) 더 나아가 인도의 지배계층은 정착식민 모델을 그대로 계승하여 숲속에 사는 전통 토착민들adivasis에게 그런 세계관을 일방적으로 강요하기에 이르렀다.[115]

『생명의 영토』는 토착민과 지역공동체의 자립과 자결을 촉진하고, 그들의 인권을 모든 자연환경보호 활동에 포함시켜야 한다고 지적한다. 또한 생물다양성, 기후위기, 지속가능발전을 위한 전세계적 노력을 효과적으로 추진하려면 이들에게 인권에 기반한 재정지원이 절실하다고 강조한다.

2021년 10월 중국 쿤밍에서 개최된 15차 유엔 생물다양성협약 당사국총회UNCBD COP15는 '쿤밍선언'을 채택했다. 이 선언의 5조는

"토착민과 지역공동체의 권리를 인정한다"라고 했고, 7조는 "생물다양성을 보호하기 위한 행동을 취할 때 인권 의무를 고려하고 존중하고 증진한다"라고도 했다.[116]

예를 들어, 기후위기의 대처 방안 중 탄소상쇄carbon offset 제도가 있다. 탄소를 줄이지 못한 기업이나 국가가 개도국에 나무를 심거나 산림보전 사업에 투자하면 탄소를 감축한 것으로 인정해주는 조치다. 가난한 개도국들은 탄소상쇄 투자를 유치하려는 경우가 많다. 그러나 이때 토착민들이 피해를 입는 일이 생긴다. 케냐의 산림청은 탄소상쇄 사업을 위해 셍베르Sengwer 부족을 그들의 터전인 엠보부트Embobut 숲에서 강제로 쫓아냈다가 국제앰네스티의 비판을 받았다.[117] 선진국의 편의를 위해 전통 토착민의 땅과 생계를 박탈한 인권침해가 벌어진 것이다. 이런 행태는 '기후토지강탈' 또는 '탄소식민지배'라 할 수 있다.

토착민의 생존권을 보호하는 모범사례도 있다. 중국의 광시좡족자치구廣西壯族自治區에 있는 쿠난 마을群安縣의 사례를 보자.[118] 총 110가구 450명의 주민이 여의도의 세배가 넘는 1010헥타르의 땅을 공동으로 소유하며 살아가는 마을이다. 동네는 300년 이상 된 풍수림風水林으로 둘러싸여 있고, 이 숲에는 희귀동물인 긴꼬리원숭이들이 산다. 원숭이들은 지역주민들과 한 식구처럼 지낸다. 쿠난 마을의 풍수림은 전세계 36개 생물다양성 핫스팟 중 하나인 인도-미얀마 핫스팟이 이어진 중국-베트남 회랑에 속하는 숲이어서 전세계적으로도 중요한 보전지역에 속한다.

주민들에게 풍수림은 단순한 숲이 아니다. 수자원을 제공해주고, 토사와 낙석을 방지해주며, 주민 생계의 원천이 되는 고마운 자연자원이다. 매년 음력 5월 4일이 되면 주민 모두가 숲속에 있는 성룡사聖龍寺라는 절에서 예불을 드리면서 마을의 일체감을 확인한다.

중국 당국은 이 마을에 토지의 공동소유권을 인정해주었고, 주민들의 집단정체성 권리와 자기결정 권리를 존중하는 정책을 취하고 있다. 2014년 주민들은 총회를 열어 다음 사항을 결의했다. 첫째, 풍수림에 외부인이 출입하려면 허가를 받아야 한다. 둘째, 외부인의 밀렵, 벌목, 경작을 금지한다. 셋째, 숲 근처에서 불을 피워서는 안 된다. 넷째, 위반 사항이 생기면 반드시 주민회에 보고해야 한다. 이 결정 사항을 실천하기 위해 17명으로 구성된 청년자경단이 돌아가며 숲을 지킨다.

주민들은 지역 시민단체의 주선으로 쿠난 마을을 환경교육을 위한 연수캠프로 활용하기로 했다. 그러나 환경을 보전할 수 있는 범위 내에서만 교육생을 받기로 해서 최대 68명만 수용한다. 캠프에서 나오는 수입은 주민들이 공평하게 나누되 그중 11퍼센트는 마을의 공동기금으로 적립한다.

좡족의 사례를 보면 '토착민과 지역공동체'가 자신들의 집단정체성과 생존·생계권을 인정받을 때 환경과 동식물도 잘 보호될 수 있음을 확인할 수 있다. 그렇지만 여기서 조심해야 할 부분도 있다. 자연이 자기 삶의 터전이자 생계수단이며 문화적 정체성의 핵심인 사람들, 즉 '대지에 뿌리를 둔' 전통 토착민들의 생존권과 생계권은 반드시 보호되어야 한다. 그러나 어떤 지역의 거주민들이 추진한다는 이유만으로 자연을 대규모로 파괴하는 수익용 개발에까지 권리를 인정할 수는 없다.

최근 '고대생태학'paleoecology이라는 학문분야가 발전하면서 토착민에 대한 인식에 혁명적인 변화가 왔다. 자연환경 보전을 위해 토착민의 보호가 중요하다는 차원을 넘어, 이들의 전통지식이 위기에 처한 세계를 구할 수 있는 핵심적 인식체계라는 사실이 드러나고 있다. 2021년 가을『미국국립과학원회보』PNAS는 열대우림과 토착민의 관계에 관해 기존의 학설을 뛰어넘는 파격적 이론을 다룬 특집호를 발간했다.[119]

앞에서 보았듯이 '인류세'는 흔히 산업혁명으로 인한 변화상, 또는 길게 잡더라도 15세기 이후 서구 식민지배로부터 그 기원을 찾는 게 보통이다. 1980년대의 인간생태학에서는 지금부터 5세기 이전까지는 세계 다수지역 — 특히 적도권의 열대우림지역 — 이 전인미답의 원시림으로 뒤덮고 태고의 신비를 간직한 곳이었다고 가정하곤 했다.

그러나 최근의 연구를 통해 호모 사피엔스가 아주 오래전부터 남북회귀선 중간지역의 열대우림에 거주하거나 그곳을 적극적으로 활용해왔음이 밝혀졌다. 아프리카는 20만년 전부터, 동남아시아는 4만 5000년 전부터, 중남미는 1만 6000년 전부터 열대우림지대에 사람들이 들어가 살았다고 한다.

고대인들은 그 당시부터 고유의 지식을 통해 열대우림의 생물군계biomes를 형성하고 서서히 변화시켰으며, 지역의 기후 및 자연환경과 조화되는 방식으로 열대우림을 '관리'했다. 이런 식으로 장구한 세월을 통해 인간과 열대우림 사이에 지속가능한 상호 작용 시스템이 진화해왔다. 이것을 인류세에 비유해서 설명한다면, 완만하게 형성된 초기의 안정된 인류세에다 급격하게 형성된 최근의 위력적 인류세를 덧씌운 것이 요즘 말하는 인류세라고 할 수 있다.

이런 관점에서 보면 인간사회와 자연생태는 명확히 구분되는 영역이 아니다. 사회계와 생태계가 지속가능한 평형 상태를 유지할 수 있느냐, 아니면 양자가 지속불가능한 균열 상태에 빠지느냐가 문제의 핵심이다.

특히 적도권의 열대우림은 전세계의 기온, 강수량, 생물다양성, 탄소 사이클 등에 결정적인 영향을 미치는 지구 시스템의 컨트롤 타워 같은 지역이다. 또한 적도권은 전세계 인류가 가장 많이 모여 사는 곳이고, 전세계 언어의 4분의 3이 몰려 있는 문화다양성의 핫스팟이며, 2050년까지 전세계 어린이·청소년의 3분의 2 이상이 거주할 것으로 예상되는 지역이다. 따라서 적도권 열대우림을 잘 보전하는 것이 전지구적 차원에서 보면 인류세의 위기를 잘 넘길 수 있느냐를 가늠하는 기준이 된다.

그런데 열대우림을 마치 인간의 발길이 닿지 않은 청정 '야생' 지역으로 남겨두어야 제대로 보전할 수 있다는 잘못된 시각이 아직도 남아 있다. 토착민을 쫓아내고 오롯이 자연만 보전할 수 있는, 그런 식의 '순수한' 지역은 지상에 존재하지 않는다.

토착민들이 접근할 수 없도록 막은 상태에서 열대우림을 관리하려하면 생태조건이 오히려 나빠지고 중요한 자연경관이 급속히 쇠퇴하는 현상이 여러차례 관찰되었다. 그곳에 사는 토착민이 주도해서 열대지역의 생태계를 지키고 관리하는 것이 중요하다.[120]

그러므로 토착민의 지식, 생계, 인권을 무시하면서 자연만을 '순수하게' 보전하자는 것은 네모난 동그라미를 그리겠다는 발상과 다를 바 없다.

또한 자연과 동물의 권리 보호에 있어 인권의 역사를 통해 터득한 개념, 운동방식, 접근방식, 감수성도 큰 도움이 된다. 동물권 운동에서도 이 점을 확인할 수 있다. 동물에 대한 '차별과 배제'를 인식하고, 타자로서 동물에 대해 '공감'을 하며, '상상적 동일시'를 하고, '도덕공동체' 내에 포괄하며, '편견'을 바로잡기 위한 활동을 하고, '인식 개선'을 위해 노력하며, 동물을 지배하려는 풍토에 '저항'하고, 동물 고통을 '은폐하고 외면'하는 경향을 '고발'하며, 기득권에 대해 '성찰과 거부'를 하는 것 등이 좋은 예다.[121]

법학자 오동석에 따르면, 엄밀히 말해 자연의 권리는 "자연의 관점에서 자연을 대리 또는 대표할 수 있는 사람들의 권리로서 [그런 사람들이] 자연을 훼손하고 착취하는 사람들에게 저항하고 자연의 권리를 옹호할 수 있는 권리"를 뜻한다고 한다.

이렇게 본다면 인간의 권리와 자연의 권리는 반대개념이 아니다. "인권은 '인간 아닌 존재'로 취급받았던 사람들의 인간선언이다. 지구의 권리는 그런 점에서 인권의 이념과 일맥상통한다. 지구의 권리는 '인간이 인류에 대해 인류 외 존재가 동등한 관계임

을 선언·맹세'하는 것"이기 때문이다.[122]

다시 말해, 사상으로서의 인간중심주의를 극복하여 생명중심주의로 나아가되, 실천으로서의 인간 행위성은 더욱 발휘해야 한다.[123] 지금까지 당연시해왔던 인간중심적(이기적) 권리들을 과감하게 내려놓고, 뭇 생명과 공존하는 방향으로 살아갈 의무를 인간이 자각하고 실천해야 한다.[124]

인권이 재구성되어 생명중심적 생명권으로 확장되어야 한다고 주장하는 생태학자 신승철의 통찰을 들어보자. "생명권을 존중한다는 것은 인권을 포함한 의미를 가지며, 마치 생명권을 존중하면 인권을 무시해도 된다는 식의 환경파시즘과 맥락을 달리한다."[125] 결론적으로, 인류세에 맞춰 새롭게 구성된 인권이 앞으로도 계속 중요한 역할을 수행해야 한다.

3장을 마치며

몇해 전 환경단체의 초청을 받아 기후와 인권에 관해 이야기할 기회가 있었다. 이런 질문이 나왔다. "환경론자로서 솔직히 한마디 하겠습니다. 나는 지금까지 인권이 인간의 권리만 중시하면서 동식물이나 자연, 생태에 대해서는 별 관심이 없는 인간중심적이고 이기적인 주장이 아닌가 하고 막연하게 생각해왔습니다. 그런데 오늘 강연을 들어보니 인권도 환경과 함께할 수 있겠다 싶어서 반갑습니다."[126]

나는 환경 쪽에서 인권을 그렇게 생각하고 있었는지 몰랐기 때문에 적잖이 놀랐다. 그후 다른 자리에서도 비슷한 이야기를 들은 적이 있다. 어쩌면 인권 쪽에서 오해의 소지를 제공한 측면이 있었는지도 모르겠다. 이번 장이 그런 질문에 약간이나마 응답이 되었으면 한다.

요즘 인권사회학자로서 인류세 등장 이전과 이후의 인권 사이에 아주 큰 편차가 있음을 매 순간 실감한다. 그러나 인류세의 시대적 요청으로 떠오른 자연의 권리에 대해 아직도 많은 사람들이 반신반의하는 실정이다. 인권과 민주주의에 호의적인 사람들조차 인식과 감성의 차원에서 산업문명의 그늘에서 벗어나기가 어려운 것 같다.

"자연의 권리도 중요하겠지만 그래도 우선 인간부터 살고 봐야지"라고 생각하는 사람이 의외로 많다. 그러나 이 장에서 누누이 강조했듯이 인류세에는 자연의 권리와 인간의 권리가 칼로 자르듯 구분되지 않는다. 자연이 어찌되든 인간만 잘 먹고 잘 살 수 있는 그런 세상은—과거에도 없었지만—인류세에는 더더욱 존재하지 않게 되었다. '인권과 환경보호의 수렴' 그리고 '자연 자체의 권리 인정'이라는 이중 명제가 더이상 늦출 수 없는 과제로 떠올랐다.

여기서 놓치면 안 될 점이 있다. 인간 외의 존재로까지 권리를 확장시키는 일이 쉽지 않은 도전임에는 분명하지만, 권리의 종적 범위를 넘어서는 것만이 주된 도전은 아니다. 인간이 자발적으로 스스로를 다스릴 수 있는가 하는 문제, 즉 인권의 자기제한 문제가 어쩌면 더 힘든 도전일지도 모른다.

자연을 지배할 수 있는 힘이 있어도 그것을 스스로 제어할 수 있을지, 욕구를 충족시킬 기술과 부와 제도가 있어도 미래세대와 자연을 위해 그것을 절제할 수 있을지, 이 문제가 인류세의 인권이 직면한 핵심적 도전이다. 이는 아리스토텔레스가 일찍이 간파했던 점이기도 하다.

"적을 정복하는 것보다 자기 욕구를 극복하는 것이 진정한 용기다. 자신과의 싸움이 제일 어렵기 때문이다. 인간에게는 어떤 것을 행할 능력도 있지만, 행하지 않을 능력도 있다."

그런 면에서 자연의 권리가 인간에게 주는 교훈이 있다. 어떤 권리들 — 예컨대, '절대적' 재산권이나 '무한정한' 개발권 — 은 인간 스스로 내려놓을 줄 알아야 한다는 것이다. 사회비평가 바버라 에런라이크 Barbara Ehrenreich는 인간이 전체 생명공동체의 한 부분이라는 사실을 겸허하게 인정하고 비인간 생명들과 '평화회담'을 시작해야 한다고 제안한다.[127] 그렇게 할 수 있는 것이 진정한 지혜이며, 그것을 이론적으로나 제도적으로 이끌 수 있어야 인류세의 인권이 시대적 적실성을 가질 수 있다. 인간이 지구를 지배하는 인류세가 아니라, 인간의 사회생태적 의식이 고도로 높아진 인류세를 만들어야 한다.

코로나 사태가 우리에게 가르쳐준 점은, 이제 인간과 자연이 운명공동체로서 '동생공사同生共死' 관계에 있다는 사실이다. 우리는 인류세를 맞아 자연의 권리와 절제된 인권으로 이루어진 '생명'의 편에 설 것인지, 아니면 절대적 재산권과 성장 지상주의로 이루어진 '반생명'의 편에 설 것인지 선택해야 한다. 인권의 논리는 당연히 '생명'의 편에 설 것을 요청한다. 그렇다면 어떻게 생명의 방향으로 우리 삶을 설계할 것인가. 이 점이 다음 장의 질문이 된다.

4장

공존을 위한
지도 그리기

—사회-생태 전환의 길

"미래세대의 재물을 탐내지 마라."
—팀 플래너리Tim Flannery

"모든 것을 줄이지 않으면 우리는 망한다."
—조지 몬비오George Monbiot

"불평등, 저성장, 기후위기가 맞물린 최악의 악순환 늪에
빠져 있는 것이 오늘 우리 삶의 위태로운 모습이다."
—이병천

"우리나라는 이제 덩치 큰 아이가 되었습니다.
이 아이에게 성장이란, 더이상 기름진 음식으로
몸집을 키우는 일이 아닙니다.
지식과 용기와 덕성을 키우는 일이 성장입니다."
—이원재

2010년 7월 파키스탄에서 홍수가 발생했다. 석달 동안 폭우가 내려 인더스강과 젤룸강의 전유역이 범람했다. 2000만명의 이재민이 발생했고 1781명의 사망자가 나왔다. 가옥이 200만호 가까이 손실되었고 농작물과 가축의 피해도 천문학적이었다. 유엔은 기후변화로 인한 재난이었을 가능성이 높다고 확인했다.[1]

이런 사건이 날 때마다 직접적인 '손실과 피해'에 대해서는 언론과 대중의 관심이 크다. 하지만 생태계의 장기적 피해에는 관심이 적다. 파키스탄 홍수로 강 유역의 생태계와 동식물 서식지가 휩쓸려갔고, 저지대의 토양이 침식되었으며, 산사태로 산림과 밭이 사라지는 바람에 피해의 후유증이 오래갔다. 2020년 8월 전남 구례를 덮쳤던 섬진강 수해 때도 마찬가지였다.

인간이 초래한 기후위기가 기상재난으로 되돌아와 인간과 생태계를 다시 덮치는 재귀적 악순환이 인류세의 특징이다. 이 문제는 결국 '인간과 자연으로 이루어진 전체 생명공동체가 어떻게 공존할 수 있을까'라는 질문으로 이어진다.

이번 장에서는 현재의 사회경제 시스템에서 인간의 사회계와 자연의 생태계가 지속가능한 균형을 이룰 수 있을지, 사회-생태계의 새로운 균형 상태로 전환하려면 무엇이 필요한지, 그리고 그 과정에서 인권이 어떤 역할을 할 수 있을지를 살펴본다. 사회-생태 전환은 지구행성의 모든 생명들이 존재 그 자체로서 존중받으며 공존할 수 있는 조건을 찾으려는 지성적 기획이라는 점을 강조할 것이다.

뒤틀린 사회계와 생태계

자연 생태계는 자연순환과 먹이사슬을 통해 물질대사를 한다. 인간 사회계는 자연 생태계를 상대로 물질대사를 한다. 자연 생태계로부터 물질과 에너지를 '추출'하고 그것을 '변환'하여 '순환'시키고 '소비'한 후 폐기물을 자연 생태계로 다시 '배출'한다.

사회계의 사회경제 시스템에서는 화폐를 매개로 생산물이 순환된다. 사회계와 생태계는 피드백을 주고받으며 함께 진화하는 '공진화'coevolution 관계를 이룬다.[2] 피드백을 주고받는다는 점에서 생태계는 '사회화된 자연생태 시스템'이고, 사회계는 '생태계에 의존하는 사회경제 시스템'이다.

인류세는 생명의 진화사에서 대단히 낯선 풍경을 만들어내고 있다. '플라스틱권'plastisphere이라는 새로운 생태계를 보자. 1분에 100만개씩 플라스틱병(주로 페트병)이 전세계 바다로 버려진다. 태평양에는 프랑스 국토 두배 크기의 거대 플라스틱 쓰레기섬이 떠다니고 있다.

이런 플라스틱섬에서 페트병 소재물질을 분해할 수 있는 박테리아가 발견되었다. 플라스틱섬은 이제 박테리아, 곰팡이, 바닷게, 해파리, 광합성 생명체, 육식 약탈자와 먹잇감, 공생자와 기생체 등이 모여 사는 새로운 '합성' 생태계로 진화하고 있다. 우세종과 열세종이 있고 비브리오와 같은 병원체도 서식한다. 다른 생태계와 마찬가지로 상호작용과 물질대사가 일어난다. '플라스틱권 생태공동체'는 그 주변의 해수면과 확실히 구분된다. 플라스틱이 '새로운 생태 서식지'를 창조한 것이다.[3]

이렇게 기이한 합성 생태계가 왜 만들어졌는가. 인간의 사회계가 역사적으로, 공간적으로 조직된 방식 때문이다.[4] 불평등을 구조적으로 발생시키는 사회경제 시스템, 경제성장에 방점을 둔 거버넌스 시스템, 그리고 고도의 소비문화로 인해 사회계에도, 생태계에도 엄청난 부담이 가해지고 있다.[5]

스페인 지중해에서 불법 포획된 54마리의 어린 붉은바다거북, 지중해 중앙에서 잡힌 567마리의 붉은바다거북, 포르투갈 앞바다에서 잡힌 95마리의 붉은바다거북의 소화기관을 조사했더니 한마리도 예외 없이 플라스틱 파편이 검출되었다.[6] 인간의 사회경제 시스템에서 나오는 '배설물'을 해양생물에게 먹이고 있다는 뜻이다.

산업자본주의는 많은 사람을 극빈 상태에서 벗어나게 해준 '성공적인' 물질대사 시스템이었다. 하지만 그것은 기후위기와 생태계 파괴라는 최악의 이중 위기를 불러일으킨 주범이기도 하다. 2021년 유엔 기후변화에 관한 정부간 협약체[IPCC]가 발표한 『6차 평가보고서』는 기후위기가 '인간'이 유발한 자해행위라는 점을 분명히 지적한다.[7]

생태계는 사회계에 포위된 채 겨우 연명하거나 붕괴 직전에 놓여 있다. 사회계 내부에도 빈곤, 불평등, 지배와 착취가 만연해 있다. 현재의 사회−생태계가 중병에 걸려 있는데도 막상 사회계에 사는 인간들은 사회계 그리고 생태계가 얼마나 위중한 상태에 있는지를 잘 인지하지 못한다.

사회다양성·문화다양성·젠더

인류세는 재난을 양산한다. 따라서 사회−생태계의 안정성이 대단히 중요해졌다. 시스템의 안정을 유지하려면 '회복력'resilience(또는 회복탄력성)이 강해야 한다.

회복력이란 "외부 충격을 흡수하고 시스템을 재조직하면서도 시스템 자체의 고유 기능, 구조, 정체성, 피드백을 유지할 수 있는 능력"을 뜻한다.[8] 자연재난과 극한기상이변을 겪고도 오뚝이처럼 다시 일어설 수 있도록 해주는 사회경제 시스템과 거버넌스 시스템이 필수가 되었다.

예를 들어, 대형산불이 나면 피해복구 지원과 이재민 구호가 시작된다.[9] 지역주민을 위해 기술, 재정, 제도, 정보, 정치, 법률을 잘 동원할 때 회복력이 살아나고 적응능력이 높아질 수 있다.[10]

어떤 사회-생태계가 회복력과 안정성을 유지하기 위해서는 사회계의 '사회다양성'과 생태계의 '생물다양성'이 둘 다 잘 보전되어야 한다. 왜 생물다양성이 생태계에 중요한지는 3장에서 설명했다.

사회다양성에는 피부색, 연령, 국적, 다문화, 소수자, 장애 등 여러 차원이 있지만 그중에서도 젠더에 기반한 사회다양성의 예를 들어보자. 사회-생태계의 회복력을 유지하는 데 젠더가 무슨 상관이 있을까.[11]

첫째, 사회계 내에 서로 다른 성별집단이 보유한 지식과 노하우가 많을수록 사회적 학습에 의해 적응력이 늘어난다. "[성별화된] 사회구조를 민감하게 받아들이지 않고 적응관리 과정만을 돌보려 한다면 그 공동체가 품고 있는 생태지식을 영구적으로 배제하게 되고, 사회-생태계의 회복력을 줄이는 결과가 나온다."[12]

둘째, 정치와 권력에 있어서도 젠더가 중요하다. 공적 의사결정에서 젠더 통합성이 늘어나면 그 결정의 민주적 정당성과 효능이 향상되고 그것은 다시 사회의 회복력을 강하게 만든다.

사회다양성과 관련된 '생물문화다양성' 개념도 기억해야 한다. 사회-생태계를 둥근 아치라고 상상해보라. 이 아치는 수많은 사회다양성과 생물다양성의 벽돌로 이루어져 있다. 아치의 맨 꼭대기에 박혀 있는 V-자형 벽돌을 쐐기돌keystone이라 하는 것처럼, 사회계와 생태계를 연결해주는 쐐기돌 역할을 하는 다양성이 '생물문화다양성'이다. 생물과 문화(사회)가 모두 다양하고 풍부할 때 사회-생태계의 회복력이 높은 수준으로 유지될 수 있다.

전세계적으로 보아 저위도 지역, 강수량이 많은 지역, 적도권 열대지방, 연안 및 근해 도서 지역, 고산지대 등에 생물문화다양성이 특히 풍부하다. 한국에서는 서남해의 다도해 지역에 고유의 생물자원과 전통적인 문화자원이 밀집되어 있다. 인간의 사회경제 시스템에서 '돈벌이'라는 일원적 목표만 추구하면 생물문화다양성은 쉽게 허물어진다.

예를 들어, 새만금 간척사업 때문에 대대로 이어지던 어민들의 독특한 인지적 정보가 사라지면서 '문화로서의 바다'가 많이 사라졌다. 어민들은 변화무쌍한 바다를 상대로 살아왔기 때문에 일반인이 쉽게 알 수 없는 생태지식을 보유하고 있었다. 육지인들은 땅 위에서 보이는 풍경landscape만을 실체라고 생각하기 쉽지만, 어민들은 바다 아래의 풍경seascape도 꿰뚫고 있다.

어민들은 "수질, 토양의 성질, 서식생물, 어패류의 현재 시장가격 등을 종합한 인지지도"를 머릿속에서 그린다.[13] 이런 문화적 지식은 해수면이 상승하는 시대에 기후변화의 현실적 대응책을 제시해주는 귀중한 정보들이다.

생물문화다양성의 쐐기돌을 그 자리에 고정시키는 접착제 역할을 하는 것이 '언어다양성'이다. 어떤 사회계가 환경에 적응·진화할 때 그 사회의 구성원들은 언어로 그 과정을 표현, 소통, 기록한다. 지역민이 쓰는 고유한 방언은 전통생태지식TEK이 보전되어 있는 거대한 아카이브 같은 것이다. 그러나 표준화, 현대화, 서구화 때문에 지역언어가 밀려나면서 "자연자원 이용에 대한 토착 지식은 마치 무분별한 에너지 개발과 토지 이용에 의해 내몰리는 생물다양성의 위기"와 같은 처지에 놓이게 되었다.[14]

지역의 방언과 그것을 사용하는 지역민이 사라지면 토착지식도 사라지고, 그렇게 됐을 때 지역민들이 함께 생활하고 활용하며 보전하던 생물다양성도 사라진다.

1988년 브라질 벨렝에서 생물문화다양성에 관한 '벨렝선언'이 선포된 후 2018년에 '벨렝+30 선언'이 선포되었다. 이 선언의 2조는 "문화정체성과 언어정체성을 포함하여 모든 유형·무형의 인권을 인정하고 이행하라"고 요구하고, 3조에서는 "지역공동체와 토착민에게 영향을 미치는 공공·민간사업을 개시할 때 그들과 협의하며, '아니오라고 말할 수 있는 권리'를 보장해야 한다"라고 강조한다.[15] 생물문화다양성 보전의 핵심이 인권이라는 뜻이다.

충남 서천에서 생물문화다양성을 조사하면서 갈대의 역할을 기록한 연구가 있다. 갈대는 어류 산란지와 동물 서식지가 되고, 수질을 정화시켜주는 등 주민들의 삶과 밀접한 관계를 맺는 대표적인 하구 식물이다. 주민들의 증언을 들어보자. "갈대는 땔감, 홀타리, 발장, 발을 엮어 고기를 말릴 때 쓰기도 했다." "갈대 뿌리를 깔뿌리라 했는데 달착지근하고 저절로 떨어져 떠내려 온 것이 맛있었다." "집을 지을 때 갈을 새끼로 엮어 개흙(논흙)을 붙여 벽을 했다." "갈비는 꽃이 피기 전 연할 때 채취해야 한다. 늦으면 억새꽃처럼 부~해진다. 백로 9월초 전에 나와서 약 한달간 채취한다."[16]

그러나 금강 하굿둑을 막은 후 갈대가 자랄 수 있는 생육환경이 변해 갈대의 줄기가 가늘어지고 힘이 약해졌다. "하굿둑이 생기면서 물의 흐름이 느려져 수질이 나빠지고 강이 자꾸 메워지고" 있고, "짠물이 들어와야 갈대밭의 잡초도 죽고 갈대밭도 건강하게 유지되는데, 바닷물이 막혔으니 지금은 인위적으로 소금을 뿌려 갈대를 관리해야 하는 실정"이 되었다고 한다.[17]

갈대만이 아니다. 지역특산물 그리고 그것을 표현하던 방언도 조금씩 사라졌다. 괄호 안은 거의 사라진 표현들이다. 참조기(황새기), 황석어젓(황새기젓), 실뱀장어(시라시), 동자개(빠가사리), 웅어(우여), 칠게(칙그이), 참게(참그이), 갈게(깔땡그이), 돌게(바카지), 붉은발말똥게(뱀게), 나문재(갯솔).[18] 개발사업의 압력 앞에서 주민들이 '아니오라고 말할 권리'를 행사할 수 있었더라면 어땠을까. 아마 생물다양성과 토착어휘가 훨씬 더 풍부하게 남았을 것이다.

유네스코는 2021년 충남 서천, 전북 고창, 전남 신안, 전남 보성·순천의 한국 갯벌Getbol, Korean Tidal Flats 네곳을 세계자연유산으로 등재했다. 이 지역은 검은머리물떼새, 황새, 흑두루미 등 멸종위기 물새들과 무척추동물, 범게 등 다수의 고유종이 모여 사는 생태계의 오아시스 같은 곳이다. 이곳의 생물다양성, 그리고 이 지역에 터를 잡고 생계를 이어온 어업인과 갯벌인의 언어·문화다양성을 쐐기돌처럼 단단히 지키라는 국제사회의 당부가 느껴진다.[19] 최근 유네스코는 문화유산과 자연유산의 가치를 함께 담은 '복합유산'의 등재를 적극적으로 장려하는 움직임을 보인다.[20]

토착지식의 보존과 전승에도 젠더 차원이 중요하다.[21] 토종씨앗을 지켜낸 이야기가 많이 알려져 있다. 2004년 농민회 회원과 환경·생태 활동가들이 한자리에 모여 원주 신림농협에서 얻어 온 토종씨앗을 나눠 가지면서 이 씨앗을 키워보자고 약속을 한 적이 있다. 이들 중 대다수가 남성 활동가였다. 1년 뒤 다시 모였을 때 딱 한 사람만이 씨앗을 가져왔다. 강원도 횡성에서 혼자 농사를 짓는 70대 여성이 몇알의 씨앗을 키워 한되로 늘려서 되돌려준 것이다.

이런 과정을 거치면서, "쳐주지 않는 존재"였던 지역의 토착 여성농민, 그리고 여성 농민운동가와 귀농귀촌한 여성들이 오랫동안 천대받던 토종씨앗과 토착 농경지식의 명맥을 이었다.[22]

그 70대 여성농민의 활동으로부터 우리가 배울 수 있는 지역의 종다양성, 토착지식과 구어적 표현, 그리고 체화된 맛감각과 재현방식은 생물문화다양성의 전범이라 할 만하다. "토종 옥수수는 찰지고 부드럽고, 토종 팥은 깊고 고소하고 진하고, 토종 배추는 고소하면서도 씁쓸하고, 토종 파는 은근한 단맛이 돌고, 토종 참기름은 향이 깊고 진하고, 토종 고추는 맵고도 감칠맛이 있다."[23] 상업용 F1 종자에서 표준화된 물질성의 정적이 흐른다면, 토착 종자에서는 자유로운 생명성의 약동이 느껴진다.

사회−생태 전환의 고비들

인간 역사는 다양한 형태의 물질대사 시스템들이 출현해온 일련의 과정이었다.[24] 다음 단계로 넘어갈 때마다 새로운 '사회−생태 전환'이 일어났다.

'수렵—채취사회'는 광합성을 통해 태양에너지를 내장한 식물을 인간이 채취하여 먹거나, 식물을 섭취한 동물을 인간이 수렵해서 먹고살던 단계다. 인간의 생계가 자연에 의존했지만 자원을 체계적으로 생산하지는 못했다.

'정착 농경사회'는 주로 태양에너지에 의존해서 농작물을 대규모로 경작하여 자원의 생산성이 크게 늘어난 단계다. 농경지를 늘리기 위해 지표면을 조직적으로 식민화하여 지구 전체 대지의 생태계가 크게 변했다. 현재 전세계 지표면의 38퍼센트 이상이 농토다.

'근대 산업사회'는 인간 역사상 전지구적 차원에서 환경에 가장 큰 충격을 준 단계다. 산업혁명 후 본격화된 산업자본주의와 20세기의 소비자본주의는 조직적으로 자연환경을 조작하여 생산력을 극대화했다. 특히 화석연료를 엄청난 규모로 사용하면서 대기권을 탄소분자로 가득 채웠다.[25]

탄소경제 덕분에 일찍이 산업화를 달성한 나라들은 고도의 생산—소비체제로 이행했다. 특히 1950년대 이후 이른바 '대가속화'가 일어나면서 지구는 '사피엔스가 장악한 행성' 즉 인류세의 행성이 되었다. 지구환경의 역사와 인간사회의 역사가 하나로 수렴되기에 이르렀다.[26]

그러나 전세계 모든 지역에서 근대 산업사회가 동시에 출현한 것은 아니다. 개도국에서는 지금 이 순간에도 세 사람 중 두 사람이 산업사회로 이행하고 있다. 지구 한편에서는 산업사회 이후의 녹색사회로 전환할 길을 찾고 있지만, 다른 편에서는 농경사회를 아직 벗어나지 못한 단계인 것이다.

수렵-채취사회에서 정착 농경사회로 이행했을 때에도 깔끔하게 다음 단계로 넘어간 것이 아니었다. 사회집단의 성격과 자연환경의 특성에 따라, 채취할 수 있는 먹거리 종류에 따라, 그리고 식량을 확보하기 위해 써야 하는 에너지의 수준이나 계절에 따라 수렵-채취와 농경-목축을 그때그때 형편에 맞게 구사했다. 한 집단이 두 전략을 번갈아 쓰기도 하고, 두 집단이 서로 다른 생활양식을 고수하면서 한 지역 내에 공존하기도 했다.[27] 텃밭을 가꾸면서 수렵-채취도 다니는 하이브리드형 생활양식도 있었다. 끝까지 정착을 택하지 않은 수렵-채취인들이 16세기까지만 해도 유럽과 아메리카에 많이 남아 있었고, 지금도 아프리카 탄자니아 등에 소수가 남아 있다.

사회-생태 전환은 긴 꼬리를 남기는 현상이다. 나는 개도국 지식인들과 발전과 환경에 대해 대화를 나눈 적이 있다. 자기 나라가 농경사회에서 벗어나 (정의로운) 경제개발과 산업화를 반드시 달성해야 한다고 확신하는 이들이 대다수였다.[28] 타협할 수 없는 목표라고도 했다. 아마 개도국의 일반적인 정서가 이럴 것이다.

사회-생태 전환이 안정적으로 이행된 경우는 드물다. 수렵-채취사회에서 정착 농경사회로 전환했을 때를 보자. 2014년 헝가리에서 초기 농경사회의 유적지를 발굴하던 중 수렵-채취인들의 뼈가 함께 출토되었다. 그것을 단서로 고고학자들은 당시 농경인들과 수렵-채취인들의 관계를 유추할 수 있었다. 두 집단이 함께 지낸 시기도 있었고, 수백년간 떨어져 생활한 시기도 있었다. 농경사회 초기에 농경 부족이 자신의 조상에 해당하는 수렵−채취인들을 떠받들었던 것처럼 보이는 증거가 나왔고, 반대로 그들을 박해했던 것 같은 증거도 나왔다.

농경사회가 확대되면서 수렵−채취인들이 서서히 감소, 동화되는 추세가 나타났다. 끝까지 동화되지 않은 수렵−채취인들은 변방으로 밀려나거나, 사회적으로 차별받기 시작했다. 지배−종속 관계의 흔적도 나왔다. 수렵−채취인들을 잡아다 노예로 부렸던 정황, 심지어 농경 부족의 지배자가 사망했을 때 수렵−채취인을 순장시켰던 증거까지 발굴되었다.[29]

농경사회에서 산업사회로의 전환기에도 큰 갈등이 벌어졌던 사실은 잘 알려져 있다. 19세기 초 영국에서 산업화에 반대하여 기계를 파괴한 러다이트운동이 일어났고, 이탈리아에서는 19세기 말 사반세기 동안 노동과 관련하여 무려 6000건이 넘는 충돌이 발생했다. 계급갈등과 불평등이 항구적으로 자리잡았다.

한국은 해방 후만 놓고 보더라도 경제적으로 압축성장을 했지만 여전히 농경사회의 유산과 산업사회의 지향이 혼재되어 있는 상태다. 거기에 더해 포스트산업사회, 탈근대, 녹색전환 담론까지 합쳐져 극심한 긴장이 발생하고 있다. 한국형 사회−생태 전환은 그 어떤 나라에서도 경험하지 못한 다층적 다이내믹과 갈등 양상을 드러낼 가능성이 있다.

사회경제 시스템의 지속가능성

'지구 생태용량 초과의 날'이라는 개념이 있다.[30] 매년 인간이 쓰는 물, 공기, 토양이 지구의 자원 재생능력을 초과하게 된 날을 뜻한다. 2011년은 9월 27일이었지만 2012년(8월 22일), 2013년(8월 20일), 2014년(8월 19일), 2015년(8월 13일), 2016년(8월 8일), 2017년(8월 2일), 2018년(8월 1일), 2019년(7월 29일)까지 매년 앞당겨졌다. 코로나가 기승을 부린 2020년에만 8월 22일로 늘어났다가 2021년에는 다시 7월 29일로 돌아갔다.

스톡홀름회복력센터[SRC]는 2009년 「지구행성의 한계: 인류에게 안전한 활동공간의 탐색」[Planetary boundaries]이라는 중요한 논문을 발표했다.[31] 여기에 지구행성의 안정성과 회복력을 조절하는 아홉가지 요소가 소개되었다. ① 기후변화 ② 해양 산성화 ③ 성층권 오존층 파괴 ④ 대기 에어로졸 축적 ⑤ 질소와 인 영양소 순환 ⑥ 담수 이용 ⑦ 토지경작 시스템 ⑧ 생물다양성 상실 ⑨ 신종 공해물질 등이다.

이 중 한가지만 안전범위를 벗어나도 다른 요소들의 안전 유지에 심각한 위협이 온다. 인류의 안전한 활동공간을 지키려면 이 요소들이 안전범위를 장기간 벗어나서는 안 된다. 인류는 사회적, 환경적 파괴가 몰고 올 장기적 재앙의 리스크를 피하기 위해 지구행성 모든 요소들의 안전범위를 지키는 능동적인 청지기가 되어야 한다.[32]

그후 연구에서 ① 기후변화, ⑤ 질소 순환, ⑦ 산림벌채(토지경작), ⑧ 멸종(생물다양성), ⑨ 플라스틱과 살충제를 포함한 신종 공해물질 등 다섯가지 요소가 이미 안전범위를 벗어난 것으로 밝혀졌다.

신생 학문인 '지속가능과학'Sustainability science이 탄생하게 된 배경 중 하나가 1972년 로마클럽이 매사추세츠공과대학MIT에 연구를 의뢰하여 출간한 『성장의 한계』였다.[33] 이 보고서는 세계 인구, 식량생산, 산업화, 공해, 비재생 자연자원의 소비 등을 고려했을 때 어떤 사회−경제 시스템이 얼마나 많은 자원을 생산하고 소비할 수 있을지를 시나리오별로 따져보았다. 21세기 중반에 접어들면 경제성장과 산업성장이 하락하거나 멈추고, 식량생산이 줄며, 생활수준이 떨어질 가능성이 크다는 결론이 나왔다.

이 논쟁적인 보고서가 나온 후 그것이 얼마나 정확한지를 평가하는 후속 연구가 여러번 발표되었다. 큰 틀에서 보아 『성장의 한계』에서 예측했던 방향이 정확하다는 평가가 많다.

가장 최근의 연구는 2020년 말에 나왔다.[34] 이번 평가는 인구, 출산율, 사망률, 산업산출물, 식량생산, 서비스, 비재생 자연자원, 지속적 공해(기후변화 포함), 인간복리, 생태발자국 등 열가지 변수 데이터에 입각하여 세가지 시나리오를 집중적으로 검토했다. 이 중 두가지 시나리오가 실제 데이터와 제일 가까운 ─ 즉, 좋지 않은 ─ 결과가 나왔다.

첫째는 '기존방식대로'BAU2 시나리오, 둘째는 '기존방식대로'에다 고도의 기술을 결합한 '종합적 기술'CT 시나리오였다. 두 시나리오 모두에서 2030년경이 되면 전세계 경제권의 90퍼센트 이상에서 성장이 멈추거나 경기가 하락하고, 2040년께부터 세계경제가 가파른 하강곡선을 그린다는 결과가 나왔다. 필연적으로 경기하락이 올 것이라고 예측한 점이 의미심장하다.

안타깝게도 '안정된 세계'^{SW} 시나리오는 실제 데이터와 제일 큰 차이가 났다. '안정된 세계'란 '변화된 사회적 가치관'에 '종합적 기술'을 합친 것이다. 지구행성의 생태범위 내에서 공중보건이나 교육, 공공서비스에 투자를 늘리면서 기술진보를 이룬다는 내용이다. 예를 들어, 에너지 효율성이 극히 높은 교통수단을 개발하여 그런 기술을 주로 대중교통에만 활용하는 것이다.[35]

굉장히 수준 높은 공공성과 굉장히 수준 높은 첨단기술이 합해지면 '안정된 세계'가 올 수 있다는 통찰은 시사하는 바가 크다. 예를 들어, '기업이 지배하는 상업화된 과학기술'과 '공공을 위해 사회화된 과학기술', 이 둘 중 어느 쪽을 선택하느냐에 따라 인류의 운명이 달라질 수 있다. 방글라데시에서 홍수예보 시스템을 위해 구글의 기술을 활용하는 것은 후자의 사례로 볼 수 있다. 멸종위기 동식물을 보호하고 생물다양성을 보전하기 위해 인공지능^{AI}을 활용하기 시작한 것도 이와 비슷한 사례다.

과학기술 연구개발^{R&D}의 공공 모델도 참고가 된다. 정부 부처들이 R&D를 신성장동력을 찾기 위한 방편으로 여기고, 기술상용화나 기술수출에 매달리는 경향은 옳은 방향이 아니다. 국가과학기술자문회의의 염한웅 부의장은 감염병, 기후변화, 고령화와 같은 문제들 ─ 공동체 전반에 영향을 끼치지만 기업 입장에서는 수익성 때문에 투자가 어려운——에 공적 투자가 이루어져 야 한다고 강조한다. 사회의 전체 선익^{善益}을 높일 수 있는 공공 R&D 모델이 사회-생태 전환을 위한 과학기술의 제자리 찾기에 일조할 수 있을 것이다.[36]

유엔은 2022년을 '지속가능발전을 위한 국제 기초과학의 해'로 정하고, 지속가능발전목표^{SDGs} 17가지 중에서 건강^{SDG3}, 물^{SDG6}, 기후변화^{SDG13}, 해양^{SDG14}, 생물다양성과 생태계^{SDG15}와 같은 문제를 해결하기 위해서는 기초과학이 필수라고 강조한다. 이런 기초과학 분야는 공공 R&D 모델이 지향하는 방향과 잘 맞아떨어진다.

기술은 누가 어떻게 무엇을 위해 사용하느냐에 따라 지구와 인류에 큰 도움이 될 수도 있고, 과소비와 불평등과 전쟁의 엔진이 될 수도 있다. 과학기술학자 실라 재서노프^{Sheila Jasanoff}는 기술의 위험성을 인식하고, 기술이 초래하는 사회 불평등을 직시하고, 기술로 인해 인간과 자연의 관계가 근원적으로 단절되는 악영향을 경계하면서 기술을 다루어야 한다고 강조한다.[37]

취약계층, 노령층, 여성, 장애인, 어린이의 발전을 돕는 기술, 팬데믹 시대에 백신 접근성을 보장하는 제약기술, 빈곤 퇴치를 돕고 '인간을 위한 경제'의 도구가 될 수 있는 기술, 즉 '모두를 위한 기술'을 발전시키면 '안정된 세계'가 올 수 있다는 통찰을 우리는 현실적으로 발전시켜야 한다.[38] 반지하에 거주하는 홀몸노인을 위해 LED 햇빛등을 개발한 사회적기업의 사례도 있다.

하지만 상업화된 첨단기술을 통해 '개인적으로' 안락한 생활을 누리고 싶어하는 사람들이 많다. 예를 들어, 한국에서 신차 판매

상위 10위 차종의 차급을 조사해보니 중·대형차 비율이 유럽, 일본, 미국, 중국보다 더 높은 것으로 나타났다.[39] 코로나 사태 한복판에 "뉴럭셔리 소비 시대"라는 언론 특집기사가 등장했을 정도다. 이런 식의 지속불가능한 조합으로는 '불안정한 세계'로 치달을 수밖에 없다.

더 나아가, 불평등 자체가 사회경제 시스템을 쇠약하게 만들수도 있다. 역사상 등장했던 수십개 문명들의 성쇠 사이클과 그원인을 분석한 연구가 있다.[40] 문명의 붕괴 원인으로 화산, 지진, 가뭄, 홍수, 수계 변화, 토질 악화, 산림벌채, 기후변동, 인구집단의 이주, 외세 침략, 신기술 도입, 무기와 전쟁방식의 변화, 교역패턴의 변화, 특정 광물의 고갈, 문화·사회적 쇠퇴, 민중봉기, 내전 등의 해석이 나왔다. 그러나 이런 설명은 특정 사례에는 해당될 수 있어도 일반적인 설명이 되기는 어렵다.

대다수 문명붕괴에 적용되는 공통요인은 환경 수용능력을 초과한 자원고갈 및 극심한 경제 계층화였다. 문명의 초기에는 소수 엘리트들과 자연자원의 적절한 활용 시스템이 공존했다. 그러나 날이 갈수록 엘리트들의 소비가 늘어났다. 그 결과 평민들은 기근에 빠지고 노동력이 부족해지면서 결국 사회가 붕괴했다. 자연자원이 완전히 고갈되지 않더라도 계층화가 심해지면 문명이 붕괴했다.

언제나 평민들이 먼저 쇠퇴했다. 그 와중에도 엘리트들은 한참동안 번영을 누리다 평민들이 완전히 붕괴한 후에 붕괴했다. 엘리트들은 재앙이 목전에 닥쳐도 '축적된 잉여'(부)의 완충효과 덕분에 '기존방식대로' 한동안 즐겁게 살다 멸망한 경우가 많았다. 로마제국과 마야제국이 좋은 예다.

붕괴가 시작되기 전에 외견상으로는 지속가능해 보이는 궤도가 작동하므로 완충효과가 강화된다. 구성원 중 일부가 시스템 붕괴 조짐에 대해 경고하고 그것을 피하기 위해 구조적인 변화를 도모하자고 주장하지만 엘리트와 추종자들은 '지금까지' 아무 문제 없이 사회가 돌아갔다는 이유로 아무런 조치도 취하지 않는다.[41]

2019년 현재, 세계 최고 갑부 10인의 부가 인도네시아, 네덜란드, 사우디아라비아, 터키, 스위스, 폴란드, 스웨덴 같은 나라의 국부보다 더 많다.[42] 『세계 불평등 보고서 2022』*World Inequality Report 2022*의 조사에 따르면,[43] 전세계 상위 1퍼센트가 자산의 37.8퍼센트와 소득의 19.3퍼센트를 차지하고, 상위 10퍼센트는 자산의 75.5퍼센트와 소득의 52.2퍼센트를 차지했다. 한국의 상위 1퍼센트는 자산의 25.4퍼센트와 소득의 14.7퍼센트, 상위 10퍼센트는 자산의 58.5퍼센트와 소득의 46.5퍼센트를 차지했다.[44] 한국은 특히 부동산 문제가 자산과 소득 불평등을 심화시키는 주범이 되어 있다.[45] 코로나19가 시작된 후 전세계 10대 갑부들의 재산은 두배가 늘어난 반면 전세계 99퍼센트 사람들의 재산은 줄었다. 전세계 최빈곤층 10억명이 배출하는 온실가스보다 전세계 최부유층 20명이 배출하는 온실가스가 8000배 이상 된다. 이것을 정상적인 상태라 말할 수는 없지 않겠는가.[46]

자각한 시민들이 정치·경제 엘리트들에게 민주적 압력을 가하여 불평등 문제에 대해 구조적 변화를 끌어내야 할 당위가 차고 넘친다. 그런데도 불평등을 사회−생태계의 지속가능성과 연결시켜 생각하는 시각은 많이 부족하다.

현재의 사회경제 시스템이 장기적으로 지속가능하지 않다면 그것이 실제 붕괴로 이어질 것인가.[47] 사회경제 시스템의 '붕괴'를 학술용어로 '탈복잡화'Decomplexification라고 한다. 전지구적 차원에서 사회의 복잡성이 대규모로, 전분야에 걸쳐 감소하는 것을 말한다.[48]

붕괴란 세상의 물리적 종말이 아니다. 겉으로 멀쩡해 보여도 사회경제 시스템의 내부에 공동화空洞化가 올 수 있다. 경제를 지탱해온 상호의존적 복잡성이 해체되어 생산−소비의 연결망이 크게 단순해지고, 사회의 내적 응집력이 떨어지면서 사회적 고통이 늘어나는 상태를 일컫는다.

그렇다면 우리는 무엇을 해야 하는가. 기후변화에 대응하고, 환경 수용능력을 유지하며, 지구행성의 생태범위를 넘지 말고, 토착에너지와 토착 제조업을 확보하고, 복잡성에 지나치게 의존한 사회경제 시스템으로부터 벗어나야 하며, 만에 하나 탈복잡화 상황에 대비하여 회복력과 사회적 응집력을 높여두어야 한다.[49]

주요 20개 나라에서 '탈복잡화' 상황이 일어날 가능성을 연구한 결과가 최근 발표되었다.[50] 국토면적 대비 인구비율을 따지는 환경 수용능력, 인접지역으로부터 분리되어도 살 수 있는 지리적 조건, 그리고 자체 에너지 조달과 자체 제조업 운영 능력, 이 세

분야를 각 5점 만점으로 계산했다.

뉴질랜드가 13점으로 1위에 올랐고, 한국은 6점을 받았다. 한국보다 총점이 낮은 나라는 싱가포르(4점)와 룩셈부르크(4점)밖에 없었다. 한국은 특히 환경 수용능력의 점수가 낮게 나왔고, 식량자급률을 높일 방안을 모색해야 한다는 지적을 받았다.[51]

코로나 발생 후 포용적 경제·사회 회복과 탄소중립이라는 관점에서 우리 사회의 지속가능성을 점검한 조사가 나왔다.[52] 낮은 식량자급률, 기후위기 대응에 역행하는 경제 시스템, 지속가능발전의 총괄조정기능 미비, 물 관리에 있어 산업폐수를 배출하는 업소 및 배출량의 증가와 같은 문제점이 지적되었다.

종합적으로 보아, 현재의 사회경제 시스템은 오랫동안 "전세계를 비추는 찬란한 북극성"처럼 인간사회에 군림했지만, "그것의 에너지 자원 집약적인 토대가 한계에 봉착하면서 결국에는 한 줄기 불꽃처럼 사그라질 운명의 별똥별"과 같은 결말을 맞을지도 모르게 되었다.[53] '기존방식대로' 살아간다면 그런 방향으로 진행될 가능성이 자꾸 커지고 있다고 보면 된다.

결국 다음과 같은 질문이 핵심이다. "현재의 경제성장 방식, 즉 지역에서 전지구적 차원에 이르는 환경파괴 그리고 인류사회 내부의 갈등(빈부격차)을 심화시키는 방식이 과연 생태계 여건상 지속가능하고, 사회윤리상 바람직하며, 나아가 미래세대(혹은 여타 생물종)의 안정적인 생존을 보장할 수 있는가?"[54]

전환에 반대하는 이유

전문가들을 포함한 대다수 사람들은 사회─생태 전환에 관심이 없거나 그것을 반대하는 경우가 많다. 기존 사회경제 시스템을 옹호하는 논리를 알아보기 위해 현재 세계적으로 뜨거운 이슈인 '2050 탄소중립'을 보자. 이 목표를 달성하기 위한 여러 방안과 시나리오가 나와 있다. 그런데 모든 시나리오에서 21세기 말까지 계속 경제성장을 한다고 가정한다.[55]

경제성장을 계속하면 어쨌든 에너지를 더 쓰게 되므로 탄소중립에 도움이 되지 않는다. 그래서 바이오에너지나 탄소 포집·저장과 같은 기술적 해법에 매달린다. 하지만 이런 방법은 토지와 물 사용, 식량생산 방해, 생물다양성 감소, 전기에너지의 과도한 사용, 탄소 저장 공간 등의 문제가 있다.

생산의 효율성을 높이면 GDP를 올리면서도 환경자원의 고갈을 막을 수 있다는 주장이 있다. 환경과 성장을 분리할 수 있다 ─ 즉, 환경훼손 없이 경제발전을 할 수 있다 ─ 는 '탈동조화'decoupling 이론은 매력적이지만 한계가 있다. 고소득 국가에서는 상대적으로 분리가 가능하겠지만, 진정한 탈동조화가 이루어지려면 전세계적으로, 절대적이고 신속하게, 그리고 항구적으로 분리가 가능해야 한다. 지난 30년간 발표된 논문 179편을 전수 조사한 결과 이러한 전제를 충족하는 증거가 없었다. 연구자들은 실증적 증거 없이 탈동조화가 가능하다고 주장하는 것은 맹신에 가깝다는 결

론을 내린다.[56]

경제성장을 지속하는 한, 에너지를 아무리 효율적으로 쓰더라도 자원 소비를 절대적으로 줄이는 것은 불가능하다고 봐야 한다. 에너지 효율성이 올라가도 생산과 소비가 더 늘어나면 전체 에너지 사용량이 올라가는 '반등효과'가 산업혁명 이래 계속 나타나고 있다('제번스의 역설'). "문명의 역사는 에너지 효율성 향상의 역사다. (⋯) 에너지 기술의 효율이 높아질수록 비용이 떨어지지만 그와 동시에 소비가 더 늘어나고 그 기술을 활용할 수 있는 용도도 늘어나기 마련이다."[57]

선진국 입장에서는 자연환경파괴가 그리 시급한 문제가 아닐 수도 있다. 문제를 바깥으로 돌릴 수 있기 때문이다. 지리적으로는, 생산라인을 개도국으로 이전하거나 개도국의 자원을 더욱 추출함으로써 환경훼손 문제를 '외부화'할 수 있다. 화성 탐사 노력도 이런 공간적 외부화 추세의 미래상을 보여준다. 시간적으로는, 환경문제를 미래세대에 떠넘기는 식으로 '외부화'할 수 있다. 요즘 3차 서비스경제나 디지털경제를 대안으로 많이 거론하지만 이 역시 에너지 사용과 탄소배출이 늘어날 수밖에 없는 방안이다.

선진국이든 억만장자든 하나의 뚜렷한 경향이 있다. 돈과 기술을 이용해 나머지 인간들(혹은 주류사회)로부터 분리되려는 경향이다. 인간종을 과학기술적으로 개량하겠다는 포스트휴먼의 발상 역시 이러한 분리주의의 연장선상에 있다. 억만장자들이 유전자가위기술CRISPR을 통해 태아의 건강에 개입하고, 그렇게 해서 태어난 자손의 유전자풀이 보통사람의 유전자풀과 섞이지 않도록 경계하는 날이 올 것이라는 예측도 나왔다.[58] 과거 남아공에서 인종격리정책이 기승을 부렸다면, 인류세 들어 '사회−생태적 아파르트헤이트'가 뿌리를 내리기 시작했다.

기술적 해법에 대한 믿음을 냉정하게 점검해봐야 한다. 『성장의 한계』에 이런 경고가 들어 있다.

> 기술적 해결책이란 '자연과학상의 기법 변화만을 요구하면서 인간의 가치나 도덕성에 관한 생각의 변화는 요구하지 않는 해법'이라고 정의할 수 있다. 오늘날의 수많은 문제들에는 기술적 해결책이 없다. 핵무기 경쟁, 인종 갈등, 실업 등을 생각해보라. 인간사회가 원하는 기술적 진보가 모두 달성된다 하더라도 기술적 해법으로 풀지 못하는 문제가 남는다.[59]

그런데도 사람들은 왜 기술적 해법과 무한성장에의 꿈을 쉽게 버리지 못하는 것일까. 환경이 훼손되어도 삶의 질이 좋아지(는 것처럼 보이)기 때문이다. 얼핏 생각하면 환경이 나빠지면 삶의 질도 나빠져야 정상일 텐데 왜 그렇지 않은가. 19세기부터 학계의 수수께끼로 남아 있는 이 질문을 '환경주의의 역설'이라고 한다. 이 문제에 대해 몇가지 가설이 나와 있다.[60]

첫째, 환경이 나빠지면 삶의 질이 나빠지지만 그것을 잘 알아채지 못한다는 '불인지 가설'이다. 삶의 질을 측정하는 방식이 부정확하다는 설명이다. 그러나 어쨌든 과거보다 요즘 세상이 살기 좋아졌다고 느끼는 사람들이 많은 것 또한 사실이다.

둘째, 생태계의 여러 역할 중 인간에게 직접 필요한 부분만 인식하는 '착시효과 가설'이다. 생태계는 '자원제공 서비스'(식량생산, 식수, 목재, 원유), '조절 서비스'(산사태 방지, 연안지역 범람 억제), '문화 서비스'(심미적 경관, 영감 제공, 교육기능), '지원 서비스'(광합성, 물 순환) 등 다기능적 역할을 수행한다. 그런데 사람들은 식량생산과 같은 '자원제공 서비스'만 계속되면 생태계 전체에 문제가 없다고 느낀다.

셋째, 생태계 훼손을 기술혁신으로 막을 수 있다는 '상쇄 가설'이다. 환경이 나빠져도 그보다 빠른 속도로 기술이 발전하면 문제에 대처할 수 있다는 입장이다. 그러나 앞에서 본 대로 사회계와 생태계를 완전히 분리하기는 어렵고, 생태계 서비스(환경자원)에 대한 수요가 계속 늘어나면 결국 사회계에 악영향이 온다.

넷째, 생태계 악화가 인간 삶에 끼칠 악영향을 해결하지 않고 계속 미루어왔다는 '문제해결 지연 가설'이다. 전세계의 자원은 이미 한계에 도달했다. 환경붕괴로 이주-난민 현상과 자원쟁탈 갈등이 일어나면 인간의 삶이 크게 악화될 수 있다. 지금까지는 이런 문제를 외부화하면서 버텼지만 이제는 더이상 시한폭탄을 돌려막기 어려워졌다.

여기서 첫째와 셋째 가설은 설명력이 떨어지고, 둘째와 넷째 가설은 개연성이 높다고 할 수 있다. 요컨대 기술적 해법의 맹신, 외부화, 자기중심적 분리주의 경향, 착시효과, 문제해결 미루기 등이 사회-생태 전환을 거부하는 이유라고 할 수 있다. 그런데 이런 논리의 바탕에는 지구행성의 생태용량이 초과되든 말든 계속 돈을 벌겠다는 자본축적의 맹목성이 깔려 있는 경우가 많다.

소비자들의 수요가 있으니 화석연료 에너지를 공급하는 것인데 왜 석유회사만 탓하느냐는 주장도 있다. 에너지 소비자들이 문제라고 하는 것은 주객이 바뀐 논리다.[61] 화석연료 인프라를 구축하여 그 안에서 사람들이 생활할 수밖에 없도록 만들어놓은 다음, 끝없이 수요를 부추기고, 마케팅과 광고를 이용해 소비자의 기호를 무의식의 차원에서 조종하는 현실에 대해서 눈감는 논리이기 때문이다.

사회-생태 전환의 스케치

사회-생태 전환이란 현재 사회경제 시스템의 물질대사 방식에서 벗어나 지속가능하고 공정한 대안적 시스템으로 나아가려는 전체 사회계의 의식적이고 복합적인 움직임을 뜻한다.[62] 굉장히 어려운 일이다. 사회-생태 전환은 "인류가 지구상에 등장한 이래 현재까지 겪은 일 중에서 가장 어려운 과제"라는 말이 나올 정도다.[63]

경제주의, 개인주의, 실증주의, 분과주의와 같은 근대 산업사회적 패러다임이 주류를 이루고 있는 세상에서 '사회-생태 전환'은 인기 있는 개념이 아니다.[64] 우리가 사용하는 사회과학 개념 — 예를 들어, 계급, 근대화, 개발, 도시화 등 — 도 산업사회의 산물이 많다. 인류세에 적합한 개념을 새로 만들어 익히면서 새로운 물질대사 시스템을 개척해야 하는 어려운 과제가 우리 앞에 놓여 있다.

그린뉴딜에서는 재생에너지로 바꾸기만 하면 예전처럼 잘살 수 있다는 '등가적 전환'을 이야기하기도 한다. 또는 전환 과정에서 실직이나 탈락 등 불이익을 당할 노동자를 구제하는 '정의로운 전환'도 많이 논의된다. 그런데 이 장에서 말하는 사회-생태 전환은 그보다 더 나아간 개념이다.

단순히 전환 과정을 정의롭게 관리하는 차원을 넘어, 지금도 힘들고 앞으로도 더 힘들어질 가능성이 높은 사람들의 삶을 덜 불평등하고 덜 고통스럽도록 바꾸는 전환을 '변혁적 전환'이라고 한다. 원래 인권의 '변혁적 정의'에서 나온 개념이다.

'변혁적 정의'transformative justice에서는 어떤 일로 피해를 당한 사람을, 그 피해를 발생시켰던 기존의 불평등 구조 속으로 다시 회복시키는 것은 진정한 정의가 아니라고 본다. 배제의 구조를 그대로 둔 채 단순히 원상회복만 하는 것을 진정한 정의의 회복이라 할 수는 없다.[65]

'사회-생태 전환'social-ecological transformation 역시 마찬가지다. 애초에 사회-생태 전환을 고민하게끔 원인을 제공했던 사회경제 시스템의 문제를 '변혁'하는 것이 사회-생태 전환의 진정한 의미가 되어야 한다. '사회-생태 변혁'이라고 불러야 더 정확한 표현일지도 모른다.

전환을 둘러싼 논쟁에는 두 차원이 있다. 현재의 사회경제 시스템을 넘어 '생태문명'의 최종 비전을 제시하거나, 아니면 개인과 집단 차원의 '실천 경로'를 제시한다. 결국 '구조냐 과정이냐'

를 두고 백가쟁명이 벌어지고 있다.[66]

'구조냐 과정이냐'라는 이분법과 관련하여 흔히 나오는 질문이 있다. 개인의 실천을 통해 거대한 사회구조를 바꿀 수 있는가. '내가' 플라스틱을 덜 쓰고 대중교통을 이용하고 육식을 줄이면 사회-생태 전환이 될 것인가. 미시적 차원의 실천이 거시적 차원의 근본적 변화와 이어질 수 있는가. 각 차원별로 살펴보자.[67]

우선 '거시적 구조'의 차원에서는, 사회계와 생태계의 전환을 위한 방향성을 제시하는 일이 중요하다. 사회계에서는 세대내 정의(불평등 해소)와 세대간 정의(녹색미래 보장)를 목표로 해야 한다.[68] 생태계를 위해서는 지속불가능성을 해체하기 위한 패러다임 전환이 필요하다. 경제성장 패러다임, 소비지상주의 패러다임, 인간중심의 자연지배 패러다임, 전문적 지식 패러다임을 넘어서야 한다.

'미시적 실천'의 차원에서는, 개인과 집단의 인식변화, 다양한 아이디어 실험, 집단적·정치적 행동이 중요하다. 사회문화다양성과 생물다양성이 합해져 사회-생태계를 구성한다는 분명한 인식이 필요하고, 기존의 사회경제 시스템의 상자 바깥에서 세상을 상상할 수 있는 시각이 생겨야 한다.

미시적 차원과 거시적 차원을 잇는 '중간 범위'의 연결고리가 필요하다. 권력과 정치가 제도와 정책을 만드는 공간이 바로 중간 범위다. 미시적 실천에 관한 아이디어와, 거시적 구조와 패러다임에 대한 비전은 많이 나와 있지만 막상 이 둘을 이을 수 있는 중간 고리가 어렵다. 그래서 나온 말이 '골치 아픈 중간'messy middle이라는 표현이다. 이곳에서 사회경제 시스템의 이해관계를 둘러싸고 격렬한 충돌이 일어나기 때문이다.

깊은 차원의 전환을 위한 지렛대에는 세가지 받침점이 있다. 첫째, 거시적 차원에서 패러다임을 바꿔야 한다. 둘째, 중간 범위에서 권력과 공식적 제도(법과 규정)를 바꿔야 한다. 셋째, 미시적 차원에서 비공식적 제도(문화와 인식)를 바꿔야 한다.

환경학자 구도완의 제안도 이런 맥락에서 이해할 수 있다. "생태사회 위기로 인해 생존을 위협받는 약자와 생물종을 돌보기 위해 모두의 것을 독점하는 집단과 구조를 바꾸는 정치 리더십, 즉 생태민주적 리더십이 중요하다. 이런 리더십을 키워나가는 과정은 헌법과 법률 등 사회제도를 전환해나가는 과정이기도 하다."[69]

이런 문제의식을 공유하는 운동가, 전문가, 저널리스트, 교육자 등 '전환의 인식공동체'가 힘을 합쳐 탄소중립을 포함한 각종 녹색정책의 방향성을 전환의 거시적 패러다임에 맞추라고 요구할 필요가 있다. 탄소중립을 하되 그것을 세대내·세대간 정의, 그리고 경제성장—소비지상주의의 극복과 연계시켜야 한다고 외쳐야 한다.

풀뿌리시민들의 집합적 행동과 직접행동은 거시적 차원의 패러다임, 중간 범위의 권력—제도, 미시적 차원의 인식변화를 모두 겨냥할 수 있다. 시민운동의 '압핀 이론'을 상기해보라.[70] 광범위한 여론의 압력으로 압핀의 머리를 힘 있게 눌러줄 때, 압핀의 뾰족한 꼭지가 패러다임과 제도와 정책을 찌를 수 있다.

전환의 정치는 통상적인 정치와 많이 다르다. 중간 범위에서 작동하면서도 거시적 패러다임에 영향을 줄 수 있는 전략적 움직임이 되어야 하고, 미시적 문화를 설득시킬 수 있어야 하기 때문이다. 전환정책 전문가 김병권의 지적처럼 현실에 발을 딛고 현실 속에서 단서를 찾아가는 정치의 '거친 과정'이 전환을 한걸음씩 전진시킬 수 있다.[71]

이를 위해서는 우선 선거제도의 개혁이 필요하다.[72] 기성 정당이 관심을 두지 않는 사회-생태 전환과 같은 의제를 제기할 수 있는 소수파의 의회 진출이 필요하다. 비례대표 의석을 확대하거나, 권역별 비례대표제(지역 대표성 확보)를 실시하는 방안을 추진해야 한다. 또한 '녹색헌법'으로 개정하고 청소년의 정치참여를 최대한 확대해야 한다. 복지전문 언론인 이창곤은 비례대표제 국가들이 소선거구제 국가들보다 소득 불평등 분배, 재정 건전성 등에서 우월하다는 국제비교 연구를 인용하면서 기득권의 승자독식을 깰 수 있는 선거제도 개혁이 복지 발전에 우선적인 과제라고 지적한다.[73]

국가의 역할은 어떻게 봐야 할까? 근대 자본주의국가는 물질을 생산하고 그 수익을 최대로 축적하는 것을 우선적인 목표로 하는 체제다. 이런 국가체제에서는 인간이 인간을 지배하는 불평등이 발생할 수밖에 없고, 그 과정에서 인간에 의한 자연착취도 발생한다. 즉 국가의 존재 자체가 반녹색적 성격을 띠고 있다.[74]

이러한 반녹색적 국가체제로는 사회-생태 전환은 고사하고 기존체제의 지속가능성도 담보하기 어렵다. 환경학자 조명래는 '녹색국가성'에 기반한 국가체제로의 이행을 주장한다. 그동안 국가가 인간의 물질적 삶을 확장시키는 데 치중해왔다면, 이제는 인간 생명의 해체를 방어하고 복원하는 방향으로 나아가야 한다는 것이다. 국가가 부의 생산을 관리하는 조절자가 아니라 "생명의 지속성이 유지되는 것을 관리하는 생태 조절자"로 다시 태어나야 하고, 국가권력의 성격 역시 "인간중심에서 생태중심으로 이동"해야 한다고 강조한다.[75]

녹색국가에서는 자원이 '요람에서 무덤으로'가 아니라 '요람에서 요람으로' 돌아가도록 '순환경제'를 장려하고 키우는 일도 해야 한다.[76] 인간의 권리와 자연의 권리를 보호하는 이중적 의무자로서 녹색국가의 역할도 있다.

기후-생태위기의 전지구적 성격이 부각될수록 국민국가들로 이루어진 국제체제의 작동이 더 중요해지는 역설도 나타난다. 예를 들어, 유엔 기후변화협약의 협상 주체는 국민국가들이다. 각국 정부들이 협상하고 결정한 내용을 전지구적 차원에서 실행한다. 국가체제의 녹색화와 국제체제의 녹색화가 연동되어야 함을 알 수 있다.

어떤 정책이 사회-생태 전환과 부합되는지를 판별할 수 있는 기준이 있는가. 그 정책의 '방향'이 세대내 정의와 세대간 정의를 가리키는지, 정책의 '범위'가 사회-생태계 전체에 해당되는지, 정책의 '시간대'가 장기적이고 지속적인지, 정책의 '심도'가 패러다임, 권력, 제도에 결정적 영향을 줄 수 있을 만큼 깊은지 등이 판단기준이 될 수 있다.

전환기에는 새로운 형태의 갈등이 일어날 가능성이 매우 높다. 전환에 동의하는 사람, 전환할 생각이 전혀 없는 사람, 전환을 주장하는 사람을 몽상가라고 비웃는 사람, 이런 문제에 아예 관심이 없는 사람, 약간만 바꾸고 싶은 사람, 전환하고 싶어도 능력이 없거나 방법을 모르는 사람… 이런 사람들이 서로 다투고 논쟁하는 상황이 아주 오랫동안 이어질 것이다.

사회-생태 전환은 균일한 과정도, 일관된 과정도 아니며, 모순적 내용들이 병존하는 과정이다. 큰 배가 방향을 바꾸려면 거대한 커브를 그려야 하는 것처럼 전환에는 왕도가 없고 시간이 걸린다. 설령 위기가 온다 해도 사람들이 곧바로 사회경제 시스템을 바꾸지는 않을(못할) 것이다. 누구도 가보지 않은 길이므로 길을 만들며 전진해야 하고, 서로가 서로를 강화시키는 제도들에 의해 조금씩 확대되는 과정이다.

유럽노동조합연구소ETUI는 사회-생태 전환의 다차원성을 다음과 같이 설명한다.

전환의 목표는 그 성격상 복합적일 수밖에 없으며, 적어도 초기 단계에서는 본질적으로 완만하고 모순적인 사회변화의 성격을 띠게 된다. 서로 다양한 이해관계를 지닌 다수의 행위자들을 설득하고 확신시킬 필요가 있다. 이 때문에 녹색 일자리와 새로운 직업 훈련과 같이 '실행이 쉽고' 긍정적인 전환의 가능성을 보여주는 접근방식이 다수의 행위자들에게 수용될 수 있는 행동변화의 단초가 될 수 있다.[77]

즉, 거시적인 전환의 최종 목표만 강조해서는 대중을 오히려 멀어지게 할 수도 있다.

또한 전환을 물질적 과정에만 국한시킬 필요는 없다. 문화적, 정신적, 영성적인 차원으로까지 우리의 삶을 새롭게 상상하고 그 방향으로 나아가는 것도 전환의 중요한 일부다. '생태적 회심'의 정신이 그래서 중요하다. 인류세의 사회―생태 전환은 완전히 새로운 형태의 변화이므로 "알아야 하고, 믿어야 하고, 꿈꿔야"하기 때문이다.[78]

다음 절부터는 전환을 위한 아이디어들을 소개한다. 구체적 정책을 제안하는 것이 이 장의 목표가 아니다. 흥미로운 제안들을 소개함으로써 독자 여러분의 상상력을 상자 바깥으로 안내하려고 한다. 첫째 '전환의 거시적 방향성', 둘째 '전환의 중간 범위', 셋째 '전환의 미시적 실천', 넷째 '전환을 위한 가치관'의 순으로 짚어보자.

전환의 거시적 방향성: 구조와 패러다임

전환의 거시적 방향성은 '세대내―세대간 불평등을 줄이고, 지속불가능한 성장주의―소비주의를 연착륙시켜야 한다'로 요약할 수 있다.

불평등 전문가 브랑코 밀라노비치 Branko Milanović는 전지구적 차원에서 불평등 문제를 온실가스 감축과 연동하여 풀자고 주장한다.[79] 전세계 상위 10퍼센트 고소득층이 전세계 온실가스의 절반 이상을 배출한다. 이들에게 탄소누진세를 시행하자는 것이다. 예를 들어, 현재 뉴욕과 런던 간 항공료가 400달러 수준인데 탄소 고배출 계층에게 4000달러를 물릴 수도 있다. 너무 과격하게 들리는가. 사회-생태 전환에 필요한 변화 규모에 비하면 대단히 온건한 제안이다.

국제구호개발기구 옥스팜^{OXFAM}은 2015~30년 사이 전세계 사람들의 탄소배출량을 1인당 평균치로 추산하여 발표했다. 세계 상위 10퍼센트 사람들의 소비만으로도 지구 온도가 1.5도보다 더 올라간다는 결론이 나왔다. 상위 10퍼센트에는 한국인의 평균 소비 수준도 포함된다. 세계 상위 1퍼센트 부자들(약 7800만명)의 배출만 놓고 보면, 2015년 기준으로 이들이 소비의 97퍼센트를 줄여야 1.5도 억제 목표를 달성할 수 있다.

특히 최상위 억만장자들은 호화 요트, 개인 제트기, 럭셔리 사치품 소비 등으로 천문학적인 탄소를 배출한다. 최근에는 개인 우주관광까지 시작되었다. 네 사람이 우주선을 타고 10분 비행하는 동안 배출하는 탄소가 수백 톤에 이른다. 부자들이 탄소를 배출하는 사업에 투자하는 패턴 때문에 발생하는 배출량도 어마어마하다. 옥스팜은 상위 1퍼센트의 탄소배출에 걸맞은 세금을 매기거나, 그런 식의 흥청망청 배출을 아예 금지시켜야 한다고 제안한다.[80]

'성장'을 둘러싼 논의는 전환의 거시적 방향성에서 핵심에 속하는 문제이며, 국내외적으로 열띤 논쟁이 벌어지고 있다. 잘 알려진 탈성장이나 탈자본에 관한 논의는 중요한 연구들이 나와 있으므로 이 자리에서 되풀이할 필요가 없을 것이다.[81] 전환의 이행

경로를 고민하는 구체적 아이디어들을 몇가지 소개한다.

문학평론가 백낙청은 탈성장으로 전환하기 위한 징검다리로서 '적당한 성장'을 제안한다.[82] 이것은 탈성장 세계를 실현하기 위해서 시기, 지역, 발전 수준에 따라 어느 정도의 성장이 '적당'한지를 찾으려는 체제변혁운동의 한 전략이다. 고삐 풀린 성장지상주의에 브레이크를 걸면서 "다양한 실험과 성과를 최대한으로 수용하고 참고해야 할 단계"로서의 적응 과정을 거치자는 전략이라할 수 있다.

'적당한 성장론'은 성장에 방점을 두는 성장론이 아니다. "경쟁에서 탈락해서 짓밟혀버리면 아무것도 못 하니까 이 사회를 바꾸는 인간으로 살기 위해서라도 먹고살 만큼"의 물질적 기반을 갖추는 것을 단기적으로 지향하는 조건부 성장론이다.[83] 극심한 경쟁체제인 자본주의로부터 벗어나고 싶어도 당장 그렇게 하기 힘든 사람들을 탈성장 노선에 동조하도록 설득하려면 "대중의 먹고사는 문제"를 도외시하지 않는 매개고리가 필요하다는 주장인 것이다.

'적당한 성장론'을 불평등 감소 및 적극적 사회정책과 결합하여 추진할 수 있는 방안이 필요하다. 또한 적당한 성장론은 '근대의 이중과제론'——근대적응과 근대극복——을 전환 분야에 적용하려는 사상적 실험으로서의 의미도 있다.[84]

GDP를 중심으로 경제적 가치판단을 내린다는 전제를 벗어나는 것도 필요하다. GDP는 1930년대에 생산증대와 경제성장이 절실했던 대공황을 배경으로 만들어졌다. 하지만 오늘날 그것의 한계가 뚜렷해졌다. 예를 들어, '굴뚝산업'의 활동은 GDP에 포함되지만 그것 때문에 미래세대가 부담해야 할 기후위기의 비용은 포함되지 않는다. 인류세를 맞은 21세기에는 고도성장의 부작용, 기후-생태위기, 사회적 불평등과 차별을 극복할 수 있는 대안적 측정도구를 찾아야 한다.[85]

한국에서 제안된 '참성장' 개념을 보자.[86] '참성장'론의 기본테제는 이미 소득이 높은 국가들은 (포스트성장 시대에) 더이상 경제성장에 연연하지 않더라도 혁신투자나 사회적 안녕을 높일 수 있다는 것이다. 이것을 위해 현재 시점과 가격에만 초점을 두는 근시안적 패러다임 ― 가격과 가치를 혼동하고, 가치착취와 가치창조를 나누지 못하는 ― 과 결별해야 한다.

새로운 패러다임을 위해 세가지 '연대적 가치'에 주목해야 한다. 첫째, 돌봄 패러다임을 실현하는 현세대내 연대가 필요하다. 둘째, 투자적 패러다임을 실현하는 세대간 연대가 필요하다. 셋째, 지속가능 패러다임을 위한 사람과 자연과의 연대가 필요하다. 이를 위해 '20세기를 해체'하는 기술과 정책을 개발하고, 디지털 인프라를 키우며, 창업생태계를 육성하고, 연대적 삶을 위한 기본생활을 보장하며, 청년·여성·중장년·노령층을 위해 적극적인 사회투자를 실시하고, 보편적 누진증세를 단행하며, 권력분산과 사회혁신을 도모하자고 한다.

'도넛 경제학'의 아이디어도 나와 있다.[87] 도넛 경제에는 2개의 동그라미가 있다. 환경붕괴를 예방할 '생태계 천장'의 바깥 동그라미 ― 스톡홀름회복력센터가 제안한 9개의 자연적 지표 ― 를 초과해서는 안 된다. 안쪽 동그라미인 인간의 존엄을 지키는 '사회적 기초'에는 12개의 지표가 배치된다. 물, 식량, 보건, 교육, 소득과 일자리, 평화와 정의, 정치적 발언권, 사회적 공평, 젠더 평등, 주거, 네트워크들, 에너지 등이다. 이 지표들이 일정 수준 이하로 떨어지면 안 된다.

'생태계 천장'과 '사회적 기초'의 중간 부분이 '인류를 위한 정의롭고 안전한 공간'이다. 도넛으로 치면 '달콤하고 맛있는' 부분이다.

도넛 경제학을 창안한 케이트 레이워스Kate Raworth에 따르면 경제의 무한정한 비행이라는 은유를 제시했던 월트 로스토Walt Rostow류의 경제발전 5단계론(전통사회→이륙을 위한 선행조건→이륙→성숙→대량소비사회)은 이제 효력이 떨어졌다.

오늘날 우리는 안전하게 착륙하는 법을 배워야 한다. "불안정한 궤적을 그리면서 계속 성장하려고 기를 쓰는 경제를 안정된 범위 내에서 오르내리는 경제로 전환시켜 그런 미래를 앞당길" 방법을 찾아야 한다는 것이다.[88] 이런 모델에서는 성장이 주인공이 아니라, 경제의 지속가능성이 주인공이다.

이것을 위해 세가지를 타파해야 한다. 첫째 무한축적이 가능하다고 믿는 비현실적 수익 논리, 둘째 정치적 GDP 중독, 셋째 소비주의 문화에 의한 사회적 중독. 이런 중독 논리를 극복하는 것이 사회－생태 전환의 거시적 방향성과 부합된다.

'소비의 회랑'consumption corridors이라는 새로운 아이디어도 최근 발표되었다.[89] 소비에 초점을 맞추는 이유는 '경제성장－소비'가 동전의 양면이자 자원남용의 원흉이기 때문이다.[90] 멀쩡하게 쓸 수 있는 제품조차 사용 연수를 줄이고 대체수요를 만들어내기 위해 신제품을 출시하는 '계획적 진부화陳腐化'라는 마케팅 전략이 과소비의 대표적 사례다.

'소비의 회랑'은 기후-생태위기 상황에서 두려운 메시지가 아닌 긍정적 스토리텔링을 통해 성장 패러다임을 바꿀 수 있다고 주장한다. 절대다수의 사람들이 수긍할 수 있는, 객관적으로 '좋은 삶'을 위한 기준을 정하여 그 범위 내에서 살아간다면 빈부격차와 지속불가능의 문제를 모두 극복할 수 있다고 본다.

성장주의와 소비지상주의가 확대되면서 선진국은 부유하지만 불안해졌고, 개도국은 충족되지 못한 욕구 때문에 가난과 불만의 상태에 놓여 있다. 이것과 대비되는 '좋은 삶'을 찾아야 한다. 그것은 누구에게나 꼭 필요한 기본욕구needs가 충족되면서도 사치와 과잉에 빠지지 않고 안분자족하는 가치 있는 삶을 뜻한다.[91]

모든 사람에게 '좋은 삶'을 위한 최소한의 조건인 최저 소비기준Consumption minima을 보장하면서, 타인이 '좋은 삶'을 추구할 수 있는 기회를 빼앗지 않도록 최대 소비기준Consumption maxima을 정할 수 있다. 이때 '타인'에는 미래세대도 포함된다. 현세대가 최대 소비기준을 지키면 미래세대에게 제일 좋은 유산을 물려주는 셈이 된다.

최저 소비기준의 바닥과 최대 소비기준의 천장 사이에 있는 공간이 지속가능한 소비의 회랑이다. 이 공간 내에서 사람들은 자유롭고 지속가능하게 자신의 소비생활을 선택할 수 있다. 이 공간 내에서 사람들

은 자신이 생각하는 좋은 삶의 목표에 맞춰 자기 삶을 설계할 자유가 있다.[92]

그렇다면 최저 소비기준과 최대 소비기준을 어떻게 정할 것인가. 대화적 민주주의, 공론화 포럼, 시민배심원단, 사회관계망을 통한 의견수렴, 기후시민의회 등 참여민주주의와 숙의민주주의와 대의민주주의를 결합한 '거대한 대화'에서 이런 시도를 해볼 수 있다.[93]

최저 소비기준의 바닥에 해당하는 기본욕구에는 집단귀속감과 참여, 신체보전과 건강, 사리판단과 자율성이라는 3대 핵심 요소를 포함시켜 그 사회에서 수용할 만한 기준을 민주적으로 정할 수 있다. 이런 시도를 해보는 것 자체가 시민민주주의에 도움이 된다. 2021년 말 현재, 서울시의 25개 자치구 중 16개 자치구에서 2022년의 생활임금액을 시간당 1만 766원으로 책정했다. 월급으로 치면 225만 100원이고, 1년이면 2700만원이 된다.

최대 소비기준의 천장을 정하는 문제는 좀더 상상력이 필요하다. 네덜란드에서 여론조사를 해보니 응답자의 3분의 2가 "수영장 딸린 빌라, 고급차 2대, 남프랑스의 별장, 저축 50만 유로(6억 7000만원)" 정도라면 부유층으로 볼 수 있다고 응답했다.

영국에서 포커스 그룹 조사를 한 결과도 있다. 참여자들은 부의 정도를 ①최저 생활 수준, ②생계 걱정 없는 수준, ③안락한 수준, ④사치스러운 수준, ⑤억만장자로 나누었다. '사치스러운 수준'이란 집 2채, 매주 고급 와인을 곁들인 외식, 승마, 요트, 자동차 2대, 가사도우미, 클럽 회원권, 퍼스널 트레이너가 있는 삶이라고 응답했다.

최대 소비기준을 ③안락한 수준과 ④사치스러운 수준의 중간선으로 잡으면 1인당 연간 약 15만 파운드가 나왔다. 그 이상 되는 수입을 모두 세금으로 거둔다면 모든 국민에게 최저 소비기준을 채워줄 수 있다. 공교롭게도 영국 총리의 연봉이 15만 파운드(한화 2억 3800만원)였다.

우연의 일치로, 2021년 대한민국 대통령의 연봉도 2억 3800만원이었다. 생활임금에 해당하는 최저 연봉 2700만원과 최대 연봉 2억 3800만원 사이를 1인당 '소비의 회랑'으로 정한다면 독자 여러분은 어떻게 생각하시겠는가.

소비를 줄이기 위해 마케팅과 광고를 제한하거나 적어도 미성년자에게는 광고를 금지해야 한다는 주장도 있다. 판매되는 상품에 담뱃갑의 경고 그림처럼 탄소 경고 이미지를 넣자는 아이디어도 나와 있다.

기후위기 시대에 전세계 모든 사람에게 '괜찮은 수준의 삶'을 보장하기 위해 '에너지 최저 기준'을 정하자는 아이디어도 있다. 여기에는 먹거리 생산, 조리, 냉장·냉동, 주택 건설, 냉난방, 조명, 수돗물, 온수, 쓰레기 관리, 의류생산, 세탁, 병의원 건설과 유지, 학교, 전화, 컴퓨터, 인터넷 네트워크, 교통수단, 대중교통 인프라 등 현대 문명생활에 필요한 용처가 모두 포함된다. 기온과 거주 조건에 따라 지역별 편차가 있긴 하지만 전세계에서 1인당 연간 15.3기가줄$^{GJ/cap}$의 에너지 소비가 '괜찮은 삶을 위한 에너지 최저 기준'이라는 연구결과가 나왔다.[94] 전기로 환산하면 4000킬로와트시라고 한다. 2019년 현재 한국인의 1인당 연간 전기사용량은 1만 39킬로와트시였다.

지구행성의 한계에 맞춰 에너지 소비를 '충족의 경제' 원칙에 맞춰서 줄이자고 하면 흔히 "그렇다면 우리더러 원시인처럼 동굴생활로 돌아가라는 말이냐"라는 반론이 나온다. 에너지 최저 기준을 정하자는 연구자들은 이렇게 대답한다. "어쩌면 그럴 수도 있겠지요. 하지만 이 동굴에는 취사, 음식보관, 세탁시설이 갖춰져 있고, 저전력 조명이 항상 켜져 있어요. 1인당 하루 50리터씩 깨끗한 물을 사용할 수 있고, 15리터 온수까지 공급이 돼요. 사시사철 20도 정도로 실내온도를 유지할 수 있고, 컴퓨터에 인터넷까지 깔려 있어요. 연간 5000~1만 킬로미터의 이동이 가능한 교통수단 사용도 포함되죠. 보편의료에 5~19세 사이의 보편교육도 가능한 동굴생활이에요."

2050년까지 세계 인구가 100억명이 되더라도 모든 사람에게 이런 수준의 에너지를 지구행성의 생태한계 내에서 제공할 수 있다는 계산이 나온다.[95] 이처럼 과잉소비체제와 불평등의 극복, 그리고 지구행성 차원에서 생태용량을 지키려는 시각이 있으면 자연과 인간이 함께 공존할 수 있다.

사람들이 살아가는 '거주면적의 회랑'을 추산하려는 시도도 나와 있다. 지구행성은 이제 도시행성이 되었다. 세계은행에 따르면 전세계 인구의 56퍼센트 이상이 도시에 살고 있으며 계속 증가 중이다. 한국의 인구 중 도시 거주민이 92퍼센트다. 전세계

도시면적은 지구면적의 3퍼센트에 불과하지만 에너지 소비는 60~80퍼센트, 탄소배출량은 75퍼센트에 달한다. 게다가 핵가족, 1인 가구가 늘면서 주택의 단위 숫자가 급증하고 있다. 큰 평수의 집을 선호하는 사람도 많다. 도시 주거공간의 사이즈를 제한하는 일이 사회-생태 전환에서 중요한 과제가 되었다.

세계적 차원에서 지구행성의 지탱가능 용량을 고려하면서 '좋은 삶'을 보장하기 위한 거주공간을 조사해보았다. 최저 주거기준으로는 1인 가구 13.9제곱미터, 4인 가구 40제곱미터가 나오고, 최대 주거기준으로는 1인 가구 30제곱미터, 4인 가구 120제곱미터가 나온다.[96] 한국의 최저 주거기준은 1인당 13.88제곱미터(4.2평)로 정해져 있다.

한국처럼 주거문제가 전사회의 사활적 쟁점이 되어 있는 나라에서 정의로운 최저치와 타인을 고려하는 최대치 사이에서 주거면적의 회랑을 정하는 문제를 토론해보면 큰 의미가 있을 것이다.

도넛 경제학에서 말하는 '인간의 존엄을 위한 사회적 기초의 안쪽 동그라미', 그리고 소비의 회랑에서 말하는 '좋은 삶을 위한 최소한의 조건인 최저 소비기준'은 둘 다 인권의 논리와 잘 부합된다.

'자유권'의 원칙으로 평화와 정의, 정치적 발언권, 젠더 평등, 네트워크 유지를 보장할 수 있다. '사회권'의 원칙으로 물, 식량, 보건, 교육, 소득과 일자리, 사회적 공평, 주거, 그리고 에너지 접근성을 보장할 수 있다. '환경권'의 원칙으로 생태의 한계를 지켜야 한다. 이처럼 인권은 사회-생태 전환에 있어서도 삶의 최저선을 방

어할 수 있는 강력한 보호책이 될 수 있다.[97]

거시적 구조와 패러다임 변화에는 반드시 전세계 남반구─북반구 관계가 포함되어야 한다. 장기적으로 북반구와 남반구의 1인당 탄소사용량을 수렴시키는 것이 기후정의 원칙에 맞다. 북반구의 '흥청망청하는 물질대사'는 줄이되, 남반구의 '먹고살기 위한 물질대사'는 남아 있는 탄소예산 내에서 양해하는 편이 타당하다.[98] 미국에서 운행되는 모든 SUV 차량이 소비하는 에너지가 전세계 빈곤층 16억명이 쓸 수 있는 에너지와 맞먹는다고 한다.

3세대 인권에 해당되는 '발전권'right to development을 경제와 관련된 개발권으로만 이해하면 딜레마가 생긴다. 경제개발 권리와 기후─생태위기 극복이 충돌할 가능성이 있기 때문이다.[99]

남반구 개도국에게 발전권이란 좁은 의미의 경제개발 권리만이 아니라 현대국가의 존재의의 그 자체다. 개도국 발전권의 진정한 의미는 "시민·정치적 권리만을 인정했던 국가들과 심지어 시민·정치적 권리를 희생하더라도 경제·사회·문화적 권리의 충족을 우선시했던 정부들 간의 초기 갈등을 효과적으로 조정"할 수 있는 권리이며, "시민·정치적 권리와 경제·사회·문화적 권리의 통합을 천명하고 있는 1948년 세계인권선언으로 완전히 한바퀴 되돌아간" 개념으로 볼 수 있기 때문이다.[100]

개도국들 입장에서 경제개발을 포함한 통합적 발전권을 당장 포기하기는 어렵다. 탈성장 이론가로 널리 알려진 제이슨 히켈Jason Hickel조차 "나는 단 한번도 개도국의 탈성장을 주장한 적이 없다"라고 말할 정도다.[101] 물론 이 경우에도 선진국이 개도국의

에너지 전환과 지속가능한 발전을 위해, 그리고 역사적인 기후─
생태 부채의 청산을 위해 재정지원과 기술지원을 반드시 이행해
야 한다.

전환의 중간 범위: 제도와 정책

권력과 제도를 둘러싼 논쟁은 전환의 중간 범위에서 가장 첨예
하게 나타난다. 중간 범위에서의 제도와 정책은 전환을 위한 거
시적 방향성을 맞추되 시민들이 체감하는 정책을 어떻게 구축할
것인가, 하는 과제에 집중해야 한다.

세가지 질문이 나올 수 있다. 우선, '2050 탄소중립'까지의 30년
을 전환의 터닝 포인트로 삼을 수 있을까. 탄소를 배출하지 않는
에너지 생산─산업활동이 녹색전환의 수평축이라면, 불평등 해
소와 성장주의의 탈피는 전환의 수직축에 해당된다.[102] 탈탄소는
반드시 달성해야 할 과제이지만 그것을 성장지상주의와 결합하
여 추진해서는 안 된다. 향후 30년은 전환의 초석을 놓느냐, 아니
면 첫 단추를 잘못 끼우느냐를 결정하는 시기다. 탄소 감축, 불평
등 감축, 성장주의 타파를 함께 밀고 나가는 기후정의 운동의 역
할이 막중하다.[103]

또 하나, 산업사회에서 주류가 되어 있는 토건형 '회색'의 공공
정책에 '녹색'의 가치를 불어 넣을 수 있을까. 사회─생태 전환을
물질적 과정으로만 보아서는 안 된다고 앞서 말했다. 모든 정책

에 녹색정신이 배어들어야 전환이 가능하다. 시민 개개인부터 지자체장, 국회의원, 장관, 대통령에 이르기까지 인식과 감성이 변해야 한다.

예를 들어, 서민의 주거문제를 해소하기 위해 공공주택을 공급한다고 하자. 처음부터 자연환경파괴를 최소화하면서 입지조건과 건축 과정을 관리해야 한다. 빈곤문제를 해소하기 위한 일자리 창출이나 복지제도를 구상할 때도 마찬가지다. "빈곤을 해결하는 데 있어 단순히 자원을 산술적으로 재분배하는 것만이 능사가 아니다. 인간과 자연세계와의 새로운 관계를 설정하고, 새로운 사회적 습관과 실천과 인식을 구체화할 수 있어야 한다."[104]

끝으로, 경제성장을 중심에 두지 않는 녹색복지를 추구할 수 있을까. 흔히 복지는 경제성장에 의존한다는 통념이 있다. 전통적으로 정부예산이나 사회보장 기여분은 성장률과 고용률에 따라 바뀌기 때문이다. 기술발전으로 생산성이 향상되면 오히려 노동력을 줄일 가능성이 커지기 때문에('생산성의 덫'), 실업 사태를 피하기 위해 더 많은 경제성장이 필요해진다.

그러나 복지가 경제성장에 의존하면 전환에 딜레마가 온다. 우선 경제성장은 에너지와 자원의 수요를 늘리기 때문에 온실가스를 배출하고 생태계를 훼손할 가능성이 크다. 다른 한편, 선진자본국들은 저성장 또는 제로성장의 현실에 직면해 있다. 20세기를 통틀어 경제는 성장을 거듭해왔다. 산업혁명 이래 기술개발 그리고 경제적 자유와 민주주의의 확산이 큰 기여를 했다.

그러나 최근 선진국을 중심으로 경제성장률이 추세적으로 낮아지고 있다. 인구의 노령화, 상품경제에서 서비스경제로의 이행, 기술혁신의 저하, 채무의 증가 등이 주원인이다. 코로나 사태와 기후위기도 이런 경향에 일조했다. 어쩌면 지난 한세기 동안의 경제성장 경험이 역사적으로 예외였을 수도 있다.[105]

만일 경제성장이 둔화되거나 멈추게 되면 성장에 의존해온 복지 시스템이 불안정해지면서 채무상환이 어려워지고 불평등, 실업률, 범죄율이 악화될 개연성이 크다. (상상하기 어렵겠지만) 경제성장이 크게 낮아지거나 멈춰진 상황을 예상하면서 미리 대비를 시작해야 한다. 경제성장과 개인의 웰빙을 분리해서 생각하고, 불평등을 줄이고, 젊은 세대의 기회를 늘리며, 정부지출의 효과를 높이고, 민주주의의 핵심 제도가 무너지지 않도록 관리할 필요가 있다.

기후-생태위기로 인한 재난을 당한 후에도 다시 일어설 수 있는 회복력을 기르는 것이 중요하다. 사회복지에서 회복력(회복탄력성)은 위험과 역경을 극복할 수 있는 능력을 가리키며, '긍정적 대처', '적응', '지속성' 등과 비슷하게 사용된다. 회복탄력성은 단순히 재난에 대응하는 것을 넘어 사람들을 성장시키고 역량을 강화하는 사회정책 및 실행 과정을 의미하기도 한다. 그것의 첫 걸음은 사회복지법령을 전환의 구조변화에 맞춰 제정하거나 개정하는 것이다.[106]

이 모든 점을 감안하면 '지속가능하고 회복력 강한 녹색복지'가 거시와 미시의 중간 수준에서 사회-생태 전환의 전체 형태를 잡아주는 모델이 필요하다. 그러나 한국의 복지연구에서 녹색 이슈나 사회-생태 전환의 문제는 최근 들어서야 제기되기 시작했다.[107] 이런 문제의식이 사회정책 논의의 출발점이 되어야 한다. 이런 방향성을 위해 유럽에서 나온 각종 아이디어들을 정리한 결과를 살펴보자.[108]

첫째, '예방적 사회정책'을 강조한다. 어떤 문제가 발생한 후 조치를 취하면 효과가 떨어지고 예산도 많이 든다. 예를 들어, 일자리 확보만을 위한 사회정책은 불건강한 '노동-소비'의 악순환에 빠지기 쉽다. 자칫 질 나쁜 일자리와 생태적으로 지속불가능한 모델의 나쁜 조합이 될 수도 있다. 이렇게 되면 설령 고용률이 올라도 노동자의 건강상태가 나빠져 장기적으로 의료비가 늘어난다.

예방적 사회정책은 현시스템의 사회-생태적 리스크를 사전에 예방하는 것을 목표로 한다. 예방정책은 누적적으로 복지 시스템의 예산을 절감시킨다. 예를 들어, 식습관과 운동 카운슬링, 노동시간 단축, 공공주택, 커뮤니티 돌봄, 여러 사람이 작은 커뮤니티 주거공간에서 함께 살아가는 다거주 주택, 자전거 도로망 확충 등은 장기간에 걸쳐 재정적으로 지속가능한 복지가 될 수 있다.

예방적 의료정책은 환경친화적 의료와도 일맥상통한다. 지역사회와 가정의학 중심의 의료, 의료기관의 자원과 물자 절약, 불필요한 검진이나 과잉진료 억제, 자원집약적 질병치료보다 예방과 건강증진을 강조하는 지속가능한 의료가 좋은 예다.

둘째, '경제적 평등정책'을 추진해야 한다. 토지보유세, 상속세, 누진소득세 등 잘 알려진 방식은 물론이고, 사회-생태 친화적 세제개혁을 시도할 필요가 있다. 노동에 대한 과세를 줄이고, 에너지와 자원 사용에 대해 과세를 늘리는 아이디어가 평등과 환경의 두 마리 토끼를 잡을 수 있는 방안으로 제시되어 있다.

타임뱅크 제도를 경제적 평등정책의 일환으로 시행해봄직하다. 모든 개인의 노동을 참여자의 전문성과 관계없이 1시간당 동일한 가치로 주고받는 것이다. 시장에서 다뤄지지 않는 활동을 서로 나누는 서비스 연대다. 예를 들어, 싱크대를 1시간 수리해주는 활동과, 영양사가 당뇨병 환자의 건강식에 대해 1시간 자문을 해주는 활동을 교환할 수 있다. 이런 서비스를 위한 플랫폼의 마련도 필요하다. 현재 고용상태에서의 임금 불평등이 미래의 연금 불평등 혹은 실업수당 불평등으로 이어지지 않도록 해야 한다.

셋째, '기본욕구 충족'을 지향하는 정책이다. 이것은 '사회−생태적 복지'의 대표적 아이디어라 할 수 있다. 보편기본소득, 녹색기본소득, 보편기본서비스, 보편기본바우처의 예를 들어보자.

'보편기본소득'UBI은 지금까지 빈곤, 불안정 고용, 사회 불평등, 개인 자율성 보장의 측면에서 많이 논의되었지만 사회−생태 전환의 측면에서는 논의가 적었다. 전환을 위한 기본소득의 논리는 다음과 같다.[109]

우선 경제성장을 늦출 수 있고, 절대빈곤을 해소할 수 있으므로 전환의 거시적 패러다임에 부합한다. 경제성장과 소비를 낮추면 지구 자원의 공동소유와 공동활용이라는 목표에 가깝게 된다. 경제의 탈상품화, 그리고 욕망의 경제가 아닌 충족sufficiency의 경제는 지속가능성을 중시하며, '문화의 탈물질화'에도 도움이 될 것이다.

'녹색기본소득'GBI 아이디어도 있다. 환경운동가 오기출은 탄소에 가격을 매기는 탄소세가 기후위기 대응에서 중요한 국제적 메커니즘이 될 것이라고 강조한다.[110] 탄소세로 예산을 마련해 모든 사람에게 되돌려주는 녹색기본소득은 탄소중립과 격차 해소를 위해 한시적인 조치로 제안되었다. 미국에서 이산화탄소 1톤당 230달러의 가격을 매긴다면 자동차 유가는 80퍼센트, 항공기 운임은 23퍼센트 오를 것이다. 그 돈을 사람들에게 똑같이 분배하면 1인당 매달 200달러의 기본소득이 생기는데 전국민 3분의 2 이상이 탄소가격 상승보다 더 많은 돈을 받게 된다.[111]

만일 전세계 모든 나라가 기온상승을 2도 내에서 막을 수 있을 정도로 탄소세를 매겨 그 돈을 나눠 준다면 기온도 억제하고, 빈곤 완화와 불평등 감소도 이룰 수 있다. 1.5도 목표로 탄소세를 책정하면 분배할 예산이 더 늘어난다. '2050 탄소중립'의 시간표가 앞으로 30년가량 남았는데 초기에 큰 폭으로 줄여야 기온 억제에 효과적이라고 한다. 초기에 탄소세를 대폭 시행하면 향후 10년 동안 빈곤층에게 당장 큰 도움을 줄 수 있다. 흔히 탄소중립을 하려면 현세대가 희생을 치러야 한다고 하지만 녹색기본소득은 그런 상황을 막을 수 있다.[112]

최근에는 '보편기본서비스'UBS가 기본소득을 대체할 수 있다는 주장이 나온다.[113] 보편기본서비스는 이미 시행해본 역사가 있다. 영국의 국립보건제도NHS는 보편 공공서비스로 출발했다.[114] 세계인권선언 26조에 "모든 사람은 교육받을 권리를 가진다. 적어도 초등교육과 기초교육 단계에서는 무상교육을 실시해야 한다"라는 구절이 나오듯, 세계 각국에서 광범위한 무상교육이 실시되었고, 유럽에는 대학교육까지 사실상 무상인 나라들이 있다.

주택, 돌봄, 에너지, 교육, 교통, 정보, 영양, 보건과 의료 등의 토대적 경제 부문을 기본서비스로 제공할 수 있다. 필수서비스를 공공서비스로 지정하여 무상 공급하면 형평성의 측면에서 재분배 기능이 확실하고, 지속가능성 측면으로 보더라도 자원 사용에 효율적이다. 지속가능한 '소비의 회랑'을 유지하는 데에도 도움이 되며, 예방적 사회정책과도 부합된다. 아울러 기본서비스는 지역사회의 공급망을 활성화시키고 지역사회의 응집력을 강화하는 기능이 있어서 사회−생태 전환에 도움이 된다.

이용할 수 있는 서비스의 금액이나 수량이 기재된 이용증을 뜻하는 바우처를 '보편기본바우처'UBV 제도 — 전자 바우처 포함 — 로 확대하려는 움직임도 있다. 여성 청소년을 위한 생리용품에서부터 지역순환경제, 지역생산 과일과 채소 등도 바우처를 통해 보편 지원할 수 있는 항목이다.

보편기본소득, 녹색기본소득, 보편기본서비스, 보편기본바우처는 기존의 복지 시스템을 대체한다기보다 보완하는 형태로 봐야 할 것이다. 이 아이디어들을 혼합하여 최적화시키는 방안도 연구할 필요가 있다.[115]

넷째, '고용의 녹색화'다. 전환 과정에서 고용이 불안정해지기 쉬운데 고용을 유지하면서도 그 내용을 녹색화하는 정책을 뜻한다. 환경 관련 일자리뿐만 아니라, 질 높은 노동을 보장하면서도 자원이 많이 들지 않는 일자리를 발굴해야 한다. 에너지 효율이 높고 자원 소비가 낮은 문화·교육 관련 일자리가 노동집약적 녹색 고용의 후보들이다. 이런 일자리는 '생산성의 덫' 현상을 줄이므로 경제성장에 크게 의존하지 않는다는 장점도 있다.

요즘 노동시장에는 환경문제에 민감한 세대가 많이 진출하고 있다. 이들에게 '환경친화적 노동조건을 요구할 권리'를 보장해야 한다. 노동자들 스스로가 자기 일자리를 녹색화할 수 있는 권한을 가지는 것이다. 예를 들어, 탄소를 배출해야 하는 출퇴근, 출장, 외근을 비대면 업무로 대체할 수 있는 권리를 보장해야 한다.

건강보험처럼 '기후보험'제도를 마련할 수도 있다. 지속불가능한 직종의 노동자들에게 공정한 직종 전환, 은퇴 지원 조치 등을 제공해주고, 탄소세 등으로 재원을 마련하여 에너지 전환의 영향을 받을 노동자에게 '생태 전환 소득'을 지급하는 것도 생각해볼 수 있다.

마지막으로, '젠더 정의에 기반한 경제·사회적 해법'을 고려해야 한다.[116] 성장이 아니라 생명을 살린다는 관점, 기후-생태위기에서 불평등하게 나타나는 젠더 차이에 따른 피해예방 원칙이 모든 사회정책에 반영되어야 한다. 보편적 '돌봄'의 가치도 전환에 필수적인 요소다. '돌봄' 가치에 부합하는 복지제도와 사회적 활동을 통해 사회적 역량을 전반적으로 올리는 것이 필요하다.

정리하자면, 저성장, 제로성장, 또는 역성장의 경제 충격, 그리고 환경 충격의 이중적 도전 앞에서 현세대의 기본욕구와 미래세대의 안녕을 함께 보장할 수 있는 녹색복지 시스템을 마련해야 한다. 예방적 사회정책, 경제적 평등정책, 기본욕구 충족, 고용의 녹색화, 젠더 정의에 기반한 해법은 녹색복지의 방향타가 될 수 있을 것이다.

경제학자 이병천은 "여러 형태의 복지체제와 자본주의체제에서 권력 양식, 제도적 조정능력, 정치문화 등의 다양성이 생태적 전환 및 통합적 사회생태적 전환 능력의 차이를" 결정한다고 지적한다.[117] 요컨대, 지속가능하고 회복력 강한 녹색복지를 실현하기 위해 한국형 녹색복지 정치가 시급해졌다.

전환의 미시적 실천: 개인과 집단의 행동

환경을 위해 개인과 지역사회가 취할 수 있는 방법에 관한 리스트가 많이 나와 있다. '기후위기를 막는 9가지 실천', '환경을 살리는 10가지 방법', '지구를 구하는 12가지 행동' 등 수많은 아이디어들이 회자된다.[118] 환경을 공부하거나, 시민으로서 목소리를 내거나, 환경단체에 참여하거나 기부하고, 지역사회에서 모임을 조직하거나, 정치적 행동을 취하라고 촉구하는 리스트도 눈에 띈다.

그러나 사회—생태 전환을 위한 실천방안을 구체적으로 제시하는 경우는 드물다. 예를 들어, '지구행성을 위한 회계'가 전환을 위한 실천방안에 속한다. 스톡홀름회복력센터가 발표한 '지구행성의 한계' 아홉가지 항목을 정량화해서 그 수치를 전세계 인류에게 고루 분배하자는 제안이다. 이렇게 해서 나온 '지구행성

쿼터제'에 따르면 개별 항목의 몫이 각각 '환경화폐'가 된다. 개인, 직장, 지역사회, 국가별로 환경화폐를 계산할 수 있다.[119] 개인별로 탄소 잔고 체크카드를 발급받는다고 상상해보라.

개인의 실천을 둘러싸고 착잡한 마음이 들게 한 사건이 발생했다. '탄소발자국'을 둘러싼 논란이었다. 개인의 탄소발자국을 줄여 기후변화에 대처하자는 제안은 많은 사람에게 단비와 같은 소식이었다. 환경교육과 개인의 동기부여에 도움이 된 제안이었다.[120]

하지만 세계 최대 화석연료 회사 중 하나인 BP가 '탄소발자국 계산기'라는 아이디어를 보급하는 데 앞장섰다는 사실이 뒤늦게 밝혀졌다.[121] 개인의 탄소감축에 초점을 맞춘 이 운동은 BP가 고용한 홍보회사 오길비 앤 매더Ogilvy & Mather의 작품이었다.[122] 스스로를 '브랜드 이미지 창조회사'라고 내세우는 오길비 앤 매더는 담배가 몸에 해롭지 않으므로 규제가 불필요하다는 마케팅 홍보로 악명을 떨쳤던 전력이 있다.[123]

성과라는 측면에서 보면 대단히 '성공적'인 캠페인이었다. 개인의 감정, 개인의 동기, 개인의 선호, 개인의 자기계발, 개인의 행동 변화에 초점을 맞추는 경향이 있는 신자유주의 시대의 심리를 아주 영악하게 활용했기 때문이다.[124] 로마의 명판관이었던 루치우스 카시우스Lucius Cassius는 사건을 다룰 때 항상 "쿠이 보노Cui bono", 즉 "누구에게 득이 될까?"라고 물었다고 한다. 나무만 보고 숲을 보지 못하게 하는 프로파간다는 우리 주변에 널려 있다. 구조적 시각의 결여가 얼마나 심각한 결과를 낳는지 생각해봐야 한다.

화석연료 메이저들은 사람들의 생각을 일정한 방향으로 유도하기 위해 환경교육의 방향과 커리큘럼, 교재 작성에까지 교묘한 방식으로 영향을 끼친다. 캐나다에서 나온 연구에 따르면 석유회사들은 환경문제의 근본책임을 가르치지 않고, 겉으로 드러나는 현상에만 주의를 기울이게 하며, 기후정의의 시각을 덮어두고 개인의 행동변화만 강조하는 신자유주의적 환경교육을 지원했다고 한다.

'석유 페다고지'petro-pedagogy가 등장한 것이다.[125] 미국의 석유산업에서는 학생들에게 '3-E'를 교육해야 한다고 하면서도 에너지 Energy와 경제Economy만 강조할 뿐 환경Environment은 거의 언급하지 않는다고 한다.[126] 한국의 환경교육이 '경제성장 페다고지'의 영향을 많이 받고 있는 것은 아닌지 따져봐야 한다.

개인의 행동변화를 강조하는 접근방식에는 또다른 한계가 있다. 탄소발자국 계산기를 통해 개인의 배출량을 정확히 측정한다고 해도 그 사람이 탄소를 줄일 수 있다는 뜻은 아니다. 현대인은 누구도 전기를 쓰지 않거나 탄소와 무관하게 살 수 없다. 마치 바닷속에 사는 물고기에게 몸에 물을 적시지 말라는 소리와 비슷하다. 대중교통을 타도 탄소가 배출되고, 빵 하나를 먹어도 생산과 운송 과정에서 탄소가 나온다.

사람들의 행동심리를 이해할 필요가 있다. 기후-생태위기의 심각성이나 행동변화 필요성에 원론적으로 동의하면서도 '자신의' 행동을 바꾸기 싫어하는 사람들이 많다. 2021년 말, 세계 10개국 시민들을 조사한 결과가 발표되었다.[127] 엄격한 환경규제에 대다수가 찬성했지만(76%), 자기 습관을 바꿀 필요성을 못 느낀다

(46%), 개인이 노력한다고 효과가 있을 것 같지 않다(39%), 기후—환경문제를 생각할 여력이 없다(33%)라는 응답이 나왔다.

또한 지구환경을 보전하기 위해 어떤 점을 우선시해야 하는가, 하는 질문에 대해 폐기물을 줄이고 재활용을 늘려야 한다(57%)가 제일 높았지만, 개인의 행동변화가 크게 필요한 부분에는 찬성도가 낮았다. 승용차보다 대중교통 이용(25%), 비행기 여행 줄이기(23%), 석유 자동차 금지(22%), 육식 줄이기(18%), 국제무역 감소(17%)의 순이었다. 요컨대, 저비용 행동에는 찬성했지만 개인적으로 희생이 필요한 고비용 행동에 대한 지지는 낮았다.

그렇다면 개인이 어떤 행동을 취해야 하는가. 개인적 실천과 시스템 변화가 연결되려면 무엇이 필요한가.

우선, 자신의 행동이 어떤 구조 속에서 행해지는지를 객관적으로 인식할 수 있어야 한다. 이것을 '미시적 행동의 거시적 맥락화'라고 불러보자.[128] 눈앞의 나무만 보지 말고 날개를 달고 하늘 높이 올라가 세상을 전체적으로 조망하는 눈을 키울 필요가 있다.

한국인은 기후변화에 대해 구체적인 행동보다 '환경적 행동'을 위한 전면적 변화를 설득하는 메시지에 더 잘 반응한다고 한다. 에너지 절약이나 탄소배출 감축 방법 등 깨알 같은 행동수칙보다, 더 높은 차원의 사회적 메시지가 포함된 종합적인 환경 캠페인이 더 효과적일 수 있다는 뜻이다.[129] 큰 틀에서의 패러다임이나 '삶의 혁명'과 같은 추상적 호소에 더 큰 울림을 느끼는 한국인의 사회심리적 특성을 감안해야 한다.

미시적 차원의 행동영역에는 개인적 환경실천, 녹색과 관련된 수익사업, 기후위기에 초점을 맞춘 활동, 본격적인 사회-생태 전환 운동 등이 복잡하게 모여 있기 마련이다. 논리적으로 다소 산만한 상황이라 해도 대화와 토론을 통해 생각의 진화가 일어나도록 이끄는 것이 생활정치의 본령이다. 큰 희생 없이 실천 가능한 '저비용 행동'이라도 일단 시작하는 것이 의미가 있다. 한가지 행동을 하면 '긍정적 행동 파급효과' 덕분에 '고비용 행동'으로 이어질 가능성이 있기 때문이다.[130]

거버넌스의 모든 수준에서 개인의 미시적 행동이 일상생활의 제도와 연결되는 채널을 만드는 일도 필요하다. 예를 들어, 전기자동차로 이루어진 촘촘한 대중교통 체계를 갖추되, 그것과 도심의 승용차 진입제한 정책을 커플링하는 일은 지자체 차원에서 시도해볼 수 있는 제도다.[131]

앞에서 강조했듯이 전환을 위해 미시적 차원에서 규범, 문화, 인식과 같은 비공식적 제도에 개입하는 것도 중요하다. "아무리 강력한 정치구조가 존재하더라도 일단 비공식적 제도들이 형성되면 그 사회의 지성적 유산이 되기 때문에 시간이 지나도 영향력이 줄지 않는다. (…) 사회적 규범과 가치에 기반하여 무엇이 바람직하고 무엇이 바람직하지 않은지를 사회적으로 인식하는 것이 사회경제적 전환이 일어나는 방식에 근본적인 영향을 끼친다."[132] 환경교육, 생태교육, 인권교육, 민주시민교육, 세계시민교육, 평생교육에서 '인류세의 교육 상상'을 적극적으로 시도해야 한다.

전환을 위한 실천에서 몇가지 기억할 점이 있다. 우선 환경문제와 인권문제가 '교차'하는 경향이 있다는 사실이다(교차성). 취약계층은 숨 쉬는 공기의 질에서부터 차별을 받기 쉽다.[133] 서민들의 거주지역은 회색 공간으로 둘러싸여 있기 십상이다. 소수자는 팬데믹과 같은 상황에서 더욱 소외되곤 한다.

그리고 사람들은 자신이 처해 있는 경제적, 사회적, 문화적 '위치'에 따라 환경이나 생태 이슈에 대한 거리가 달라진다(위치성). 생계를 걱정해야 하거나, 성장 과정이나 생활 속에서 녹색가치를 접할 기회가 없었던 사람이 어느 날 갑자기 생태환경 실천에 나서기는 어렵다. 성격 탓에 자기 삶의 작은 부분에서 조용한 행동을 선호하는 사람도 있을 수 있다. 녹색 이슈를 여유 있는 사람들의 전유물이라고 믿는 이들도 적지 않다. 이처럼 천차만별의 개인적 '위치'를 사회학적 상상력으로 이해하면서 녹색실천을 안내할 필요가 있다.

마지막으로, 사회계와 생태계가 이어져 있는 시스템이 곧 사회-생태계라는 기본적 사실을 거듭 상기해야 한다(연계성). 탄소자본주의 물질대사의 특성 때문에 사회계에는 극심한 불평등이, 생태계에는 생물다양성 상실이 함께 발생했다. 이 때문에 사회계를 위해서는 재분배Redistribution, 생태계를 위해서는 재생Regeneration, 즉 연계된 '2-R'이 필요하다. '재분배와 재생'을 사회-생태 전환의 키워드로 삼을 수도 있을 것이다.

개인의 '환경실천' 리스트에 불평등 해소나 체제 전환을 위해 노력하자는 내용이 포함되는 경우는 거의 없다. 예를 들어, 환경구호에 "복지정책을 위한 세제개혁에 찬성합시다"라는 항목이 들어가는 것을 상상할 수 있는가. "소비를 대폭 줄이고 녹색소비를 실천합시다"와 같은 항목조차 잘 등장하지 않는 게 우리의 현실이다.

　바로 이 점이 문제의 핵심이다. 우리의 환경담론이나 기후대응 활동에는 사회경제 시스템이 근본적으로 방향전환을 해야 한다는 원칙이 사라지고 변죽만 울리는 '녹색행동 캠페인'이 가득하다. 기본 방향성이 확실히 서야만 전환에 필요한 적절한 행동이 나올 수 있다. 이를 위해서는 전환을 위한 '가치관'이 바로 서야 한다.

전환을 위한 가치관

　인간의 행동과 선택은 결국 세상을 바라보는 관점과 가치관에 의해 좌우된다. 사회-생태 전환에 있어서도 마찬가지다. 환경법학자 니콜라스 로빈슨Nicholas Robinson은 인류세를 맞아 우리가 익숙하게 알던 규범체계와는 전혀 다른 가치관으로 법체계를 재구성하자고 제안한다. 모든 법질서는 사람들의 가치관에서 출발하여 구속력 있는 법제도로 발전한다. 전환을 위한 규범적 나침반 역할을 할 수 있는 '로빈슨의 원리'에는 생명애, 협력, 회복력, 선견, 충족, 행복, 정의의 일곱 차원이 있다.[134]

① 생명애生命愛 원리
　'생명애'biophilia란 모든 생명들과 가까워지고 싶어하는 강렬한 충동, 자연적으로 우러나오는 생명계와의 친화성을 뜻한다. 에드 워드 윌슨Edward O. Wilson에 따르면 생명애란 "생명 그리고 생명과 유사한 과정에 주목하려는 내적 경향"이다. 사람은 젖먹이 시절 부터 "살아 있는 생물과 무생물을 구분하는 법을 배우면서, 마치 불빛에 부나방이 모여들듯 생명체에 이끌린다." 그러므로 "우리 가 인간 외의 생명체를 이해하면 할수록 우리는 그들 및 우리 자 신을 더욱 소중하게 여길 수 있다."[135]

인간과 자연이 생명애의 원리로 연결되어 있다는 '하나의 건 강'One Health 개념을 보자. 2019년 10월 '하나의 행성, 하나의 건강, 하나의 미래'라는 제목으로 채택된 '베를린원칙'은 "동물과 환경 과 인간사회의 복잡한 연결성" 때문에 발생하는 각종 인수공통감 염병에 대처해야 한다고 선언했다.[136] 동물을 죽이거나 서식지에 서 쫓아내면 생명애의 정신에 반하고 결국 인간에게도 피해가 돌 아온다는 것이다.

베를린원칙이 발표된 지 두달 만에 코로나가 세상을 덮쳤다. 너무나 비극적인 우연의 일치였다. 프란치스코 교황이 "중요한 것과 하찮은 것을 선택할 시점, 꼭 필요한 것과 그렇지 않은 것을 구분할 순간"이라고 표현했던 팬데믹 사태로부터 우리는 생명애 의 교훈을 얻어야 한다. '땅'과 '흙'으로부터 멀어진 도시 거주인 들의 생명 감수성을 높이는 것이 전환의 필수요소가 되었다.

모든 생명과 조화를 이루면서 세상을 보살필 책무를 강조하는 종교와 전통도덕의 가르침에서도 생명애 원리를 찾을 수 있다.[137] 도덕적, 정치적, 경제적 행위와 사회질서가 매일의 감정적 상호작용을 기초로 이루어지므로 생명의 원천과 슬픔에 대한 도덕 감정을 다시 살려야 한다는 사회학자 한상진의 통찰도 기억해야 한다.[138]

또한 '생명 사랑'을 가로막는 가장 큰 장애가 돈과 수익을 생명보다 귀하게 여기는 '자본 사랑'인 점도 잊어서는 안 된다. 결국 기후−생태위기는 '생명애'와 '자본애'capitalophilia, 둘 중 어느 쪽을 선택할 것인가를 둘러싼 가치관의 대결이 그 바탕에 깔려 있는 문제이기 때문이다.

② 협력 원리

인간은 생존과 번영을 위해 상호성에 입각한 협력이 중요하다는 것을 오랫동안 인정해왔다. 『논어』를 보자. "내가 원하지 않는 것을 남에게도 베풀지 말라." 그렇게 하면 "나라에서도 원망받는 일이 없을 것이며 집에서도 원망받는 일이 없을 것이다." 즉 공적, 사적 영역에서 상호성이 바탕에 깔려 있어야 세상이 제대로 돌아갈 수 있다는 뜻이다.[139] 유엔헌장은 1조에서부터 국제협력을 강조하며, 세계인권선언의 29조는 자신이 속한 공동체에 대한 의무를 상기시킨다.

인류세를 맞아 협력 원리는 더욱 주목받아야 할 덕목이다. 흔히 재난은 무질서, 혼란, 각자도생의 이미지를 떠올리게 한다. 그러나 허리케인 카트리나가 덮쳤을 때 오히려 친사회적 행동이 나타났다. 범죄율이 줄고 사람들이 침착하게 행동했으며 서로 물품과 서비스를 공짜로 나누고 공유했다. "재난은 사람들 내면에서 최선의 것을 이끌어낸다."[140]

상호성 중에서도 '강한 상호성'이 필요하다. 사회 전체를 위해 협력하지 않는 개인과 집단에 대해서는 확실한 제재가 있어야 하고 무임승차를 방지할 수 있어야 한다. 파리기후협정이 흔히 비판받는 이유가, 각국이 자발적으로 온실가스 감축분을 결정할 수 있도록 하는 약한 상호성 원리에 기반을 두었기 때문이다.

극도의 경쟁이 상식처럼 되어 있는 한국에서 고도의 협력이 필요한 사회-생태 전환이 잘 진행될 수 있을지 고민해봐야 한다. 경쟁에 지쳐 스트레스를 받고 있는 한국인들에게는 기후나 생태 이슈에 관심을 갖게 할 수 있는 사회적 기반이 먼저 필요하다고 생각된다.[141]

③ 회복력 원리

인류세에 흔히 나타나는 재난 앞에서 개인과 사회가 다시 일어설 수 있는 역량을 갖추는 것이 '회복력'이다. 회복력을 지키려면 사람들의 사회적 행동을 유도할 규범이 필요한데 그중 대표적인 것이 '사전주의 원칙'이다. 과학적으로 증거가 다소 부족하더라도 리스크가 있을 때에는 미리 대비를 해야 한다. 환경 관리, 산불예방, 태풍 대비, 재생가능 자연자원 보존, 재난 대비 상호부조, 집단 풍수해 보험도 이런 조치에 속한다.

회복력은 도시와 같은 밀집 거주지에서 특히 중요하다. "대책 없이 화석에너지를 사용하여 대부분의 이산화탄소를 방출함으로써 파국으로 치닫는 배출형 도시"와 "친환경적이며 회복 가능한

순환형 도시" 사이에서 우리는 어떤 선택을 해야 하는가.[142]

집단적 기억을 되살리면서 역사적 교훈을 강조하는 것도 회복력을 유지하는 데 도움이 된다. 2011년 일본 후쿠시마에서 발생한 지진해일로 초대형 원전사고가 발생했다. 그런데 이미 400년 전 1611년에 후쿠시마에 해일재난을 경고하는 기념비大津浪記念碑가 세워졌다는 사실은 회복력 서사의 역사적 전승이라는 측면에서 우리에게 시사하는 바가 크다.

④ 선견先見 원리

인간집단이 역사적 경험으로부터 교훈을 얻어 앞날을 예측하고 거기에 맞춰 현재의 생각과 행동을 조절하는 자세가 '선견'foresight이다. '깊이 생각하고 멀리 내다본다'는 심모원려深謀遠慮와 비슷한 의미다. 선견은 예언과 다르다. '예언'이 어떤 신비한 예지력에 의존하는 개별적 행위라면, '선견'은 경험이 쌓여 형성된 데이터로부터 일정한 패턴을 발견하여 그것을 앞으로 닥칠 상황에 투사하는 집단적 지혜를 말한다.

인류세를 맞아 과거-현재-미래를 통시적으로 바라봐야 할 필요성이 늘었다. 개인의 눈앞에 닥친 단기적 '위험'뿐만 아니라, 인간과 자연이 처해 있는 미래의 확률적 '리스크'를 항상 의식해야 한다. 선견 원리는 우리에게 개연성과 통계적 확률의 눈으로 미래를 바라보아야 함을 일깨운다. 현재의 경제성장 방식이 초래할 수 있는 결과를 선견 원리로 독해할 수 있어야 한다.

1993년에 환경영향평가법을 제정한 목적도 "환경에 영향을 미치는 계획 또는 사업을 수립·시행할 때에 해당 계획과 사업이 환경에 미치는 영향을 미리 예측·평가"하기 위해서였다(제1조). 이처럼 선견을 강조하는 환경영향평가^{EIA} 제도는 약 반세기 전에 시작된 이래 전세계 거의 모든 나라에서 활용하는 환경정책 도구가 되었다.[143]

⑤ 충족 원리

연구에 따르면 인간에게는 자기 욕구를 채우면서도 타인의 욕구 충족을 위해 자신의 것을 내어줄 수 있는 '나눔'의 역량이 있다고 한다. 욕심을 부리지 않고 더불어 함께 욕구를 채울 줄 아는 능력을 '충족'^{sufficiency} 원리라고 한다.

충족을 정책적으로 실천하려면 분배정의를 통해 상품과 용역을 공평하게 나누어야 한다. 장기적 목표를 위해 자연자원을 탐욕 없이 잘 이용하는 것이 중요하다. 나눔 원리를 자연환경과의 관계에 적용하려는 것이 '자연의 권리' 아이디어다.

생태사상가 볼프강 작스$^{Wolfgang Sachs}$는 충족 원리를 '4-D' 개념으로 설명한다.[144] 첫째, '느림'^{Decelerate}이다. 속도를 줄이고 주변을 돌아봐야 한다. 둘째, '줄임'^{Declutter}이다. 한없는 소비에 매달리지 않아야 한다. 셋째, '분산'^{Decentralize}이다. 지역과 로컬과 풀뿌리가 중요하다. 넷째, '탈영리'^{Decommercialization}다. 돈만을 목적으로 하지 않는 삶을 추구한다.

충족과 나눔 원리가 없다면 사회계와 생태계에 낭비와 소진이 발생할 뿐이다. 인류세에는 어떤 욕구를 어느 수준에서 충족시키는 편이 좋은지를 결정하는 일이 극도로 중요해졌다. 충족과 나눔 원리는 한국에서 극히 민감한 이슈인 공정에 관한 규범에도 영향을 끼친다.

⑥ 행복 원리

우리는 GDP로 환산되지 않는 삶의 만족과 안녕wellbeing을 생각해야 하고, 경제성장을 넘어선 어떤 충족치를 상상할 수 있어야 한다. 이런 문제의식에서 '행복'을 공적 의사결정의 원리로 삼기 위한 시도가 많이 등장했다.

경제학자 리처드 레이어드Richard Layard는 개개인이 느끼는 장기간의 평균적 행복도를 높이고 불행을 낮추는 것을 국가의 최우선 과제로 삼아야 한다고 주장한다.[145] 특히 삶에서 물질적 충족과 비물질적 충족을 조화시키기 위한 노력이 전일적 행복의 전제가 된다.

예를 들어, 부탄에서는 심리적 안녕, 건강, 교육, 문화, 가족과 문화생활과 수면을 위한 시간, 좋은 통치, 공동체의 활력, 생태적 다양성과 회복력, 생활수준 등의 기준으로 '행복'을 측정한다.

⑦ 정의 원리

정의를 향한 갈구는 인류역사에서 오랫동안 진화해온 방향성이다. 3장에서 봤듯이 최근 환경권이 주요하게 부각되는 것은 정의의 원리가 인류세의 조건에 맞춰 진화하고 있다는 증거다. "인간은 자기 사회 내에서 그리고 다른 사회와의 관계에서 정의로워야 한다. 그래야만 인간과 자연의 관계에 있어서 정의롭고 생태적으로 균형 잡히고 조화로운 청지기 직분을 수행할 수 있기 때문이다."[146]

사회−생태 전환을 위해 인권이 할 수 있는 가장 큰 기여는 환경문제를 발생시키는 가해주체의 책임을 묻고 전환의 장애물을 억제하는 일이다.[147] 정의 원리에 따른 인권의 강력한 뒷받침이 없으면 전환은 불가능에 가깝다. 그런데 이 책에서 일관되게 주장했듯이 인류세의 인권은 '인간'만의 권리가 아니라 '자연의 권리'로까지 확장된 새로운 권리체계를 뜻한다.

자연의 권리와 동물권, 세대내 정의와 세대간 정의, 약자계층과 소외계층과 에너지 빈곤계층을 위해 사회권을 통한 불평등 해소, 미래세대를 위한 녹색미래 권리 보장, 사회다양성 보호, 문화다양성 보호, 지역공동체와 토착민 보호, 환경운동가 보호, 에코사이드와 제노사이드 범죄 처벌, 막개발에 대해 '아니오라고 말할 수 있는 권리', 환경친화적 노동조건을 요구할 권리, 생태교육을 받을 권리 등 전환의 고비고비마다 인권이 수행해야 할 역할이 수없이 많다. 유럽연합에서는 2021년에 제품을 '고쳐 쓸 권리법'이 발효되었을 정도다.

환경운동에서 인권운동의 캠페인 전략인 '이름 불러 창피주기' naming and shaming 방안을 활용하자는 제안도 나왔다.[148] 마치 태풍에 이름을 붙이듯 기상이변 사태가 오면 기후위기에 책임이 있는 기업체 이름을 붙여 경각심을 주자는 아이디어다. 예를 들어, 엑슨모빌 폭염, 셰브론 태풍, 셸 가뭄, BP 산불이라고 부를 수 있을 것이다. 한국에서도 이런 캠페인을 활용할 수 있을지 상상해보면 좋겠다.

4장을 마치며

2021년 8월 국회에서 '기후위기 대응을 위한 탄소중립·녹색성장 기본법'이 통과되었다. 탄소중립과 녹색 '성장'을 함께 추구하겠다는 법이 탄생한 것이다.[149] 기후위기에 대응하겠다는 법에서조차 '성장'이라는 표현을 썼다는 점에서 성장주의의 뿌리가 얼마나 깊은지 실감할 수 있었다. 전환의 거시적 방향성에 맞춰 법과 제도를 만드는 일이 얼마나 어려운지 드러난 순간이기도 했다.

1972년에 나온 『성장의 한계』 마지막 부분에 로마클럽 집행위원회의 '총평'이 실려 있다. 그중 한 구절은 마치 지금 이 순간을 위해 쓰인 것 같다.

우리의 현상황은 (…) 인간의 다면적 활동의 결과이므로 순수하게 기술적, 경제적, 또는 법적 조치만으로는 절대로 실질적 개선을 이룰수 없다. 성장의 목표가 아니라 균형의 목표 쪽으로 사회의 방향성을 재조정하려면 완전히 새로운 접근방식이 필요하다. 사회를 그런 방향으로 재조직하려면 상황에 대한 이해력, 상상력, 정치적·도덕적 결의를 최고수준으로 발휘해야 한다.[150]

현재 우리는 기후위기와 신종감염병의 이중적 공격을 온몸으로 실감하고 있다. 전자는 탄소자본주의의 결과고, 후자는 환경 훼손과 생태계 교란의 결과다. 이런 상황을 객관적으로 볼 때 사회-생태 전환은 논리적으로 자연스럽고 당연한 주장이다. 그런데도 이런 제안을 비현실적인 공상으로 치부하는 분위기가 전사회에 짙은 안개처럼 퍼져 있다. 그러나 우리 시대의 방향성을 고민하는 사람이라면 유연한 상상력을 발휘하여 우리가 당연시하는 전제를 넘어서 생각할 수 있어야 한다.

'소비의 회랑'을 예로 들어보자. 그런 개념이 인간의 자유를 제한한다는 비판이 있다. 과연 그런가. 앞에서 예로 들었던 연봉의 최저치 '바닥'과 최대치 '천장' 사이를 거리로 환산하면, 바닥을 사람 키 170센티미터로 잡았을 때 천장까지 15미터가 나온다. 천장이 15미터나 되는 회랑을 걸으면서 그것이 너무 낮아 답답하다고 여길 사람이 많겠는가.

이 장에 나온 전환 아이디어들은 현재의 사회경제 시스템을 고수하려는 눈으로 본다면 세상 물정 모르는 제안이라 생각되겠지만, 대다수 사람들에게는 오히려 덜 팍팍한 삶을 그려보는 즐거운 상상여행의 출발점이 될 수 있을 것이다. 나는 그렇게 믿고 싶다.

나오며

"바야흐로 끝이 시작되었다
춤추고 노래하자 안팎의 새것을 마중하자
이번이 마지막 끝일지도 모른다
이 시작이 처음일지도 모른다
어쩌면 이 첫 시작이 마지막일지도 모른다"
　　　　　—이문재 (「끝이 시작되었다」『혼자의 넓이』 중에서)

"이 시대는 지구의 상처를 치유하고 다양한 생명이
어울려 살 만한 곳으로 회복시키고자 노력하는 사람을 필요로 한다."
　　　　　　　　　　　　　—정병호

기후-생태위기로 세상이 어떻게 될 것인가. 나를 포함해서 많은 사람들이 궁금해하는 바다. 질문에 답하기 전에 우리가 처한 상황을 한번 더 짚어보자.

2021년 국제적으로 저명한 과학자들이 『환경보전과학』 학술지에 「소름 끼치는 미래를 피하기 위한 방안」을 발표했다.[1] 연구의 질문은 다음과 같았다. 생물다양성 상실, 6차 대멸종, 생태용량 초과, 그리고 지속가능발전 목표 중 '깨끗한 물과 위생'SDG-6, '기후행동'SDG-13, '해양생물 보호'SDG-14, '육상생물 보호'SDG-15 등이 왜 실패했는가. 이런 문제들을 사회경제적 요인들과 함께 다루지 않았고, 정치적 무능과 우파 포퓰리즘의 문제가 겹쳐졌기 때문이라는 답이 나왔다.

그 결과 지구의 생명유지장치에 큰 문제가 발생했다. 환경의 지탱역량이 떨어졌는데도 기술을 통해 인위적으로 식량을 증산하고 자연자원을 강탈했으므로 지탱역량이 더욱 악화되었다. 이런 상태가 영원히 지속될 수 없다. 어느 시점이 되면 둑이 터지듯 재앙이 발생할 개연성이 쌓이고 있다.

논문의 저자들은 이런 것들이 미래세대에게 빚더미를 넘겨주는 "생태 다단계판매"와 같은 사기극이라고 비판한다. '환경이냐 경제냐' 하는 식의 구분은 잘못된 이분법이며, '생태용량 초과를 막을 것이냐 재앙이냐'가 정확한 질문이다. 논문은 다음과 같이 결론을 내린다.

현상황의 엄중함은 전지구적 자본주의, 교육, 평등에서의 근본적인 변화를 요구한다. 항구적인 경제성장론의 폐기, 경제 외부효과의 적절한 비용계산, 화석연료의 신속한 퇴출, 시장과 재산취득의 엄격한 규제, 기업의 로비 통제, 그리고 여성의 자력화와 같은 변화가 필요하다.[2]

사회운동가가 아닌 과학자들이 이렇게 주장할 정도로 심각한 상황인 것이다.

4장에서 소개한 도넛 경제학의 기준으로 각국 현황을 조사한 연구도 최근에 나왔다.[3] 1992~2015년 사이, 100만명 이상 인구를 가진 148개국 중에서 자연자원을 과소비하지 않으면서 국민의 기본욕구를 충족시킨 나라가 전무했다. 자원은 자원대로 낭비하면서 기본욕구는 채우지 못한 것이다. 사회적 욕구의 충족 속도보다 자연자원의 소진 속도가 빨랐다. 선진국들이 더 심했다. '생태적 천장'을 넘지 않으면서 '사회적 기초' 아래로 떨어지지 않는 목표를 달성한 나라가 한 나라도 없다는 사실은 지구행성이 처해 있는 암울한 현실을 잘 보여준다.

한국은 어떤 상태일까.[4] '생태계 천장'은 이산화탄소, 인과 질소, 생태발자국, 물질발자국 등 5개 항목을 초과했으며, '사회적 기초'는 사회적 지지, 삶의 만족도, 그리고 평등의 3개 항목이 미흡한 것으로 조사되었다. 한국처럼 생태계 천장의 5개 항목을 초과한 나라는 독일, 일본, 영국, 이탈리아, 네덜란드, 스웨덴이었고, 가장 많은 항목을 초과한 나라는 미국, 스페인, 포르투갈, 그리스였다.

이 연구의 핵심 메시지는 '생태적 과잉과 사회적 미흡의 동시 진행'이라 할 수 있다. 인간의 사회경제 시스템이 사회−생태계의 균형을 깨트렸다는 뜻이다. 사회생태 사상가 머레이 북친^{Murray Bookchin}은 이 점을 다음과 같이 비판한다.

> 오늘날 우리가 직면한 극심한 생태계 교란의 핵심에는 경제적, 민족적, 문화적, 젠더적 갈등이 도사리고 있다. (…) 사회에 속속들이 배어 있는 서열적 사고방식과 계급관계로 인해 [인간이] 자연세계를 지배할 수 있다는 관념이 만들어졌다.[5]

인간 삶의 양식을 떠받치는 사회경제 시스템의 '생산−소비' 과정에 고장이 나서 지구행성이라는 조그마한 생명공간에 지속불가능한 압박이 가해지고 있는 것이 현상황이다. 그렇다면 원래 질문으로 돌아가보자. 기후−생태위기로 세상이 어떻게 될 것인가.

위기의 본질

기후─생태위기를 예측하기 위해 참고할 수 있는 정보가 있다. 기후변화에 관한 정부간 협약체^{IPCC}에서 발표한 '공통사회경제경로'^{SSP}가 그것이다.[6] 공통사회경제경로는 2100년까지 전세계 사회경제적 변화를 그려보는 모델이다. 여러 사회경제적 요인들의 조합에 따라 기온이 얼마나 오를지를 시뮬레이션한다. 최선부터 최악까지 다섯가지 시나리오가 있는데 현실적으로 중간 정도가 될 가능성이 크다고 한다.

2021년 11월 글래스고 기후변화협약 당사국총회^{COP26}에서 각국의 온실가스 감축목표를 합산해보니 2099년의 예측치가 2.4~2.7도에 달했다. 2033년에 1.5도를 넘고, 2060년에 2도를 찍을 것이라는 연구도 나왔다. 세기말까지 1.5도 이내로 억제하자는 목표보다는 훨씬 높고, 제일 나쁜 시나리오인 4.5도보다는 낮은 예상치다. 최선도 최악도 아닌, 답답하고 불안하고 불확실한 길로 가고 있다.

세기말 2.5도의 경로를 밟는다면 어떻게 될까. 2050년까지만 상상해보자. 극한기상이변이 더 많이 발생하리란 것은 기정사실이다. 폭염, 가뭄, 때아닌 태풍, 장마, 집중호우, 혹한, 연안지역과 저지대의 잦은 침수, 미세먼지 그리고 기타 예상치 못했던 재난의 빈도가 늘어난다. 고온건조한 겨울로 '대형산불 특별대책기간'이 길어지고, 원전의 안전성 우려가 제기된다. 자주 물에 잠기는 동네나 산불 다발지역에는 부동산 거래가 끊기고 보험을 들기 어려워진다. 소비자와 기업에 기후 관련 정보를 제공하는 회사들이 생긴다. 코로나 후에도 또다른 신종감염병과 항생제 내성 질병이 자꾸 나타나고, 신장질환을 포함한 각종 건강문제가 늘어난다. 식량 수급에 문제가 생기고, 전기세와 식료품비와 물가가 오른다. 커피는 고급 와인 비슷한 고가품이 된다. 에너지 공급에 문제가 생겨 대정전이 오거나, 가뭄으로 단수 사태가 벌어질 수도 있다.

자국우선주의와 보호무역 경향이 늘어나면서 글로벌 공급망이 흔들린다. 그리고 재생에너지·전기차 생산에 필요한 니켈, 코발트, 리튬, 망간, 희토류와 같은 녹색광물을 조달하기 어려워진다. 노후 태양광 패널과 배터리 폐기물이 새로운 공해문제로 등장한다. 탄소감축과 에너지 전환 때문에 좌초자산을 둘러싼 금융 섹터의 리스크가 높아진다. 전세계 차원에서 에너지 자원을 놓고 '에너지 신지정학'의 갈등이 폭발할 가능성도 크다.[7] 기후난민들이 한국에 도착하여 큰 사회적 논쟁이 벌어진다. 심지어 기후재난이나 감염병이 선거와 같은 민주주의의 핵심 제도를 '직접' 공격할 수도 있다.[8] 이런 와중에도 신기술과 신산업이 치고 올라와 호황을 구가하는 일부 계층이 생기는가 하면, 생활고로 신음하는 다수 계층이 늘어날 것이다.

사람들은 자신이 직접 재난을 겪지 않는 한 위기를 대수롭지 않게 여기기 쉽다. 미국에 아무리 산불이 번져도, 중국에 아무리 폭우가 쏟아져도, 한국이 난리를 겪지 않으면 그만이다. 작년에 폭염이 왔지만 올해에 괜찮다면 어느새 경각심이 사라진다. 인류세에는 확률, 추세, 평균치, 지속가능성, 공존의 관점에서 삶을 계획해야 하는데도 실제로 그렇게 하는 사람은 드물다. 정치인들 역시 기후-생태위기를 되레 악화시킬 지속불가능한 정책을 선거공약으로 계속 내놓을 것이다.

각자도생이 더 심해질 것이라는 추측도 나온다. 생활고로 대중의 불만이 높아지면 온갖 궤변과 혹세무민하는 주장이 판을 치고, 손쉬운 문제해결을 약속하는 위험한 정치인과 추종자들이 등장할 수 있다. 위기의 본질과 상관없는 논쟁이 일어나고 특정집단을 희생양으로 삼아 혐오하고 차별하는 경우가 늘어난다. 이런 경향이 심해지면 민주정치가 권위주의 경향으로부터 공격받고, 급진주의 경향으로부터 외면받는 위험한 상태에 빠질 수도 있다.

요컨대, 대폭 늘어난 재난과 불확실성 그리고 극심한 불평등이 결합된 세상, 삶의 질이 계속 팍팍해지면서도 기술적 편리함과 적응력이 악착같이 높아지는 역설의 세상, 혼란의 와중에도 (겉으로는) 그럭저럭 돌아가는 것처럼 보이는 세상, 이것이 내가 예상하는 30년 뒤 세상의 모습이다. 1.5도의 경로를 따른다 해도 지금보다 상황이 더 좋아지지는 않을 것이다. 그런데도 이런 현상들이 전체적인 맥락에서 파악되지 않고 개별적 사건으로만 다뤄지기 쉽다. 인식의 파편화, 그리고 근본원인을 외면하는 구조적 시각의 결여가 기후-생태위기 시대의 특징적 경향이다.

상황이 나빠지지만 지금과 비슷한 외양의 세상이 계속되므로 사람들이 그런 상태를 자연스럽게 여기는 '하향식 정상화'가 일어난다. 서서히 뜨거워지는 냄비 안의 개구리를 상상해보라. 후속세대가 그 전세대의 생활조건을 기억하지 못하는 '세대간 기억상실'intergenerational amnesia 도 크게 작용한다. 요즘 눈으로 보면 '저런 세상에서 어떻게 사나' 싶을 정도라도 사람들은 어찌됐든 살아갈 것이다.

이런 일들이 벌써 나타나고 있다. 2019년 시점에서 보아 '저런 세상에서 어떻게 사나' 싶었을 정도의 바이러스 사태가 발생했지만 사람들은 어쨌든 계속해서 일상을 살았다. 극단적인 상상을 해보자. 앞으로 만에 하나 방독면 착용이 의무화되더라도 우리는 거기에 맞춰 살아갈 것이다. 인류학자 브뤼노 라투르 Bruno Latour 는 "위기가 지속되면 일종의 생활양식이 된다"고 지적한다.[9] 그런데도 근본적인 변화의 목소리는 지금이나 그때나 많이 나오지 않을 것이다. '진짜' 위기는 미래에 닥칠 어떤 '극적인' 사건으로만 상상된다.

하지만 '언젠가 나중에' 물리적인 세상 종말이 오는 것이 아니다. 코로나로 세상 뜨고, 폭염으로 사망하고, 수해로 농사를 망치고 가건물에서 기거하는 사람들에게는 억울한 종말이 이미 찾아왔다. 피라미드의 밑변에 속한 계층부터 먼저 피해를 당하면서 그런 경향이 점점 위쪽으로 퍼질 것이다. 기후-생태위기는 날벼락처럼 덮치는 것이 아니라 에스컬레이터처럼 서서히 올라오는 현상이다. 그런 현실을 접하면서도 그것의 의미를 읽지 못하는 ─ 또는 왜곡하는 ─ 사람이나 세력이 지금이나 그때나 많이 나올 것이다. 사회적 렌즈와 인권-정의의 기준이 없으면 위기의 본질이 영원히 보이지 않을 것이며, 설령 보인다 해도 그것을 해결하려고 하지 않을 것이다.

2021년 말, 퓨리서치센터가 선진국 17개국의 국민 1만 9000명을 대상으로 실시한 여론조사 결과가 발표되었다. "무엇이 삶을 의미 있게 하는가"라는 질문에 14개국이 가족을 1순위로 꼽았고, 스페인은 건강, 대만은 사회를 1순위로 꼽았다. 오직 한국에서만 충분한 수입 등 '물질적 풍요'를 1순위로 꼽았고, 그다음으로 건강, 가족, 지위, 사회를 선택했다.[10]

한국인들이 무조건 돈만 최고로 여긴다는 식으로 이 결과를 해석하는 것은 신중해야 한다. 물질적 기반이 있어야 건강이나 가족을 지킬 수 있다는 경험에서 우러나온 절박함의 반영일 수 있기 때문이다. 또한 국가와 사회가 개인들을 각자도생의 길로 몰아왔다는—그만큼 복지체제가 허약했다는—방증일 수도 있기 때문이다.

흔히 '정의로운 전환'을 기후위기에서 사양산업 종사자들에게 해당되는 개념으로 이해하지만, 한국의 맥락에서는 전체 사회경제 시스템의 정의로운 전환이 필요하다. 탄소감축을 위한 산업정책의 전환이 시급한 만큼, 빈곤감축을 위한 사회정책의 전환, 그리고 생태회복을 위한 개발정책의 전환이 똑같이 시급하다.[11]

다양성과 공존

사회계에서 인간이 인간을 지배하고, 그 논리를 생태계에 적용하여 인간이 자연을 지배함으로써 발생한 '이중적 지배'의 재앙 때문에 사회－생태 전환이 필요해졌다고 4장에서 설명했다. 이 말을 뒤집으면 인간이 인간을 지배하지 않고, 인간이 자연을 지배하지 않는 '이중적 공존'이 사회－생태 전환의 목표가 되어야 한다.

공존 ── '함께 존재' ── 하려면 다양성을 인정해야 한다. 다양성에는 여러 차원이 있다.

첫째, '사회다양성'은 피부색, 연령, 국적, 인종, 다문화, 소수자, 장애, 젠더, 지역 등 인간의 사회계를 구성하는 여러 차원에서의 귀속성과 정체성을 일컫는다.

둘째, '문화다양성'은 인간집단의 다양한 역사, 언어, 전통, 생활습속, 대중문화, 집단정체성과 삶의 양식을 일컫는다.

셋째, '생물다양성'은 생물의 유전적 다양성, 생물종 다양성, 그리고 생태계 다양성을 일컫는다.

넷째, 생물다양성과 문화다양성이 함께 연결되어 나타나는 '생물문화 다양성'이 있다.

마지막으로, '번영의 다양성'은, 인간이 행복하게 번영할 수 있는 조건에는 경제성장만이 아니라 다양한 차원이 있음을 강조한다.[12] 덜 물질적인 번영의 길을 찾으면서 자립, 사회, 예술, 정신성의 차원을 넓히려는 기획이다.

'번영의 다양성'을 위해 여러 실험이 등장했다. 미국의 '녹색경제', 중국의 '생태문명', 태국의 '자급경제', 인도의 '지구민주주의', 페루의 '안데스 세계관', 프랑스의 '탈성장', 이탈리아의 '친교경제'[CoE], 쿠르디스탄의 '민주적 경제', 부탄의 '국민총행복', 한국의 '참성장' 등 여러 움직임이 있다.[13]

이런 움직임들의 공통분모는 두가지다. 하나는, 화석연료에 기반을 둔 경제에서 생태 균형에 기반을 둔 경제로 전환한다. 또 하나는, 노동, 교육, 토지가 경제 효율성 논리에 종속되지 않도록 막으면서 "문화, 민주주의, 정의의 가치에 따라 행동할 권리"를 지킨다.[14]

다양성이 왜 필요한가. 단순히 평등해야 한다는 이유만이 아니다. 가장 큰 이유는, 본질적 차원에서, '모든 생명이 생명할 권리'를 갖고 있기 때문이다. 또한 다양한 집단이 있을수록 구성원들의 다양한 학습이 이루어질 수 있으므로 모두의 적응력이 커진다. 그 과정에서 민주주의가 강화되는 이점도 있다. 돈 외에 다양한 번영의 바탕이 있어야 다양한 행복의 가치에 눈뜰 수 있으며, 재난이나 경제 난국 앞에서 고무공 같은 회복력을 발휘할 수 있다.

한 조사에 따르면 한국 초등학교 6학년 학생의 11.6퍼센트, 중학교 3학년 학생의 22.6퍼센트, 고등학교 2학년 학생의 32.3퍼센트가 스스로 공부를 포기한 이른바 '수포자'라고 생각한다고 한다. 경쟁에서 뒤처진 사람을 '루저'라고 경멸하고, 어린 나이에 받은 점수 몇점 차이로 평생의 계급장이 갈리고, 개발의 명분으로 동식물의 서식지를 빼앗을 때, 전체 생명공동체는 아름다운 컬러를 잃고, 탄력성과 회복력을 상실한 무채색의 질료로 전락한다.

이렇게 본다면 '모든 인간과 비인간의 다양성' 보존이야말로 인류세의 거친 바다를 건널 수 있는 든든한 자원이라 할 수 있다. 특히 이 부분에서 사회학적 상상력을 발휘하여 모든 존재의 가치를 인정할 수 있어야 한다. 예를 들어, 특정 종교에서 어떤 소수자 집단을 배척하면 사회―생태위기를 헤쳐 나가는 데 필요한 다양성의 동아줄 하나를 잘라버리는 셈이 된다. 이는 종교의 이름으로 전체 생명공동체에 공격을 가하는 행위다. 성소수자의 차별 문제를 성서적으로 고찰한 신학자 박경미는 급진적 포용주의의 정신으로 "교회 안에서만이 아니라 사회 안에 전혀 다른 인간관계, 전적으로 새로운 사회의 비전이 누룩처럼 번져가게" 해야 한다고 강조한다.[15]

2장의 설명에 덧붙이자면 에코사이드는 비인간집단의 다양성을 없애는 행위고, 제노사이드는 인간집단의 다양성을 없애는 행위라 할 수 있다. 인간과 비인간의 다양성을 '말끔하게' 정리하여 일원성의 세상을 건설하려는 반생명 세력의 뒤틀린 '유토피아적' 폭력이 극단적으로 나타난 현상이 '에코사이드―제노사이드 연계'라 할 수 있다.

사람들이 서로의 존재 권리를 존중하고, 서로 차별하지 않으며, 비폭력적으로 차이를 해소하는 민주적 다양성의 대화를 '수행'할 때, 비인간 생명들을 에코사이드하지 않고, 미래세대를 제노사이드하지 않는 바탕이 마련될 수 있다.

글로벌 남북문제

기후―생태위기 앞에서 이중의 남북문제를 고민해야 하는 나라는 아마 한국밖에 없을 것이다. 글로벌 남북문제와 한반도 남북문제가 그것이다. 우선 글로벌 남북문제를 보자.

코로나 사태를 통해서 명확해진 사실이 있다. 전세계가 서로 의존하고 있지만 글로벌 남반구-북반구의 격차가 너무 크고 이것을 시정하지 않으면 인류 전체가 타격을 받는다는 사실이다. 사회-생태 전환을 해보기도 전에 붕괴가 먼저 일어날 수도 있다.

2020년 3월 11일, 세계보건기구가 코로나19를 '팬데믹'(대유행병)으로 지정하자마자 주요 식량 수출국들이 수출중단을 선언하기 시작했다. 3월 18일 세르비아(밀, 설탕, 식용유), 3월 20일 러시아(밀, 쌀, 보리), 3월 22일 카자흐스탄(밀, 설탕, 감자, 당근, 양파), 3월 24일 베트남(쌀), 3월 25일 파키스탄(양파) 등이 선언에 합류했다. 기후위기와 감염병이 일상이 된 세상에서 이런 사태는 앞으로 언제든 재발할 수 있다. 오미크론 변이바이러스가 백신 접종률이 낮은 남아프리카에서 시작됐다는 사실이 무엇을 의미하는가. 선진국들이 자기만 살겠다고 백신을 독점하면 결국 제 발등을 찍게 된다는 점이다. 기후-생태위기에 대처하려면 국내 불평등과 글로벌 불평등을 함께 다뤄야 한다.

기후-생태위기의 글로벌 불평등은 미디어의 보도에서부터 드러난다. 국제구호단체 케어CARE International는 2021년 1월에서 9월 사이에 국민 100만명 이상이 재난을 당했는데도 국제적인 주목을 거의 받지 못했던 나라들을 조사하여 발표했다.[16] 아프리카의 잠비아와 말라위, 중남미의 과테말라와 콜롬비아 등 빈곤국 10개국이 심각한 인도적 위기 앞에서도 국제사회로부터 철저히 외면당했다.

흔히 '1000억 달러 문제'라고 불리는 기후재정의 예를 들어보자.[17] 2009년 선진국들은 개도국의 탄소감축과 기후적응을 위한 지원 규모를 계속 늘려서 2020년이 되면 매년 1000억 달러 수준에 도달하겠다는 공약을 발표했다.[18] 하지만 약속은 지켜지지 않았다.

개도국은 선진국의 지원이 없으면 저탄소경제로 이행하기 어렵고, 기후위기에 적응하기 위한 투자도 어렵다. 자기들 잘못이 아닌 기후재난에 대해 '손실과 피해' 보상을 요구하는 목소리도 높다. 예를 들어, 역사적 탄소배출 분량 중 아프리카 전체의 책임은 2퍼센트밖에 안 된다. 현재 미국 캘리포니아의 비디오게임 업계에서 소비하는 에너지가 아프리카 전체를 합친 것보다 많다. 이런 배경에서 기후기금 제공 약속을 어긴 선진국들을 상대로 기후소송이 제기될 가능성마저 생겼다.[19]

몇가지 쟁점이 있다. 우선 '기후재정'의 정확한 뜻이 아직 나오지 않았다. 미국과 캐나다는 각국이 알아서 지원금의 의미를 정하자고 한다. 이렇게 되면 원래 제공하기로 되어 있던 개발원조금을 마치 기후 지원금인 양 포장할 가능성이 있다. 기후재정은 별도로 추가 지원해야 한다. 개도국들은 기후재정의 통일된 의미를 정한 뒤 그것을 투명성과 책무성에 입각하여 집행하자고 요구한다.

공적 지원과 민간 재원의 문제도 있다. 민간 자금을 선호하는 선진국 정부들이 많지만, 민간 자금은 수익성이 없는 곳에는 들어가지 않는다. 무상지원(증여)이나 유상지원(차관)이냐의 문제도 있다. 놀랍게도 현재 전세계 기후재정에서 차관이 80퍼센트를 차지한다. 선진국들 때문에 발생한 기후위기의 피해를 구제할 명목의 기금이 빈곤국들을 또다시 채무의 덫에 가둘지도 모른다. 게다가 개도국 중에서도 신용도가 높고 비교적 여유 있는 나라들이 차관을 더 받아 간다. 지원이 간절히 필요한 빈곤국은 여기서도 뒤로 밀린다.

선진국들은 지원금이 주로 탄소 '감축'을 위해 사용되기를 바란다. 그러나 개도국 입장에서는 기후위기에 '적응'하는 문제가 발등의 불이다. 전체 기후재정 중 3분의 2가 감축예산으로 사용되지만 개도국들은 적응기금을 늘려서 감축과 적응의 균형을 맞추고 싶어한다. 게다가 아프리카의 최빈국 30개국 중 녹색기후기금GCF에서 2015~19년 사이 개도국에 제공한 적응기금을 한푼도 못 받은 나라가 13개국이나 된다.

기후위기와 관련된 재정지원 외에도, 생물다양성 밀도가 높은 나라들이 자국의 환경을 보전하면 지구행성 전체에 도움이 되기 때문에 그런 나라에 국제사회가 보상을 해야 한다는 주장이 나온다. 실제로 노르웨이와 독일은 열대우림 보전을 대가로 브라질에 재정지원을 하고 있다.

2021년 7월, 195개국으로 이루어진 유엔무역개발회의UNCTAD에서 한국을 선진국 그룹에 포함시키기로 결정했다. 1964년 기구 설립 이래 개도국에서 선진국으로 지위가 바뀐 최초의 사례다. 선진국 그룹 중 인구 100만명이 넘는 나라는 23개밖에 없다.

한국의 국제적 영향력이 커졌지만 글로벌 남북관계에 있어서 분명한 정체성을 더 키울 필요가 있다. 한국은 다른 나라를 식민지배한 적이 없으므로 개도국에 대해 죄책감은 없는 편이지만, 선진국으로서 책임의식이 크다고 보기는 어렵다. 국제사회는 한국에 대해 글로벌 남북을 잇는 '조정자' 역할을 원한다고 한다.

한국이 글로벌 남북 관계의 주요 행위자가 된다고 해서 북반구 선진국들이 짜놓은 국제개발의 인식적, 제도적 틀을 무비판적으로 받아들여야 한다는 뜻은 아니다. 그렇게 되면 애당초 기후−생태위기를 발생시킨 경제발전 모델을 약간 수정하여 추종하겠다는 것밖에 안 된다. "모든 개별성과 특수성 속에 내재해 있는" 보편적 함의를 세계적 지평에서 펼쳐 보이겠다는 독립지성의 자세로 글로벌 남북문제에 임해야 한다.[20]

한국은 개도국들의 역사적 경험과 콤플렉스, 그리고 경제개발에 대한 열망을 이해하면서, 그들의 입장을 글로벌 남북 관계에서 대변해야 한다. 기후−생태위기 극복을 위한 재정지원에 있어서도 남반구의 친구로서, 'K−연대'의 정신으로 우호적인 조정자 역할을 해야 한다. 2022년 한국이 세계보건기구의 중·저소득 국가를 위한 글로벌 백신 바이오 인력양성 허브가 된 것은 K−연대의 좋은 사례다. 또한 한국이 성장지상주의 노선으로 얻은 것과 잃은 것을 솔직히 개도국 친구들에게 말해주고, 그것이 왜 지속 불가능한지에 관해 진솔한 대화를 나눠야 한다.

한국은 어느새 전세계가 주시하는 나라가 되었다. 해외의 이른바 '선진' 이론으로 한국 사례를 분석하고, 외국의 이른바 '선진적' 사례를 국내에 적용하는 식의 추종적 마인드와 관행으로는 감당하지 못할 문제가 많아졌다. 이제 우리는 모방할 수 있는 선

례가 적은 인류세의 광야에 서서, 지성적·정책적 이니셔티브를
스스로 창안하고 실험하고 개척해야 하는 입장이 되었다.

2050년경을 목표로 하는 탄소중립은 한국전쟁의 한세기가 마
감되는 시점이기도 하다. 그 100년의 시간 사이에 '빈곤의 극복'
과 '자유의 확대'를 넘어 '행복한 공존' 쪽으로 사회−생태적 선
회가 가능했음을 입증한다면 'K-전환'의 경험이 국제사회에 깊
이 각인될 수 있을 것이다. 그것이 한국이 인류사에 기여할 수 있
는 독특하고 매력적인 길이라고 생각한다.

한반도 남북문제

멧돼지가 비무장지대를 넘어 남쪽으로 내려온다. 북쪽의 산이
헐벗어 먹이가 부족해졌기 때문이다. 이렇게 되면 방역문제가 생
길 수 있다. 남북한이 긴밀하게 이어진 생물지역임을 상기시켜주
는 하나의 사례다. 한반도에서 정치지리학적 시선에 생태지리학
적 시선을 추가해야 할 이유가 이것이다.

한반도는 지형 특성상 기후변화에 취약하다. 남북한은 같은 기
후−생태위기 조건을 공유하고 있다. 2022년 통일부 장관은 남북
이 분단되어 있지만 "한반도는 하나의 자연환경, 하늘과 땅과 바
다와 하나의 생태와 기후공동체로 연결"돼 있기 때문에 "기상이
변에 어느 쪽도 안전지대"가 있을 수 없다고 지적하기도 했다. 따
라서 국가환경 종합계획을 세울 때 남한을 넘어서 생각하는 상상

력이 필요하다. 사회-생태 전환의 미래를 구상할 때에도 한반도 남북문제를 빠뜨리면 안 된다.

현재 북한의 환경 상황은 어려운 처지에 놓여 있다. 오스트레일리아의 경제평화연구소IEP가 펴낸 『생태위협보고서 2021』Ecological Threat Report 2021은 전세계적으로 다섯 종류의 생태 위협(식량 리스크, 물 리스크, 인구증가 속도, 이상기온, 자연재난)에 관한 조사 결과를 보여준다. 리스크가 가장 높은 30개 나라(이른바 '핫스팟 국가들')에는 북한도 포함되는데 위협요인들 중 특히 '자연재난' 리스크가 큰 것으로 나타났다.[21] 미국의 노트르담대학이 개발한 전지구적 적응지수ND-GAIN는 기후위기에 관한 사회-생태 적응능력을 '취약성'(노출도, 민감도, 적응역량)과 '준비성'(경제, 거버넌스, 사회)의 차원에서 비교한다. 2019년의 조사대상 182개국 중 북한은 120위였다.[22]

환경학자 추장민에 따르면 북한은 지속가능을 위한 사회적 회복력의 기반이 낮다고 한다.[23] 산림의 황폐화, 상하수도 인프라의 붕괴, 산업지대와 광산지대의 오염, 과도한 벌목과 기후위기로 인한 홍수와 가뭄의 문제가 있다. 특히 대기오염이 심하다. 2017년 세계보건통계에 따르면 실내·실외 공기오염으로 인한 북한의 사망률이 인구 10만명당 238.4명으로 조사대상 172개국 중 제일 높은 수준이었다. 남한의 10배가 넘고 전세계 평균의 2.6배였다.

코로나 사태로 회복력이 더 큰 도전을 받고 있다. 북한은 2021년 말 현재 아프리카의 에리트레아와 함께 백신 접종을 실시하지 않은 지구상의 2개국 중 한 나라다. 『로동신문』에서 "방역초소들이 온 나라에 그물처럼 뒤덮었다"라고 보도할 정도로 초고강도의 방역체계를 가동했다. 이런 조치가 얼마나 지속될 수 있을지는 장담하기 어렵다.[24] 장마당의 활성화로 인해 싹텄던 비공식 영역이 후퇴하면서, 전향적인 성향을 지닌 청년과 여성들이 원하는 삶의 방향이 가로막힐지도 모른다.[25] 환경은 삶의 질에서 큰 부분을 차지한다.

북쪽의 미세먼지, 임진강과 북한강의 유량 감소, 홍수 등은 남쪽의 접경지대에 직접적인 영향을 준다. 그런데 북한이 경제난을 극복하기 위해 자원개발을 위주로 하는 산업활동을 펴면 펼수록 열악한 환경상태가 더 나빠질 수 있고, 그것은 다시 한반도 전체의 환경문제로 확대될 수 있다. 결국 남과 북이 함께 환경기준을 높이는 새로운 형태의 국가경영 전략을 통해 공존의 길을 찾아야 한다.

남북한 환경협력은 오래전부터 거론된 주제이지만 특히 기후위기 시대에 들어 지속가능성에 기반한 협력이 중요해졌다. 산림협력에 관해서는 여러차례 제안이 나왔다. 기후위기를 한반도 협력의 지렛대로 삼자는 제안, 그리고 환경을 매개로 하여 '녹색 데탕트'를 모색하자는 제안이 등장했다.[26]

지구법학의 화두를 던지는 강금실은 비무장지대를 단순히 환경보전지역으로만 보지 말고 비인간 존재들의 생명공동체로 상상하면서 '지구거버넌스'의 관점에서 보자고 제안한다. 지금까지 지리적 '공간'으로만 봐왔던 비무장지대를 '생명공동체'로 다시 인식하려면 기존의 사고방식을 완전히 바꿔야 한다. 이런 방향으로 노력하는 일 자체가 시민공동체의 인식전환 계기가 될 것이다.[27]

새로운 발전모델과 생태의 관점에서 한반도와 동아시아의 협력과 평화를 상상할 수도 있다.[28] 예를 들어, 북한이 실천하고 있는 습지의 생물다양성 보전활동이나 희귀종의 서식 사례에서 남한이 배울 점이 있다.[29] 또한 남북한의 친환경적 개발투자에 있어 국제환경기준을 공동의 제도로 도입할 수도 있을 것이다.

북한의 환경은 환경만의 문제가 아니다. 환경을 보전할 수 있는 인프라의 미비가 더 큰 문제다. 4장에서 남반구 개도국의 발전권을 존중해야 한다고 강조했었다. 이 말은 북한에도 그대로 적용된다. 우선, 현대국가의 존재의의라 할 수 있는 발전권을 인정해야 하고, 그것을 저해하는 외부요인을 해소해야 한다. 그리고 지속가능발전의 잠재력을 최대한 키울 수 있도록 지원해야 한다.

이런 아이디어들이 궁극적으로 남북한 공동의 생태전환 비전으로 이어진다면 크게 환영할 만한 일이 될 것이다. "북한의 환경문제를 해결하고 한반도 전체의 지속가능한 발전을 위해서는 북한도 전통적인 개발우선 정책에서 탈피하고 남북한이 함께 협력하여 개발국가에서 탈개발 녹색국가로 전환하는 한반도 전체의 '녹색전환'이 필요하다."[30]

물론 한반도의 녹색전환은 비전만으로 실현되기는 어렵다. 한반도에서의 남북분단이 자본주의 세계체제의 하위체제로 자리잡은 구조적 조건을 직시하면서 전환을 모색해야 한다. 그러므로 한반도 녹색전환은 "남북간의 결합을 어떻게 점진적·단계적으로 높여가며 그러는 동안 남한 자체의 '악성' 요소를 어떻게 줄여나가고 분단체제를 해소 또는 완화하는 남북의 경제·사회·문화적

협력을 어떤 정치적·군사적 합의로 뒷받침할지에 대한 고민"속에서 진행될 수 있을 것이다.[31]

인류세를 건너기 위하여

나는 이 책에서 인권사회학의 세가지 접근방식 ──총체성, 역사성, 전지구성 ──을 활용하여 인류세의 환경과 인권의 관계를 살펴보았다. 대략 다음과 같은 점들을 확인할 수 있었다.

첫째, '총체성'holism의 시각에서 인간과 자연이 생물지구화학적 과정을 통해 생명공동체를 이룬다는 점을 확인했다. 예를 들어, 나무는 광합성을 통해 산소를 내뿜고, 인간은 그 산소를 마신 후 이산화탄소를 내뿜고, 나무는 다시 그 이산화탄소를 흡수한다. 은유적으로 표현하자면, 숲을 잘라내면 인간의 폐를 잘라내는 것과 같다고 할 수 있다.

물질대사의 차원에서, 자본주의 사회경제 시스템은 생명공동체의 총체성을 해체하여 개별 요소들을 '자원'으로 소비한다. 그 결과 사회계 내부에도, 또 사회계와 생태계의 관계에도 문제가 생겼다. 지구행성의 생태적 지속가능성을 떠받치는 주요 지표들 ──기후변화는 그중 하나──이 이미 크게 초과된 상태다.

사상의 차원에서는, '우월한 이성'과 '열등한 자연'을 이론적으로 구분하여 총체성을 분리한 후, 자연 쪽에 가깝다고 간주된 사회집단들 ──여성, 노동자, 식민지 주민, 토착민──을 억압해왔다. 인권에서 오랫동안 싸워온 영역이기도 하다.

둘째, '역사성'historicism의 시각에서 인간활동의 누적된 결과가 인간과 환경에 심각한 결과를 초래한다는 점을 확인했다. 식민지배와 수탈, 산업화, 불평등에 기반한 개발의 역사가 긴 그림자를 남기면서 지금도 막대한 영향을 끼치고 있다. 기후-생태위기는 지난 5세기 동안 전지구적으로 누적된 대차대조표의 총결산이다.

역사가 페르낭 브로델Fernand Braudel은 "현재는 어제와 그제와 과거로부터 동시에 온다"고 했다. 마찬가지로, "미래는 오늘과 내일과 모레가 함께 만들어간다"고 말할 수 있을 것이다. 현세대와 미래세대는 고정된 실체가 아니라 연속선상에 있는 상대적 개념이다. 예를 들어, '2050 탄소중립'은 2050년에 존재할 모든 사람에게 영향을 준다. 미래세대라는 말 대신 '만인의 미래시점'이 더 정확한 표현일지도 모른다.

세상을 시계에 비유하기도 한다. 초침은 경제, 분침은 정치, 시침은 문화다.[32] 사회-생태 전환을 위해서는 경제, 정치, 문화가 모두 변해야 하는데, 문화에 해당하는 "공통의 인식, 가치관, 의사소통"의 변화 속도가 제일 느리고 답답하다. 하지만 가랑비에 옷 젖는 시간을 인내할 수 있는 역사적 감수성이 필요하다.

셋째, '전지구성'globalism의 시각에서 기후-생태위기와 인권위기가 전세계적으로 네트워크처럼 확장되고 있음을 확인했다. 신자유주의를 배경으로 '세계 포식자들' ── 초국적기업과 같은 ── 이 그런 경향을 앞장서서 끌어가는 현실도 확인했다. 전지구적 상호연결성과 상호의존성이 극도로 높아진 상태다. 에너지, 운송,

식량, 원자재 등 모든 분야가 촘촘하게 연결되어 있다. 청바지 한 벌을 만들려고 해도 15개 나라로부터 자원이 필요하다.

기후-생태위기와 사회경제적 상호의존성이 심해질수록 전세계 차원의 리스크가 쉽게 발생한다. 대만에서 가뭄으로 반도체 생산에 차질이 생기면 한국의 자동차 생산이 곧바로 타격을 받는다. 한국만 잘 살 수 있고, 한국만 안전할 수 있는 세상은 존재하지 않는다.

이와 같은 분석에 근거하여 나는 인류세에 대처하기 위한 대표적인 아이디어들을 소개했다. 생명을 사랑하고, 자연에 권리를 부여하고, 에코사이드를 국제범죄로 응징하고, 탐욕자를 통제하고, 정의를 세우고, 인권의 문법을 바꾸고, 젠더와 다양성을 존중하고, 불평등을 줄이고, 소비를 축소하고, 성장이 아닌 충족의 경제로 방향을 틀고, 기성세대가 먼저 실천에 나서고, 지속가능하고 회복력 강한 녹색복지를 시행하자고 했다.

그것을 위해 보통사람들이 어떻게 해야 하는가. 독자들은 이미 정답을 알고 있을 것이다. 깨어 있는 시민, 행동하는 시민이 되는 수밖에 없다. 환경과 인권의 문제를 총체성, 역사성, 전지구성의 시각에서 파악하면서 인류세를 건너기 위해 생각을 바꾸고 행동에 나서는 사람들이 늘어나야 한다. 교육과 학습도 그런 목표를 지향해야 한다.

우선 세상을 다르게 '감각하는' 법을 익혀야 한다. 사회학자 서영표가 지적하듯, "아이들의 놀이공간보다는 주차공간이 더 큰 문제"가 되고, "서로 단절되어 층간소음으로 칼부림까지 하면서

(…) 우리의 수면을 방해하고 호흡기를 망가뜨리는 자동차 소음과 분진에 대해서는 무감"한 사회에 문제의식을 느껴야 한다.[33]

인간 스스로 지질학적 힘이 된 인류세에는 그에 걸맞은 '지질학적 시간관념'이 중요해졌다. 선의의 행동이 당장 원하는 결과를 내지 않더라도 꾸준히 계속하는 자세가 필수적이다. '행동의 현재성'과 '효과의 미래성' 사이를 흐르는 조바심의 강물을 참을성 있게 건널 수 있어야 한다. 살아 있는 모든 사람이 아직 태어나지 않은 아이 하나씩을 무등 태워 인류세를 건너겠다는 마음가짐을 가져야 한다.

화석연료 시대의 사고방식에서 하루빨리 벗어나야만 한다. 새로운 시대와 달라진 조건을 이해하면서 자신의 삶의 양식을 원점에서부터 다시 짚어볼 줄 아는 자세가 필요하다. 인류세에 요구되는 생각의 문턱, 특히 경제성장과 녹색 감수성의 문턱 앞에서 주저하는 기성세대가 적지 않다.

젊은 시절 형성기에 자리잡은 강고한 가치관, 경제관, 인생관을 유연하게 바꿀 줄 아는 인류세적인 마인드가 있어야 한다. 미래세대에게 그 어떤 금은보화보다 망하지 않을 세상을 물려주는 것이 가장 좋은 유산임을 기억해야 한다. 오죽했으면 '후손살해'를 중대범죄로 처벌해야 한다는 주장이 나오기 시작했겠는가.[34]

인류세의 변화에 발맞추는 사람이 되려면 시대와 세상을 꿰뚫어 보는 시민적 정신이 필요하다. 인권사회학자 스탠리 코언 Stanley Cohen 은 "거창한 영웅적 행동을 요구하지는 않지만, 평범한 침묵을 장려하지도 않는" 훌륭한 시민성을 키우자고 제안한다.[35] '너무 진부한 말이 아닌가, 쓸데없이 거창한 소리가 아닌가, 그러려면 시간이 너무 걸리지 않을까, 위기의 시대에 너무 한가한 주장이 아닐까.' 하지만 세상에 쉬운 길은 없고 지름길도 없다. 전환과 같은 과업에서는 더더욱 그러하다. 훌륭한 시민들이 많이 있는 사회만이 더 단단하고, 더 빠르고, 덜 불공정한 길을 낼 수 있다.

자기가 영향을 끼칠 수 있는 범위 내에서 지속가능성의 실천을 시작해야 한다. 생물학자 최재천의 제안처럼 다른 인간은 물론이고 비인간 생물종과도 더불어 살 줄 아는 '호모 심비우스'(*Homo symbious*, 공생하는 인간)가 되어야 한다.[36] 기후-생태위기의 근본원인을 따져보고, 생태통합성의 관점에서 생각하고, 사회 불평등을 환경문제와 연결할 줄 아는 눈을 길러야 한다. 전문가에게 전문성의 상자 바깥에 있는 질문을 던질 줄 알고, 토건식 개발을 부추기는 정치인을 기억하며, 행동하는 시민이 되어야 한다.[37] 사회-생태 전환의 첫걸음으로 독서클럽, 교육모임, 지속가능소비와 제로 웨이스트Zero waste, 이웃과 자연의 돌봄 활동, 미디어 메시지의 비판적 이해, 지역사회 네트워킹에 참여하는 주민이 되어야 한다.[38]

심대한 변화의 시기에는 흔히 적절함의 논리와 필요함의 논리가 서로 교차하면서 경합한다. '적절함의 논리'는 어떤 상황이 예상될 때 많은 사람에게 바람직한 결과가 나올 수 있는 방향을 미리 계획하려고 한다. '필요함의 논리'는 어떤 문제가 발등에 떨어졌을 때 당장 시급한 일을 하려고 한다.

그런데 '필요함의 논리'만으로는 인류세를 감당하지 못하게 되었다. 소뿐만 아니라 자칫 외양간도 잃게 생겼기 때문이다. 난국이 닥쳐서야 어쩔 수 없이 취하는 행동을 전환이라 할 수 없다. 또한 필요함의 논리가 다급하게 제기될 때에는 사회의 방향이 결국 기득권자에게 유리한 구도로 흘러갈 위험이 크다.

인류세는 개연성과 사전주의의 원칙에 따라 '적절함의 논리'로 세상사에 대처해야 할 시대다. 내일 당장 파국이 오지 않더라도, 모든 사람이 똑같이 타격을 입지 않더라도, 인간과 자연의 생명과 공존을 위해 미리 사회−생태 전환에 나서는 편이 '적절하다'는 관점을 세워야 한다.

그렇게 본다면 전환은 ── 어쩔 수 없어서 취하는 행동이 아니라 ── 공존의 가치관이 가리키는 방향으로 살겠다는 '훌륭한 시민들'의 선제적이고 의식적인 선택이라 할 것이다. 용기 있게, 정의감을 가지고, 창의적으로 전환을 실험하는 시민들이 늘어날수록 인류세의 여정을 가리키는 빛줄기도 커질 수 있다. 그것이 우리에게 주어진 희망의 길이라고 믿는다.

| 주 |

들어가며

1 Barbara Ehrenreich, "Are humans on the verge of 'peace talks' with the non-human world?" *The Guardian*, 26 January 2022.

2 세계기상기구(WMO)의 '날씨·기후 극한기록 아카이브'(WMO Archive of Weather and Climate Extremes)의 등재 보도는 다음을 보라. https://public.wmo. int/en/media/press-release/wmo-recognizes-new-arctic-temperature-record-of-38%E2%81%B0c(검색: 2022. 1. 20.)

3 커버스토리「친환경 에너지 생산의 역설」,『이코노미 인사이트』2022년 1월호.

4 김영중「단순 명쾌하지만 고통스러운 기후위기 해법」,『서울신문』, 2021년 7월 11일자.

5 Catherine C. Flowers, "Hurricane Ida shows the one-two punch of poverty and climate change," *Nature* 597(7877), 2021, 449면.

6 마크 프레초『인권사회학의 도전: 인권의 통합적 비전을 향하여』, 조효제 옮김, 교양인 2020.

1장 야누스의 비극은 어떻게 벌어지는가?

1 강찬수 「3시간만에 금붕어 죽어 발칵..낙동강 페놀 오염사고 30년」, 『중앙일보』 2021년 3월 13일자.

2 Nestar Russell, "The Nazi's Pursuit for a "Humane" Method of Killing," in *Understanding Willing Participants: Milgram's Obedience Experiments and the Holocaust*, Volume 2, Palgrave Macmillan 2019, 241~76면.

3 나치즘은 대단히 비통상적인 '도덕성'을 발전시켰다. 유대인 등 '이방인'에 대한 동정심은 독일 민족공동체에 반하는 부도덕한 것이었다. 사회다원주의, 인종적 위생이론, 명예심, 정서적 경직성, 집단주의 등이 나치식 도덕률의 토대를 이루었다. Thomas Kühne, "Nazi morality," in S. Baranowski, A. Nolzen, and C. W. Szejnmann (Eds.), *A Companion to Nazi Germany*, Wiley Online 2018.

4 뉘른베르크 전범재판에 제출된 진술서를 보라. Waldemar Hoven, "Affidavit concerning the euthanasia, typhus, and phenol programs at Buchenwald," 1946. http://nuremberg.law.harvard.edu/documents/154-affidavit-concerning-the-euthanasia?q=*#p.1(검색: 2021. 3. 27.) 나치에 적극적으로 부역했던 의료인 중 전쟁이 끝난 후에도 계속 의료계의 지도급 인사로 활동한 사람이 많았다. 한스 제베링(Hans J. Sewering) 같은 의사는 전쟁 후 독일의학협회장을 지내기도 했다. 독일 의학계는 지금도 나치에 연루되었던 의료인에 대한 조사와 공식사죄를 하고 있다. 독일 의료계의 과거사청산 움직임에 대해서는 Rob Hyde, "The slow road to atonement," *The Lancet* 398(10295), 2021, 105~108면을 보라.

5 조정훈 「대구시민 사용하는 낙동강 수돗물 품질, 전국에서 가장 나빠」, 『오마이뉴스』 2021년 9월 14일자.

6 손호철 「'자본 탐욕'과 '무사안일'이 빚은 낙동강 '페놀사태' 교훈」, 『프레시안』 2021년 4월 14일자.

7 스페인의 바르셀로나 시민들이 모두 생수를 마신다고 가정하여 실시된 연구였다. Cristina M. Villanueva et al., "Health and environmental impacts of drinking water choices in Barcelona, Spain: A modelling study," *Science of the Total Environment* 795, 2021.

8 최병성 「서울 시민의 목숨, 원주지방환경청에 달렸다」, 『오마이뉴스』 2021년 9월 24일자.

9 Bryan Walsh, "The world's most polluted places," *Time*, 13 September 2007.

10 유준상「文정부 '탄소 중립' 멀어지나…발전소 5년간 오염물질 5천톤 초과배출」, 『데일리안』 2021년 3월 11일자.

11 이철헌 등「허베이 스피리트호 유류유출사고 지역주민의 급성건강영향」, 『예방의학회지』 43(2), 2010, 166~73면.

12 이하늬「태안 기름유출 10년 "모두 쉬쉬하지만 아직 끝나지 않았다"」, 『경향신문』 2017년 12월 30일자.

13 Edward Broughton, "The Bhopal disaster and its aftermath: a review," *Environmental Health* 4(1), Article 6, 2005.

14 Sunita Narain and Chandra Bhushan, "30 years of Bhopal gas tragedy: a continuing disaster," *DownToEarth*, 15 December 2014.

15 Wikipedia, "Deepwater Horizon oil spill." https://en.wikipedia.org/wiki/Deepwater_Horizon_oil_spill(검색: 2021. 3. 21.)

16 최나영「구미 불산 누출사고 8년 '노동자·주민 안전 위협하는 노후설비'」, 『매일노동뉴스』 2020년 9월 28일자.

17 정미경「기업 요청대로 규제 완화했더니 화학사고 늘었다」, 『프레시안』 2021년 4월 13일자.

18 UNEP, *Côte D'Ivoire: Post-conflict Environmental Assessment*, United Nations Environment Programme 2015.

19 John Beck, "Logging is corrupting these islands. One village fights back-and wins," *National Geographic*, 4 January 2020.

20 Greenpeace, *Dirty Bankers: How HSBC is Financing Forest Destruction for Palm Oil*, Greenpeace International 2017.

21 Peter Stoett, "Transnational environmental crime," in A. Swain and J. Öjendal (Eds.), *Routledge Handbook of Environmental Conflict and Peacebuilding*, Routledge 2018.

22 Shannon N. Koplitz et al., "Public health impacts of the severe haze in Equatorial Asia in September-October 2015: demonstration of a new framework for informing fire management strategies to reduce downwind smoke exposure," *Environmental Research Letters* 11(9), 2016, 1~10면

23 세계자연기금『팜유 바이어 스코어카드 2021』, 세계자연기금 한국본부WWF-Korea

2021.

24 Günther Maihold, "We need raw material diplomacy, not conflict," *International Politics and Society*, 18 February 2021.

25 김재명『오늘의 세계분쟁』개정2판, 미지북스 2021.

26 G. Maihold, 앞의 글.

27 'Closing the Gap'의 다음 사이트를 참조하라. https://rightsanddeforestation.org/policy-papers/human-rights-impacts-of-deforestation/#:~:text=Community%20resistance%20to%20land%20grabs,community%20leaders%2C%20human%20rights%20defenders(검색: 2021. 3. 19.)

28 SIPRI, *Warfare in a Fragile World: Military Impact on the Human Environment*, Taylor & Francis Ltd 1980.

29 같은 책 14~19면.

30 Arthur H. Westing, "Environmental warfare," *Environmental Law* 15(4), 1985, 652면.

31 B. C. Koh, "The War's impact on the Korean Peninsula," *The Journal of American-East Asian Relations* 2(1), 1993, 57~76면.

32 김태우『폭격: 미공군의 공중폭격 기록으로 읽는 한국전쟁』, 창비 2013, 233면.

33 Albert L. Park, "Introduction to a Forum on War and Environment on the Korean Peninsula, 1598-1965," *The Journal of Asian Studies* 77(2), 2018, 316면. 강조 추가.

34 지학순『내가 겪은 공산주의』개정초판, 가톨릭출판사 2017, 224면.

35 Doug Weir, "How does war damage the environment?" Conflict and Environment Observatory, 4 June 2020.

36 Benjamin Neimark, Oliver Belcher, and Patrick Bigger, "U.S. Military produces more greenhouse gas emissions than up to 140 countries," *Newsweek*, 25 June 2019.

37 Nick Buxton, "Climate, capitalism and the military," *The Ecologist*, 15 November 2018.

38 정욱식「남북 산림협력과 '비질런트 에이스'」,『한겨레』2021년 11월 22일자.

39 D. Weir, 앞의 글.

40 Eric T. Jensen, "The International Law of Environmental Warfare: Active and Passive Damage During Armed Conflict," *Vanderbilt Journal of Transnational Law* 38, 2005, 145~85면.

41 Human Rights Watch, "Defending the Earth: Abuses of Human Rights and the

Environment," Human Rights Watch & Natural Resources Defense Council 1992.

42 유태하 「초토화작전의 戰史的 意味」, 『군사』 46호, 2002, 304면.

43 같은 글 300면.

44 Wikipedia, "Three Alls Policy." https://en.wikipedia.org/wiki/Three_Alls_Policy(검색: 2021. 3. 7.)

45 서중석 『조봉암과 1950년대(하): 피해대중과 학살의 정치학』, 역사비평사 1999.

46 「견벽청야작전」, 『디지털함양문화대전』. http://hamyang.grandculture.net/hamyang/toc/GC07200389(검색: 2021. 3. 8.)

47 '제주4·3 아카이브.' http://before.43archives.or.kr/main.do(검색: 2021. 3. 7.)

48 같은 곳.

49 김태우, 앞의 책 304~305면.

50 Avi Brisman, "Crime-Environment Relationships and Environmental Justice," *Seattle Journal for Social Justice* 6(2), 2007, 727~817면; UNEP, *Protecting the environment during armed conflict: an inventory and analysis of international law*, United Nations Environment Programme 2009; UNEP, *The State of Knowledge of Crimes that have Serious Impacts on the Environment*, United Nations Environment Programme 2018.

51 강찬수 「코로나에 호되게 당하고도… 야생동식물에 군침 흘리는 그들」, 『중앙일보』 2021년 10월 24일자.

52 Michael J. Lawrence et al., "The effects of modern war and military activities on biodiversity and the environment," *Environmental Review* 23(4), 2015, 443~60면.

53 Marc Lallanilla, "The Effects of War on the Environment," Treehugger, 30 December 2020. https://www.treehugger.com/the-effects-of-war-on-environment-1708787(검색: 2021. 2. 6.)

54 A. H. Westing, 앞의 글.

55 김태우, 앞의 책 336면.

56 같은 책 374면.

57 Human Rights Watch, "The Iraqi government assault on the Marsh Arabs," *Human Rights Watch Briefing Paper*, January 2003, Human Rights Watch.

58 Anthony R. Michaelis, "Environmental warfare," *Interdisciplinary Science Reviews* 16(2), 1991, 97~102면.

59 J. Marvin Herndon and Mark Whiteside, "Global environmental warfare," *Advances*

in Social Sciences Research Journal 7(4), 2020.

60 Arab News, "Israel accuses Iran of 'environmental terrorism' after oil spill," *Arab News*, 4 March 2021.

61 Samuel Dolbee, "The Desert at the end of Empire: An environmental history of the Armenian Genocide," *Past & Present* 247(1), 2020, 197~233면.

62 「원폭피해자(原爆被害者)」, 『한국민족문화대백과사전』. http://encykorea.aks.ac.kr/Contents/Item/E0040885(검색: 2021. 7. 13.) 히로시마에는 1970년에 한국인 원폭피해 위령비가 세워졌지만, 나가사키에는 2021년 11월에야 위령비가 건립되었다.

63 Kylie Lemon, "Environmental effects of the atomic bomb," *Sciencing*, 16 April 2018.

64 이 부분은 유엔 포괄적 핵실험금지조약기구(CTBTO)의 개괄적 설명을 참조하라. https://www.ctbto.org/nuclear-testing/the-effects-of-nuclear-testing/general-overview-of-theeffects-of-nuclear-testing/(검색: 2021. 2. 23.)

65 UN Human Rights Council, "Report of the Special Rapporteur on the implications for human rights of the environmentally sound management and disposal of hazardous substances and wastes: Mission to the Marshall Islands," 2012, para. 19.

66 Euronews, "France underestimated impact of nuclear tests in French Polynesia, study finds," *Euronews*, 9 March 2021.

67 김민제 「원안위, 이제야 "월성원전 부지, 방사성물질 누출" 인정」, 『한겨레』 2021년 9월 11일자.

68 이상현 「유엔 핵무기금지조약(TPNW) 발효와 핵비확산 레짐의 미래」, 『세종연구소 정세와 정책』 336호(8), 2021, 1~5면.

69 UN General Assembly, "Towards a Global Pact for the Environment," 2018.

70 Thomas F. Homer-Dixon, "Environmental Scarcities and Violent Conflict: Evidence from Cases," *International Security* 19(1), 1994, 5~40면.

71 같은 글.

72 Héctor Morales-Muñoz et al., "Assessing impacts of environmental peacebuilding in Caquetaá, Colombia: a multistakeholder perspective," *International Affairs* 97(1), 2021, 179~99면.

73 UNEP, *Sudan: Post-Conflict Environmental Assessment*, United Nations Environment Programme 2007, 8면.

74 Juneseo Hwang, "Building sustainable peace through environmental cooperation in

the island of Ireland: modelling transboundary conservation," *Irish Political Studies*, 2021.

75 Johan Schaar, "The relationship between climate change and violent conflict," Swedish International Development Cooperation Agency 2018.

76 Itzá Castañeda Camey et al., *Gender-based violence and environment linkages: the violence of inequality*, IUCN 2020, 135~48면.

77 UNEP, *Côte D'Ivoire*.

78 UNEP, UN Women et al., *Women and Natural Resources: Unlocking the Peacebuilding Potential*, United Nations Environment Programme 2013.

79 다음 사이트를 참고하라. https://ourworldindata.org/natural-disasters(검색: 2021. 2. 11.)

80 다음 사이트를 참고하라. https://www.statista.com/statistics/510952/number-of-deaths-from-natural-disasters-globally/(검색: 2021. 2. 11.)

81 강찬수「온난화 탓…백두대간 침엽수림 4년 새 10%나 줄어」,『중앙일보』2018년 2월 15일자.

82 최우리「산꼭대기로 내쫓긴 빙하기 꼬마 나무 더는 갈 곳이 없다」,『한겨레』2020년 6월 29일자.

83 황인철 외『기후변화와 한반도 생태계』, 녹색연합 2020, 17면.

84 UN Human Rights Council, "Joint Statement by UN human rights experts for World Environment Day," 5 June 2021.

85 조효제『탄소 사회의 종말: 인권의 눈으로 기후위기와 팬데믹을 읽다』, 21세기북스 2020, 163~74면.

86 같은 책 263~82면.

87 같은 책 175~87면.

88 Karn Vohra et al., "Global mortality from outdoor fine particle pollution generated by fossil fuel combustion: Results from GEOS-Chem," *Environmental Research* 195, 2021.

89 다음 사이트를 참고하라. https://unece.org/air-pollution-ecosystems-and-biodiversity.

90 Adam F. A. Pellegrini et al., "Decadal changes in fire frequencies shift tree communities and functional traits," *Nature Ecology & Evolution* 5, 2021, 504~12면.

91 이정호 「1.5도와 2도의 차이…자칫하면 지구는 '산불 지옥'」, 『경향신문』 2021년 2월 24일자.

92 Ritu Bharadwaj et al., *Climate-induced migration and modern slavery: A toolkit for policy-makers*, Anti-Slavery International and IIED 2021, 22~24면.

93 조효제 『인권을 찾아서: 신세대를 위한 세계인권선언』, 한울아카데미 2011.

94 Ewan McGaughey, "21st century human rights are technological, environmental and co-operative," *OpenDemocracy*, 20 November 2019.

95 Steven Freeland, "Human rights, the environment and conflict: Addressing crimes against the environment," *SUR-International Journal on Human Rights* 2, 2005, 131면.

2장 지구, 인류를 법정에 세우다

1 고경태 「50주기엔 비문이 해방되는 기적을 꿈꾼다」, 『한겨레』 2017년 2월 26일자.

2 고경태 『1968년 2월 12일: 베트남 퐁니·퐁넛 학살 그리고 세계』, 한겨레출판 2015, 69면.

3 Institute of Medicine, *Veterans and Agent Orange: Health Effects of Herbicides Used in Vietnam*, National Academies Press 1994.

4 R. Scott Frey, "Agent Orange and America at war in Vietnam and Southeast Asia," *Human Ecology Review* 20(1), 2013, 1~10면.

5 역사적으로 보면 베트남은 자연환경의 거듭된 피해를 입었던 나라다. 태평양전쟁 때 일본군이 남베트남의 산림 5만 헥타르를 벌채했고, 프랑스를 상대로 한 인도차이나 전쟁(1946~54) 때에도 대규모로 자연환경이 파괴되었다.

6 Jeanne Mager Stellman and Steven D. Stellman, "Agent Orange During the Vietnam War: The Lingering Issue of Its Civilian and Military Health Impact," *American Journal of Public Health* 108(6), 2018, 726~28면.

7 같은 글.

8 George Black and Christopher Anderson, "The victims of Agent Orange the U.S. has never acknowledged," *The New York Times Magazine*, 16 March 2021.

9 Wikipedia, "Agent Orange." https://en.wikipedia.org/wiki/Agent_Orange(검색: 2021. 11. 6.)

10 에이전트 오렌지와 관련하여 참전 미군의 장애보상청구 요건을 규정한 미국 보훈처(U.S. Department of Veterans Affairs)의 사이트를 참조하라. https://www.va.gov/disability/eligibility/hazardous-materials-exposure/agent-orange/(검색: 2021. 3. 7.)

11 권태호「"1962년부터 DMZ 고엽제 살포" 미국 정부 공식문서 통해 드러나」, 『한겨레』 2011년 5월 31일자.

12 J. M. Stellman and S. D. Stellman, 앞의 글.

13 David Zierler, *The Invention of Ecocide: Agent Orange, Vietnam, and the Scientists Who Changed the Way We Think About the Environment*, University of Georgia Press 2011.

14 Damien Short, *Redefining Genocide: Settler Colonialism, Social Death and Ecocide*, Zed Books 2016, 40면.

15 D. Zierler, 앞의 책.

16 올로프 팔메 총리의 연설 전문은 Olof Palme, "Statement by Prime Minister Olof Palme in the Plenary Meeting, June 6, 1972," Swedish Declaration to the UN Conference on the Human Environment 1972를 보라(강조 추가). 팔메는 베트남에서 벌어진 민간인 살상을 나치 절멸수용소에 비유하기도 했다. 헨리크 베리그렌 『올로프 팔메: 우리 앞에 펼쳐진 멋진 나날』, 조행복 옮김, 아카넷 2021, 690면.

17 Richard A. Falk, "Environmental Warfare and Ecocide: Facts, Appraisal, and Proposals," *Bulletin of Peace Proposals* 4(1), 1973, 80~96면.

18 같은 글 85면.

19 현재 78개국이 당사국이며 한국은 1986년에 가입했다.

20 예를 들어, 베트남에서의 고엽제 작전이 군과 화학기업들이 밀접하게 얽힌 '군산복합체'(Military-Industrial complex)의 산물이라는 점을 분석한 R. S. Frey의 앞의 글을 보라. 베트남전쟁이 끝난 후에도 미국 내에서 제초제 사용이 계속 큰 문제를 초래하고 있는 현실을 고발한 앨런 애덜슨(Alan Adelson)과 케이트 타버나(Kate Taverna)의 2020년 다큐멘터리 「The People vs. Agent Orange」를 참조하라.

21 유엔 국제법위원회의 '인류의 평화와 안전에 반하는 범죄법전 초안'에 관한 설명은 김석현「인류의 평화와 안전에 반하는 범죄법전 초안」, 『국제법평론』 9호, 1997, 234~46면을 보라.

22 조상제『국제형법의 체계에 관한 이론적 토대』 연구총서 07-18, 한국형사정책연구원 2007.

23 국제형사재판소의 설립 배경과 국제 시민사회의 기여에 대해서 말리스 글라시우스 「국제형사재판소와 지구시민사회」, 헬무트 안하이어·메어리 칼도어·말리스 글라시우스 『지구시민사회: 개념과 현실』(조효제·진영종 옮김, 아르케 2004) 81~111면을 보라.

24 로마규정 8조 '전쟁범죄'의 (2)(나)(4) 조항을 참조하라. 한국은 2002년 로마규정에 가입한 후 2007년 국내 이행법인 '국제형사재판소 관할 범죄의 처벌 등에 관한 법률'(약칭 '국제형사범죄법')을 제정했다. 그러나 이 법에는 '전쟁범죄' 중 자연환경파괴 부분이 빠져 있다.

25 국제범죄의 개인 책임에 관해서는 김상걸 「국제법상 '범죄의 집단성'과 '처벌의 개인성'의 포섭과 통합: 개인형사책임 개념의 도입과 범죄참가형태의 정교화」,『국제법학회논총』 64(1), 2019, 9~40면을 보라. 특히 범죄에서 큰 영향력을 행사한 정범과 공범(교사범, 방조범 등)의 구분에 관한 설명을 참조하라.

26 국제범죄에 책임이 있는 '개인'을 처벌해야 한다는 법 논리는 허쉬 라우터파크트(Hersch Lauterpacht)에 의해 확립되었다. 라우터파크트가 개인에 초점을 맞춰 국제형법을 전개했다면, 뒤에서 설명할 라파엘 렘킨은 집단에 초점을 맞춰 국제형법을 주창했다.

27 1차 세계대전 후 독일에 부과되었던 전쟁배상금은 놀랍게도 2010년에야 최종적으로 완납이 이루어졌다. 국제분쟁의 청산이 얼마나 까다로우며, 긴 시간을 요하는 문제인지를 상기시켜주는 사례다.

28 Robert Cryer, "ESIL-International Human Rights Law Symposium: International Criminal Law and International Human Rights Law," *Blog of the European Journal of International Law*, 5 February 2016.

29 다음 설명은 Erica X. Eisen, "The Other Nuremberg Trials, Seventy-Five Years On," *Boston Review*, 22 March 2021을 요약한 것이다.

30 Robert Swann, "Economics of ecocide and genocide," Schumacher Center for a New Economics 1969.

31 몬산토와 같은 농기업에 의한 에코사이드를 심층취재한 마리-모니크 로뱅 『에코사이드: 생태학살자, 몬산토와 글리포세이트에 맞선 세계 시민들의 법정투쟁 르포르타주』, 목수정 옮김, 시대의창 2020을 보라.

32 D. Short, 앞의 책 56면.

33 Alexander Dunlap, "The Politics of Ecocide, Genocide and Megaprojects:

Interrogating Natural Resource Extraction, Identity and the Normalization of Erasure," *Journal of Genocide Research* 23(2), 2021, 212~35면.

34 이를 '말살장치'(genocide machine)라고 부르는 경우도 있다. 다음 내용은 A. Dunlap, 같은 글을 요약·정리한 것이다.

35 같은 글 213면.

36 제노사이드를 종합적으로 다룬 단행본으로는 최호근『제노사이드: 학살과 은폐의 역사』, 책세상 2005를 보라.

37 협상 과정에서 미국은 남부의 흑인들에게 적용되던 짐 크로법(Jim Crow laws)의 현실을 우려했다. 1865년 미국에서 노예제가 공식적으로는 폐지되었지만 남부 주들에서는 여전히 투표권 박탈, 교육과 취업 장애, 사회적 기회 박탈, 체포, 벌금, 투옥, 린치, 살해 등 심각한 박해가 1968년까지 이어졌기 때문이다. 영국의 경우, 케냐와 남아프리카 등 아프리카 식민지에서의 대규모 박해가 제노사이드에 해당될 것을 우려했다고 한다. 제노사이드협약 2조의 제노사이드 정의는 1998년 로마규정 6조의 제노사이드 조항에서 그대로 계승되었다.

38 조효제『인권의 지평: 새로운 인권 이론을 위한 밑그림』, 후마니타스 2016, 313~15면.

39 해방 후 한국에서의 민간인 학살 사건을 호칭하는 문제에 관해 사회학자 김동춘은 '대량학살'(massacre)이 적합한 명칭일 수 있다고 제안한다. 사회학자 강성현은 국가형성과 전쟁을 배경으로 제주4·3과 보도연맹 사건 등 여러 학살사건들이 전체적으로 '하나의 제노사이드'를 구성한다고 파악한다. 이이화 외『다 죽여라 다 쓸어버려라』, 한국전쟁전후 민간인학살 진상규명 범국민위원회 2003; 김동춘「20세기 한국에서의 제노사이드」,『4·3과 역사』 5(5), 2005, 76~109면; 강성현「제노사이드와 한국현대사: 제노사이드의 정의와 적용을 중심으로」,『역사연구』 18, 2008, 95~150면을 보라.

40 이 부분은 렘킨이 1944년 미국에서 발간한 *Axis Rule in Occupied Europe*(Carnegie Endowment for International Peace)에 포함되어 있는데, 여기서는 다음 사이트의 9장 2절 요약문을 인용했다. http://www.preventgenocide.org/lemkin/AxisRule1944-2. htm(검색: 2021. 9. 21.)

41 오스트레일리아의 산불로 인간, 동식물, 곤충, 미생물, 산림, 생태계, 강, 대지 등이 모두 불탔던 것과 같은 사건을 '만물학살'(Omnicide)이라고 부른다. Danielle Celermajer, "Omnicide: Who is responsible for the gravest of all crimes?" *ABC Religion & Ethics*, 3 January 2020을 보라.

42 Claudia Card, "Genocide and social death," *Hypatia* 18(1), 2003, 63~79면.

43 James E. Waller, "It Can Happen Here: Assessing the Risk of Genocide in the US," Center for Development of International Law & Institute for Global Policy 2017.

44 국제적으로 권위 있는 『제노사이드 연구저널』(*Journal of Genocide Research*)은 2021년 제노사이드 연구의 새로운 동향인 '제노사이드-에코사이드 연계'를 다룬 특집호 (23권 2호)를 발간했다.

45 Mark Levene and Taner Akçam, "The Climate Emergency: A Statement from Genocide Scholars on the Necessity for a Paradigm Shift," *Journal of Genocide Research* 23(2), 2021, 325~28면.

46 Bryan P. Galligan, "Ecological genocide in the Amazon: Raphael Lemkin and the destruction of human groups," *ELA*, November 2020.

47 Louise Wise, "The Genocide-Ecocide Nexus in Sudan: Violent "Development" and the Racial-Spatial Dynamics of (Neo)Colonial-Capitalist Extraction," *Journal of Genocide Research* 23(2), 2021, 189~211면.

48 생태적 관점에서 제노사이드가 발생하는 과정에 관한 포괄적 설명은 Martin Crook and Damien Short, "Developmentalism and the Genocide-Ecocide Nexus," 같은 책 162~88면을 보라.

49 Rob White, *Climate Change Criminology*, Bristol University Press 2018.

50 Hongbo Yang et al., "Risks to global biodiversity and Indigenous lands from China's overseas development finance," *Nature Ecology & Evolution* 5, 2021, 1520~29면.

51 M. Crook and D. Short, 앞의 글 165~66면.

52 Gene Ray, "Writing the Ecocide-Genocide Knot: Indigenous Knowledge and Critical Theory in the Endgame," *Documenta14* 3, 2016, 124면.

53 라코타 부족 출신의 시인 루서 스탠딩 베어(Luther Standing Bear)의 말이다.

54 여치헌 『인디언 자치공화국: 북아메리카 인디언의 어제와 오늘』, 이학사 2017, 310~11면.

55 Andrew Isenberg, "Social and Environmental Causes and Consequences of the Destruction of the Bison," *Revue française d'études américaines* 70, 1996, 15~27면에 따르면 원래 젠더 평등이었던 인디언 사회에서 18세기경 백인으로부터 말이 전래되면서 성별화된 분업이 발생했다고 한다. 과거에는 남녀가 함께 들소사냥을 했지만, 기마사냥이 시작된 후부터 남자는 사냥을, 여자는 고기와 모피 처리 그리고 거주지 관

리를 주로 맡게 되었다. 그 과정에서 노동과 소유권이 여성들에게 불리해졌다.

56 Donna Feir, Rob Gillezeau, and Maggie E. C. Jones, "The Slaughter of the Bison and Reversal of Fortunes on the Great Plains," CICD Working Papers 2019-01.

57 Rupa Marya and Raj Patel, "'Kill every buffalo you can!' On the cruelties of colonial power," *Literary Hub*, 30 August 2021.

58 D. Feir, R. Gillezeau, and M. Jones, 앞의 글 33면.

59 글로벌 신자유주의 경제와 현대판 노예에 관한 설명으로는 케빈 베일스『일회용 사람들: 글로벌 경제 시대의 새로운 노예제』, 편동원 옮김, 이소출판사 2003을 보라.

60 조효세 편역『NGO의 시대: 지구시민사회를 향하여』, 창비 2000, 14면.

61 유엔의 다음 글을 참고하라. "Slavery is not merely a historical relic." https://www.un.org/en/observances/slavery-abolition-day(검색: 2021. 10. 24.)

62 다음 설명은 Kevin Bales, *Blood and Earth: Modern Slavery, Ecocide, and the Secret to Saving the World*, Spiegel and Grau 2016을 요약·정리한 것이다.

63 기후변화와 인신매매 연계에 대해서는 '노예폐지인터내셔널'에서 발간한 R. Bharadwaj et al., 앞의 책 18면을 보라.

64 https://investingnews.com/daily/resource-investing/critical-metals-investing/tantalum-investing/coltan-facts/(검색: 2021. 11. 15.)

65 K. Bales, 앞의 책 38~57면.

66 다음 내용은 Malayna Raftopoulos and Joanna Morley, "Ecocide in the Amazon: the contested politics of environmental rights in Brazil," *The International Journal of Human Rights* 24(10), 2020, 1616~41면을 골격으로 하여 내 설명을 추가한 것이다.

67 정착식민지배형 아마존 개발의 역사에 대해서는 Danilo Urzedo and Pratichi Chatterjee, "The Colonial Reproduction of Deforestation in the Brazilian Amazon: Violence Against Indigenous Peoples for Land Development," *Journal of Genocide Research* 23(2), 2021, 302~24면을 보라.

68 Patrick Wolfe, "Settler colonialism and the elimination of the native," 같은 책 8(4), 2006, 390면. 강조 추가.

69 윤인진『세계의 한인이주사』, 나남 2013, 139~43면.

70 D. Urzedo and P. Chatterjee, 앞의 글 323면.

71 B. P. Galligan, 앞의 글.

72 Felipe Werneck et al., *"Pushing the Whole Lot Through": The Second Year of*

Environmental Havoc under Brazil's Jair Bolsonaro, Observatório Do Clima 2021.

73 Milton Friedman, "A Friedman doctrine--The Social Responsibility Of Business Is to Increase Its Profits," *The New York Times*, 13 September 1970.

74 다음 내용은 David Whyte, *Ecocide: Kill the corporation before it kills us*, Manchester University Press 2020의 설명을 골격으로 해서 내 설명을 추가한 것이다.

75 Rosemary Mwanza, "Enhancing accountability for environmental damage under international law: Ecocide as a legal fulfilment of ecological integrity," *Melbourne Journal of International Law* 19(2), 2018, 586~613면.

76 다음 내용은 Steve Tombs and David Whyte, "The shifting imaginaries of corporate crime," *Journal of White Collar and Corporate Crime* 1(1), 2020, 16~23을 요약·정리한 것이다.

77 Marc Le Menestrel and Julian Rode, "Why did business not react with precaution to early warnings?" in EEA (Ed.), *Late Lessons from Early Warnings: Science, Precaution, Innovation*, European Environment Agency 2013, 35면.

78 Ulrich Brand and Markus Wissen, "Social-ecological transformation," in D. Richardson et al. (Eds.), *The International Encyclopedia of Geography*, John Wiley & Sons 2017에서는 현재 각광받고 있는 ESG 경영론이 사회-생태위기를 맞아 기업이 전략적으로 채택한 '자본주의의 선택적 녹색화' 노선이라고 지적한다. 류승민 「ESG는 환경과 사회를 변화시킬 수 있는가?」, 『민주노동연구원 이슈페이퍼』 2021-20, 2021에서 ESG의 한계를 다음과 같이 분석한다. 첫째, 등급평가가 자의적이다. 둘째, 그린워싱의 수단이 될 가능성이 크다. 셋째, 실제로 위험에 처한 사람들과 그러한 위험을 판단·결정하는 사람들 사이에 불평등이 존재하는데도 투자자들은 최종적으로 계량화된 평가를 볼 뿐이다. 넷째, ESG의 정보공개는 금융시장을 활성화하기 위해 신자유주의적 논리에 기반하고 있다. 따라서 확실한 규제를 담보하는 공공적 분류체계를 따로 마련해야 한다.

79 전혜원 「ESG, 핵심은 인권이다」, 『시사IN』 710호, 2021.

80 신혜림 「탈탄소 압박에… 벼랑끝 몰린 석유공룡들」, 『매일경제』 2021년 5월 27일자.

81 D. Whyte, 앞의 책.

82 R. White, 앞의 책.

83 "What is ecocide?" https://www.stopecocide.earth/what-is-ecocide(검색: 2021. 11. 13.)

84 히긴스와 그녀의 동료들은 에코사이드를 "인간의 행위 주체성에 의하든 여타 원인에 의하든, 어떤 영토에 살고 있는 존재들이 그 영토를 평화적으로 향유할 수 없을 정도로 심각하게 그 영토에 광범위한 피해, 파괴, 또는 생태계 상실이 발생한 것"이라고 규정한다. Polly Higgins, Damien Short, and Nigel South, "Protecting the planet: A proposal for a law of ecocide," *Crime, Law and Social Change* 59(3), 2013, 257면. 녹색범죄학자 롭 화이트는 에코사이드를 "생태계의 안녕과 건강에 피해를 입히고, 생태계에서 살아가는 인간을 포함한 모든 생물종을 파괴하고 피해를 입히는 인간의 범죄적 활동"이라고 규정한다. R. White, 앞의 책 22~23면.

85 R. Mwanza, 앞의 글.

86 Rachel Killean, "From ecocide to eco-sensitivity: 'greening' reparations at the International Criminal Court," *The International Journal of Human Rights* 25(2), 2021, 323~47면.

87 Ricardo Pereira, "After the ICC Office of the Prosecutor's 2016 Policy Paper on Case Selection and Prioritisation: Towards an International Crime of Ecocide?" *Criminal Law Forum* 31, 2020, 214~15면.

88 Sarah J. Goodman, "The Effectiveness of the International Criminal Court: Challenges and Pathways for Prosecuting Human Rights Violations," *Inquiries Journal* 12(9), 2020.

89 국제형사재판소 소추부(검찰)는 2013년에 발간한 『정책 연구보고서』에 이어, 2016년의 『정책 연구보고서』에서 환경파괴를 초래하는 범죄, 천연자원의 불법적 개발, 토지의 불법적 탈취 등을 로마규정상 범죄로 기소할 것이라는 의향을 밝혔다. ICC, *Policy Paper on Preliminary Examinations*, The Office of the Prosecutor, International Criminal Court 2013; ICC, *Policy Paper on Case Selection and Prioritisation*, The Office of the Prosecutor, International Criminal Court 2016.

90 Stop Ecocide Foundation, "Independent Expert Panel for the Legal Definition of Ecocide: Commentary and Core Text," Stop Ecocide Foundation 2021.

91 국제전문가 패널이 제안한 '에코사이드'의 정의는 다음과 같다. "'Ecocide' means unlawful or wanton acts committed with knowledge that there is a substantial likelihood of severe and either widespread or long-term damage to the environment being caused by those acts."

92 S. Tombs and D. Whyte, 앞의 글 22면.

93 이 점은 인권에도 해당된다. 아마티아 센은 「인권으로서의 개발」(보르 안드레아센·스티븐 마크스 엮음, 『인권을 생각하는 개발 지침서』, 양영미·김신 옮김, 후마니타스 2010)에서 "인권은 법의 자식이 아니라 법의 부모다"라는 명언을 남겼다. 입법은 인권의 여러 용도 중 하나일 뿐이다. 인권의 효과는 구체적 입법만이 아니라 정치적, 사회적, 행정적 실천에 따라 달라진다. 정치적 캠페인, 인권단체와 시민단체의 감시와 주창활동, 권리신장 운동, 교육 등 다양한 비입법적 인권운동이 가능하다. 에코사이드도 마찬가지다. '입법적' 에코사이드 범죄화 운동과, '비입법적' 에코사이드 반대운동을 함께 전개할 수 있다.

94 R. White, 앞의 책.

95 D. Whyte, 앞의 책.

96 정영신 「제주 비자림로의 생태정치와 커먼즈의 변동」, 『환경사회학연구 ECO』 25(1), 2021, 292면.

97 Maja Munivrana Vajda, "Symposium on the Genocide Convention: Codification of the Crime of Genocide —a Blessing or a Curse?" *Blog of the European Journal of International Law*, 15 May 2019.

98 Prasadi Wijesinghe, "Environmental Pollution and Human Rights Violations by Multinational Corporations," *SSRN*, 17 April 2018, 5면.

3장 자연에게 권리를 주자

1 천성산 도롱뇽 소송은 국제적으로 알려진 사건이 되었다. '올챙이와 도롱뇽'이라는 국제단체의 사이트를 참고하라. https://www.caudata.org/threads/buddhist-nun-fasts-to-save-salamander-habitat.327/(검색: 2021. 6. 27.)

2 카야파스 새우양식업에 관한 사건의 전말은 박태현 「에콰도르 헌법상 자연의 권리, 그 이상과 현실」, 『환경법연구』 41(2), 2019, 120~21면을 보라.

3 칼 세이건 『창백한 푸른 점』, 현정준 옮김, 사이언스북스 2001.

4 인류세에 관한 종합적이고 다면적인 설명은 사이먼 L. 루이스·마크 A. 매슬린 『사피엔스가 장악한 행성: 인류세가 빚어낸 인간의 역사 그리고 남은 선택』, 김아림 옮김, 세종서적 2020을 보라.

5 학술논문이라기보다 2면짜리 짧은 의견 기사로 실린 글이었다. Paul J. Crutzen and

Eugene F. Stoermer, "The 'Anthropocene'," *IGBP Newletter* 41, May 2000, 17~18면.

6 George Orwell, "Down the mine," 1937.

7 기후변화에 대한 기본 자료는 다음을 참조하라. 김현우『정의로운 전환: 21세기 노동해방과 녹색전환을 위한 적록동맹 프로젝트』, 나름북스 2014; 나오미 클라인『이것이 모든 것을 바꾼다: 자본주의 대 기후』, 이순희 옮김, 열린책들 2016; 데이비드 월러스 웰즈『2050 거주불능 지구: 한계치를 넘어 종말로 치닫는 21세기 기후재난 시나리오』, 김재경 옮김, 추수밭 2020; 마이클 만·톰 톨스『누가 왜 기후변화를 부정하는가: 거짓 선동과 모략을 일삼는 기후변화 부정론자들에게 보내는 레드카드』, 정태영 옮김, 미래인 2017; 윤순진「기후변화」, 김은성 편,『불확실성에 대응하는 위험 거버넌스: 신기술 및 신종재난을 중심으로』, 법문사 2009; 이유진『기후변화 이야기』, 살림 2010; 조너선 닐『기후위기와 자본주의: 체제를 바꿔야 기후변화를 멈춘다』, 김종환 옮김, 책갈피 2019; 조윤재「기후변화와 인권: 환경파괴 상황에서 인권에 기반한 접근법」,『외법논집』43(2), 2019; 조천호『파란하늘 빨간지구: 기후변화와 인류세, 지구시스템에 관한 통합적 논의』, 동아시아 2019; 조효제『탄소 사회의 종말』; 한재각『기후정의: 희망과 절망의 갈림길에서』, 한티재 2021.

8 미국의 오바마 대통령과 바이든 대통령이 기후변화를 '실존적'(existential) 위협으로 표현한 적이 있다. 프란치스코 교황은 기후변화를 지구행성이 직면한 중차대한 위협으로 묘사했다. 프란치스코『찬미받으소서: 공동의 집을 돌보는 것에 관한 프란치스코 교황 성하의 회칙』, 한국천주교중앙협의회 2015.

9 '인류세'가 지질학적 용어로 제안된 것이지만 여타 개념들은 현시대의 특성을 강조하는 서술적 용어로 제안된 것들이다. 조효제『탄소 사회의 종말』25~28면을 보라. 특히 자본세에 대해서는 다음을 참고하라. 라즈 파텔·제이슨 W. 무어『저렴한 것들의 세계사: 자본주의에 숨겨진 위험한 역사, 자본세 600년』, 백우진·이경숙 옮김, 북돋움 2020; 제이슨 W. 무어『생명의 그물 속 자본주의: 자본의 축적과 세계생태론』, 김효진 옮김, 갈무리 2020.

10 다음 사이트에서 세계 전역의 지표면 지도를 실시간으로 확인할 수 있다. "Esri 2020 Land Cover," https://www.arcgis.com/home/item.html?id=d6642f8a4f6d4685a24ae2dc0c73d4ac(검색: 2021. 6. 28.)

11 윌 스테펜 교수의 강연을 요약한, 짧지만 중요한 기사로 다음을 보라. 윤신영「인류세 전문가 "지구는 되돌릴 수 없는 임계폭풍을 눈 앞에 두고 있다"」,『동아사이언스』 2019년 12월 10일자.

12 임병선 「'빙하호 범람 위기' 페루 농민, 독일 전력사에 기후소송」, 『뉴스펭귄』 2021년 2월 8일자. 본 사건의 법적 개요는 다음 사이트의 판례 요약을 참고하라. "Luciano Lliuya v. RWE AG." http://climatecasechart.com/climate-change-litigation/non-us-case/lliuya-v-rwe-ag/(검색: 2021. 6. 30.)

13 인위적 환경재난의 인과관계와 책임비중을 계산하여 환경소송에 활용하는 '귀책 연구'(attribution science) 분야가 발전하고 있다. 자연재난에서 기후위기가 차지하는 비중과 특정 기업이나 국가의 기후위기 책임비중 등을 정확하게 산출할 수 있게 되었다. Rupert F. Stuart-Smith et al., "Filling the evidentiary gap in climate litigation," *Nature Climate Change* 11, 2021, 651~55면. 특히 폭염, 연안지역 침수, 가뭄, 산불 순으로 기후위기가 차지하는 비중이 크다고 한다. Scott Denning, "Extreme heat waves in a warming world don't just break records—they shatter them," *The Conversation*, 23 July 2021. 기후위기와 같이 거대한 시스템적 문제를 법적 소송으로 다루는 것은 적절치 않다는 견해에 대해서는 Leah Aronowsky, "The limits of climate change litigation," *The New York Review of Books*, 3 November 2021을 보라.

14 A. M. Vicedo-Cabrera et al., "The burden of heat-related mortality attributable to recent human-induced climate change," *Nature Climate Change* 11(6), 2021, 492~500면.

15 기후위기로 인한 인권침해의 유형과 현실에 관한 자세한 설명은 조효제 『탄소 사회의 종말』 163~87면을 참조하라.

16 Markku Oksanen, "On tackling the environmental crisis through human rights," *OpenEdition Journals: Ethics of the Environmental Crisis* 75, 2020, 104~19면.

17 조효제 『인권의 지평』 362~66면의 '포스트 성장 시대의 경제적·사회적 권리' 절을 참조하라.

18 Louis J. Kotzé, "Human rights and the environment in the Anthropocene," *The Anthropocene Review* 1(3), 2014, 252~75면.

19 같은 글 270~71면.

20 같은 글.

21 UN Human Rights Council, "Joint Statement by UN human rights experts for World Environment Day."

22 Alan Boyle, "Human rights and the environment: Where next?" *European Journal of International Law* 23(3), August 2012, 613면.

23 UN Human Rights Council, "The human right to a clean, healthy and sustainable environment," 2021.

24 David R. Boyd, "The Status of Constitutional Protection for the Environment in Other Nations," David Suzuki Foundation 2013.

25 M. Raftopoulos and J. Morley, 앞의 글.

26 법제처 국가법령정보센터 편 『환경법』, 법제처 국가법령정보센터 2014.

27 김현준 「환경법과 공법: 한국환경법학회 40년, 쟁점과 과제」, 『환경법연구』 39(3), 2017, 35~72면.

28 United Nations, "Report of the United Nations Conference on the Human Environment," Stockholm, 5-16 June 1972.

29 Donella H. Meadows et al., *The Limits to Growth: A Report for the CLUB of ROME'S Project on the Predicament of Mankind*, Universe Books 1972.

30 그러나 미국에서는 1970년대 이래 환경훼손을 단순히 사적 영역의 민법에서만이 아니라, '자연환경 그 자체의 피해'로 다루는 자연자원손해배상책임법을 발전시켜왔다. 박시원 「미국의 환경책임과 생태손해」, 『환경법과 정책』 22, 2019, 31~65면.

31 United Nations, "Rio Declaration on Environment and Development," 1992.

32 '비정부기구'를 뜻하는 NGOs(Non-governmental Organizations)라는 용어가 한국에 처음 소개된 것도 '리우선언'을 전후해서였다.

33 S. Freeland, 앞의 글 115면. 강조 추가.

34 세계인권선언의 인권 범주 구분에 대해서는 조효제 『인권을 찾아서』를 보라. 사회권의 종합적 설명은 이주영 「사회적규약의 발전과 국내적 함의」, 『국제법학회논총』 61(2), 2016, 125~57면을 보라.

35 권리를 1-2-3세대로 구분하는 방식에 대해서는 카렐 바삭 『인권론』, 박홍규 옮김, 실천문학사 1986을 보라.

36 신자유주의적 지구화에 대한 포괄적 설명으로는 데이비드 헬드 외 『전지구적 변환』, 조효제 옮김, 창비 2002; 임현진·공석기 『뒤틀린 세계화: 한국의 대안 찾기』, 나남 2014를 보라.

37 남반구와 북반구 환경운동의 차이에 대해서는 필립 맥마이클 『거대한 역설: 왜 개발할수록 불평등해지는가』, 조효제 옮김, 교양인 2013, 320~36면을 보라.

38 마크 프레초, 앞의 책 238면.

39 Eric Hobsbawm, *The Age of Revolution 1789—1848*, Weidenfeld & Nicolson 1962,

137면.

40 Daniele Porena, "Constitutional protection of the environment: Evolution in europe between anthropocentrism and ecocentrism —the italian case," *Revista eletrônica direito e política* 5(1), 2010, 1~11면.

41 이 절은 유엔 인권·환경 특별보고관이 발표한 다음 자료를 요약·정리한 내용이다. UN Human Rights Council, "Report of the Special Rapporteur on the issue of human rights obligations relating to the enjoyment of a safe, clean, healthy and sustainable environment," 2018.

42 국제인권규범에 나오는 환경권의 포괄적 리스트는 김민성『환경문제의 인권적 전환: 충남 서북부 환경취약지역 주민을 중심으로』, 성공회대학교 일반대학원 사회학 박사학위논문, 2022, 259~68면을 보라.

43 '아루스협정'은 유엔 유럽경제위원회의 사이트를 보라. https://unece.org/fileadmin/DAM/env/pp/documents/cep43e.pdf(검색: 2021. 7. 5.)

44 윤형중「기후위기 대응, 시민이 주도해야 성공한다」,『한겨레』2021년 5월 3일자; 조효제「기후위기의 사회적 차원」,『(2021 경향포럼)기후위기의 시대: 생존 가능한 지구로 가는 길』특별강연, 2021년 6월 23일.

45 아마티아 센『자유로서의 발전』, 김원기 옮김, 갈라파고스 2013, 240면.

46 Human Rights Watch, "Defending the Earth."

47 환경운동을 억압하기 위해 전략적 소송을 제기하는 것을 '슬랩'(SLAPP, Strategic Lawsuits Against Public Participation)이라고 한다. 뺨을 때린다는 뜻의 'slap'을 연상시키는 용어다.

48 UN Human Rights Committee, "General comment No. 36 (2018) on article 6 of the International Covenant on Civil and Political Rights, on the right to life," 2018.

49 인권과 환경법의 관계에 대한 일반적 설명은 다음을 보라. A. Boyle, 앞의 글.

50 Erin Daly, "An Environmental Dignity Rights Primer," in UNEP Law Division (Eds.), *New Frontiers in Environmental Constitutionalism*, United Nations Environment Programme 2017.

51 기후위기를 인권으로 접근하는 관점에 대해서는 조윤재, 앞의 글과 조효제『탄소 사회의 종말』을 보라.

52 UN Commission on Human Rights, "ECONOMIC, SOCIAL AND CULTURAL RIGHTS: Adverse effects of the illicit movement and dumping of toxic and dangerous

products and wastes on the enjoyment of human rights," 2001.

53 유엔환경계획에서는 '환경파괴 범죄'를 수백 제곱킬로미터가 될 정도의 넓은 범위, 수개월 또는 한철 이상 지속되는 장기적 손상, 인간의 삶과 자연 그리고 경제적 원천에 심대한 지장을 초래하는 행위라고 규정한다. UNEP, *The State of Knowledge of Crimes that have Serious Impacts on the Environment*.

54 '건강한 환경권'(the right to a healthy environment)에 관한 논의는 David Boyd, John Knox and Marc Limon, "#The time is now: The case for universal recognition of the right to a safe, clean, healthy and sustainable environment," Universal Rights Group 2021을 보라.

55 UN Human Rights Council, "Joint Statement by UN human rights experts for World Environment Day."

56 정식 명칭은 '깨끗하고 건강하고 지속가능한 환경인권'(The human right to a clean, healthy and sustainable environment)이다. UN Human Rights Council, "The human right to a clean, healthy and sustainable environment."

57 예를 들어, 먹거리를 공공식료(食療)의 관점에서 다뤄야 한다는 백혜숙의 주장을 보라. 백혜숙 「공공의료에 이어 공공식료(食療) 시대를 열자」, 『프레시안』 2021년 7월 5일자.

58 Elisabeth Lambert, *THE ENVIRONMENT AND HUMAN RIGHTS: Introductory Report to the High-Level Conference Environmental Protection and Human Rights*, CDDH, Council of Europe 2020.

59 2015년 프랑스의 시민, 지식인, 운동가 들이 제정한 '세계인류권리선언'이 대표적인 움직임이다. 선언의 텍스트는 다음 사이트를 참조하라. https://ddhu.org/la-declaration/(검색: 2021. 6. 14.)

60 환경학자 구도완이 주창한 '코스모폴리탄 생태자치연방'도 그런 문제의식에서 나온 제안이다. 구도완 『생태민주주의: 모두의 평화를 위한 정치적 상상력』, 한티재 2018.

61 '도구적 가치'로 환경을 본 사례로, 한국 산림청의 행태를 비판한 김혜린 「'탄소중립' 빙자한 산림청 벌목정책으로 나무가 잘려나간다!」, 『프레시안』 2021년 7월 3일자를 참조하라.

62 소비촉발체제(comsumptagenic system)란 "불건강하고 불공정하며 환경파괴적인 생산과 소비를 부추기는, 서로 연계된 정책, 과정, 인식 및 거버넌스 양식들"을 뜻한

다. Sharon Friel, *Climate Change and the People's Health*, Oxford University Press 2019.

63 비판적 환경권에 대한 개괄적 설명은 Sumudu Atapattu and Andrea Schapper, *Human Rights and the Environment*, Routledge 2019를 보라. 통상적인 환경권을 넘어 환경 자체가 '건강한 환경'으로 존재할 수 있는 권리를 '건강한 환경 권리'로 이론화하는 입장도 있다. Courtney Aitken, "Human rights and the environment," *SPICe Briefing*, 22 November 2019, SB 19-76.

64 이런 주장에 대해 역비판도 있다. 기존의 인권 목록들과의 연장선에서 환경을 보호하면 된다는 지적, 미래세대의 인권을 어떻게 지금 미리 보장할 수 있느냐, 또는 환경문제의 초국적 특성상 어떻게 한 나라 정부에 책임을 물을 수 있느냐, 하는 쟁점도 있다. Bridget Lewis, "Environmental rights or a right to the environment? Exploring the nexus between human rights and environmental protection," *Macquarie Journal of International and Comparative Environmental Law* 8(1), 2012, 36~47면.

65 UN General Assembly, "World Charter for Nature," 1982.

66 UN General Assembly, "Towards a Global Pact for the Environment."

67 Prudence E. Taylor, "From environmental to ecological human rights: A new dynamic in international law?" *Georgetown International Environmental Law Review* 10(2), 1998, 309면. 테일러가 정의한 '환경권 대 생태권'의 구분은 여전히 인간중심적 인권 내에서의 구분이긴 하다. 그러나 여기서의 생태권은 인권의 한계를 제한하는 인권이라는 뜻으로 쓰이기 때문에 그 뒤에 나온 자연의 권리 개념과 연결될 여지가 크다.

68 신승철 「생명위기 시대에서 생태 민주주의의 역할: 가타리의 생태학적 구도와 주체성 논의를 중심으로」, 『기억과 전망』 25호, 2011, 34~65면.

69 Susana Borràs, "New Transitions from Human Rights to the Environment to the Rights of Nature," *Transnational Environmental Law* 5(1), 2016, 113~43면.

70 다음 단락은 데이비드 보이드 『자연의 권리: 세계의 운명이 걸린 법률 혁명』 이지원 옮김, 교유서가 2020을 요약한 것이다.

71 이재희 「"동물은 물건이 아니다" 입법예고… 학대 처벌 강화될까?」, 『KBS』 2021년 7월 19일자. 프랑스는 2015년 민법을 개정하여 동물을 더이상 물건으로 취급하지 않고 '지각력을 지닌 생명체'라는 법적 지위를 부여했다. 이미 형법에서 물건에 대한 범죄와 동물에 대한 범죄를 구분해왔던 것에 이은 후속조치였다. 박용현 「동물의 '법적 지위'」, 『한겨레』 2021년 7월 21일자.

72 데이비드 보이드, 앞의 책 93~94면. 강조 추가.

73 앨러스데어 코크런 『동물의 정치적 권리선언』, 박진영·오창룡 옮김, 창비 2021.

74 파차마마(Pachamama)는 안데스 지역 토착민들이 '대지의 어머니'로 숭배하는 여신을 의미한다.

75 볼리비아에서 '자연의 권리'를 보호하는 법이 제정되었어도 빈곤 타파를 위해 농업개발과 경제성장을 요구하는 목소리가 여전히 크다. 환경과 경제 사이의 내재적 긴장관계를 보여주는 사례라 할 수 있다. Cameryn Cass, "Bolivia's Mother Earth Law Challenges Its Economic Model," *Borgen Magazine*, 24 December 2021.

76 박경만 「임진강변 불법 '흙 산성' 수백m … "원상복구 명령도 무시"」, 『한겨레』 2021년 6월 22일자.

77 박태현, 앞의 글 116~17면.

78 서재화 외 『국가생물적색자료집 제4권: 포유류』, 환경부 국립생물자원관 2021.

79 다음은 조효제의 강연(「기후위기의 사회적 차원」) 내용을 요약한 것이다.

80 기후−생태위기를 '환경붕괴의 시대'로 표현하는 논자도 있다. Mathew Lawrence and Laurie Laybourn-Langton, *Planet on Fire: A Manifesto for the Age of Environmental Breakdown*, Verso 2021.

81 이창곤 「경시할 수 없는 '침묵의 위기' 생태계 파괴」, 『이코노미 인사이트』 136호, 2021, 122~23면.

82 UNEP, *Becoming #GenerationRestoration: Ecosystem Restoration for People, Nature and Climate*, United Nations Environment Programme 2021.

83 같은 책.

84 신자유주의가 기후위기를 증폭시킨 점은 조효제 『탄소 사회의 종말』, 121~24면을 보라.

85 경제학자 파르타 다스굽타에 따르면 인간은 전지구적 자산 포트폴리오 관리에 실패했다. 자연이 제공하는 생태서비스를 초과하여 자연을 남용한 결과 생태훼손이라는 전지구적 자산가치의 하락이 발생한 것이다. Partha Dasgupta, *The Economics of Biodiversity: The Dasgupta Review*, HM Treasury 2021. 첨언하자면, '기후변화의 경제학'을 제시한 니콜라스 스턴(Nicholas Stern, *The Economics of Climate Change*, Cambridge University Press 2007)의 보고서와, '생물다양성의 경제학'을 제시한 다스굽타의 보고서는 기후−생태위기를 헤쳐 나갈 경제학의 양대 교과서라 할 수 있다.

86 H. O. Portner et al., *IPBES-IPCC co-sponsored workshop report synopsis on biodiversity and climate change*, IPBES and IPCC 2021.

87 자연력을 회복하고 생태계를 활용하는 것이 가장 좋은 기후위기 해법이기도 하다. Yadvinder Malhi et al., "Climate change and ecosystems: threats, opportunities and solutions," *Philosophical Transactions of the Royal Society B* 375(1794), 2020.

88 생태권과 관련하여 인간만이 아니라 비인간 생명체의 권리 ── 예를 들어 서식지 확보 권리 ── 를 존중하자는 '생태정의' 사상도 출현했다. 지금까지의 도덕철학에서 인간들 간의 관계만을 규정했다면, 타종간의 관계에서도 도덕철학 원칙을 지켜야 한다는 '종간 정의' 사상도 제안되었다. 코로나를 비롯하여 에볼라, 사스, 메르스 등 신종 감염병의 궁극적 원인이 야생생물의 서식지 파괴 및 기후위기와 관련이 있다는 연구 결과를 보더라도 생태정의가 시급한 문제임을 잘 알 수 있다. Anna Wienhues, "What is ecological justice, and why does it matter today?" TransformingSociety, 6 October 2020.

89 강금실 외 『지구를 위한 법학: 인간중심주의를 넘어 지구중심주의로』, 서울대학교 출판문화원 2020, 10면.

90 그런데 탈인간중심적 시각 변화를 통해 인간이 아닌 존재의 '주체적 성격'을 인정한다 하더라도, 그것이 권리로 이어지려면 다음과 같은 과정을 밟아야 한다. 첫째, 어떤 사태 또는 사물에 대하여 이익이 형성된다. 둘째, 그 이익이 보호될 만한 도덕적·법적 가치가 있다는 인식이 광범하게 형성되고, 권한을 부여해야 한다는 규범의식이 태동된다. 셋째, 실제로 도덕적 권한이나 법적 권한이 부여되어 청구권, 자유권, 형성권, 면제권 등으로 제도화된다. 송정은 「자연의 권리와 동물의 권리 담론의 법적 고찰」, 『환경법과 정책』 25, 2020, 26~27면.

91 박태현 「지구법학의 사상적 기원: 토마스 베리의 지구법학론」, 강금실 외, 앞의 책. 지구법학을 생태법이라고도 한다. 생태법이란 "인간 삶의 자연적 조건을 내재화하고, 이것을 헌법과 인권법, 재산권, 기업의 권리 및 국가 주권을 포함하여 모든 법의 기초"가 되게끔 하려는 규범적 원칙이다. 박태현 「에콰도르 헌법상 자연의 권리, 그 이상과 현실」, 130면.

92 박태현 「지구법학과 자연의 권리」, 강금실 외, 앞의 책.

93 20세기에 세계인권선언이 나왔다면 21세기 인류세에는 '세계지구권선언'이 필요하게 되었다고 한다. 정혜진 「지구법학과 유엔 그리고 국제시민사회」, 강금실 외, 앞의 책.

94 오동석 「지구법학과 헌법」, 같은 책 190~93면.

95 이종규 「자연의 권리도 보장하는 '환경 헌법'」, 『한겨레』 2021년 7월 14일자.

96 다음 내용은 R. Mwanza, 앞의 글을 요약한 것이다.

97 곽관훈 「왜 기업에게 인권인가?」, 『국가인권위원회 휴먼레터』 99호, 2011년 10월 15일; 이상수 「기업은 인권증진의 주체」, 같은 책.

98 Carlos López, "Holding multinational corporations accountable for human rights," *International Politics and Society*, 27 October 2021.

99 아마티아 센, 앞의 글 48면.

100 데이비드 보이드, 앞의 책 23면, 281면. 유엔환경계획은 생태계가 위기에 빠진 것은 지난 수십년 사이 전세계적으로 일어난 대규모 경제성장 때문이라고 지적한다. UNEP, *Becoming #GenerationRestoration: Ecosystem Restoration for People, Nature and Climate*.

101 Jonathan Padwe, "Anthropocentrism," *Oxford Bibliographies*, 3 June 2019. 인간중심주의에 대한 통렬한 비판은 다음의 논문을 보라. Helen Kopnina et al., "Anthropocentrism: More than Just a Misunderstood Problem," *Journal of Agricultural and Environmental Ethics* 31, 2018, 109~27면.

102 David Pepper, *Modern Environmentalism: An Introduction*, Routledge 1996.

103 Melanie Challanger, *How to be Animal: A New History of What It Means to be Human*, Penguin Books 2021.

104 지구화의 맥락에서 인권과 재산권 간의 관계와 갈등을 다룬 연구로는 Ting Xu and Jean Allain (Eds.), *Property and Human Rights in a Global Context*, Hart Publishing 2016을 보라.

105 오동석, 앞의 글.

106 Richard Barnes, "The Capacity of Property Rights to Accommodate Social-Ecological Resilience," *Ecology and Society* 18(1), 2013, 6~19면.

107 Tony Fitzpatrick, *Climate Change and Poverty: A New Agenda for Developed Nations*, Bristol University Press 2014, 43면.

108 서영표 「담론 과잉시대, '동물권' 담론이 가지는 사회적 의미」, 『문화과학』 76호, 2013, 4~13면.

109 T. Fitzpatrick, 앞의 책 43면.

110 Kevin Watkins, "Mining holds the key to a green future ─ no wonder human rights activists are worried," *The Guardian*, 27 June 2021.

111 전세계 기후소송의 현황에 대해서는 조효제 『탄소 사회의 종말』, 215~24면을 보라.

112 Joana Setzer and Catherine Higham, "Global trends in climate change litigation: 2021 snapshot," Grantham Research Institute on Climate Change and the Environment, LSE 2021.

113 같은 글 32면. 인권기후소송이 기후행동을 반대하기 위해 제기되는 경우도 있다. 재생에너지 사업으로 피해를 입은 지역주민이 인권의 이름으로 사업을 반대하는 사례도 있으므로 인권기후소송의 전략적 활용에 있어 신중한 정책적 고려가 필요하다고 한다.

114 ICCA Consortium, *Territories of Life: 2021 Report*, ICCA Consortium 2021.

115 Amitav Ghosh, "Amitav Ghosh: European colonialism helped create a planet in crisis," *The Guardian*, 14 January 2022.

116 쿤밍선언의 정식명칭은 '생태문명: 지구상 모든 생명의 공통된 미래 건설'이며, 다음 사이트를 참조하라. https://www.cbd.int/doc/c/df35/4b94/5e86e1ee09bc8c7d4b35aaf0/kunmingdeclaration-en.pdf(검색: 2021. 10. 24.)

117 케냐에서 탄소상쇄 사업으로 토착민이 강제 퇴거당했던 사건에 대해서 국제앰네스티의 다음 글을 참조하라. "Kenya: Evicting the forest guardians." https://www.amnesty.org/en/latest/campaigns/2018/05/kenya-evicting-the-forest-guardians/(검색: 2021. 10. 22.)

118 Yingyi Zhang, "Fengshui forests of Qunan," in ICCA Consortium, *Territories of Life: 2021 Report*, ICCA Consortium 2021, 121~28면.

119 『미국국립과학원회보』 특집호의 권두 논문인 Patrick Roberts, Rebecca Hamilton, and Dolores R. Piperno, "Tropical forests as key sites of the "Anthropocene": Past and present perspectives," *PNAS* 118(40), 2021을 보라. 다음 내용은 이 논문을 요약한 것이다.

120 같은 글 5면.

121 조중헌 『활동가들의 경험을 통해 본 동물권운동의 의미 변화 과정』, 한양대학교 사회학 박사학위논문 2013.

122 오동석, 앞의 글 179면, 192면.

123 스스로를 자연과 동떨어진 존재로 인식하는 분리형 인간중심주의와는 달리, '윤리적 인간중심주의'에서는 자연의 일부인 인간이 자연에 대해 책임 있게 행동해야 한다고 강조한다. E. Lambert, 앞의 책.

124 Joseph Winters, "Ethical anthropocentrism: Making environmentalism

relatable," *Harvard University Sustainability*, 23 February 2017. 이런 입장을 더 확장하여 생태철학자 아르네 내스(Arne Naess)는 우리 스스로를 키워서 타인, 여타 생물종들, 그리고 자연 그 자체를 진정으로 포괄하면 오히려 윤리적 이타주의가 필요 없게 되는 경지에 이를 수 있다고 한다. 온 세상이 우리 자신의 이익의 일부가 되기 때문이다. David Rothenberg, "Introduction. Ecosophy T: From intuition to system," in A. Naess, Ecology, *Community and Lifestyle: Outline of an Ecosophy*, Cambridge University Press 1989.

125 신승철, 앞의 글 38면.

126 조효제「기후위기와 인권」,『녹색평론』169호, 2019, 65면.

127 B. Ehrenreich, 앞의 글.

4장 공존을 위한 지도 그리기

1 UNEP, *Loss and Damage: The Role of Ecosystem Services*, United Nations Environment Programme 2016.

2 조영탁「생태경제학의 방법론과 비전」,『사회경제평론』22호, 2004, 58면. 사회−생태계를 영어로 'Socio-ecological system'이라고 쓰는 경우도 있지만, 사회계와 생태계의 양자 대등성을 강조하기 위해 'Social-ecological system'이라고 쓰는 경우가 더 많다.

3 Erik R. Zettler, Tracy J. Mincer, and Linda A. Amaral-Zettler, "Life in the "Plastisphere": Microbial Communities on Plastic Marine Debris," *Environmental Science & Technology* 47(13), 2013, 7137면.

4 다음 설명은 조영탁의 연구(조영탁, 앞의 글)를 요약한 것이다.

5 Johan Colding and Stephan Barthel, "Exploring the social-ecological systems discourse 20 years later," *Ecology and Society* 24(1), 2019, 2~11면. '인간과 자연 사이에 노동과정으로 매개된 물질대사(Stoffwechsel)'가 존재한다고 했던 맑스의 분석에서 비롯된 '물질대사 균열'(metabolic rift) 개념에 관한 연구도 활발하게 이루어지고 있다. 사이토 코헤이「전 지구적 생태 위기의 시대에 마르크스의 물질대사 이론: 도이처 기념상 수상 강연문」,『마르크스주의 연구』17(2), 2020, 91~118면; 사이토 고헤이『지속 불가능 자본주의: 기후 위기 시대의 자본론』, 김영현 옮김, 다다서재 2021; 이광근「세계생태와 역사적 자본주의의 구체적 총체성: 세계체계 분석의 지속 혹은 변신?」,

『아시아리뷰』 10(2), 2020, 113~62면을 참조하라.

6 이재철『해양환경에서의 미세플라스틱: 환경오염 및 독성학적 특성 구조에 대한 현재 동향』, BRIC View 2020-R18, 2020, 11면.

7 정책 결정자를 위한 IPCC 요약보고서(IPCC, "Summary for Policymakers," in *Climate Change 2021: The Physical Science Basis. Contribution of Working Group I to the Sixth Assessment Report of the Intergovernmental Panel on Climate Change* [Masson-Delmotte, V. et al. (Eds.)], IPCC 2021)의 첫 문장을 보라. "인간의 영향으로 인해 대기권, 해양, 대지의 온도가 올라간 것이 명백하다(unequivocal). 그 결과 대기권, 해양, 빙권, 생물권에 광범위하고 급격한 변화가 발생했다."(A.1)

8 Diana Hummel, Thomas Jahn, and Engelbert Schramm, "Social-Ecological Analysis of Climate Induced Changes in Biodiversity: Outline of a Research Concept," BiKF Knowledge Flow Paper Nr. 11, February 2011, 7면.

9 행정안전부『2019년 강원 동해안 산불 백서』, 재난협력실 환경재난대응과 2019.

10 하지만 자연재해가 점점 강력해지는 추세인데 정부의 재난지원금 수준은 지난 25년간 거의 변동이 없다는 비판이 나온다. 배상현「자연재해 강력해지는데, 재난지원금 25년째 제자리」,『뉴시스』 2020년 10월 7일자.

11 Lemlem Aregu, Ika Darnhofer, and Maria Wurzinger, "Gender silence in social-ecological resilience," 2012.

12 같은 글 7면.

13 함한희·강경표「어민, 환경운동가, 그리고 정부의 바다인식: 새만금 사업을 둘러싼 갈등을 중심으로」,『환경사회학연구 ECO』 11(2), 2007, 255~56면.

14 홍선기「섬의 생태적 정체성과 탈경계: 생물다양성과 문화다양성의 접점에서의 이해」,『도서문화』 41호, 2013, 344면.

15 다음 사이트를 참조하라. https://www.ethnobiology.net/wp-content/uploads/Belem30_Declaration_English_Final-22_4_19.pdf(검색: 2021. 8. 14.)

16 김억수·이재영「지역 환경교육 프로그램 토대로서의 생물문화다양성과 전통생태지식」,『환경교육』 29(1), 2016, 26~27면.

17 같은 글 29면.

18 같은 글 25~26면.

19 신병문 작가가 항공사진으로 촬영한 갯벌의 모습은 지상에서 가장 경이로운 경관이라 해도 과언이 아닐 만큼 신비로운 생명력을 뿜어낸다. http://www.ohmynews.

com/NWS_Web/Series/series_premium_pg.aspx?CNTN_CD=A0002766982&PAGE_
CD=ET001&BLCK_NO=1&CMPT_CD=T0016(검색: 2021. 8. 18.)

20 P. Roberts, R. Hamilton, and D. R. Piperno, 앞의 글 5면.

21 예를 들어, 토착지식과 생물다양성 보존의 과제를 에코페미니즘의 관점에서 주창한
연구로는 다음을 보라. 마리아 미스·반다나 시바 『에코페미니즘』 개정판, 손덕수·이
난아 옮김, 창비 2020, 284~97면.

22 권은정 「이렇게 아름답게 흙을 만진 이 밭의 주인은 어떤 사람이었을까?: 임봉재
선생에게 길을 묻다」, 『뜻밖의 소식』 7월호, 2015, 16~19면; 김효정 「여성농민의 토
착지식에 기반한 '토종씨앗 지키기' 운동의 특성과 과제」, 『농촌사회』 21(2), 2011,
263~300면.

23 진명숙 「에코페미니즘 관점에서 본 귀농귀촌 여성의 토종씨앗지키기 실천 분석」,
『농촌사회』 29(2), 2019, 49면.

24 다음 설명은 U. Brand and M. Wissen, 앞의 글을 요약한 것이다.

25 사이먼 L. 루이스·마크 A. 매슬린 『사피엔스가 장악한 행성: 인류세가 빚어낸 인간
의 역사 그리고 남은 선택』, 김아림 옮김, 세종서적 2020. 산업자본주의와 소비자본주
의의 공통분모는 탄소자본주의다. 이것을 내면화한 사회체제를 '탄소사회'라 할 수
있다. 조효제 『탄소 사회의 종말』.

26 최병두 「인류세를 위한 녹색전환」, 환경부 엮음, 『녹색전환: 지속 가능한 생태 사회
를 위한 가치와 전략』, 한울아카데미 2020.

27 Robert Layton, Robert Foley, and Elizabeth Williams, "The Transition between
Hunting and Gathering and the Specialized Husbandry of Resources: A Socio-
ecological Approach," CURRENT ANTHROPOLOGY 32(3), 1991, 255~74면.

28 이런 경향을 '제국적 생활양식'의 확산으로 분석한 울리히 브란트·마르쿠스 비센
『제국적 생활양식을 넘어서: 전 지구적 자본주의 시대의 인간과 자연에 대한 착취』,
이신철 옮김, 에코리브르 2020을 보라.

29 Laura Spinney, "When the First Farmers Arrived in Europe, Inequality
Evolved," Scientific American, 1 July 2020.

30 「지구 생태용량 초과의 날」, 『위키백과』. https://ko.wikipedia.org/wiki/%EC%A7%8
0%EA%B5%AC_%EC%83%9D%ED%83%9C%EC%9A%A9%EB%9F%89_%EC%B
4%88%EA%B3%BC%EC%9D%98_%EB%82%A0(검색: 2021. 7. 21.)

31 Johan Rockström et al., "Planetary Boundaries: Exploring the Safe Operating Space

for Humanity," *Ecology and Society* 14(2), 2009, 1~33면.

32 같은 글 21면. 강조 추가. 스톡홀름회복력센터의 논문에 대한 평가와 최근 연구 동향에 대해서는 Frank Biermann and Rakhyun E. Kim, "The Boundaries of the Planetary Boundary Framework: A Critical Appraisal of Approaches to Define a "Safe Operating Space" for Humanity," *Annual Review of Environment and Resources* 45, 2020, 497~521면을 보라.

33 D. H. Meadows et al., 앞의 책.

34 Gaya Herrington, "Update to Limits to Growth: Comparing the World3 model with empirical data," *Journal of Industrial Ecology*, 2020.

35 '비즈니스 액티비스트'의 기술혁신을 중시하는 관점으로는 이병한 『어스테크, 지구가 허락할 때까지: 지속 생존을 위한 비즈니스 액티비스트 선언』, 가디언 2021을 보라.

36 오수진 「염한웅 과기자문회의 부의장 "정부주도 기술개발시대 지났다"」, 『연합뉴스』 2021년 11월 8일자.

37 실라 재서노프 『테크놀로지의 정치: 유전자 조작에서 디지털 프라이버시까지』, 김명진 옮김, 창비 2022.

38 OXFAM International, "An economy for the 99%: It's time to build a human economy that benefits everyone, not just the privileged few," *Oxfam Briefing Paper*, 16 January 2017, Oxfam GB.

39 최원석 「신차 판매 톱10의 80%가 중·대형… 탄소 중립에 거꾸로 가는 한국」, 『조선일보』 2021년 8월 26일자.

40 다음 내용은 Safa Motesharrei, Jorge Rivas, and Eugenia Kalnay, "Human and nature dynamics(HANDY): Modeling inequality and use of resources in the collapse or sustainability of societies," *Ecological Economics* 101, 2014, 90~102면의 연구를 요약·정리한 것이다. 문명의 붕괴를 복잡성의 해체로 이론화한 초기 연구로는 Joseph A. Tainter, *The Collapse of Complex Societies*, Cambridge University Press 1988을 보라.

41 같은 글 99~100면.

42 다음 사이트를 참고하라. https://inequality.org/facts/global-inequality/(검색: 2021. 8. 21.)

43 L. Chancel, T. Piketty, E. Saez, G. Zucman et al., *World Inequality Report 2022*, World Inequality Lab 2021.

44 이정훈 「코로나로 불평등 가속… 상위 10% 자산, 하위 50%의 190배」, 『한겨레』

2021년 12월 9일자.

45 정용인 「"부동산 불평등 해결 못 하면 대한민국은 망한다"」, 『경향신문』 2021년 3월 6일자.

46 OXFAM International, "Inequality Kills," *Oxfam Briefing Paper*, 17 January 2022, Oxfam GB.

47 Nick King and Aled Jones, "An Analysis of the Potential for the Formation of 'Nodes of Persisting Complexity'," *Sustainability* 13, 8161, 2021, 1~32면.

48 '복잡한 사회의 붕괴'라는 개념을 제일 먼저 창안한 J. A. Tainter, 앞의 책을 보라.

49 N. King and A. Jones, 앞의 글 26면.

50 같은 글.

51 그린뉴딜과 관련한 농업의 문제에 대해서는 이근행 「그린뉴딜과 농업·농촌의 전환」, 『농촌사회』 31(1), 2021, 441~51면을 보라. 먹거리 주권에 대해서는 조효제 「먹거리 인권과 먹거리 주권의 시론적 고찰」, 『민주주의와 인권』 13(2), 2013, 267~301면을 보라. 식량자급과 우리밀 현황에 대해서는 박누리 「우리밀과 식량주권: 밀의 문제는 밀만의 문제가 아니다」, 『월간옥이네』 7월호, 2021, 36~43면을 보라.

52 한국시민사회 SDGs네트워크 편 『2021 한국지속가능성 평가 시민사회보고서: 코로나19 이후 포용적 경제·사회 회복과 탄소중립을 위하여』, 한국지속가능발전센터 2021.

53 필립 맥마이클, 앞의 책 31면.

54 조영탁, 앞의 글 41면.

55 Jason Hickel et al., "Urgent need for post-growth climate mitigation scenarios," *Nature Energy* 6, 2021, 766~68면.

56 T. Vadén et al., "Decoupling for ecological sustainability: A categorisation and review of research literature," *Environmental Science and Policy* 112, 2020, 243면.

57 David Owen, "How the refrigerator became an agent of climate catastrophe," *The New Yorker*, 15 January 2022.

58 빌 맥키번 『폴터: 휴먼 게임의 위기, 기후 변화와 레버리지』, 홍성완 옮김, 생각이음 2020; Amy Willis, "Rich 'may evolve into separate species'," *The Telegraph*, 25 October 2009.

59 D. H. Meadows et al., 앞의 책 150면. 강조 추가.

60 Ciara Raudsepp-Hearne et al., "Untangling the Environmentalist's Paradox: Why

Is Human Well-being Increasing as Ecosystem Services Degrade?" *BioScience* 60(8), 2010, 576~89면.

61 Irina Slav, "Why We Can't Afford To Turn Our Backs On Fossil Fuels," *OilPrice. com*, 19 July 2021.

62 '녹색전환'을 "근대성에 근거를 두고 추동된 자본주의적 산업화 과정에서 추구된 자본축적의 메커니즘에서 벗어나기 위한 현실 사회구조의 전환"이라고 정의한 최병두의 글을 보라.(앞의 글 42면) "인간과 사회체계가 생태계 내부로 재통합하거나 공동자원화를 통해 사회생태계 내부에 역동적 균형이 재정립"되는 과정이라고 규정한 한상진의 설명도 있다. 한상진 『한국형 제3의 길을 통한 생태복지국가의 탐색』, 한국문화사 2018, 90면.

63 이재돈 「산업문명에서 생태문명으로」, 한윤정 엮고 옮김, 『생태문명 선언: 위기, 희망, 지속가능한 미래』, 다른백년 2020, 53면. 한국사회의 맥락에서 녹색전환을 위한 전략으로는 이상헌 「한국 사회 녹색전환 전략의 필요성」, 환경부 엮음, 앞의 책 140~47면을 참고하라.

64 한윤정 「우리 문명은 어떤 토대 위에 세워졌을까」, 한윤정 엮고 옮김, 같은 책 19~22면.

65 Paul Gready and Simon Robins, "From transitional to transformative justice: A new agenda for peace," *The International Journal of Transitional Justice* 8, 2014, 339~61면.

66 다음 내용은 Stephanie Sievers-Glotzbach and Julia Tschersich, "Overcoming the process-structure divide in conceptions of Social-Ecological Transformation: Assessing the transformative character and impact of change processes," *Ecological Economics* 164, Article 106361, 2019를 요약·정리한 것이다.

67 같은 글 2면.

68 Richard P. Hiskes, "The Right to a Green Future: Human Rights, Environmentalism, and Intergenerational Justice," *Human Rights Quarterly* 27(4), 2005, 1346~64면.

69 구도완 「녹색전환 이론과 체계의 전환」, 환경부 엮음, 앞의 책 96면. 강조 추가.

70 조효제 「엔지오와 압핀 그리고 교양교육」, 『한겨레』 2009년 3월 6일자.

71 김병권 『진보의 상상력: 기후위기와 불평등의 시대, 정치란 무엇인가』, 이상북스 2021.

72 하승수 「정치의 녹색전환을 위한 전략」, 환경부 엮음, 앞의 책.

73 이창곤 「선거제도 개혁이 경제민주화와 복지개혁보다 중요한 이유?」, 『한겨레』

2017년 6월 9일자.

74 국가의 존재론적 반녹색성에 대해서는 다음을 보라. 조명래「국가론의 녹색화를 위한 시론」,『한국정치학회보』36(2), 2002.

75 같은 글 58면.

76 Matthias Jobelius, *Climate Action. Socially. Just*, Fridrich-Ebert-Stiftung 2020.

77 Eloi Laurent and Philippe Pochet, *Towards a Social-ecological transition: Solidarity in the Age of Environmental Challenge*, ETUI 2015, 25면. 강조 추가.

78 같은 책.

79 Branko Milanovic, "Climate change, Covid and global inequality," *Global Policy Journal*, 11 March 2021.

80 OXFAM International, "Carbon inequality 2030: Per capita consumption emissions and the 1.5℃ goal," *Joint Agency Briefing Note*, 5 November 2021, Oxfam GM.

81 기후위기의 맥락에서 탈성장론에 관한 최신 논의는 제이슨 히켈『적을수록 풍요롭다: 지구를 구하는 탈성장』(김현우·민정희 옮김, 창비 2021)을, 탈자본에 관한 최신 논의는 사이토 고헤이, 앞의 책을 참조하라.

82 백낙청「기후위기와 근대의 이중과제」,『창작과비평』191호, 2021, 283~99면.

83 안병옥-백낙청「환경운동과 민주주의, 그리고 분단체제」, 백낙청 외,『백낙청이 대전환의 길을 묻다』, 창비 2015, 260면.

84 이남주 엮음『이중과제론: 근대적응과 근대극복의 이중과제』, 창비 2009.

85 GDP를 넘어서 미래, 사회적 가치, 그리고 성과 관점에서의 결과를 측정할 수 있는 대안적 지표에 대해서 이승주·최영준·이원재·고동현「GDP를 넘어: 불안정성과 불확실성의 시대, 진정한 가치를 찾아서」, 인사이트2050-06, LAB2050, 2020; 최영준 외『참성장지표 개발연구』, LAB2050, 2022를 보라.

86 최영준「참성장전략: 공멸이 아닌 공존의 시대로」, 솔루션2050-06, LAB2050, 2021.

87 케이트 레이워스『도넛 경제학: 폴 새뮤얼슨의 20세기 경제학을 박물관으로 보내버린 21세기 경제학 교과서』, 홍기빈 옮김, 학고재 2018.

88 같은 책 310면.

89 '소비의 회랑' 설명은 Doris Fuchs et al., *Consumption Corridors: Living a Good Life within Sustainable Limits*, Routledge 2021; Ian Gough, "Defining floors and ceilings: the contribution of human needs theory," *Sustainability: Science, Practice and Policy* 16(1), 2020, 208~19면을 요약·정리한 것이다.

90 일상의 소비에 관한 인문학적 성찰을 다룬 최원형『착한 소비는 없다』, 자연과생태 2020을 참조하라.

91 '좋은 삶'이란 아리스토텔레스의 '유다이모니아'(eudaimonia)에서 비롯된 개념이다. 유다이모니아는 행복이 포함되지만 그보다 더 넓은 개념이다. 심수진「한국사회에서 주관적 웰빙에 영향을 미치는 요인 분석」,『통계연구』21(3), 2016, 26면.

92 D. Fuchs et al., 앞의 책 33면. 강조 추가.

93 서혜빈「"헌법 1조, 국가는 기후변화와 맞서 싸운다" 바꿔가는 시민들」,『한겨레』 2021년 4월 5일자; 조효제『탄소 사회의 종말』, 352~67면.

94 Joel Millward-Hopkins et al., "Providing decent living with minimum energy: A global scenario," *Global Environmental Change* 65, Article 102168, 2020. 전세계 에너지 사용 정보에 대해서는 한국에너지정보문화재단『2020년 해외 에너지 정보 연구·조사 자료 모음집』, 한국에너지정보문화재단 2020을 보라.

95 같은 글 8~9면.

96 D. Fuchs et al., 앞의 책 84면.

97 사회권을 보장하기 위해 경제성장이 필요하다는 암묵적 주장이 적어도 선진국에서는 더이상 적실하지 않다는 다음의 논문을 참조하라. Matthias Petel and Norman Vander Putten, "Economic, social and cultural rights and their dependence on the economic growth paradigm: Evidence from the ICESCR system," *Netherlands Quarterly of Human Rights* 39(1), 2021, 53~72면.

98 '기후정의'의 일반적 설명에 대해서는 메리 로빈슨『기후정의』, 서민아 옮김, 필로소픽 2020을 보라. 남반구-북반구의 기후정의에 대해서는 J. Hickel et al., 앞의 글을 보라.

99 이 딜레마에 관해서는 마크 프레초, 앞의 책; 보르 안드레아센·스티븐 마크스 엮음, 앞의 책; 조효제『인권의 지평』을 보라.

100 아준 센굽타「개발권의 정의와 실천」, 보르 안드레아센·스티븐 마크스 엮음, 같은 책 62면.

101 제이슨 히켈의 탈성장 블로그를 참고하라. https://www.jasonhickel.org/blog/tag/ degrowth(검색: 2021. 8. 12.) 최근에 나온 히켈의 단행본도 참조하라. 제이슨 히켈, 앞의 책.

102 조효제『탄소 사회의 종말』, 303~305면.

103 기후정의포럼『기후정의선언 2021: 기후 정의 체제 전환』, 한티재 2021; 조효제「기

후위기의 사회적 차원」, 앞의 책; 한재각, 앞의 책.

104 T. Fitzpatrick, 앞의 책 44면.

105 다음 내용은 Matthew G. Burgess et al., "Prepare developed democracies for long-run economic slowdowns," *Nature Human Behavior* 5, 2021을 요약한 것이다.

106 Roberta R. Greene, 『사회복지와 탄력성』, 양옥경 외 옮김, 나눔의집 2006, 385~87면.

107 생태와 복지를 통합하는 연구로는 김만호·최영신「녹색주의 사회복지에 관한 탐색적 연구」,『한국사회복지행정학』14(1), 2012, 253~76면; 김형준·한동우「사회생태주의적 관점에서의 한국 복지국가담론 비판과 대안」,『비판사회정책』36호, 2012, 39~74면; 이태수 외『성공한 나라 불안한 시민: 대전환 시대, 한국 복지국가의 새판 짜기』, 헤이북스 2022; 한상진, 앞의 책; 홍성태『생태복지국가를 향하여』, 진인진 2019를 보라.

108 다음 내용은 Katharina Bohnenberger and Martin Fritz, "Making welfare resilient: Creating stable & sustainable welfare systems in times of declining economic growth," Transformation Policy Briefs #2, ZOE-Institute for future-fit economies 2020의 골격에 내 설명을 추가한 것이다.

109 사회-생태 전환을 위해 기본소득을 지지하는 대표적 입장으로 James P. Mulvale, "Social-Ecological Transformation and the Necessity of Universal Basic Income," *Social Alternatives* 38(2), 2019, 39~46면을 보라. 스위스의 생태배당 기본소득에 대해서는 다음 책의 11장을 참조하라. 이원재『안녕하세요, 기본소득입니다』, 어크로스 2022.

110 오기출『한 그루 나무를 심으면 천 개의 복이 온다』, 사우 2017, 154~88면.

111 Mark Paul, "A Green Basic Income: The Role of Carbon Dividends," 2nd Gyeonggi Province Basic Income International Conference, 7 February 2020.

112 Mark Budolfson et al., "Protecting the poor with a carbon tax and equal per capita dividend," *Nature Climate Change* 11, 2021. 탄소세를 둘러싼 쟁점은 이지웅「탄소세를 기본소득으로?: 탄소세 도입을 둘러싼 쟁점들」, 인사이트2050-10, LAB2050, 2021을 보라.

113 보편기본서비스의 설명은 Ian Gough, "The Case for Universal Basic Services," *LSE Public Policy Review* 1(2), 2020, 6면을 요약했다. 번역서로는 안나 쿠트·앤드루 퍼시『기본소득을 넘어 보편적 기본서비스로!』, 김은경 옮김, 클라우드나인 2021을 보라.

114 영국의 복지국가 탄생 과정을 추적한 이창곤의 저술을 한국 상황에서 음미할 만하다. 이창곤 『복지국가를 만든 사람들: 영국편』, 인간과복지 2014.

115 한국의 맥락에서 보편기본소득, 보편기본서비스, 보편기본바우처의 사회–생태적 지속가능성을 비교분석한 연구로 Sophia Seung-Yoon Lee, Ji-eun Lee and Kyo-seong Kim, "Evaluating Basic Income, Basic Service, and Basic Voucher for Social and Ecological Sustainability," *Sustainability* 12(20), 8348, 2020을 보라.

116 여성환경연대 「남성 중심적 해법으로는 기후위기 해결할 수 없다」, 『오마이뉴스』 2021년 10월 1일자.

117 이병천 「거대한 위기와 전환의 정치: 지속가능한 생태복지국가로 가는 길」, 『공공사회연구』 11(1), 2021, 259면. 강조 추가. 예를 들어, '정의로운 전환'에는 이념적으로 여러 스펙트럼이 있으며, 이것을 정치적으로 견인하는 것도 전환 정치의 일부라는 Halliki Kreinin, "Typologies of "Just Transitions": Towards Social-Ecological Transformation," WU Institute for Ecological Economics, Working Paper Series: 35/2020을 참고하라.

118 기후대책과 환경보호를 함께 제안하는 리스트가 많지만 그 둘이 동일한 것은 아니다. 예를 들어, 탄소를 흡수하기 위해 나무 심기를 하더라도 단일 수종으로 조림을 하면 생태계에 별로 도움이 되지 않는다.

119 Kate Meyer and Peter Newman, "The Planetary Accounting Framework: a novel, quota-based approach to understanding the impacts of any scale of human activity in the context of the Planetary Boundaries," *Sustainable Earth* 1, Article 4, 2018, 1~21면.

120 Andrea Collins et al., "Living within a One Planet reality: the contribution of personal footprint calculators," *Environmental Research Letters* 15(2), 025008, 2020.

121 BP는 지금도 탄소발자국 계산기 사이트를 운영하고 있다. https://www.knowyourcarbonfootprint.com/(검색: 2021. 8. 30.)

122 BP의 '탄소발자국 줄이기'에 관한 내용은 Tammy Gan, "BP popularised "carbon footprint" to greenwash and guilt-trip. Here's how," Green is the New Black, 29 April 2021을 요약·정리한 것이다.

123 오길비사의 사이트를 보라. https://www.ogilvy.com/(검색: 2021. 8. 31.)

124 신자유주의의 심리학 그리고 심리학의 신자유주의화에 대해서는 Glenn Adams et al., "The psychology of neoliberalism and the neoliberalism of psychology," *Journal of Social Issues* 75(1), 2019, 189~216면을 보라.

125 Emily M. Eaton and Nick A. Day, "Petro-pedagogy: fossil fuel interests and the obstruction of climate justice in public education," *Environmental Education Research* 26(4), 2020, 457~73면.

126 미국의 석유산업이 교육에 관여하기 위해 벌이는 활동에 대해서는 Dharna Noor, "*The ABCs of Big Oil*: Why the Fossil Fuel Industry Infiltrated Schools," *GIZMODO*, 12 September 2021을 보라.

127 Jon Henley, "Few willing to change lifestyle to save the planet, climate survey finds," *The Guardian*, 7 November 2021.

128 사회발전에 있어 한두 마디의 단순한 구호로 해결될 수 있는 문제는 없다고 설파한 조지프 히스 『계몽주의 2.0: 감정의 정치를 어떻게 바꿀 것인가』, 김승진 옮김, 이마 2017을 보라.

129 김경진·김영욱 「메시지 프레임과 불확실성 인식이 예방 행동 의도에 미치는 영향: 기후 변화 이슈를 중심으로」, 『광고연구』 112호, 2017, 154~98면.

130 Wokje Abrahamse, "How can people save the planet?" *Nature Sustainability* 2, April 2019, 264면.

131 영국의 런던, 스페인의 폰테베드라, 멕시코의 멕시코시티 등의 사례를 참조할 수 있을 것이다.

132 Markus H.-P. Müller, "Why We Must Debate the Future Now," *Global Policy Journal*, 30 November 2021.

133 전치형·김성은·김희원·강미량 『호흡공동체: 미세먼지, 코로나19, 폭염에 응답하는 과학과 정치』, 창비 2021.

134 다음 내용은 Nicholas A. Robinson, "Fundamental principles of law for the Anthropocene?" *Environmental Policy and Law* 44(1-2), 2014, 13~27면을 바탕으로 내 의견을 보탠 것이다. 기후변화 윤리에 대해서는 Thom Brooks, *Climate Change Ethics for an Endangered World*, Routledge 2021을 보라.

135 Edward O. Wilson, *Biophilia*, Harvard University Press 1984, 1~2면.

136 "One Planet, One Health, One Future." https://www.wcs.org/one-planet-one-health-one-future(검색: 2021. 5. 2.)

137 종교와 전통윤리에 나타나는 생명, 생태 사상과 영성에 대해서는 다음을 보라. 고재백·유미호·조영호 엮음 『기후위기 시대의 도전과 교회의 응답』, 새물결플러스 2022; 김대식 『생태영성의 이해』, 대장간 2014; 김세정 『돌봄과 공생의 유가생태철학』,

소나무 2017; 소기석 「원불교의 四恩倫理에 나타난 생태학적 영성에 관한 연구」, 『종교문화학보』 1, 2006, 175~203면; 이도흠 「한국 불교의 생명·생태 사상과 그 실천 운동」, 『철학사상』 41호, 2011, 99~125면; 장회익 외 『생태적 삶을 추구하는 영성』, 한국교회환경연구소 엮음, 동연 2011; 조성택 「불교와 생태학: 그 가능성과 한계」, 『철학연구』 29호, 2005, 297~324면.

138 한상진, 앞의 책.

139 『논어』 12편 「안연(顔淵)」 2장에 나오는 말이다. 김용옥 『논어 한글역주 3』, 통나무 2008, 314~15면.

140 뤼트허르 브레흐만 『휴먼카인드: 감춰진 인간 본성에서 찾은 희망의 연대기』, 조현욱 옮김, 인플루엔셜 2021, 36면.

141 경쟁사회와 강자동일시에 기반한 행동 특성을 분석한 강수돌 『경쟁 공화국 : 믿을 건 나 하나뿐인 각자도생 시대, 잘 살기 경쟁만이 답일까?』, 세창미디어 2020; 강수돌 『강자동일시: 무엇이 우리의 행복을 가로막는가 — 돈중독·일중독』, 사무사책방 2021을 보라.

142 이상건 외 『글로벌 기후변화에 대응하기 위한 에코스마트시티 사업추진 및 해외진출 방안』, 경제·인문사회연구회 2021, 11면을 보라.

143 UNEP, *Assessing Environmental Impacts: A Global Review of Legislation*, United Nations Environment Programme 2018.

144 Wikipedia, "Wolfgang Sachs." https://en.wikipedia.org/wiki/Wolfgang_Sachs(검색: 2021. 12. 5.)

145 리처드 레이어드 『행복의 함정: 가질수록 행복은 왜 줄어드는가』, 정은아 옮김, 북하이브 2011.

146 N. A. Robinson, 앞의 글 23면.

147 "지구의 위기를 초래한 가장 핵심적인 것은 자연은 물론 인간까지 도구화하고 희생하면서 이윤을 무한하게 추구하는 자본주의체제다." 오동석, 앞의 글 169면.

148 미국 듀크대학에서 지구과학을 가르치는 드류 신델(Drew Shindell)의 아이디어다. Drew Shindell, "Let's Start Naming Climate-Related Disasters for Polluters and Their Enablers," *Scientific American*, 11 August 2021.

149 황인철 「인권의 관점에서 본 기후위기대응법의 제정 방향」, 기후위기와 인권에 관한 토론회, 국가인권위원회 2021. 8. 31, 13~27면.

150 D. H. Meadows et al., 앞의 책 193면. 강조 추가.

1 Corey J. A. Bradshaw et al., "Underestimating the challenges of avoiding a ghastly future," *Frontiers in Conservation Science* 1, Article 615419, 13 January 2021.

2 같은 글 6면.

3 Andrew L. Fanning et al., "The social shortfall and ecological overshoot of nations," *Nature Sustainability*, 18 November 2021.

4 다음 사이트에서 개별 국가들의 점수를 확인할 수 있다. https://goodlife.leeds.ac.uk/national-trends/country-trends/#GBR(검색: 2021. 12. 4.)

5 Murray Bookchin, *Social Ecology and Communalism*, A. K. Press 2007, 19~20면. 강조 추가.

6 IPCC, 앞의 글.

7 Jason Bordoff and Meghan L. O'Sullivan, "Green upheaval: The new geopolitics of energy," *Foreign Affairs*, January/February 2022.

8 Tom Kirk, "Could Climate Change Turn Natural Disasters into a Direct Threat on Democracy?" *Global Policy Journal*, 3 December 2021.

9 Bruno Latour, "The pandemic is a warning: we must take care of the earth, our only home," *The Guardian*, 24 December 2021.

10 박은하 「'무엇이 삶을 의미있게 하는가'…한국 유일하게 '물질적 풍요' 1위 꼽아」, 『경향신문』 2021년 11월 22일자.

11 이런 관점은 '사회적 응집력'을 강조한 유엔개발계획의 보고서에서도 확인할 수 있다. UNDP, *Strengthen Social Cohesion: Conceptual Framing and Programming Implications*, United Nations Development Programme 2020.

12 볼프강 작스 외『反자본 발전사전』, 이희재 옮김, 아카이브 2010.

13 이탈리아의 '친교경제'는 '공동체 시민경제'라고도 한다. 루이지노 브루니『콤무니타스 이코노미: 모두를 위한 경제는 어떻게 가능한가』, 강영선 외 옮김, 북돋움coop 2020을 보라.

14 볼프강 작스 외, 앞의 책 19~20면. 강조 추가.

15 박경미『성서, 퀴어를 옹호하다: 성서학자가 들려주는 기독교와 성소수자 이야기』, 한티재 2020, 360면.

16 CARE International, "The most under-reported humanitarian crises of 2021: 10

humanitarian crises that didn't make the headlines," CARE International UK 2022.

17 다음 설명은 Ayse Kaya with Olivia Stoetzer, "The 100 billion dollar question: COP26 Glasgow and climate finance," *Global Policy Journal*, 16 November 2021을 골격으로 하여 내 설명을 덧붙인 것이다.

18 이 목표를 위해 인천 송도에 녹색기후기금(GCF)이 설치되었다.

19 Harpreet Kaur Paul, "Climate finance: rich countries aren't meeting aid targets — could legal action force them?" *The Conversation*, 6 October 2021.

20 조희연 「우리 안의 보편성: 지적·학문적 주체화로 가는 창」, 신정완 외, 『우리 안의 보편성: 학문 주체화의 새로운 모색』, 한울아카데미 2006.

21 IEP, *Ecological Threat Report 2021: Understanding Ecological Threats, Resilience and Peace*, Institute for Economics & Peace 2021.

22 https://gain.nd.edu/our-work/country-index/rankings/(검색: 2021. 12. 9.)

23 다음 설명은 추장민 「한반도 녹색전환과 남북한 환경 협력 방안」, 환경부 엮음, 앞의 책을 많이 참고했다.

24 엄주현 「북한은 코로나에 어떻게 대응하고 있을까?」, 『창비 주간논평』 2021년 12월 8일자.

25 김성경 「팬데믹과 북한의 닫힌 문」, 『창비 주간논평』 2021년 6월 2일자.

26 존 페퍼 「기후위기와 '한반도 계획'」, 『한겨레』 2021년 8월 16일자; John Burton, "Climate change and two Koreas," *The Korea Times*, 12 July 2021.

27 강금실 『지구를 위한 변론: 미래 세대와 자연의 권리를 위하여』, 김영사 2021, 174~80면.

28 구도완, 앞의 글 94면.

29 최현아 「김정은 시대 환경관련 활동과 협력 방안: 습지 생물다양성 보전 대내외 활동변화를 중심으로」, 『통일정책연구』 28(2), 2019, 63~81면.

30 추장민, 앞의 글 301면.

31 백낙청, 앞의 글 287면.

32 폴 슈메이커 『진보와 보수의 12가지 이념: 다원적 공공 정치를 위한 철학』, 조효제 옮김, 후마니타스 2010, 338면.

33 서영표 「상품화된 일상과 붕괴된 연대, 하지만 희망을 '상상'해야 한다」, 『내일을 여는 역사』 65호, 2016, 84면.

34 Catriona McKinnon, "Endangering humanity: an international crime?" *Canadian*

Journal of Philosophy 47(2–3), 2017, 395~415면.

35 스탠리 코언『잔인한 국가 외면하는 대중: 왜 국가와 사회는 인권침해를 부인하는가』, 조효제 옮김, 창비 2009, 557면.

36 최재천『생태적 전환, 슬기로운 지구 생활을 위하여: 지속가능한 지구를 위한 마지막 선택』, 김영사 2021.

37 에이프릴 카터『직접행동: 21세기 민주주의, 거인과 싸우다』, 조효제 옮김, 교양인 2007.

38 지역사회에서 도시재생 등 지속가능발전 모델을 모색한 정건화의 연구(「'오래된 미래', 서울 동북4구의 생태적 전환 실험」, 한윤정 엮고 옮김, 앞의 책)를 보라. 에너지 자립마을에 대해서는 김지석「시민사회가 참여하는 에너지 전환」(한윤정 엮고 옮김, 같은 책)을, 지역순환경제 실험에 대해서는 김소영「지구적 생각, 지역적 실천(성대골 에너지 전환운동 사례)」(『2021 글로컬 세계시민교육 포럼: 기후위기와 세계시민교육』, 인천광역시 연수구 글로벌 시티즌 랩 연수, 2021. 7. 19.)을 참조하라.

국내문헌

강금실『지구를 위한 변론: 미래 세대와 자연의 권리를 위하여』, 김영사 2021.

강금실 외『지구를 위한 법학: 인간중심주의를 넘어 지구중심주의로』, 서울대학
　　교출판문화원 2020.

강성현「제노사이드와 한국현대사: 제노사이드의 정의와 적용을 중심으로」,『역
　　사연구』18호, 2008, 95~150면.

강수돌『강자동일시: 무엇이 우리의 행복을 가로막는가 ── 돈중독·일중독』, 사
　　무사책방 2021.

_____『경쟁 공화국 : 믿을 건 나 하나뿐인 각자도생 시대, 잘 살기 경쟁만이 답
　　일까?』, 세창미디어 2020.

강찬수「3시간만에 금붕어 죽어 발칵..낙동강 페놀 오염사고 30년」,『중앙일보』
　　2021년 3월 13일자. https://news.v.daum.net/v/20210313120101131(검색:
　　2021. 3. 13.)

_____「온난화 탓…백두대간 침엽수림 4년 새 10%나 줄어」,『중앙일보』2018년
　　2월 15일자. https://news.joins.com/article/22372878(검색: 2021. 4. 2.)

_____「코로나에 호되게 당하고도… 야생동식물에 군침 흘리는 그들」, 『중앙일보』 2021년 10월 24일자. https://www.joongang.co.kr/article/25017511(검색: 2021. 12. 20.)

고경태 「50주기엔 비문이 해방되는 기적을 꿈꾼다」, 『한겨레』 2017년 2월 26일자. https://www.hani.co.kr/arti/international/asiapacific/784172.html(검색: 2021. 11. 9.)

_____ 『1968년 2월 12일: 베트남 퐁니·퐁넛 학살 그리고 세계』, 한겨레출판 2015.

고재백·유미호·조영호 엮음 『기후위기 시대의 도전과 교회의 응답』, 새물결플러스 2022.

곽관훈 「왜 기업에게 인권인가?」, 『국가인권위원회 휴먼레터』 99호, 2011년 10월 15일자.

구도완 「녹색전환 이론과 체계의 전환」, 환경부 엮음, 『녹색전환: 지속 가능한 생태 사회를 위한 가치와 전략』, 한울아카데미 2020.

_____ 『생태민주주의: 모두의 평화를 위한 정치적 상상력』, 한티재 2018.

권은정 「이렇게 아름답게 흙을 만진 이 밭의 주인은 어떤 사람이었을까?: 임봉재 선생에게 길을 묻다」, 『뜻밖의 소식』 7월호, 2015, 16~19면.

권태호 「"1962년부터 DMZ 고엽제 살포" 미국 정부 공식문서 통해 드러나」, 『한겨레』 2011년 5월 31일자. http://www.hani.co.kr/arti/society/society_general/480517.html(검색: 2021. 3. 7.)

Greene, Roberta R. 『사회복지와 탄력성』, 양옥경 외 옮김, 나눔의집 2006.

기후정의포럼 『기후정의선언 2021: 기후 정의 체제 전환』, 한티재 2021.

김경진·김영욱 「메시지 프레임과 불확실성 인식이 예방 행동 의도에 미치는 영향: 기후 변화 이슈를 중심으로」, 『광고연구』 112호, 2017, 154~98면.

김대식 『생태영성의 이해』, 대장간 2014.

김동춘 「20세기 한국에서의 제노사이드」, 『4·3과 역사』 5권 5호, 2005, 76~109면.

김만호·최영신 「녹색주의 사회복지에 관한 탐색적 연구」, 『한국사회복지행정학』 14권 1호, 2012, 253~76면.

김민성 『환경문제의 인권적 전환: 충남 서북부 환경취약지역 주민을 중심으로』,

성공회대학교 일반대학원 사회학 박사학위논문, 2022.

김민제「원안위, 이제야 "월성원전 부지, 방사성물질 누출" 인정」, 『한겨레』 2021년 9월 11일자.

김병권『진보의 상상력: 기후위기와 불평등의 시대, 정치란 무엇인가』, 이상북스 2021.

김상걸「국제법상 '범죄의 집단성'과 '처벌의 개인성'의 포섭과 통합: 개인형사책임 개념의 도입과 범죄참가형태의 정교화」, 『국제법학회논총』 64권 1호, 2019, 9~40면.

김석현「인류의 평화와 안전에 반하는 범죄법전 초안」, 『국제법평론』 9호, 1997, 234~46면.

김성경「팬데믹과 북한의 닫힌 문」, 『창비 주간논평』 2021년 6월 2일자. https://magazine.changbi.com/20210602/?cat=2466(검색: 2021. 12. 9.)

김세정『돌봄과 공생의 유가생태철학』, 소나무 2017.

김소영「지구적 생각, 지역적 실천(성대골 에너지 전환운동 사례)」, 『2021 글로컬 세계시민교육 포럼: 기후위기와 세계시민교육』, 인천광역시 연수구 글로벌 시티즌 랩 연수, 2021년 7월 19일.

김억수·이재영「지역 환경교육 프로그램 토대로서의 생물문화다양성과 전통생태지식」, 『환경교육』 29권 1호, 2016, 15~35면.

김영중「단순 명쾌하지만 고통스러운 기후위기 해법」, 『서울신문』, 2021년 7월 11일자. https://www.seoul.co.kr/news/newsView.php?id=20210712029010 (검색: 2021. 7. 23.)

김용옥『논어 한글역주 3』, 통나무 2008.

김재명『오늘의 세계분쟁』 개정2판, 미지북스 2021.

김지석「시민사회가 참여하는 에너지 전환」, 한윤정 엮고 옮김, 『생태문명 선언: 위기, 희망, 지속가능한 미래』, 다른백년 2020.

김태우『폭격: 미공군의 공중폭격 기록으로 읽는 한국전쟁』, 창비 2013.

김현우『정의로운 전환: 21세기 노동해방과 녹색전환을 위한 적록동맹 프로젝트』, 나름북스 2014.

김현준「환경법과 공법: 한국환경법학회 40년, 쟁점과 과제」,『환경법연구』 39권 3호, 2017, 35~72면.

김형준·한동우「사회생태주의적 관점에서의 한국 복지국가담론 비판과 대안」,『비판사회정책』 36호, 2012, 39~74면.

김혜린「'탄소중립' 빙자한 산림청 벌목정책으로 나무가 잘려나간다!」,『프레시안』 2021년 7월 3일자. https://www.pressian.com/pages/articles/2021062813315517607(검색: 2021. 7. 3.)

김효정「여성농민의 토착지식에 기반한 '토종씨앗 지키기' 운동의 특성과 과제」,『농촌사회』 21권 2호, 2011, 263~300면.

나오미 클라인『이것이 모든 것을 바꾼다: 자본주의 대 기후』, 이순희 옮김, 열린책들 2016.

데이비드 보이드『자연의 권리: 세계의 운명이 걸린 법률 혁명』, 이지원 옮김, 교유서가 2020.

데이비드 월러스 웰즈『2050 거주불능 지구: 한계치를 넘어 종말로 치닫는 21세기 기후재난 시나리오』, 김재경 옮김, 추수밭 2020.

데이비드 헬드 외『전지구적 변환』, 조효제 옮김, 창비 2002.

라즈 파텔·제이슨 W. 무어『저렴한 것들의 세계사: 자본주의에 숨겨진 위험한 역사, 자본세 600년』, 백우진·이경숙 옮김, 북돋움 2020.

루이지노 브루니『콤무니타스 이코노미: 모두를 위한 경제는 어떻게 가능한가』, 강영선 외 옮김, 북돋움coop 2020.

뤼트허르 브레흐만『휴먼카인드: 감춰진 인간 본성에서 찾은 희망의 연대기』, 조현욱 옮김, 인플루엔셜 2021.

류승민「ESG는 환경과 사회를 변화시킬 수 있는가?」,『민주노동연구원 이슈페이퍼』 2021-20, 2021.

리처드 레이어드『행복의 함정: 가질수록 행복은 왜 줄어드는가』, 정은아 옮김, 북하이브 2011.

마리-모니크 로뱅『에코사이드: 생태학살자, 몬산토와 글리포세이트에 맞선 세계 시민들의 법정투쟁 르포르타주』, 목수정 옮김, 시대의창 2020.

마리아 미스·반다나 시바『에코페미니즘』개정판, 손덕수·이난아 옮김, 창비 2020.

마이클 만·톰 톨스『누가 왜 기후변화를 부정하는가: 거짓 선동과 모략을 일삼는 기후변화 부정론자들에게 보내는 레드카드』, 정태영 옮김, 미래인 2017.

마크 프레초『인권사회학의 도전: 인권의 통합적 비전을 향하여』, 조효제 옮김, 교양인 2020.

말리스 글라시우스「국제형사재판소와 지구시민사회」, 헬무트 안하이어·메어리 칼도어·말리스 글라시우스『지구시민사회: 개념과 현실』, 조효제·진영종 옮김, 아르케 2004.

메리 로빈슨『기후정의』, 서민아 옮김, 필로소픽 2020.

미셸린 이샤이『세계인권사상사』한국어 개정판, 조효제 옮김, 도서출판 길 2005.

박경만「임진강변 불법 '흙 산성' 수백m … "원상복구 명령도 무시"」,『한겨레』 2021년 6월 22일자.

박경미『성서, 퀴어를 옹호하다: 성서학자가 들려주는 기독교와 성소수자 이야기』, 한티재 2020.

박누리「우리밀과 식량주권: 밀의 문제는 밀만의 문제가 아니다」,『월간옥이네』 7월호, 2021, 36~43면.

박시원「미국의 환경책임과 생태손해」,『환경법과 정책』22권, 2019, 31~65면.

박용현「동물의 '법적 지위'」,『한겨레』2021년 7월 21일자.

박은하「'무엇이 삶을 의미있게 하는가'…한국 유일하게 '물질적 풍요' 1위 꼽아」,『경향신문』2021년 11월 22일자. https://m.khan.co.kr/world/world-general/article/202111220600031#c2b (검색: 2021. 12. 4.)

박태현「에콰도르 헌법상 자연의 권리, 그 이상과 현실」,『환경법연구』41권 2호, 2019, 107~41면.

_____「지구법학과 자연의 권리」, 강금실 외『지구를 위한 법학: 인간중심주의를 넘어 지구중심주의로』, 서울대학교출판문화원 2020.

_____「지구법학의 사상적 기원: 토마스 베리의 지구법학론」, 강금실 외『지구를 위한 법학: 인간중심주의를 넘어 지구중심주의로』, 서울대학교출판문화

원 2020.

배상현 「자연재해 강력해지는데, 재난지원금 25년째 제자리」, 『뉴시스』 2020년 10월 7일자. https://newsis.com/view/?id=NISX20201007_0001190214&cID=10809&pID=10800(검색: 2021. 8. 16.)

백낙청 「기후위기와 근대의 이중과제」, 『창작과비평』 191호, 2021, 283~99면.

백혜숙 「공공의료에 이어 공공식료(食療) 시대를 열자」, 『프레시안』 2021년 7월 5일자. https://www.pressian.com/pages/articles/2021070510591762430#0DKU(검색: 2021. 7. 5.)

Burton, John. "Climate change and two Koreas." *The Korea Times*. 12 July 2021. https://www.koreatimes.co.kr/www/opinion/2021/07/396_311997.html(검색: 2021. 7. 17.)

법제처 국가법령정보센터 편 『환경법』, 법제처 국가법령정보센터 2014.

보르 안드레아센·스티븐 마크스 엮음 『인권을 생각하는 개발 지침서』, 양영미·김신 옮김, 후마니타스 2010.

볼프강 작스 외 『反자본 발전사전』, 이희재 옮김, 아카이브 2010.

빌 맥키번 『폴터: 휴먼 게임의 위기, 기후 변화와 레버리지』, 홍성완 옮김, 생각이음 2020.

사이먼 L. 루이스·마크 A. 매슬린 『사피엔스가 장악한 행성: 인류세가 빚어낸 인간의 역사 그리고 남은 선택』, 김아림 옮김, 세종서적 2020.

사이토 고헤이 『지속 불가능 자본주의: 기후 위기 시대의 자본론』, 김영현 옮김, 다다서재 2021.

사이토 코헤이 「전 지구적 생태 위기의 시대에 마르크스의 물질대사 이론: 도이처 기념상 수상 강연문」, 『마르크스주의 연구』 17권 2호, 2020, 91~118면.

서영표 「담론 과잉시대, '동물권' 담론이 가지는 사회적 의미」, 『문화과학』 76호, 2013, 4~13면.

_____ 「상품화된 일상과 붕괴된 연대, 하지만 희망을 '상상'해야 한다」, 『내일을 여는 역사』 65호, 2016, 83~100면.

서재화 외 『국가생물적색자료집 제4권: 포유류』, 환경부 국립생물자원관 2021.

서중석『조봉암과 1950년대(하): 피해대중과 학살의 정치학』, 역사비평사 1999.

서혜빈 「"헌법 1조, 국가는 기후변화와 맞서 싸운다" 바꿔가는 시민들」, 『한겨레』 2021년 4월 5일자.

세계자연기금 『팜유 바이어 스코어카드 2021』, 세계자연기금 한국본부WWF–Korea 2021.

소기석 「원불교의 四恩倫理에 나타난 생태학적 영성에 관한 연구」, 『종교문화학보』 1호, 2006, 175~203면.

손호철 「'자본 탐욕'과 '무사안일'이 빚은 낙동강 '페놀사태' 교훈」, 『프레시안』 2021년 4월 14일자. https://www.pressian.com/pages/articles/20210413164 05681696#0DKU(검색: 2021. 4. 14.)

송정은 「자연의 권리와 동물의 권리 담론의 법적 고찰」, 『환경법과 정책』 25권, 2020, 1~34면.

스탠리 코언 『잔인한 국가 외면하는 대중: 왜 국가와 사회는 인권침해를 부인하는가』, 조효제 옮김, 창비 2009.

신승철 「생명위기 시대에서 생태 민주주의의 역할: 가타리의 생태학적 구도와 주체성 논의를 중심으로」, 『기억과 전망』 25호, 2011, 34~65면.

신혜림 「탈탄소 압박에… 벼랑끝 몰린 석유공룡들」, 『매일경제』 2021년 5월 27일자. https://www.mk.co.kr/news/world/view/2021/05/512943/(검색: 2021. 6. 7.)

실라 재서노프 『테크놀로지의 정치: 유전자 조작에서 디지털 프라이버시까지』, 김명진 옮김, 창비 2022.

심수진 「한국사회에서 주관적 웰빙에 영향을 미치는 요인 분석」, 『통계연구』 21권 3호, 2016, 25~47면.

아마티아 센 「인권으로서의 개발」, 보르 안드레아센·스티븐 마크스 엮음, 『인권을 생각하는 개발 지침서』, 양영미·김신 옮김, 후마니타스 2010.

_____ 『자유로서의 발전』, 김원기 옮김, 갈라파고스 2013.

아준 센굽타 「개발권의 정의와 실천」, 보르 안드레아센·스티븐 마크스 엮음, 『인권을 생각하는 개발 지침서』, 양영미·김신 옮김, 후마니타스 2010.

안나 쿠트·앤드루 퍼시 『기본소득을 넘어 보편적 기본서비스로!』, 김은경 옮김, 클라우드나인 2021.

안병옥-백낙청 「환경운동과 민주주의, 그리고 분단체제」, 백낙청 외, 『백낙청이 대전환의 길을 묻다』, 창비 2015.

앨러스데어 코크런 『동물의 정치적 권리선언』, 박진영·오창룡 옮김, 창비 2021.

엄주현 「북한은 코로나에 어떻게 대응하고 있을까?」, 『창비 주간논평』 2021년 12월 8일자. https://magazine.changbi.com/20211208/?cat=2466(검색: 2021. 12. 9.)

에이프릴 카터 『직접행동: 21세기 민주주의, 거인과 싸우다』, 조효제 옮김, 교양인 2007.

여성환경연대 「남성 중심적 해법으로는 기후위기 해결할 수 없다」, 『오마이뉴스』 2021년 10월 1일자. http://www.ohmynews.com/NWS_Web/View/at_pg.aspx?CNTN_CD=A0002777370&PAGE_CD=N0002&CMPT_CD=M0117(검색: 2021. 10. 3.)

여치헌 『인디언 자치공화국: 북아메리카 인디언의 어제와 오늘』, 이학사 2017.

오기출 『한 그루 나무를 심으면 천 개의 복이 온다』, 사우 2017.

오동석 「지구법학과 헌법」, 강금실 외 『지구를 위한 법학: 인간중심주의를 넘어 지구중심주의로』, 서울대학교출판문화원 2020.

오수진 「염한웅 과기자문회의 부의장 "정부주도 기술개발시대 지났다"」, 『연합뉴스』 2021년 11월 8일자. https://www.yna.co.kr/view/AKR20211106025700017?input=1195m(검색: 2021. 11. 8.)

올리히 브란트·마르쿠스 비센 『제국적 생활양식을 넘어서: 전 지구적 자본주의 시대의 인간과 자연에 대한 착취』, 이신철 옮김, 에코리브르 2020.

유준상 「文정부 '탄소 중립' 멀어지나…발전소 5년간 오염물질 5천톤 초과배출」, 『데일리안』 2021년 3월 11일자. https://m.dailian.co.kr/news/view/971552(검색: 2021. 3. 11.)

유태하 「초토화작전의 戰史的 意味」, 『군사』 46호, 2002, 299~326면.

윤순진 「기후변화」, 김은성 편, 『불확실성에 대응하는 위험 거버넌스: 신기술 및 신종재난을 중심으로』, 법문사 2009.

윤신영 「인류세 전문가 "지구는 되돌릴 수 없는 임계폭풍을 눈 앞에 두고 있다"」, 『동아사이언스』 2019년 12월 10일자. http://dongascience.donga.com/ news.php?idx=32899(검색: 2021. 6. 28.)

윤인진 『세계의 한인이주사』, 나남 2013.

윤형중 「기후위기 대응, 시민이 주도해야 성공한다」, 『한겨레』 2021년 5월 3일자.

이광근 「세계생태와 역사적 자본주의의 구체적 총체성: 세계체계 분석의 지속 혹은 변신?」, 『아시아리뷰』 10권 2호, 2020, 113~62면.

이근행 「그린뉴딜과 농업·농촌의 전환」, 『농촌사회』 31권 1호, 2021, 441~51면.

이남주 엮음 『이중과제론: 근대적응과 근대극복의 이중과제』, 창비 2009.

이도흠 「한국 불교의 생명·생태 사상과 그 실천 운동」, 『철학사상』 41호, 2011, 99 ~125면.

이병천 「거대한 위기와 전환의 정치: 지속가능한 생태복지국가로 가는 길」, 『공공사회연구』 11권 1호, 2021, 249~67면.

이병한 『어스테크, 지구가 허락할 때까지: 지속 생존을 위한 비즈니스 액티비스트 선언』, 가디언 2021.

이상건 외 『글로벌 기후변화에 대응하기 위한 에코스마트시티 사업추진 및 해외 진출 방안』, 경제·인문사회연구회 2021.

이상수 「기업은 인권증진의 주체」, 『국가인권위원회 휴먼레터』 99호, 2011년 10월 15일자.

이상헌 「한국 사회 녹색전환 전략의 필요성」, 환경부 엮음, 『녹색전환: 지속 가능한 생태 사회를 위한 가치와 전략』, 한울아카데미 2020.

이상현 「유엔 핵무기금지조약(TPNW) 발효와 핵비확산 레짐의 미래」, 『세종연구소 정세와 정책』 336호(8), 2021, 1~5면.

이승주·최영준·이원재·고동현 「GDP를 넘어: 불안정성과 불확실성의 시대, 진정한 가치를 찾아서」, 인사이트2050-06, LAB2050, 2020.

이원재 『안녕하세요, 기본소득입니다』, 어크로스 2022.

이유진 『기후변화 이야기』, 살림 2010.

이이화 외 『다 죽여라 다 쓸어버려라』, 한국전쟁전후 민간인학살 진상규명 범국 민위원회 2003.

이재돈 「산업문명에서 생태문명으로」, 한윤정 엮고 옮김, 『생태문명 선언: 위기, 희망, 지속가능한 미래』, 다른백년 2020.

이재철 『해양환경에서의 미세플라스틱: 환경오염 및 독성학적 특성 구조에 대한 현재 동향』, BRIC View 2020-R18, 2020.

이재희 「"동물은 물건이 아니다" 입법예고… 학대 처벌 강화될까?」, 『KBS』 2021년 7월 19일자. https://news.v.daum.net/v/20210719215606292(검색: 2021. 7. 19.)

이정필 「정권유지? 정권교체?… '닫힌 프레이밍'은 전환사회의 적」, 『프레시안』 2021년 7월 5일자. https://www.pressian.com/pages/articles/2021070509220 602804?utm_source=naver&utm_medium=search#0DKU(검색: 2021. 7. 5.)

이정호 「1.5도와 2도의 차이…자칫하면 지구는 '산불 지옥'」, 『경향신문』 2021년 2월 24일자. https://www.khan.co.kr/science/science-general/article/ 202102241808021(검색: 2021. 2. 28.)

이정훈 「코로나로 불평등 가속… 상위 10% 자산, 하위 50%의 190배」, 『한겨레』 2021년 12월 9일자.

이종규 「자연의 권리도 보장하는 '환경 헌법'」, 『한겨레』 2021년 7월 14일자.

이주영 「사회적규약의 발전과 국내적 함의」, 『국제법학회논총』 61권 2호, 2016, 125~57면.

이지웅 「탄소세를 기본소득으로?: 탄소세 도입을 둘러싼 쟁점들」, 인사이트2050 -10, LAB2050, 2021.

이창곤 「경시할 수 없는 '침묵의 위기' 생태계 파괴」, 『이코노미 인사이트』 136호, 2021, 122~23면.

_____ 「선거제도 개혁이 경제민주화와 복지개혁보다 중요한 이유?」, 『한겨레』 2017년 6월 9일자. https://www.hani.co.kr/arti/economy/economy_general/ 798120.html(검색: 2021. 10. 8.)

_____ 『복지국가를 만든 사람들: 영국편』, 인간과복지 2014.

이철헌 등 「허베이 스피리트호 유류유출사고 지역주민의 급성건강영향」, 『예방의학회지』 43권 2호, 2010, 166~73면.

이태수 외 『성공한 나라 불안한 시민: 대전환 시대, 한국 복지국가의 새판짜기』, 헤이북스 2022.

이하늬 「태안 기름유출 10년 "모두 쉬쉬하지만 아직 끝나지 않았다"」, 『경향신문』 2017년 12월 30일자. http://news.khan.co.kr/kh_news/khan_art_view.html?art_id=201712301806001(검색: 2021. 3. 16.)

임병선 「'빙하호 범람 위기' 페루 농민, 독일 전력사에 기후소송」, 『뉴스펭귄』 2021년 2월 8일자. https://www.newspenguin.com/news/articleView.html?idxno=3966(검색: 2021. 7. 4.)

임현진·공석기 『뒤틀린 세계화: 한국의 대안 찾기』, 나남 2014.

장회익 외 『생태적 삶을 추구하는 영성』, 한국교회환경연구소 엮음, 동연 2011.

전치형·김성은·김희원·강미량 『호흡공동체: 미세먼지, 코로나19, 폭염에 응답하는 과학과 정치』, 창비 2021.

전혜원 「ESG, 핵심은 인권이다」, 『시사IN』 710호, 2021. https://www.sisain.co.kr/news/articleView.html?idxno=44424(검색: 2021. 11. 15.)

정건화 「'오래된 미래', 서울 동북4구의 생태적 전환 실험」, 한윤정 엮고 옮김, 『생태문명 선언: 위기, 희망, 지속가능한 미래』, 다른백년 2020.

정미경 「기업 요청대로 규제 완화했더니 화학사고 늘었다」, 『프레시안』 2021년 4월 13일자. https://www.pressian.com/pages/articles/2021041210551640029&ref=google#0DKU(검색: 2021. 4. 13.)

정연제 「전기요금 오르는 것 아냐.. 과도한 할인 혜택 정상화하는 단계」, 『YTN』 2021년 6월 16일자. https://www.ytn.co.kr/_ln/0102_202106161659029313(검색: 2021. 7. 21.)

정영신 「제주 비자림로의 생태정치와 커먼즈의 변동」, 『환경사회학연구 ECO』 25권 1호, 2021, 257~99면.

정용인 「"부동산 불평등 해결 못 하면 대한민국은 망한다"」, 『경향신문』 2021년 3월 6일자. https://m.khan.co.kr/view.html?art_id=202103061033001#c2b

(검색: 2021. 8. 21.)

정욱식 「남북 산림협력과 '비질런트 에이스'」, 『한겨레』 2021년 11월 22일자.

정혜진 「지구법학과 유엔 그리고 국제시민사회」, 강금실 외 『지구를 위한 법학: 인간중심주의를 넘어 지구중심주의로』, 서울대학교출판문화원 2020.

제이슨 W. 무어 『생명의 그물 속 자본주의: 자본의 축적과 세계생태론』, 김효진 옮김, 갈무리 2020.

제이슨 히켈 『적을수록 풍요롭다: 지구를 구하는 탈성장』, 김현우·민정희 옮김, 창비 2021.

조너선 닐 『기후위기와 자본주의: 체제를 바꿔야 기후변화를 멈춘다』, 김종환 옮김, 책갈피 2019.

조명래 「국가론의 녹색화를 위한 시론」, 『한국정치학회보』 36집 2호, 2002, 47~68면.

조상제 『국제형법의 체계에 관한 이론적 토대』 연구총서 07-18, 한국형사정책연구원 2007.

조성택 「불교와 생태학: 그 가능성과 한계」, 『철학연구』 29호, 2005, 297~324면.

조영탁 「생태경제학의 방법론과 비전」, 『사회경제평론』 22호, 2004, 39~78면.

조윤재 「기후변화와 인권: 환경파괴 상황에서 인권에 기반한 접근법」, 『외법논집』 43권 2호, 2019, 115~44면.

조정훈 「대구시민 사용하는 낙동강 수돗물 품질, 전국에서 가장 나빠」, 『오마이뉴스』 2021년 9월 14일자. http://www.ohmynews.com/NWS_Web/View/at_pg.aspx?CNTN_CD=A0002773967&PAGE_CD=N0002&CMPT_CD=M0112(검색: 2021. 9. 15.)

조중헌 『활동가들의 경험을 통해 본 동물권운동의 의미 변화 과정』, 한양대학교 사회학 박사학위논문 2013.

조지프 히스 『계몽주의 2.0: 감정의 정치를 어떻게 바꿀 것인가』, 김승진 옮김, 이마 2017.

조천호 『파란하늘 빨간지구: 기후변화와 인류세, 지구시스템에 관한 통합적 논의』, 동아시아 2019.

조효제「기후위기와 인권」, 『녹색평론』 169호, 2019, 64~73면.

_____「기후위기의 사회적 차원」, 『(2021 경향포럼)기후위기의 시대: 생존 가능
　　　한 지구로 가는 길』 특별강연, 2021년 6월 23일.

_____「먹거리 인권과 먹거리 주권의 시론적 고찰」, 『민주주의와 인권』 13권
　　　2호, 2013, 267~301면.

_____「엔지오와 압핀 그리고 교양교육」, 『한겨레』 2009년 3월 6일자.

_____「인권 실현의 통합적 접근」, 『인권연구』 1권 1호, 2018, 37~71면.

_____「인권경영의 모색: 쟁점과 비판」, 『아세아연구』 51권 3호, 2008, 128~60면.

_____『인권을 찾아서: 신세대를 위한 세계인권선언』, 한울아카데미 2011.

_____『인권의 지평: 새로운 인권 이론을 위한 밑그림』, 후마니타스 2016.

_____『탄소 사회의 종말: 인권의 눈으로 기후위기와 팬데믹을 읽다』, 21세기북
　　　스 2020.

조효제 편역『NGO의 시대: 지구시민사회를 향하여』, 창비 2000.

조희연「우리 안의 보편성: 지적·학문적 주체화로 가는 창」, 신정완 외, 『우리 안
　　　의 보편성: 학문 주체화의 새로운 모색』, 한울아카데미 2006.

존 페퍼「기후위기와 '한반도 계획'」, 『한겨레』 2021년 8월 16일자.

지학순『내가 겪은 공산주의』 개정초판, 가톨릭출판사 2017.

진명숙「에코페미니즘 관점에서 본 귀농귀촌 여성의 토종씨앗지키기 실천 분석」,
　　　『농촌사회』 29권 2호, 2019, 33~76면.

최나영「구미 불산 누출사고 8년 '노동자·주민 안전 위협하는 노후설비'」, 『매
　　　일노동뉴스』 2020년 9월 28일자. https://www.labortoday.co.kr/news/
　　　articleView.html?idxno=166799(검색: 2021. 4. 13.)

최병두「인류세를 위한 녹색전환」, 환경부 엮음, 『녹색전환: 지속 가능한 생태 사
　　　회를 위한 가치와 전략』, 한울아카데미 2020.

최병성「서울 시민의 목숨, 원주지방환경청에 달렸다」, 『오마이뉴스』 2021년 9월
　　　24일자. http://www.ohmynews.com/NWS_Web/Series/series_premium_
　　　pg.aspx?CNTN_CD=A0002775292(검색: 2021. 9. 25.)

최영준「참성장전략: 공멸이 아닌 공존의 시대로」, 솔루션2050-06, LAB2050,

2021.

최영준 외『참성장지표 개발연구』, LAB2050, 2022.

최우리「산꼭대기로 내쫓긴 빙하기 꼬마 나무 더는 갈 곳이 없다」,『한겨레』
    2020년 6월 29일자. http://www.hani.co.kr/arti/society/environment/
    951349.html#csidxa4bc94af29155b2b4d0f8e77c82a9d7(검색: 2021. 4. 1.)

최원석「신차 판매 톱10의 80%가 중·대형… 탄소 중립에 거꾸로 가는 한국」,
    『조선일보』2021년 8월 26일자. https://www.chosun.com/economy/int_
    economy/2021/08/26/MY3T554OURGP5BQNR3RFWTZWPY/?utm_
    source=daum&utm_medium=referral&utm_campaign=daum-news(검
    색: 2021. 8. 27.)

최원형『착한 소비는 없다』, 자연과생태 2020.

최재천『생태적 전환, 슬기로운 지구 생활을 위하여: 지속가능한 지구를 위한 마
    지막 선택』, 김영사 2021.

최현아「김정은 시대 환경관련 활동과 협력 방안: 습지 생물다양성 보전 대내외
    활동변화를 중심으로」,『통일정책연구』28권 2호, 2019, 63~81면.

최호근『제노사이드: 학살과 은폐의 역사』, 책세상 2005.

추장민「한반도 녹색전환과 남북한 환경 협력 방안」, 환경부 엮음,『녹색전환: 지
    속 가능한 생태 사회를 위한 가치와 전략』, 한울아카데미 2020.

카렐 바삭『인권론』, 박홍규 옮김, 실천문학사 1986.

칼 세이건『창백한 푸른 점』, 현정준 옮김, 사이언스북스 2001.

케빈 베일스『일회용 사람들: 글로벌 경제 시대의 새로운 노예제』, 편동원 옮김,
    이소출판사 2003.

케이트 레이워스『도넛 경제학: 폴 새뮤얼슨의 20세기 경제학을 박물관으로 보
    내버린 21세기 경제학 교과서』, 홍기빈 옮김, 학고재 2018.

Paul, Mark. "A Green Basic Income: The Role of Carbon Dividends." February 7,
    2020. 2nd Gyeonggi Province Basic Income International Conference.

폴 슈메이커『진보와 보수의 12가지 이념: 다원적 공공 정치를 위한 철학』, 조효
    제 옮김, 후마니타스 2010

프란치스코『찬미받으소서: 공동의 집을 돌보는 것에 관한 프란치스코 교황 성
　　하의 회칙』, 한국천주교중앙협의회 2015.

필립 맥마이클『거대한 역설: 왜 개발할수록 불평등해지는가』, 조효제 옮김, 교양
　　인 2013.

하승수「정치의 녹색전환을 위한 전략」, 환경부 엮음,『녹색전환: 지속 가능한 생
　　태 사회를 위한 가치와 전략』, 한울아카데미 2020.

한국시민사회 SDGs네트워크 편『2021 한국지속가능성 평가 시민사회보고서:
　　코로나19 이후 포용적 경제·사회 회복과 탄소중립을 위하여』, 한국지속
　　가능발전센터 2021.

한국에너지정보문화재단『2020년 해외 에너지 정보 연구·조사 자료 모음집』, 한
　　국에너지정보문화재단 2020.

한상진『한국형 제3의 길을 통한 생태복지국가의 탐색』, 한국문화사 2018.

한윤정「우리 문명은 어떤 토대 위에 세워졌을까」, 한윤정 엮고 옮김,『생태문명
　　선언: 위기, 희망, 지속가능한 미래』, 다른백년 2020.

한재각『기후정의: 희망과 절망의 갈림길에서』, 한티재 2021.

함한희·강경표「어민, 환경운동가, 그리고 정부의 바다인식: 새만금 사업을 둘러
　　싼 갈등을 중심으로」,『환경사회학연구 ECO』11권 2호, 2007, 247~84면.

행정안전부『2019년 강원 동해안 산불 백서』, 재난협력실 환경재난대응과 2019.

헨리크 베리그렌『올로프 팔메: 우리 앞에 펼쳐진 멋진 나날』, 조행복 옮김, 아카
　　넷 2021.

홍기빈「도넛 경제학: 경제 성장의 신화를 넘어서」, 바람과 물 생명애 콜로키움,
　　2021년 5월 7일.

홍선기「섬의 생태적 정체성과 탈경계: 생물다양성과 문화다양성의 접점에서의
　　이해」,『도서문화』41호, 2013, 329~49면.

홍성태『생태복지국가를 향하여』, 진인진 2019.

황인철「인권의 관점에서 본 기후위기대응법의 제정 방향」, 기후위기와 인권에
　　관한 토론회, 국가인권위원회 2021년 8월 31일.

황인철 외『기후변화와 한반도 생태계』, 녹색연합 2020.

국외문헌

Abrahamse, Wokje. "How can people save the planet?" *Nature Sustainability* 2. April 2019. p. 264.

Adams, Glenn et al. "The psychology of neoliberalism and the neoliberalism of psychology." *Journal of Social Issues* 75(1). 2019. pp. 189-216.

Aitken, Courtney. "Human rights and the environment." *SPICe Briefing*. 22 November 2019. SB 19-76.

Arab News. "Israel accuses Iran of 'environmental terrorism' after oil spill." *Arab News*. 4 March 2021. https://www.arabnews.com/node/1819286/middle-east(검색: 2021. 3. 26.)

Aregu, Lemlem, Ika Darnhofer, and Maria Wurzinger. "Gender silence in social-ecological resilience." 2012. https://boku.ac.at/fileadmin/data/H03000/H73000/H73300/PJ/Ethiopia/Gender_Resilience_Apr2012.pdf(검색: 2021. 7. 25.)

Aronowsky, Leah. "The limits of climate change litigation." *The New York Review of Books*. 3 November 2021. https://www.nybooks.com/daily/2021/11/03/the-limits-of-climate-change-litigation/(검색: 2021. 11. 23.)

Atapattu, Sumudu and Andrea Schapper. *Human Rights and the Environment*. London: Routledge 2019.

Bales, Kevin. *Blood and Earth: Modern Slavery, Ecocide, and the Secret to Saving the World*. New York: Spiegel and Grau 2016.

Barnes, Richard. "The Capacity of Property Rights to Accommodate Social-Ecological Resilience." *Ecology and Society* 18(1). 2013. pp. 6-19.

Beck, John. "Logging is corrupting these islands. One village fights back-and wins." *National Geographic*. 4 January 2020. https://www.nationalgeographic.com/science/article/deforestation-in-the-solomon-islands(검색: 2021. 3. 18.)

Bharadwaj, Ritu et al. *Climate-induced migration and modern slavery: A toolkit for policy-makers*. London: Anti-Slavery International and International Institute for Environment and Development(IIED) 2021.

Biermann, Frank and Rakhyun E. Kim. "The Boundaries of the Planetary Boundary Framework: A Critical Appraisal of Approaches to Define a "Safe Operating Space" for Humanity." *Annual Review of Environment and Resources* 45. 2020. pp. 497–521.

Black, George and Christopher Anderson. "The victims of Agent Orange the U.S. has never acknowledged." *The New York Times Magazine*. 16 March 2021.

Bohnenberger, Katharina and Martin Fritz. "Making welfare resilient: Creating stable & sustainable welfare systems in times of declining economic growth." Transformation Policy Briefs #2. ZOE-Institute for future-fit economies 2020.

Bookchin, Murray. *Social Ecology and Communalism*. Oakland, CA: A. K. Press 2007.

Bordoff, Jason and Meghan L. O'Sullivan. "Green upheaval: The new geopolitics of energy." *Foreign Affairs*. January/February 2022. https://www. foreignaffairs.com/articles/world/2021-11-30/geopolitics-energy-green-upheaval(검색: 2021. 12. 5.)

Borràs, Susana. "New Transitions from Human Rights to the Environment to the Rights of Nature." *Transnational Environmental Law* 5(1). 2016. pp. 113–43.

Boyd, David R. "The Status of Constitutional Protection for the Environment in Other Nations." David Suzuki Foundation 2013. https://davidsuzuki. org/science-learning-centre-article/status-constitutional-protection-environment-nations/(검색: 2021. 3. 11.)

Boyd, David, John Knox and Marc Limon. "#The time is now: The case for universal recognition of the right to a safe, clean, healthy and sustainable environment." Geneva: Universal Rights Group 2021.

Boyle, Alan. "Human rights and the environment: Where next?" *European Journal of International Law* 23(3). August 2012. pp. 613-42.

Bradshaw, Corey J. A. et al. "Underestimating the challenges of avoiding a ghastly future." *Frontiers in Conservation Science* 1, Article 615419. 13 January 2021.

Brand, Ulrich and Markus Wissen. "Social-ecological transformation." in D. Richardson et al. (Eds.) *The International Encyclopedia of Geography*. Hoboken, NJ: John Wiley & Sons 2017.

Brisman, Avi. "Crime-Environment Relationships and Environmental Justice." *Seattle Journal for Social Justice* 6(2). 2007. pp 727-817.

Brooks, Thom. *Climate Change Ethics for an Endangered World*. Abingdon, Oxon: Routledge 2021.

Broughton, Edward. "The Bhopal disaster and its aftermath: a review." *Environmental Health* 4(1), Article 6. 2005.

Budolfson, Mark et al. "Protecting the poor with a carbon tax and equal per capita dividend." *Nature Climate Change* 11. 2021. DOI: https://doi.org/10.1038/s41558-021-01228-x

Burgess, Matthew G. et al. "Prepare developed democracies for long-run economic slowdowns." *Nature Human Behavior* 5. 2021. DOI: https://doi.org/10.1038/s41562-021-01229-y

Buxton, Nick. "Climate, capitalism and the military." *The Ecologist*. 15 November 2018. https://theecologist.org/2018/nov/15/climate-change-capitalism-and-military(검색: 2020. 1. 3.)

Camey, Itzá Castañeda et al. *Gender-based violence and environment linkages: the violence of inequality*. Gland, Switzerland: INTERNATIONAL UNION FOR CONSERVATION OF NATURE(IUCN) 2020.

Caney, Simon. "Climate change, human rights, and moral thresholds." in S. Gardiner, S. Caney, D. Jamieson, and H. Shue (Eds.) *Climate Ethics:*

Essential Readings. Oxford: Oxford University Press 2010.

Card, Claudia. "Genocide and social death." *Hypatia* 18(1). 2003. pp. 63-79.

CARE International. "The most under-reported humanitarian crises of 2021: 10 humanitarian crises that didn't make the headlines." London: CARE International UK 2022.

Cass, Cameryn. "Bolivia's Mother Earth Law Challenges Its Economic Model." *Borgen Magazine*. 24 December 2021. https://www.borgenmagazine.com/ bolivias-mother-earth-law/(검색: 2021. 12. 25.)

Celermajer, Danielle. "Omnicide: Who is responsible for the gravest of all crimes?" *ABC Religion & Ethics*. 3 January 2020. https://www.abc.net.au/ religion/danielle-celermajer-omnicide-gravest-of-all-crimes/11838534 (검색: 2021. 10. 8.)

Challanger, Melanie. *How to be Animal: A New History of What It Means to be Human*. Great Britain: Penguin Books 2021.

Chancel, L., T. Piketty, E. Saez, G. Zucman et al. *World Inequality Report 2022*. World Inequality Lab 2021.

Colding, Johan and Stephan Barthel. "Exploring the social-ecological systems discourse 20 years later." *Ecology and Society* 24(1). 2019. pp. 2-11.

Collins, Andrea et al. "Living within a One Planet reality: the contribution of personal footprint calculators." *Environmental Research Letters* 15(2), 025008. 2020.

Crook, Martin and Damien Short. "Developmentalism and the Genocide-Ecocide Nexus." *Journal of Genocide Research* 23(2). 2021. pp. 162-88.

Crutzen, Paul J. and Eugene F. Stoermer. "The 'Anthropocene'." *The International Geosphere-Biosphere Programme(IGBP) Newletter* 41. May 2000. pp. 17-18.

Cryer, Robert. "ESIL-International Human Rights Law Symposium: International Criminal Law and International Human Rights Law." *Blog of the European Journal of International Law*. 5 February 2016. https://www.ejiltalk.org/esil-international-human-rights-law-symposium-international-criminal-law-and-international-human-rights-law/(검색: 2021. 3. 11.)

Daly, Erin. "An Environmental Dignity Rights Primer." in UNEP Law Division (Eds.) *New Frontiers in Environmental Constitutionalism*. Nairobi: United Nations Environment Programme 2017.

Dasgupta, Partha. *The Economics of Biodiversity: The Dasgupta Review*. London: HM Treasury 2021.

Denning, Scott. "Extreme heat waves in a warming world don't just break records — they shatter them." *The Conversation*. 23 July 2021. https://theconversation.com/is-climate-change-to-blame-for-the-recent-weather-disasters-2-things-you-need-to-understand-164919(검색: 2021. 7. 25.)

Docker, John. "Raphael Lemkin's history of genocide and colonialism." Paper for United States Holocaust Memorial Museum, Center for Advanced Holocaust Studies, Washington DC, 26 February 2004.

Dolbee, Samuel. "The Desert at the end of Empire: An environmental history of the Armenian Genocide." *Past & Present* 247(1). 2020. pp. 197-233.

Dunlap, Alexander. "The Politics of Ecocide, Genocide and Megaprojects: Interrogating Natural Resource Extraction, Identity and the Normalization of Erasure." *Journal of Genocide Research* 23(2). 2021. pp. 212-35.

Eaton, Emily M. and Nick A. Day. "Petro-pedagogy: fossil fuel interests and the obstruction of climate justice in public education." *Environmental Education Research* 26(4). 2020. pp. 457-73.

Ehrenreich, Barbara. "Are humans on the verge of 'peace talks' with the non-human world?" *The Guardian*. 26 January 2022. https://www.theguardian.com/commentisfree/2022/jan/26/humans-peace-talks-world-covid-

19-species(검색: 2022. 1. 27.)

Eisen, Erica X. "The Other Nuremberg Trials, Seventy-Five Years On." *Boston Review*. 22 March 2021. https://bostonreview.net/class-inequality-law-justice/erica-x-eisen-other-nuremberg-trials-seventy-five-years(검색: 2021. 10. 10.)

Euronews. "France underestimated impact of nuclear tests in French Polynesia, study finds." *Euronews*. 9 March 2021. https://www.euronews.com/2021/03/09/france-underestimated-impact-of-nuclear-tests-in-french-polynesia-study-finds(검색: 2021. 3. 11.)

Falk, Richard A. "Environmental Warfare and Ecocide: Facts, Appraisal, and Proposals." *Bulletin of Peace Proposals* 4(1). 1973. pp. 80-96.

Fanning, Andrew L. et al. "The social shortfall and ecological overshoot of nations." *Nature Sustainability*. 18 November 2021. DOI: https://doi.org/10.1038/s41893-021-00799-z

Feir, Donna, Rob Gillezeau, and Maggie E. C. Jones. "The Slaughter of the Bison and Reversal of Fortunes on the Great Plains." CICD Working Papers 2019-01.

Fitzpatrick, Tony. *Climate Change and Poverty: A New Agenda for Developed Nations*. Bristol: Bristol University Press 2014.

Flowers, Catherine Coleman. "Hurricane Ida shows the one-two punch of poverty and climate change." *Nature* 597(7877). 2021. p. 449.

Freeland, Steven. "Human rights, the environment and conflict: Addressing crimes against the environment." *SUR-International Journal on Human Rights* 2. 2005. pp. 113-39.

Frey, R. Scott. "Agent Orange and America at war in Vietnam and Southeast Asia." *Human Ecology Review* 20(1). 2013. pp. 1-10.

Friedman, Milton. "A Friedman doctrine--The Social Responsibility Of Business Is to Increase Its Profits." *The New York Times*. 13 September 1970. https://

www.nytimes.com/1970/09/13/archives/a-friedman-doctrine-the-social
-responsibility-of-business-is-to.html(검색: 2021. 1. 28.)

Friel, Sharon. *Climate Change and the People's Health*. New York: Oxford University
Press 2019.

Fuchs, Doris et al. *Consumption Corridors: Living a Good Life within Sustainable
Limits*. Abingdon, Oxon: Routledge 2021.

Galligan, Bryan P. "Ecological genocide in the Amazon: Raphael Lemkin and
the destruction of human groups." *Ethics and International Affairs(ELA)*.
November 2020. https://ethicsandinternationalaffairs.org/2020/ecological
-genocide-in-the-amazon-raphael-lemkin-and-the-destruction-of-
human-groups/(검색: 2021. 9. 20.)

Gan, Tammy. "BP popularised "carbon footprint" to greenwash and guilt-
trip. Here's how." Green is the New Black. 29 April 2021. https://
greenisthenewblack.com/carbon-footprint-bp/(검색: 2021. 8. 29.)

Ghosh, Amitav. "Amitav Ghosh: European colonialism helped create a planet
in crisis." *The Guardian*. 14 January 2022. https://www.theguardian.
com/books/2022/jan/14/amitav-ghosh-european-colonialism-helped-
create-a-planet-in-crisis(검색: 2022. 1. 17.)

Goodman, Sarah J. "The Effectiveness of the International Criminal Court:
Challenges and Pathways for Prosecuting Human Rights Violations."
Inquiries Journal 12(9). 2020. http://www.inquiriesjournal.com/a?id=1806
(검색: 2021. 6. 9.)

Gough, Ian. "Defining floors and ceilings: the contribution of human needs
theory." *Sustainability: Science, Practice and Policy* 16(1). 2020. pp. 208-19.

_____. "The Case for Universal Basic Services." *LSE Public Policy Review*
1(2). 2020. p. 6.

_____. *Climate Change: The Key Challenge—A Framework for Eco-social
Contract*. Brussels: European Trade Union Institute(ETUI) 2021.

_____. *Heat, Greed and Human Need: Climate Change, Capitalism and Sustainable Wellbeing.* Cheltenham: Edward Elgar 2017.

Gready, Paul and Simon Robins. "From transitional to transformative justice: A new agenda for peace." *The International Journal of Transitional Justice* 8. 2014. pp 339-61.

Greenpeace. *Dirty Bankers: How HSBC is Financing Forest Destruction for Palm Oil.* Amsterdam: Greenpeace International 2017.

Haas, Michael. *International Human Rights: A Comprehensive Introduction.* Oxon: Routledge 2014.

Henley, Jon. "Few willing to change lifestyle to save the planet, climate survey finds." *The Guardian.* 7 November 2021. https://www.theguardian.com/ environment/2021/nov/07/few-willing-to-change-lifestyle-climate- survey(검색: 2021. 11. 9.)

Herndon; J. Marvin and Mark Whiteside. "Global environmental warfare." *Advances in Social Sciences Research Journal* 7(4). 2020.

Herrington, Gaya. "Update to Limits to Growth: Comparing the World3 model with empirical data." *Journal of Industrial Ecology.* 2020. DOI: 10.1111/ jiec.13084

Hickel, Jason et al. "Urgent need for post-growth climate mitigation scenarios." *Nature Energy* 6. 2021. pp. 766-68. DOI: https://doi.org/10.1038/s41560- 021-00884-9

Higgins, Polly, Damien Short, and Nigel South. "Protecting the planet: A proposal for a law of ecocide." *Crime, Law and Social Change* 59(3). 2013. pp. 251-66.

Hiskes, Richard P. "The Right to a Green Future: Human Rights, Environmentalism, and Intergenerational Justice." *Human Rights Quarterly* 27(4). 2005. pp. 1346-64.

Hobsbawm, Eric. *The Age of Revolution 1789-1848.* London: Weidenfeld &

Nicolson 1962.

Homer-Dixon, Thomas F. "Environmental Scarcities and Violent Conflict: Evidence from Cases." *International Security* 19(1). 1994. pp. 5-40.

Human Rights Watch. "Defending the Earth: Abuses of Human Rights and the Environment." Human Rights Watch & Natural Resources Defense Council 1992.

_____. "The Iraqi government assault on the Marsh Arabs." *Human Rights Watch Briefing Paper.* January 2003. Human Rights Watch.

Hummel, Diana, Thomas Jahn, and Engelbert Schramm. "Social-Ecological Analysis of Climate Induced Changes in Biodiversity: Outline of a Research Concept." Biodiversität und Klima Forschungszentrum(BiKF) Knowledge Flow Paper Nr. 11. February 2011.

Hwang, Juneseo. "Building sustainable peace through environmental cooperation in the island of Ireland: modelling transboundary conservation." *Irish Political Studies.* 2021. DOI: 10.1080/07907184.2021.2011230

Hyde, Rob. "The slow road to atonement." *The Lancet* 398(10295). 2021. pp. 105-108.

ICC. *Policy Paper on Case Selection and Prioritisation.* The Office of the Prosecutor, International Criminal Court 2016.

___. *Policy Paper on Preliminary Examinations.* The Office of the Prosecutor, International Criminal Court 2013.

ICCA Consortium. *Territories of Life: 2021 Report.* ICCA Consortium 2021.

IEP. *Ecological Threat Report 2021: Understanding Ecological Threats, Resilience and Peace.* Sydney: Institute for Economics & Peace 2021.

Ignatieff, Michael. "The Unsung Hero Who Coined the Term 'Genocide'." *The New Republic.* 22 September 2013. https://newrepublic.com/article/114424/raphael-lemkin-unsung-hero-who-coined-genocide(검색: 2021. 11. 4.)

Institute of Medicine. *Veterans and Agent Orange: Health Effects of Herbicides Used in Vietnam*. Washington DC: National Academies Press 1994.

IPCC. "Summary for Policymakers." in *Climate Change 2021: The Physical Science Basis. Contribution of Working Group I to the Sixth Assessment Report of the Intergovernmental Panel on Climate Change*. [Masson-Delmotte, V. et al. (Eds.)] IPCC 2021.

Isenberg, Andrew. "Social and Environmental Causes and Consequences of the Destruction of the Bison." *Revue française d'études américaines* 70. 1996. pp. 15-27.

Jensen, Eric Talbot. "The International Law of Environmental Warfare: Active and Passive Damage During Armed Conflict." *Vanderbilt Journal of Transnational Law* 38. 2005. pp. 145-85.

Jobelius, Matthias. *Climate Action. Socially. Just*. Berlin: Fridrich-Ebert-Stiftung 2020.

Kaya, Ayse with Olivia Stoetzer. "The 100 billion dollar question: COP26 Glasgow and climate finance." *Global Policy Journal*. 16 November 2021. https://www.globalpolicyjournal.com/blog/16/11/2021/100-billion-dollar-question-cop26-glasgow-and-climate-finance(검색: 2021. 12. 1.)

Killean, Rachel. "From ecocide to eco-sensitivity: 'greening' reparations at the International Criminal Court." *The International Journal of Human Rights* 25(2). 2021. p. 323-47.

King, Nick and Aled Jones. "An Analysis of the Potential for the Formation of 'Nodes of Persisting Complexity'." *Sustainability* 13, 8161. 2021. pp. 1-32. DOI: https://doi.org/10.3390/su13158161

Kirk, Tom. "Could Climate Change Turn Natural Disasters into a Direct Threat on Democracy?" *Global Policy Journal*. 3 December 2021. https://www.globalpolicyjournal.com/blog/03/12/2021/could-climate-change-turn-natural-disasters-direct-threat-democracy(검색: 2021. 12. 10.)

Koh, B. C. "The War's impact on the Korean Peninsula." *The Journal of American-East Asian Relations* 2(1). 1993. p. 57-76.

Koplitz, Shannon N. et al. "Public health impacts of the severe haze in Equatorial Asia in September-October 2015: demonstration of a new framework for informing fire management strategies to reduce downwind smoke exposure." *Environmental Research Letters* 11(9). 2016. p. 1-10.

Kopnina, Helen et al. "Anthropocentrism: More than Just a Misunderstood Problem." *Journal of Agricultural and Environmental Ethics* 31. 2018. p. 109-27.

Kotzé, Louis J. "Human rights and the environment in the Anthropocene." *The Anthropocene Review* 1(3). 2014. p. 252-75.

Kreinin, Halliki. "Typologies of "Just Transitions": Towards Social-Ecological Transformation." WU Institute for Ecological Economics. Working Paper Series: 35/2020.

Kühne, Thomas. "Nazi morality." in S. Baranowski, A. Nolzen, and C. W. Szejnmann (Eds.) *A Companion to Nazi Germany*. Wiley Online 2018.

Lambert, Elisabeth. *THE ENVIRONMENT AND HUMAN RIGHTS: Introductory Report to the High-Level Conference Environmental Protection and Human Rights*. Steering Committee for Human Rights(CDDH), Council of Europe 2020.

Latour, Bruno. "The pandemic is a warning: we must take care of the earth, our only home." *The Guardian*. 24 December 2021. https://www.theguardian.com/commentisfree/2021/dec/24/pandemic-earth-lockdowns-climate-crisis-environment(검색: 2021. 12. 25.)

Laurent, Eloi and Philippe Pochet. *Towards a Social-ecological transition: Solidarity in the Age of Environmental Challenge*. Brussels: European Trade Union Institute(ETUI) 2015.

Lawrence, Mathew and Laurie Laybourn-Langton. *Planet on Fire: A Manifesto for the Age of Environmental Breakdown*. London: Verso 2021.

Lawrence, Michael J. et al. "The effects of modern war and military activities on biodiversity and the environment." *Environmental Review* 23(4). 2015. pp. 443–60.

Layton, Robert, Robert Foley, and Elizabeth Williams. "The Transition between Hunting and Gathering and the Specialized Husbandry of Resources: A Socio-ecological Approach." *CURRENT ANTHROPOLOGY* 32(3). 1991. pp. 255–74.

Le Menestrel, Marc and Julian Rode. "Why did business not react with precaution to early warnings?" in EEA (Ed.) *Late Lessons from Early Warnings: Science, Precaution, Innovation*. Copenhagen: European Environment Agency 2013. p. 35

Lee, Sophia Seung-Yoon, Ji-eun Lee and Kyo-seong Kim. "Evaluating Basic Income, Basic Service, and Basic Voucher for Social and Ecological Sustainability." *Sustainability* 12(20), 8348. 2020. DOI: 10.3390/su12208348

Lemon, Kylie. "Environmental effects of the atomic bomb." *Sciencing*. 16 April 2018. https://sciencing.com/environmental-effects-atomic-bomb-8203814.html (검색: 2021. 7. 13.)

Levene, Mark and Taner Akçam. "The Climate Emergency: A Statement from Genocide Scholars on the Necessity for a Paradigm Shift." *Journal of Genocide Research* 23(2). 2021. pp. 325–28.

Lewis, Bridget. "Environmental rights or a right to the environment? Exploring the nexus between human rights and environmental protection." *Macquarie Journal of International and Comparative Environmental Law* 8(1). 2012. pp. 36–47.

López, Carlos. "Holding multinational corporations accountable for human rights." *International Politics and Society*. 27 October 2021. https://www.ips-journal.eu/topics/democracy-and-society/holding-multinationalcorporations-accountable-for-human-rights-5511/(검색: 2021. 10. 30.)

Maihold, Günther. "We need raw material diplomacy, not conflict." *International Politics and Society*. 18 February 2021. https://www.ips-journal.eu/ topics/international-relations/we-need-raw-material-diplomacy-not-conflict-4986/(검색: 2021. 2. 19.)

Malhi, Yadvinder et al. "Climate change and ecosystems: threats, opportunities and solutions." *Philosophical Transactions of the Royal Society B* 375(1794). 2020. DOI: https://doi.org/10.1098/rstb.2019.0104

Marya, Rupa and Raj Patel. "'Kill every buffalo you can!' On the cruelties of colonial power." *Literary Hub*. 30 August 2021. https://lithub.com/kill-every-buffalo-you-can-on-the-cruelties-of-colonial-power/(검색: 2021. 10. 15.)

McGaughey, Ewan. "21st century human rights are technological, environmental and co-operative." *OpenDemocracy*. 20 November 2019. https://www. opendemocracy.net/en/oureconomy/21st-century-human-rights-are-technological-environmental-and-co-operative/(검색: 2021. 3. 7.)

McKinnon, Catriona. "Endangering humanity: an international crime?" *Canadian Journal of Philosophy* 47(2-3). 2017. pp. 395-415.

Meadows, Donella H. et al. *The Limits to Growth: A Report for the CLUB of ROME'S Project on the Predicament of Mankind*. New York: Universe Books 1972.

Meyer, Kate and Peter Newman. "The Planetary Accounting Framework: a novel, quota-based approach to understanding the impacts of any scale of human activity in the context of the Planetary Boundaries." *Sustainable Earth* 1, Article 4. 2018. pp. 1-21.

Michaelis, Anthony R. "Environmental warfare." *Interdisciplinary Science Reviews* 16(2). 1991. pp. 97-102.

Milanovic, Branko. "Climate change, Covid and global inequality." *Global Policy Journal*. 11 March 2021. https://globalpolicyjournal.com/blog/11/03/2021/

climate-change-covid-and-global-inequality(검색: 2021. 3. 19.)

Millward-Hopkins, Joel et al. "Providing decent living with minimum energy: A global scenario." *Global Environmental Change* 65, Article 102168. 2020.

Morales-Muñoz, Héctor et al. "Assessing impacts of environmental peacebuilding in Caquetá, Colombia: a multistakeholder perspective." *International Affairs* 97(1). 2021. pp. 179-99.

Motesharrei, Safa, Jorge Rivas, and Eugenia Kalnay. "Human and nature dynamics (HANDY): Modeling inequality and use of resources in the collapse or sustainability of societies." *Ecological Economics* 101. 2014. pp. 90-102.

Müller, Markus H.-P. "Why We Must Debate the Future Now." *Global Policy Journal*. 30 November 2021. https://www.globalpolicyjournal.com/blog/30/11/2021/why-we-must-debate-future-now(검색: 2021. 12. 2.)

Mulvale, James P. "Social-Ecological Transformation and the Necessity of Universal Basic Income." *Social Alternatives* 38(2). 2019. pp. 39-46.

Mwanza, Rosemary. "Enhancing accountability for environmental damage under international law: Ecocide as a legal fulfilment of ecological integrity." *Melbourne Journal of International Law* 19(2). 2018. pp. 586-613.

Narain, Sunita and Chandra Bhushan. "30 years of Bhopal gas tragedy: a continuing disaster." *DownToEarth*. 15 December 2014. https://www.downtoearth.org.in/coverage/environment/30-years-of-bhopal-gas-tragedy-a-continuing-disaster-47634(검색: 2021. 3. 20.)

Neimark, Benjamin, Oliver Belcher, and Patrick Bigger. "U.S. Military produces more greenhouse gas emissions than up to 140 countries." *Newsweek*. 25 June 2019. https://www.newsweek.com/us-military-greenhouse-gases-140-countries-1445674(검색: 2020. 1. 30.)

Noor, Dharna. "*The ABCs of Big Oil*: Why the Fossil Fuel Industry Infiltrated Schools." *GIZMODO*. 12 September 2021. https://gizmodo.com/the-abcs-of-big-oil-why-big-oil-infiltrated-schools-1847734544(검색:

2021. 9. 27.)

Oksanen, Markku. "On tackling the environmental crisis through human rights." *OpenEdition Journals: Ethics of the Environmental Crisis* 75. 2020. pp. 104–19.

Orwell, George. "Down the mine." 1937. https://orwell.ru/library/essays/mine/english/e_dtm(검색: 2021. 6. 28.)

Owen, David. "How the refrigerator became an agent of climate catastrophe." *The New Yorker*. 15 January 2022. https://www.newyorker.com/news/annals-of-a-warming-planet/how-the-refrigerator-became-an-agent-of-climate-catastrophe(검색: 2022. 1. 18.)

OXFAM International. "An economy for the 99%: It's time to build a human economy that benefits everyone, not just the privileged few." *Oxfam Briefing Paper*. 16 January 2017. Oxford: Oxfam GB.

_____. "Carbon inequality 2030: Per capita consumption emissions and the 1.5℃ goal." *Joint Agency Briefing Note*. 5 November 2021. Oxford: Oxfam GM.

_____. "Inequality Kills." *Oxfam Briefing Paper*. 17 January 2022. Oxford: Oxfam GB.

Padwe, Jonathan. "Anthropocentrism." *Oxford Bibliographies*. 3 June 2019. https://www.oxfordbibliographies.com/view/document/obo-9780199830060/obo-9780199830060-0073.xml(검색: 2021. 7. 11.)

Palme, Olof. "Statement by Prime Minister Olof Palme in the Plenary Meeting, June 6, 1972." Swedish Declaration to the UN Conference on the Human Environment 1972.

Park, Albert L. "Introduction to a Forum on War and Environment on the Korean Peninsula, 1598–1965." *The Journal of Asian Studies* 77(2). 2018. pp. 315–18.

Paul, Harpreet Kaur. "Climate finance: rich countries aren't meeting aid targets —could legal action force them?" *The Conversation*. 6 October

2021. https://theconversation.com/climate-finance-rich-countries-arent
-meeting-aid-targets-could-legal-action-force-them-169069(검색:
2021. 10. 9.)

Pellegrini, Adam F. A. et al. "Decadal changes in fire frequencies shift tree
communities and functional traits." *Nature Ecology & Evolution* 5. 2021.
pp. 504-12. DOI: https://doi.org/10.1038/s41559-021-01401-7

Pepper, David. *Modern Environmentalism: An Introduction.* London: Routledge
1996.

Pereira, Ricardo. "After the ICC Office of the Prosecutor's 2016 Policy Paper on
Case Selection and Prioritisation: Towards an International Crime of
Ecocide?" *Criminal Law Forum* 31. 2020. pp. 179-224.

Petel, Matthias and Norman Vander Putten. "Economic, social and cultural rights
and their dependence on the economic growth paradigm: Evidence from
the ICESCR system." *Netherlands Quarterly of Human Rights* 39(1). 2021.
pp. 53-72.

Porena, Daniele. "Constitutional protection of the environment: Evolution in europe
between anthropocentrism and ecocentrism —the italian case." *Revista
eletrônica direito e política* 5(1). 2010. pp. 1-11.

Portner, H. O. et al. *IPBES-IPCC co-sponsored workshop report synopsis on
biodiversity and climate change.* IPBES and IPCC 2021. DOI: 10.5281/
zenodo.4782538

Raftopoulos, Malayna and Joanna Morley. "Ecocide in the Amazon: the contested
politics of environmental rights in Brazil." *The International Journal of
Human Rights* 24(10). 2020. pp. 1616-41.

Raudsepp-Hearne, Ciara et al. "Untangling the Environmentalist's Paradox: Why Is
Human Well-being Increasing as Ecosystem Services Degrade?" *BioScience*
60(8). 2010. pp. 576-89.

Ray, Gene. "Writing the Ecocide-Genocide Knot: Indigenous Knowledge and

Critical Theory in the Endgame." *Documenta14* 3. 2016. pp. 117–36.

Roberts, Patrick, Rebecca Hamilton, and Dolores R. Piperno. "Tropical forests as key sites of the "Anthropocene": Past and present perspectives." *PNAS* 118(40). 2021. e2109243118.

Robinson, Nicholas A. "Fundamental principles of law for the Anthropocene?" *Environmental Policy and Law* 44(1–2). 2014. pp. 13–27.

Rockström, Johan et al. "Planetary Boundaries: Exploring the Safe Operating Space for Humanity." *Ecology and Society* 14(2). 2009. pp. 1–33.

Rothenberg, David. "Introduction. Ecosophy T: From intuition to system." in A. Naess. *Ecology, Community and Lifestyle: Outline of an Ecosophy.* Cambridge: Cambridge University Press 1989.

Russell, Nestar. "The Nazi's Pursuit for a "Humane" Method of Killing." in *Understanding Willing Participants: Milgram's Obedience Experiments and the Holocaust.* Volume 2. Cham: Palgrave Macmillan 2019.

Schaar, Johan. "The relationship between climate change and violent conflict." Stockholm: Swedish International Development Cooperation Agency 2018.

Setzer, Joana and Catherine Higham. "Global trends in climate change litigation: 2021 snapshot." Grantham Research Institute on Climate Change and the Environment, LSE 2021.

Shindell, Drew. "Let's Start Naming Climate-Related Disasters for Polluters and Their Enablers." *Scientific American.* 11 August 2021. https://www. scientificamerican.com/article/lets-start-naming-climate-related-disasters-for-polluters-and-their-enablers/(검색: 2021. 8. 13.)

Short, Damien. *Redefining Genocide: Settler Colonialism, Social Death and Ecocide.* London: Zed Books 2016.

Sievers-Glotzbach, Stephanie and Julia Tschersich. "Overcoming the process-structure divide in conceptions of Social-Ecological Transformation: Assessing the transformative character and impact of change processes." *Ecological Economics* 164, Article 106361. 2019.

SIPRI. *Warfare in a Fragile World: Military Impact on the Human Environment*. London: Taylor & Francis Ltd 1980.

Slav, Irina. "Why We Can't Afford To Turn Our Backs On Fossil Fuels." *OilPrice. com*. 19 July 2021. https://oilprice.com/Energy/Energy-General/Why-We-Cant-Afford-To-Turn-Our-Backs-On-Fossil-Fuels.html (검색: 2021. 7. 20.)

Spinney, Laura. "When the First Farmers Arrived in Europe, Inequality Evolved." *Scientific American*. 1 July 2020. https://www.scientificamerican.com/article/when-the-first-farmers-arrived-in-europe-inequality-evolved/ (검색: 2021. 8. 17.)

Stellman, Jeanne Mager and Steven D. Stellman. "Agent Orange During the Vietnam War: The Lingering Issue of Its Civilian and Military Health Impact." *American Journal of Public Health* 108(6). 2018. pp. 726-28.

Stern, Nicholas. *The Economics of Climate Change*. Cambridge: Cambridge University Press 2007.

Stoett, Peter. "Transnational environmental crime." in A. Swain and J. Öjendal (Eds.) *Routledge Handbook of Environmental Conflict and Peacebuilding*. London: Routledge 2018.

Stop Ecocide Foundation. "Independent Expert Panel for the Legal Definition of Ecocide: Commentary and Core Text." Gloucestershire, GB: Stop Ecocide Foundation 2021.

Stuart-Smith, Rupert F. et al. "Filling the evidentiary gap in climate litigation." *Nature Climate Change* 11. 2021. pp. 651-55. DOI: 10.1038/s41558-021-01086-7

Swann, Robert. "Economics of ecocide and genocide." Schumacher Center for a New Economics 1969. https://centerforneweconomics.org/publications/economics-of-ecocide-and-genocide/ (검색: 2021. 3. 3.)

Tainter, Joseph A. *The Collapse of Complex Societies*. Cambridge: Cambridge University Press 1988.

Taylor, Prudence E. "From environmental to ecological human rights: A new dynamic in international law?" *Georgetown International Environmental Law Review* 10(2). 1998. pp. 309–97.

Tombs, Steve and David Whyte. "The shifting imaginaries of corporate crime." *Journal of White Collar and Corporate Crime* 1(1). 2020. pp. 16–23.

UN Commission on Human Rights. "ECONOMIC, SOCIAL AND CULTURAL RIGHTS: Adverse effects of the illicit movement and dumping of toxic and dangerous products and wastes on the enjoyment of human rights." 2001. E/CN.4/2001/55.

UN General Assembly. "Towards a Global Pact for the Environment." 2018. Resolution: A/RES/72/277.

_____. "World Charter for Nature." 1982. Resolution: A/RES/37/7.

UN Human Rights Committee. "General comment No. 36 (2018) on article 6 of the International Covenant on Civil and Political Rights, on the right to life." 2018. CCPR/C/GC/36.

UN Human Rights Council. "Joint Statement by UN human rights experts for World Environment Day." 5 June 2021. https://www.ohchr.org/EN/HRBodies/HRC/Pages/NewsDetail.aspx?NewsID=27130&LangID=E (검색: 2021. 8. 22.)

_____. "Report of the Special Rapporteur on the implications for human rights of the environmentally sound management and disposal of hazardous substances and wastes: Mission to the Marshall Islands." 2012. UN Doc. A/HRC/21/48/Add.1.

_____. "Report of the Special Rapporteur on the issue of human rights obligations relating to the enjoyment of a safe, clean, healthy and sustainable environment." 2018. UN Doc. A/HRC/37/59.

———————————. "The human right to a clean, healthy and sustainable environment." 2021. UN Doc. A/HRC/RES/48/13.

UNDP. *Strengthen Social Cohesion: Conceptual Framing and Programming Implications*. New York: United Nations Development Programme 2020.

UNEP. *Assessing Environmental Impacts: A Global Review of Legislation*. Nairobi: United Nations Environment Programme 2018.

————. *Becoming #GenerationRestoration: Ecosystem Restoration for People, Nature and Climate*. Nairobi: United Nations Environment Programme 2021.

————. *Côte D'Ivoire: Post-conflict Environmental Assessment*. Nairobi: United Nations Environment Programme 2015.

————. *Loss and Damage: The Role of Ecosystem Services*. Nairobi: United Nations Environment Programme 2016.

————. *Protecting the environment during armed conflict: an inventory and analysis of international law*. Hertfordshire: United Nations Environment Programme 2009.

————. *Sudan: Post-Conflict Environmental Assessment*. Nairobi: United Nations Environment Programme 2007.

————. *The State of Knowledge of Crimes that have Serious Impacts on the Environment*. Nairobi: United Nations Environment Programme 2018.

UNEP, UN Women et al. *Women and Natural Resources: Unlocking the Peacebuilding Potential*. Nairobi: United Nations Environment Programme 2013.

United Nations. "Report of the United Nations Conference on the Human Environment." Stockholm, 5-16 June 1972. A/CONF.48/14/Rev.1.

———————. "Rio Declaration on Environment and Development." 1992. A/CONF.151/26.

Urzedo, Danilo and Pratichi Chatterjee. "The Colonial Reproduction of Deforestation in the Brazilian Amazon: Violence Against Indigenous Peoples for Land Development." *Journal of Genocide Research* 23(2). 2021. pp. 302-24.

Vadén, T. et al. "Decoupling for ecological sustainability: A categorisation and review of research literature." *Environmental Science and Policy* 112. 2020. pp. 236-44.

Vajda, Maja Munivrana. "Symposium on the Genocide Convention: Codification of the Crime of Genocide —a Blessing or a Curse?" *Blog of the European Journal of International Law*. 15 May 2019. https://www.ejiltalk.org/ symposium-on-the-genocide-convention-codification-of-the-crime- of-genocide-a-blessing-or-a-curse/(검색: 2021. 9. 20.)

Vicedo-Cabrera, A. M. et al. "The burden of heat-related mortality attributable to recent human-induced climate change." *Nature Climate Change* 11(6). 2021. pp. 492-500.

Villanueva, Cristina M. et al. "Health and environmental impacts of drinking water choices in Barcelona, Spain: A modelling study." *Science of the Total Environment* 795. 2021. Doi: https://doi.org/10.1016/j.scitotenv.2021.148884

Vinuales, Jorge et al. "A global pandemic treaty should aim for deep prevention." *The Lancet* 397(10287). 2021. pp. 1791-92.

Vohra, Karn et al. "Global mortality from outdoor fine particle pollution generated by fossil fuel combustion: Results from GEOS-Chem." *Environmental Research* 195. 2021. DOI: https://doi.org/10.1016/j.envres.2021.110754(검색: 2021. 2. 10.)

Waller, James E. "It Can Happen Here: Assessing the Risk of Genocide in the US." Center for Development of International Law & Institute for Global Policy 2017.

Walsh, Bryan. "The world's most polluted places." *Time*. 13 September 2007.

http://content.time.com/time/specials/2007/article/0,28804,1661031_
1661028_1661016,00.html(검색: 2021. 3. 18.)

Watkins, Kevin. "Mining holds the key to a green future — no wonder human
rights activists are worried." *The Guardian*. 27 June 2021. https://www.
theguardian.com/business/2021/jun/27/mining-holds-the-key-to-a-
green-future-no-wonder-human-rights-activists-are-worried(검색:
2021. 7. 12.)

Weir, Doug. "How does war damage the environment?" Conflict and Environment
Observatory, 4 June 2020. https://ceobs.org/how-does-war-damage-the-
environment/(검색: 2021. 2. 6.)

Welfens, Maria Jolanta, Julia Nordmann and Alexandra Seibt. "Drivers and barriers
to return and recycling of mobile phones: Case studies of communication
and collection campaigns." *Journal of cleaner production* 132. 2016. pp. 108-
121.

Werneck, Felipe et al. *"Pushing the Whole Lot Through": The Second Year of
Environmental Havoc under Brazil's Jair Bolsonaro*. Observatório Do Clima
2021.

Westing, Arthur H. "Environmental warfare." *Environmental Law* 15(4). 1985.
pp. 645-66.

White, Katherine, Rishad Habib and David J. Hardisty. "How to SHIFT
consumer behaviors to be more sustainable: A literature review and guiding
framework." *Journal of Marketing* 83(3). 2019. pp. 22-49.

White, Rob. *Climate Change Criminology*. Bristol: Bristol University Press 2018.

WHO. *The Social Dimensions of Climate Change*. World Health Organization
2011.

Whyte, David. *Ecocide: Kill the corporation before it kills us*. Manchester:
Manchester University Press 2020.

Wienhues, Anna. "What is ecological justice, and why does it matter today?"

TransformingSociety. 6 October 2020. https://www.transformingsociety.
co.uk/2020/10/06/what-is-ecological-justice-and-why-does-it-
matter-today/(검색: 2021. 7. 8.)

Wijesinghe, Prasadi. "Environmental Pollution and Human Rights Violations by
Multinational Corporations." *SSRN*. 17 April 2018. DOI: http://dx.doi.
org/10.2139/ssrn.3164142

Willis, Amy. "Rich 'may evolve into separate species'." *The Telegraph*. 25 October
2009. https://www.telegraph.co.uk/news/science/evolution/6432628/Rich
-may-evolve-into-separate-species.html(검색: 2021. 7. 24.)

Wilson, Edward O. *Biophilia*. Cambridge, Massachusetts: Harvard University
Press 1984.

Winters, Joseph. "Ethical anthropocentrism: Making environmentalism relatable."
Harvard University Sustainability. 23 February 2017. https://green.harvard.
edu/news/ethical-anthropocentrism-making-environmentalism-
relatable(검색: 2021. 4. 22.)

Wise, Louise. "The Genocide-Ecocide Nexus in Sudan: Violent "Development"
and the Racial-Spatial Dynamics of (Neo)Colonial-Capitalist Extraction."
Journal of Genocide Research 23(2). 2021. pp. 189-211.

Wolfe, Patrick. "Settler colonialism and the elimination of the native." *Journal of
Genocide Research* 8(4). 2006. pp. 387-409.

Xu, Ting and Jean Allain (Eds.) *Property and Human Rights in a Global Context*.
Oxford: Hart Publishing 2016.

Yang, Hongbo et al. "Risks to global biodiversity and Indigenous lands from
China's overseas development finance." *Nature Ecology & Evolution* 5.
2021. pp. 1520-29. DOI: https://doi.org/10.1038/s41559-021-01541-w

Zettler, Erik R., Tracy J. Mincer, and Linda A. Amaral-Zettler. "Life in the
"Plastisphere": Microbial Communities on Plastic Marine Debris."
Environmental Science & Technology 47(13). 2013. pp. 7137-46.

Zhang, Yingyi. "Fengshui forests of Qunan." in ICCA Consortium. *Territories of Life: 2021 Report*. ICCA Consortium 2021.

Zierler, David. *The Invention of Ecocide: Agent Orange, Vietnam, and the Scientists Who Changed the Way We Think About the Environment*. Athens: University of Georgia Press 2011.

ㄱ

갈대의 역할 조사(서천) 233~34

갈레고 리소스의 벌목 39~40

감리엘, 길라(Gila Gamliel) 66

강금실 312

강정혜 160

개발 대 환경·인권 132

개발주의 120, 133

개인의 권리 179

갤턴, 아서(Arthur W. Galton) 101, 110

거대한 대화 20, 264

거주면적의 회랑 266

건강한 환경권 17, 22, 187~88

걸프전증후군 61

견벽청야 58~59

경성 인프라 34

경제성장 20, 126, 149, 172, 176, 202,
    206~7, 229, 240, 246~48, 253
    ~54, 260, 262, 270, 273, 276, 279,
    287, 289, 296, 303, 317

경제적 평등정책 272, 276

경제평화연구소(IEP, 오스트레일리아)
    311

고독세 167

고문방지협약(CAT) 186

고시, 아미타브(Amitav Ghosh) 214

고용의 녹색화 275

고의성 54, 63, 106

고쳐 쓸 권리법 290

공장식 축산 15, 147

공진화 228

공통사회경제경로(SSP) 298

공해유발 금지원칙 146

공해유발자 부담원칙 146

과잉소비체제 266

관심필요종 163

교차성 281

교토의정서 149

구도완 254

구미 불산탱크 폭발 사건 38

구조적 제노사이드 118

국가-기업 범죄연계 121

국립공원제도 177

국제 노예제 철폐의 날 127

국제 아프리카 후손의 10년 127

국제 에코사이드전쟁 협정 102

국제구호단체 케어(CARE

International) 306

국제범죄화 145~55

국제법위원회(ILC) 104, 148

국제분쟁 시의 환경파괴 방지의 날 62

국제이주기구(IOM) 89

국제인권법 체계 183

국제자연보전연맹(IUCN) 163

국제형(사)법 105~7, 114, 145, 148,

151~53

국제형사재판소(ICC) 19, 22, 105,

107, 137, 149~51, 154~55

국제환경및개발연구소(IIED) 87

그레이그린 8, 401

그린뉴딜 201, 252

극한 에너지 111~12

근대의 이중과제론 260

글래스고 기후변화협약 당사국총회

(COP26) 17, 298

글로벌 남북문제 24, 305~10

글로벌 위트니스(global witness) 45

글로벌사회학 8

금지적 범죄 146

급격한 개시 88

기본소득 273~75

기업 통제 138~45

기후난민 122, 299

기후변화 15, 17~18, 28, 77, 81, 83, 85,

88, 98, 120, 127, 135, 140, 172,

180, 183, 198~99, 200~1, 212,

227, 230, 232, 239~41, 245, 256,

278, 280, 298, 310, 314

기후변화협약 17, 140, 201, 256, 298

기후비상사태에 대응하기 위한 선언

118

기후-생태위기 119, 145, 156, 165, 167,

182, 201, 256, 263, 271, 276, 277,

279, 285, 295, 297~98, 300~1,

305~6, 309, 315~18

기후위기 7~8, 16~17, 21, 26~28, 33,

42~43, 53, 56, 76, 81~90, 98, 122,

128, 140, 170~71, 182, 187, 198

~201, 212, 214~15, 226~27, 230,

246, 261, 265, 271, 274, 277, 281,

290~92, 302, 307~8, 311~12

기후재정 306~8

기후정의 19, 268~69, 279

김병권 255

ㄴ

나치의 페놀 주사법(Aktion 14f13)

29~30

낙동강 페놀유출 사건 28, 30, 51
남북문제 24, 305~19
남북한 환경협력 312
노릴스크 중금속 오염(러시아) 32
노예노동 128~31
노예폐지인터내셔널(Anti-Slavery
  International) 87
녹색 데탕트 312
녹색 범죄학 141
녹색가치 155, 282
녹색국가성 255
녹색기본소득(GBI) 274~75
녹색복지 20, 270~71, 276~77, 316
녹색의 실천 156
뉘른베르크 원칙 106
뉘른베르크 재판 105~6, 108~9

ㄷ

다르푸르 무장갈등 75
다종 공동체 사회 193
당사자능력 162~63
대량학살계획 59
대지와 수질 오염 147
대지의 권리 192
더러운 전쟁(아마존) 131~38
도구적 기능(인권의) 153
도넛 경제학 261~62, 267, 296
도롱뇽의 친구들 162

도시화 15
독성물질 공해 27, 80, 97~98, 182,
  187~88
돌봄 패러다임 261
돌봄 활동 318
돌비, 새뮤얼(Samuel Dolbee) 67
동물권 192~94, 219, 290
동물보호법 192
동질세 167
등가적 전환 252

ㄹ

라오로야의 중금속 오염(페루) 32,
  402
라투르, 브뤼노(Latour Bruno) 301
러멜, 루돌프(Rudolph Rummel) 114
레이어드, 리처드(Richard Layard) 289
레이워스, 케이트(Kate Raworth) 289
렘킨, 라파엘(Raphael Lemkin) 94,
  114~117, 119, 156~57
로마규정(국제형사재판소에 관한 로마
  규정) 105, 147~48, 150~55
로빈슨, 니콜라스(Nicholas Robinson)
  283
로빈슨의 원리 283
로스토, 월트(Walt Rostow) 262
룰라 다 실바, 루이스 이냐시오(Luiz
  Inácio Lula da Silva) 132, 138

르완다 학살 사건 67, 80, 105, 148
리우회의(유엔환경개발회의) 178, 199

ㅁ

마셜제도의 핵실험 68~70
마시아랍족 탄압(이라크) 65
마크롱, 에마뉘엘(Emmanuel Macron)
    150
만민법 140
맑스, 칼(Karl Marx) 168
맹그로브숲 소송 사건(에콰도르)
    162~65
메타, 조조(Jojo Mehta) 151
메투크티레, 라오니(Raoni Metuktire)
    137
멕시코만 원유유출 사건 37
멘지스, 시쿠(Chico Mendes) 213
멸절종족죄(제노사이드) 114
멸종위기에 처한 야생 동·식물종의
    국제거래에 관한 협약(CITES) 62
모순적 인간 211
몬비오, 조지(George Monbiot) 226
문제적 기업 138
문제해결 지연 가설 250
문화권 48, 114
문화다양성 218, 230~35, 253, 303
물 부족 56, 75, 83~84, 88
미공군의 공중폭격(한국전쟁) 51, 63

미래세대 23, 73, 78, 84, 176, 183, 190,
    222, 226, 246, 248, 261, 263, 290,
    296, 305, 315
밀, 존 스튜어트(John Stuart Mill) 160
밀라노비치, 브랑코(Branko Milanović)
    258

ㅂ

바첼레트, 미첼(Michelle Bachelet) 27,
    187
박경미 305
박탈 갈등 75
반인도적 범죄 19, 104~5, 151
반환된 미군기지의 환경오염 41
발전권 84, 179, 268, 313
방글라데시 이주민 집단학살 74
백낙청 260
번영의 다양성 303
범죄의 집단성 106
베른, 쥘(Jules Verne) 65
베를린원칙 284
베일스, 케빈(Kevin Bales) 127, 131
베트남전쟁 21, 50, 66, 91, 95~101
베트남전쟁의 고엽제 살포 97~100,
    140, 145
벤담, 제러미(Jeremy Bentham) 133
벨렝선언 233
벨렝+30 선언 233

변혁적 전환 252
변혁적 정의 252
보아스, 프란츠(Franz Boas) 125
보우소나루, 자이르(Jair Bolsonaro)
　132
보이드, 데이비드(David Boyd) 192,
　206
보팔 참사(인도) 36~37
보편기본바우처 273, 275
보편기본서비스 274~75
보편기본소득 273, 275
본래적 범죄 146
부르키나파소 쿠데타 74~75
부엔비비르 원칙 164
북친, 머레이(Murray Bookchin) 297
분쟁 광물 규제 44~45
분쟁 자원 44
불인지 가설 249
불평등 18, 20, 45, 70, 78, 85, 146,
　174, 176, 176, 226, 229~230, 238,
　242~45, 252~53, 255, 258, 260
　~61, 266, 269, 271, 273~74, 276,
　282, 290, 300, 306, 315~16, 318
불평등-인권악화 18
브로델, 페르낭(Fernand Braudel) 315
비의도적 환경파괴 108
비인간 20, 22, 24, 95, 112, 122, 147,
　150, 154, 162, 194~95, 203, 207,

222, 304~5, 312, 318
비자림로 '삼나무 학살'(제주) 154
빌카밤바강변의 폐기물 불법 매립(에
　콰도르) 196

ㅅ

4대 국제 핵심범죄 105~7, 151
4·3사건(제주) 59
사전주의적 공공정책 77
사회·인권·정의 담론 20
사회경제 시스템 22, 228~30, 239, 243,
　245~47, 251~53, 257, 283, 292,
　297, 314
사회권(2세대 인권) 178, 184, 191, 267,
　290
사회다양성 230~35, 290, 303
사회-생태 전환 22~23, 228, 235, 237
　~39, 242, 247, 250~59, 262, 267,
　269, 271~72, 275~77, 282~83,
　286, 290, 292, 303, 306, 311, 315,
　318~19
사회-생태적 아파르트헤이트 176
사회적 기초 262, 267, 296
사회적 면허 144
사회적 생명력 117
사회적 죽음 117~18, 125
사회정의 19
사회학적 상상력 20, 30, 282, 304

산림개간용 방화 사태(동남아시아) 41~42

산업자본주의 229, 236

삼광작전 58

상호의존적 그물망 209~11, 245

생명공동체 194, 205, 222, 228, 304 ~5, 312, 314

생명권 48, 83, 183~84, 191, 212, 220

생명중심주의 164, 207, 220

생물 시민권 194

생물·지리·물리적 영역 173

생물다양성 15, 17~18, 27, 43, 62, 81, 83, 86, 98, 121, 167, 188, 195 ~202, 204, 213~15, 218, 231, 233 ~34, 239~42, 247, 253, 282, 295, 303, 308, 313

생물다양성 보전 10년 199

생물다양성 상실 15

생물다양성협약 17, 214

생물문화다양성 231~33, 235

생물문화다양성 보전 233

생산성의 덫 270, 276

생수 판매 30

생태·환경·녹색 담론 20

생태계 천장 261~62, 297

생태계 회복 10년(유엔) 17

생태권 191

생태대 203

생태문명 252, 303

생태민주적 리더십 254

생태보전 155, 195

생태살해(→에코사이드) 49, 101

생태세 167

생태에 반하는 죄 150

생태적 법의 지배 205

생태적 상상력 30, 163

생태적 주권 205

생태적·문화적 제노사이드 120

생태정의 19

생태통합성 148, 205

서영표 316

선거제도 개혁 255

세계 포식자 112, 142, 315

세계기상기구 16

세계동물권선언 193

세계보건기구 15, 83, 306, 309

세계인권선언 90, 173, 178, 184, 186, 268, 274, 285

세계자연기금 43

세계자연헌장 190

세계환경협정 191

세대간 기억상실 300~1

셍베르 부족의 강제 퇴거(케냐) 215

소비의 회랑 262~63, 265, 267, 275, 292

소비촉발체제 189

쇼트, 데이미언(Damien Short) 112

수렵-채취사회 236~37

수킨다의 크로뮴 오염(인도) 32

순환경제 256, 275

술루세 167

숲의 파괴 사건 46~48

스테펜, 윌(Will Steffen) 169

스토라 코파르베리(Stora Kopparberg) 139

스토머, 유진(Eugene F. Stoermer) 165

스톡홀름 국제평화문제연구소(SIPRI) 49~50

스톡홀름 유엔 인간환경회의(스톡홀름 환경회의) 95, 102, 176

스톡홀름 환경선언(인간환경을 위한 스톡홀름 선언 및 행동계획) 176~78, 191

스톡홀름회복력센터(SRC) 239, 261, 277

스톱 에코사이드(Stop Ecocide International) 151

시에라리온의 다이아몬드 44

신경제학 슈마허센터 110

신승철 220

실질적 권리 183

쌍용C&E의 쓰레기매립장 건설 시도 131

ㅇ

ICCA 연합체(ICCA Consortium) 212

아렌트, 한나(Hannah Arendt) 142

아르메니아 대학살 66~67, 114

아마존 문제의 국제화 133

아마존 작전 134

아메리카 인디언 123~26

아메리카들소 123

아이젠하워, 드와이트(Dwight Eisenhower) 109

악의 평범성 142

압핀 이론 254

어머니 지구의 권리에 관한 법(볼리비아) 195

언어다양성 232

얼어붙은 성문화의 저주 154

HSBC의 기후위기 방조 41~43

에너지 전환 17~18, 201, 269, 276, 299

에너지 최저 기준 265~66

에런라이크, 바버라(Barbara Ehrenreich) 222

에리트레아 독립전쟁 54~56

에코사이드 논쟁 96~100, 108

에코사이드 범죄화 146~155

에코사이드(→생태살해) 19, 21, 22, 95, 96~106, 108, 110~13, 118~22, 126, 128~31, 133, 135, 137

~38, 141, 143, 145~57, 316

에코사이드의 법적 정의 151

에코사이드-제노사이드 매듭 122, 157

에코사이드-제노사이드 연계 22, 119,
　121~22, 126, 129, 133, 138, 305

에코사이드-제노사이드 이중 범죄
　157

에콰도르의 헌법 71조 194

여성세 167

여성차별철폐협약(CEDAW) 186

역사성 21, 315~16

연계성 282

연대권(3세대 인권) 179

연성 인프라 34

염한웅 241

영국 국립보건제도(NHS) 274

예방적 사회정책 272, 275~76

예방적 의료정책 272

오동석 219

오웰, 조지(George Orwell) 166

옥스팜(OXFAM) 259

온실가스 다량 발생 53

와일드, 오스카(Oscar Wilde) 14

완만한 개시 83, 88~89

울프, 패트릭(Patrick Wolfe) 133

위생권 84

위치성 282

위해종족죄(→제노사이드) 114

유럽노동조합연구소(ETUI) 257

유럽시민 이니셔티브 151

유사프자이, 말랄라(Malala Yousafzai)
　150

유엔 기후변화에 관한 정부간 협약체
　(IPCC) 200, 230, 298

유엔 생물다양성 과학기구(IPBES)
　200

유엔 유럽경제위원회(UNECE) 85

유엔기후변화협약 201

유엔무역개발회의(UNCTAD) 308

유엔안보이사회 80

유엔인권이사회 17, 83, 182, 187, 205

유엔환경개발회의(리우회의) 178

유엔환경계획(UNEP) 15, 65, 75~76,
　129, 176, 199

유엔환경총회(UNEA-2) 78

유토피아 14, 23

유한책임성 원칙 145

의도성 103, 106, 114, 117

의도적 환경파괴 106

2030 생태계 회복 18

2050 자연과의 조화로운 삶 18

2050 탄소중립 18, 247, 269, 274, 315

이름 불러 창피주기(naming and
　shaming) 290

이름 없는 범죄 156

이문재 294

이병천 277

이산화탄소 배출 61, 128, 286, 314

ESG 144

이원재 226

이주의 사회적 경로 88

이중적 공존 303

2차 인권혁명 173

이창곤 255

인권기후소송 212

인재로 인한 환경재난 169~72

인간예외주의 207

인간중심주의 164, 203~4, 207, 220

인간환경회의 95, 102, 176

인권 감수성 118, 155, 217, 219

인권·환경 특별보고관 68~69, 182,
   187, 192, 206

인권과 환경의 상호의존성 154, 182

인권사회학 8, 20~21, 23, 180, 314,
   221, 317

인권영향평가 184

인권운동가 8~9, 48

인권파괴 21, 27~28, 39, 42, 81, 89, 91,
   144, 153, 169

인류세 161, 165~73, 174, 179, 182,
   188, 200, 203~4, 208, 211, 217
   ~23, 227~28, 230, 236, 249, 251,
   258, 261, 283, 285~90, 304, 310,
   314~19

인류세의 교육 상상 281

인류세의 인권담론 173, 174~181

인수공통감염병 15, 83~84, 284

인위적 에코사이드 64, 122, 154

인클로저 120

1차 인권혁명 173

일반적 제노사이드 118

일본 방사선영향연구소(RERF) 67

임진강변의 토사 불법 매립 195~96

ㅈ

자본세 167

자연법적 이성 140

자연의 권리 19~20, 22, 162, 164~65,
   188~223, 256, 288, 290

자연의 분절 120

자연의 왜소화 161

자연적 에코사이드 122

자연환경 강탈 39~49

자유권(1세대 인권) 48, 178~79, 183
   ~84, 191, 267

자유권규약 183~84, 191

자유권위원회 183~84

작스, 볼프강(Wolfgang Sachs) 288

작은 정부론 142

잔해인군죄(→제노사이드) 114

재귀적 근대화 169

재산권 206~9

재생에너지 18, 212, 252, 299

재서노프, 실라(Sheila Jasanoff) 242

적당한 성장 260

적절함의 논리 318

전쟁범죄 19, 58, 105, 108, 147, 151

전쟁 시 환경보호 결의안 78

전쟁으로 인한 환경파괴 49, 75

전지구성 21, 314~16

전지구적 환경 헌정주의 205

전통생태지식 232

전환을 위한 가치관 258, 283~91

전환의 거시적 방향성 23, 254, 258
~69, 291

전환의 미시적 실천 23, 258, 277~83

전환의 인식공동체 254

전환의 중간 범위 23, 253~54, 258,
269~77

절차적 권리 182, 188

정병호 294

정성헌 26

정의로운 전환 302

정의의 실현 156

정착 농경사회 236~37

정체성 갈등 75

제노사이드(→집단살해) 19, 21~22,
103~4, 110, 113~22, 126~27,
129, 133, 138, 148, 150~1, 154
~157, 290, 305

제노사이드협약(집단살해죄의 방지
와 처벌에 관한 협약) 104~5, 113
~15, 154

제로 웨이스트 318

제서우시의 납 오염(중국) 32

젠더 불평등 78

젠더 정의 276~77

젠더 평등 21, 77~80, 176, 262, 267

조명래 255

종적 정의 147

좋은 삶 164, 194, 263~64

창족의 토지 공동소유권 인정(중국)
216~17

중국국가개발은행(CDB) 121

중국수출입은행(CHEXIM) 121

지구 생태용량 초과의 날 239, 250

지구가열화 81

지구거버넌스 312

지구법학 202~4, 209, 312

지구생태주의 209

지구온난화 81

지구의 권리 192, 195, 219

지구의 수호자 157

지구행성 정의 19

지구행성퀴터제 277~78

지구화 15, 179, 200, 314

지속가능 21, 43, 77, 80, 111, 138, 172,
188, 204, 214, 218, 228, 239~46,

251, 255, 262~63, 269, 271~73, 275, 277, 295, 299, 311~14, 316, 318
지속가능 패러다임 261
지속가능발전목표(SDGs) 242, 295
지속가능소비 318
지속가능하지 않은 팜유 생산 43~44, 112, 147
집단살해(→제노사이드) 19, 103, 105, 114
집단의 권리 179

ㅊ

착시효과 가설 250
참성장 261, 303
챌린저, 멜라니(Melanie Challenger) 160
처벌의 개인성 106
천성산 도롱뇽 소송 사건 162~65
체르노빌 원자력발전소 사건 71
초국적기업 118, 138, 140~41, 147, 179, 315
초토화작전 57~62, 63, 68, 112, 134
총체성 21, 314, 316
최대 소비기준 263~65
최대 주거기준 267
최재천 318
최저 소비기준 263~65, 267

최저 주거기준 267
추장민 311
충족의 경제 23, 266, 316
침략범죄 19, 105, 151
침팬지 세실리아 소송 사건 192~93

ㅋ

카드, 클로디아(Claudia Card) 117
카브웨의 납 오염(잠비아) 33
카시우스, 루치우스(Lucius Cassius) 278
칸막이식 접근 9
K-연대 309
K-전환 310
코로나19 15, 244, 306
코언, 스탠리(Stanley Cohen) 317
콩고 노예노동 126~31
콩고의 콜탄 44, 128~31
쿠웨이트 유전 화재 61
쿤밍선언 214
크뤼천, 파울(Paul J. Crutzen) 165
클레어, 요제프(Josef Klehr) 29
킬링필드 학살 사건(캄보디아) 116, 148
킴벌리 프로세스 44

ㅌ

탄소발자국 278~79

탄소상쇄 제도 215
탄소세 274, 276
탄소중립 정책 182
탈규제 142
탈동조화 247
탈복잡화 245
탈탄소 18, 269
태안 기름유출 사건 34~36
텍사코의 원유 채굴 41, 156
토종씨앗을 지킨 여성 농민(횡성) 235
토지 사용 76
토착민과 지역공동체 136, 210~17
토착민의 생존권 보호 215~20
톨스토이, 레오(Leo Tolstoy) 26
통제의 경제화 112
통합진보위원회(CUP, 오토만제국) 66
투자자-국가 중재 메커니즘 141
투자적 패러다임 261
툰베리, 그레타(Greta Thunberg) 150

ㅍ

파리기후협정 140, 145, 286
팔메, 올로프(Olof Palme) 102
팬데믹 138, 282, 284, 306
페루 농민의 기후소송 170
평화에 반하는 죄 105
평화회복 21
포크, 리처드(Richard Falk) 102

폭염으로 인한 사망자 증가 81, 171
표출적 기능(인권의) 153
퓨어어스(Pure Earth) 32
프란치스코 교황 150, 284
프랑스의 핵실험과 환경운동가 살해 71
프레초, 마크(Mark Frezzo) 180
프리드먼 독트린 138~39
프리드먼, 로렌스(Lawrence Freedman) 26
프리드먼, 밀턴(Milton Friedman) 138~39
플라스틱권 229
플래너리, 팀(Tim Flannery) 226
필요함의 논리 318~19

ㅎ

하나의 건강(One Health) 284
학살세 168
한국 갯벌의 유네스코 세계자연유산 등재 234
한국 비무장지대의 고엽제 살포 100
한국전쟁 50~52, 59, 63~64, 310
한반도 남북문제 310~14
한상진 285
합성 생태계 229
해양파괴 147
핵무기금지조약(TPNW) 72, 73

핵의 환경 및 인권 파괴 67~73
호모 심비우스(Homo Symbious) 318
호퍼, 요하네스(Johannes Hofer) 181
홉스봄, 에릭(Eric Hobsbawm) 181
홍기빈 14
화석연료 발전설비의 질소산화물 초과
    배출 34, 85~86
화염세 167
화위안커우 제방 폭파 사건 50
환경 자체의 권리 190
환경 존엄권 184
환경 테러리즘 66
환경(인)권 161, 174
환경과 개발에 대한 리우선언(리우선
    언) 178, 182
환경과 인권의 연계 28
환경권 17, 22, 80, 161, 163, 173~76,
    178~79, 182~95, 267, 289
환경문제의 권리기반 접근 174
환경법 152, 161, 174~75, 185, 191,
    283
환경변경기술 사용금지협약
    (ENMOD) 103
환경악화가 낳은 갈등 21, 83
환경영향평가 175, 184, 287~88
환경오염이 곧 인권침해 185
환경운동가 8~9, 40, 45, 71, 82, 138,
    162, 183, 204, 211, 274, 290

환경전쟁 49, 54, 57~62, 63~66, 102
환경정의 19
환경주의의 역설 249
환경친화적 노동조건 276, 290
환경파괴 21, 27~28, 39, 41~45, 49
    ~51, 54, 58, 62, 64, 70, 75, 78,
    81, 83~84, 89, 91, 103~6, 108,
    110~11, 113, 121, 127, 135, 139,
    141, 144, 147~49, 151~52, 154,
    169, 179, 183, 246, 248, 270
환경파괴와 인권파괴의 연계 27~28,
    42, 44, 81, 89, 91, 144, 169
환경폭력 63~67
환경헌법 204
황거누이강에 법인격체의 권리 부여
    (뉴질랜드) 194
회복력(회복탄력성) 230~32, 239,
    245, 261, 271, 277, 283, 286~87,
    289, 304, 311, 316
후세인, 사담(Saddam Hussein) 64
후손살해 317
후쿠시마 원자력발전소 사고 71~72,
    287
히긴스, 폴리(Polly Higgins) 94, 147
    ~48, 151, 157
히로시마 원폭 투하 67~68
히말라야 빙하홍수(인도) 33
히켈, 제이슨(Jason Hickel) 268